数智时代大学生数字素养培育研究

许志强　著

科学出版社

北京

内 容 简 介

本书以数智时代为背景,以我国普通高等学校本科以上层次的大学生在数字生活/学习/实践/创新中存在的现实问题为导向,以从技能到素养再到数字素养的发展演变为研究主线,以传媒类专业大学生为研究对象,从实证视角通过对全国 1058 名大学生数字素养水平的调研,不仅客观呈现了大学生数字素养的水平现状与差异性,而且深层次揭示了大学生数字素养培育的影响因素与条件组态,并提出了"个体-家庭-高校-社会"的培育合力是大学生数字素养养成和践行的最佳路径。

本书弥补了既有研究的不足,既可作为高校传媒类专业(如新闻传播学、网络与新媒体、数字媒体、动画、广播电视编导、新媒体艺术等)师生认知、测评与提升数字素养的范本,又可作为不同层次、不同地域的高校特定学科专业开展数字素养培育的参考用书。

图书在版编目 (CIP) 数据

数智时代大学生数字素养培育研究 / 许志强著. - -北京 : 科学出版社, 2025. 2. - - ISBN 978-7-03-081104-2

Ⅰ. G202

中国国家版本馆 CIP 数据核字第 2025D09P41 号

责任编辑: 王 哲 / 责任校对: 胡小洁
责任印制: 师艳茹 / 封面设计: 迷底书装

科学出版社 出版
北京东黄城根北街 16 号
邮政编码: 100717
http://www.sciencep.com

北京中石油彩色印刷有限责任公司印刷
科学出版社发行 各地新华书店经销
*
2025 年 2 月第 一 版 开本: 720×1 000 1/16
2025 年 2 月第一次印刷 印张: 20 插页: 3
字数: 415 000
定价: 178.00 元
(如有印装质量问题, 我社负责调换)

本书获 成都大学人文社会科学出版资助基金（编号：CBZZ202411）Humanities and Social Sciences Publication Funds of the Chengdu University（CBZZ202411）资助

作 者 简 介

许志强

  成都大学中国-东盟艺术学院影视与动画学院，博士，教授、研究员、正高级工程师，硕士生导师。先后获评全国广播电视和网络视听行业青年创新人才、全国优秀创新创业导师、四川省高等学校新闻传播学类专业教学指导委员会委员、四川省学术和技术带头人后备人选、四川省专家服务团专家、四川省十大海创科教领军人物等。

  研究兴趣包括传媒高等教育、视听传播与创意媒体、智能传播与科技应用传播等，在《现代传播(中国传媒大学学报)》《中国出版》《中国广播电视学刊》《电视研究》等国内外重要期刊上发表论文80余篇；出版专著5部；主编(副主编)教材5部；主持(研)教育部产学合作协同育人项目、教育部人文社会科学研究规划基金项目、四川省哲学社会科学基金项目、四川省人民政府省级政务调研项目等省部级课题及各类社会服务项目30余项；荣获中国电影电视技术学会科学技术奖(国科奖社第0073号)、中国广播电影电视青年科技奖(国科奖社第0073号)、王选新闻科学技术奖暨中国新闻科技优秀论文奖(国科奖社第0095号)、中国科技传播优秀论文一等奖、国家民委社会科学研究优秀成果奖、成都市哲学社会科学优秀成果奖等奖项30余项。

前　　言

数字素养是建设数字中国、加快数字化发展、提升全民数字素养与技能的必然要求。党的二十大报告提出"推进教育数字化，建设全民终身学习的学习型社会、学习型大国"；国务院发布的《"十四五"数字经济发展规划》，将"提升全民数字素养与技能"作为一项重要的保障措施；中央网络安全和信息化委员会印发的《提升全民数字素养与技能行动纲要》指出，"提升全民数字素养与技能，是顺应数字时代要求，提升公民素质、促进人的全面发展的战略任务的关键举措"；中共中央总书记习近平在第十九届中央政治局第三十四次集体学习时指出："要提高全民全社会数字素养和技能，夯实我国数字经济发展社会基础。"这些举措不仅从国家层面充分肯定了数字素养的重要意义，而且基于数字社会的宏大视角赋予了数字素养以新内涵，预示着数字素养必将成为未来相当长一段时间的重要研究内容，即在厘清数字素养基本内涵的前提下，深层次揭示其在数字生活/学习/实践/创新中的内容延展和功能延伸。

有研究认为，数字素养是一个处在发展中的概念，是人类文明"操作系统"的重装与升级，不仅包括公民对数字技术、数字经济、数字文化、数字公民、数字社会的认知、理解和应用，更包括公民与"数字"一起发展的数字化生活与思想文化体系的濡养、熏染和重建；不仅需要关注外在的、浅层的、行为层面的显性能力，更要关注内在的、深层的、意识层面的隐性能力；不仅包括行为上的"工具理性"，更包括意识上的"价值理性"。

教育信息化 1.0 阶段，我国大学生的数字技术应用能力得到了有效提升，基本可以满足其在生活/学习/实践/创新中操作与使用数字化工具的需求。但也有研究指出，我国大学生群体具备的数字素养水平仅仅表现为"过得去"，甚至偏低，"数字原住民"特征并不显著，不同大学生(如性别、年龄或年级、社会经济状况、文化背景等)之间依旧存在数字鸿沟，与时代呼唤的数字社会合格公民尚存在一定差距。事实上，或过度沉溺于网络或游戏不能自拔，或变成手机不离身的"低头族"，或在传统社会中很少与人沟通，或发起与遭遇着网络暴力、侵权盗版、网络黑客、注意力缺失、知识碎片化等的我国大学生不在少数。这些不规范的数字行为，既反映出作为的"数字原住民"的大学生无法准确回应数字社会的基本现实，未能在数字社会中树立正确的世界观、人生观、价值观和行为规范，也反映出作为的"数字原住民"的大学生缺少对传统社会的认识观察和逻辑思考能力，缺少领悟和洞察数字社会现象的必要能力，对传统社会的正常秩序和健康发展造成了威胁。那么，大学生如何对待数字社会的多元性和差异性，如何趋利避害、合理、规范、安全、负责任地使用数字技术，如何通过数字技术与其他相关者进行协同，如何让数字技术的发展更加公平可持续，如何通过使用包括数字工具与资源在内的各种手段拓展"社会资本""社会技能"和"跨文化素养"，均已成为当下最为严肃、紧要且刻不容缓的话题。

发现问题、回答问题、解决问题一直是我国高校人才培养的科学指南和根本遵循。教育信息化 2.0 阶段，我国必然需要引入一种新的学生发展理念，转变以往以数字技术操作与使用为主的基础素养观，需要大学生超越数字知识与技能来深入认知"人、技术与社会"之间的关系、数字技术的本质及其应该承担的社会功能，养成良好的数字技术伦理与道德行为，引导大学生像"数字技术专家"一样思考、理解并合理应用数字技术处理特定情境的复杂问题，引导大学生由"数字原住民"向数字社会合格公民的转变，即提升大学生的数字素养。高校作为培养社会主义建设者和接班人的主阵地，对"建设数字中国""加快数字化发展"和实现中华民族伟大复兴负有特殊使命，有责任尽快将数字素养培育提升到奠定大学生数字能力、促进大学生长远发展的高度来认识。在高等教育中强化数字素养培育，不仅能落实国家"立德树人"的教育方针，让大学生能够能动地应对数字化生存，更快地成长为数字社会合格公民，而且能回应教育部"高等教育高质量内涵式发展"的要求，让大学生能够共生地适应数字社会发展需要，更好地成长为适合我国国情且与数智时代相匹配的"时代新人"。但在我国，数字素养研究还是较新的领域，缺少系统的理论探讨和实践总结，尤其是结合特定学科专业(某一类学科专业)大学生数字素养的研究匮乏，加之数字素养具有多元性、动态性、复合性、情境性和跨领域性，使得不同学科、不同数字情境、不同数字目标任务、不同需求群体的数字素养培育具有不同的侧重点，导致数字素养培育绝非易事，面临诸多挑战和困难。

鉴于此，本书以培养数字社会合格公民、适合我国国情且与数智时代相匹配的"时代新人"为目标，基于知信行、计划行为、技术-绩效链等理论，使用定性与定量有机组合的混合式研究方法(德尔菲法、偏最小二乘法结构方程模型、重要性-绩效图分析、模糊集定性分析比较等)，以传媒类专业大学生为研究对象，对特定学科专业大学生数字素养进行了研究。研究发现：①大学生数字素养由 7 个一级构成要素和 31 个二级构成要素构成，其中，一级构成要素中的数字认知(0.2701)的权重值最高，数字内容价值评估(0.0561)的权重值最低；②大学生在数字素养 7 个一级构成要素的得分均值都在 3.5 分以上，水平中等偏上，但除通识技能这个一级构成要素外，至少有超过 41.68%(最高超过 51.13%)的大学生的数学素养水平得分低于均值，亟待提高；③大学生的宜人性、责任心、互联网态度、家庭社会经济地位、感知学校组织支持、感知社会数字生态、数字价值观、政策感知均会正向影响大学生的数字素养水平；④"个体-家庭-高校-社会"的培育合力是大学生数字素养养成和践行的最佳路径。

本书得到成都大学人文社会科学出版资助基金(编号：CBZZ202411)资助。本书的出版过程，也是成都大学对高等教育高质量内涵式发展、数字传播的研究过程。衷心希望本书的出版，能给我国高等教育与数字传播的教育和研究、给希望从事高等教育与数字传播研究和应用的人员带来一定的帮助。

许志强

2024 年 5 月

目　　录

第1章 提升数字素养的时代内涵

千禧年后的二十年，是信息与通信技术(Information and Communications Technology，ICT)高速发展的沉淀期和探索期。以"云大物移智链"(云计算、大数据、物联网、移动互联网、人工智能、区块链)等为代表的新一代"智能+"技术集群的深化应用引领着"数"(如数字产业化、产业数字化、数字化治理等)的规模扩张和"智"(如智能采集、智能生产、智能传播等)的深度升级，加速形成了"数智"技术体系与应用，让人类社会快速进入了人机共生、虚实融合、万物互联、万物皆媒的数智时代，不仅让数字技术、数字经济、数字文化、数字公民、数字社会融为了一体，成为社会可持续发展的操作系统和原动力[1]，而且凸显了以互联网为基础的数字平台的价值，警示着全民数字素养与技能的增强有利于加快提升数字中国的整体性、系统性与协同性，共同支撑数字文明的新理念和新图景，事关未来的"生存"。随着数字经济的发展，数字素养(Digital Literacy)逐渐引起了国家的重视并被写入了相关政策法规。

有研究认为，数字素养是指公众在数字化生存中使用适当的数字工具与资源，对数字内容进行快速、有效地发现、获取、评价、整合、交流与利用的综合科学技能与文化素养，不仅包括公众对"数字"的认知、理解和应用，更包括公众与"数字"一起生存与发展的数字生活/学习/实践/创新能力。

高校是培养高素质人才的主阵地。在高等教育中强化数字素养培育，不仅能落实国家"立德树人"的教育方针，让大学生能够能动地应对数字化生存，更快地成长为数字社会合格公民，而且能回应教育部"高等教育高质量内涵式发展"的要求，让大学生能够共生地适应数字社会发展需要，更好地成长为适合我国国情且与数智时代相匹配的"时代新人"[2]。

1.1 时代呼唤：数字技术正重新"定义"人才的能力标准

数智时代，以互联网为基础的数字平台为公众提供了前所未有的自主权和选择权，让"世界触手可及"，对公众的数字能力提出了新的更高要求。在连接与赋能下，世界各地的公众通过数字化"连接"与"共生"实现了物理空间与数字空间的重塑，营造出了一种对"相互连接的乌托邦式理想"的渴求[3]。在此背景下，如何对待数字社会的多元性和差异性，如何趋利避害、合理、规范、安全、负责任地使用数字技术，如何通过数字与其他相关者进行协同，如何让数字技术的发展更加公平可持续，如何通过使用包括数字工具与资源在内的各种手段拓展"社会资本"（Social Capital）、"社会技能"（Social Skill）和"跨文化素养"（Intercultural Competencies），这不仅要求公众掌握数字知识与技能等诸多"硬技能"，而且要求公众具备数字意识与责任等与"硬技能"形成补充和配合的诸多"软技能"。

21世纪的人才需要具备哪般的能力素质，才能能动地应对数字化生存，以及共生地适应数字社会发展需要，美国[4]、澳大利亚[5]、日本[6]等国家与联合国教科文组织（United Nations Educational, Scientific, and Cultural Organization, UNESCO）、美国新媒体联盟（New Media Consortium, NMC）[7]、英国联合信息系统委员会（Joint Information Systems Committee, JISC）[8]等国际组织，都对急切需求或期许的人才给出了相应标准。美国于2002年成立了"21世纪技能合作组织"（Partnership for 21st Century Skills, P21），制定了《21世纪学习框架》。2007年，P21将这一框架进行了更新，认为21世纪需求最多、最紧急的技能都与数字素养密不可分[9]。国际上影响比较大的各类学生评估项目，如国际学生评估项目（Program for International Student Assessment, PISA）、国际数学与科学趋势研究（Trends in International Mathematics and Science Study, TIMSS）等均将测量学习者的数字素养作为了重要内容。"EDUCASUSE"①调研的"针对学习倡议的年度关键问题"数据显示，数字素养的重要性在2017年之后一直稳居前三，而在2016年时还仅位列第11位[10]。而2019年在日本举行的二十国集团（Group of 20, G20）峰会上，成员国明确将提升数字素养作为加快社会发展进步的战略方向[11]。

但遗憾的是，有研究指出，我国居民数字素养的平均得分仅有43.6分（满分100分），总体处于"不合格"状态；农村居民数字素养的平均得分仅有35.1分（满分100分），比城市居民低37.5%，差距巨大；在所评项目中，受访者在多个领域的得分较低，如专业领域的数字化应用、数字内容创建及数字化协作等[12]。还有研究指出，我国公民数字素养提升不仅存在顶层设计缺失、数字鸿沟较大、资源供给不足、培养体系尚未形成等问题[13]，而且面临着准备失度、能力失位、供需失衡等诸多挑战和困难[14]。事实上，数字技术的普及应用虽然已让公众跨越了两道数字鸿沟，即接入沟（第一道数字鸿沟）和使用沟（第二道数字鸿沟）[15]，但也让公众正面临数字化生存与发展所需数字知识获取与数字能力提升存在显著差异的知识沟（第三道数字鸿沟）[16]。为避免被数字浪潮所淹没或被现实社会所抛弃，对公众而言，当下的首要任务便是学会辨识信息真伪，掌握数字技术基本技能，提升个人数字素养。

---

① EDUCAUSE是一个全球性的非营利组织，其成员包括美国和国际高等教育机构、公司、非营利组织和K-12机构，支持那些领导、管理和使用信息技术来预测和适应变化的人，在高等教育的各个层面上推进战略IT决策。

1.2　现实需求：大学生在数字生活与学习中面临严峻挑战

教育数字化转型已滞后于社会数字化转型，面临着来自外界社会变化所引发的适应性挑战[17]。有研究指出，我国大学生群体具备的数字素养水平仅仅表现为"过得去"，甚至偏低，"数字原住民"①特征并不显著[18,19]，不同大学生(如性别、年龄或年级、社会经济状况等)之间依旧存在数字鸿沟[20,21]，与时代呼唤的数字社会合格公民尚存在一定差距[22]。事实上，或过度沉溺于网络或游戏不能自拔，或发起与遭遇着网络暴力、侵权盗版、网络黑客、注意力缺失、知识碎片化等的大学生不在少数[23,24]。这些不规范的数字行为，既反映出作为"数字原住民"[25]的大学生无法准确回应数字社会的基本现实，未能在数字社会中树立正确的世界观、人生观、价值观和行为规范，也反映出作为"数字原住民"的大学生缺少对传统社会的认识观察和逻辑思考能力，缺少领悟和洞察数字社会现象的必要能力，这对传统社会的正常秩序和健康发展造成了威胁。另有研究表明，我国大学生在数字素养方面存在较多问题，如获取信息途径单一，数字检索能力缺乏；数字交流互动频繁，规范意识有待提升；数字内容的创建和表达能力有待加强；数字安全意识薄弱，自控能力有待提升，等等[25]，这也从一定程度上反映出作为"数字原住民"的大学生缺乏数字素养。

数字素养培育和诸多素养培育一样，旨在通过提升人的基本数字能力，实现人的"社会个体化"和"个体社会化"。社会个体化指的是在社会关系网络中，个体作为社会行动的基本单位，其独立性、独特性和主体性日益显著和表达的过程。个体社会化指的是作为个体的"自然人"成长为"社会人"，并逐步适应社会生活的过程，因为只有"自然人"掌握了社会生活中必备的知识、技能、行为方式才能融入社会中成为"社会人"。具体到大学生社会化，需要大学生掌握基本的生活与劳动技能，学习和遵守社会行为规范，促进正确价值观念的形成等。在"终身学习"已成为共识的当下，大学生唯有在数字生活/学习/实践/创新中不断充实自己，持续提高各方面的素质，才能跟上时代步伐，更好应对全球化竞争。这就要求大学生必须具备能够把个体需要和需求转化为包括决策、选择与行动等在内的意志行为的能力。

站在个人的视角来看，数字素养折射着大学生在"在线环境下有效地与网络时代相融合"的能力，如通过数字技术实现表达创新和传播创新，保护隐私、区分现实与虚拟、解决注意力缺失与知识碎片化、化解网络成瘾与短视频沉迷等[26]；站在

---

① 数字原住民(Digital Natives)，又译为"数字土著""数字原生代"，由教育游戏专家 Marc Prensky 于 2001 年首次提出，指和高科技一起诞生、学习生活、长大成人者。在中国，Z 世代(1995～2010 年)和千禧一代(2000～2009年)都是数字原住民。

社会的视角来看，数字素养折射着大学生的数字社会服务能力，如通过数字技术与其他相关者进行协同，避免技术滥用(如大数据杀熟、算法歧视与陷阱等)、侵权、不当采集用户数据，让数字技术的发展更加公平可持续等；站在国家的视角来看，数字素养折射着大学生的数字社会责任，如通过数字技术将相关诉求、意见、建议融入政府决策进程，弥补数字鸿沟，助推国家在网络安全与信息化领域防卫自主与弯道超车，助推国家在数字经济时代占得先机与勇立潮头等[27]。若长期忽视数字素养培育，即使作为"数字原住民"的大学生在数字生活/学习/实践/创新中理性观察、明辨是非和抵御不良信息侵蚀的能力也将不可避免地趋于弱化，甚至沦为数字暴民、数字愚民[28]。

1.3　创新扩散：大学生数字素养培育具有引领、示范和辐射作用

创新扩散理论提醒我们，在一定范围内，技术的扩散总是少数领先用户使用后，再在其他领域或更大范围开始应用[29]。"传播学鼻祖""传播学之父"、美国学者威尔伯·施拉姆(Wilbur Schramm)认为，用户判断在其大众传播媒介上搜索信息是否有效，主要是看自己的搜索意图和动机是否得到满足[30]。欧洲符号学创始人、语言学家、瑞士学者费尔迪南·德·索绪尔(Ferdinand de Saussure)认为，每一个语言符号都包括了"能指"(符号形式)和"所指"(符号所指代的对象)两个部分。现代符号学之父、逻辑学家、美国学者查尔斯·桑德斯·皮尔士(Charles Sanders Peirce)在索绪尔的认知上提出了"意指过程"，其处于符号形式和客体对象的指称意义之间，是用户对符号含义的理解[31]。

数智时代，信息的符号化就是数据，这便要求大学生在认知"能指"的基础上，准确完成"意指过程"，实现对数据"所指"的正确解读[32]。这几个理论提醒我们，作为"数字原住民"[33]、未来社会的建设者和接班人、数字社会的主要参与者和创造者的大学生，将会成为数字内容的"传播源"，具有"续递延性影响"。一方面，他们可通过人际传播、组织传播等多种形式将数字知识、数字技能、数字意识等辐射给周围的人，最大限度地弥合不同地区、不同群体之间的数字鸿沟；另一方面，他们在结婚生子之后，还可有意识地将包含数字素养在内的诸多素养融入对子女的教育中，给予后代良好的素养启蒙教育[34]。美国布鲁金斯学会在2021年9月发布的一篇名为《中国的"数字原住民"：90后如何改变这个国家》的文章中指出：受数字革命影响最深远、由"数字原住民"组成的90后群体，不仅会调整并适应新的生活方式、行为和观念，使自身成为社交媒体平台和新数字设备的主要消费者与贡献者，而且会引领父母(数字移民)和祖父母(数字难民)与时俱进[35]，从根本上改变中国的社会结构、空间和关系[36]。因此，大学生数字素养水平的高低，不仅影响着自身的健康成长、自我教育能力与全面发展，更关系到国家合格人才的培养、全面建成数字社会的进程，以及国家创新驱动发展战略、国家的软实力与国民的硬素质[37]。

1.4　双重身份：数字社会合格公民与数字内容健康传播促进者

加拿大传播学家马歇尔·麦克卢汉(Marshall McLuhan)指出，媒介不仅是信息传播的工具，而且是社会当中的重要结构和复杂组织；生活在动态化、仪式化和景观化的媒介文化之中，我们必须学会生存[38]。美国南加州大学传播学院曼纽尔·卡斯特尔(Manuel Castells)教授指出，在数字技术构筑的网络世界中，传媒从业者要负责任地影响和控制数字公民的思想意识，因为强有力的信息枢纽可通过不间断的信息流影响和控制网络空间[39]。数字内容作为数字社会整体存在的子系统，其存在服务于社会上层维护现行社会秩序的基本目的[40]。一方面，数字内容凭借独特的魅力赋予了用户无限想象空间，已直接成为公众构建和连接社会关系的工具；另一方面，数字内容的出现让"信息爆炸"从一个想象的名词日渐变为现实，"把关人"被弱化乃至缺失，让大量低级、低俗甚至是恶俗的内容每天以几何方式增长，又将公众拖入了惯性麻木的深渊。

数智时代，大学生具有双重身份，既应是数字社会合格公民，又该是数字内容健康传播促进者。从数字社会合格公民的视角来看，大学生应该具备健全的人格品质、符合数字社会发展的伦理道德和价值观，以及高级的数字技术应用能力，如此才能满足数字生活/学习/实践/创新中的基本数字能力需求；从数字内容健康传播促进者的视角来看，大学生应发展富有成效地借助数字工具与资源解决数字领域特定情境中的复杂问题的高阶认知能力，如能够思辨地解读热点问题信息内容，能够养成以正确的社会舆论来提升公民客观、建设性地解决社会问题的思维，能够反思自己如何在坚持社会效益与经济效益、互联网思维与传统思维相统一的标准来正确发挥媒体作为社会公器作用的能力，能够通过各种数字工具与资源准确表达意见和建议的能力，能够提升媒体服务于人民与改善社会监督的能力[41]等。

不难发现，在个体与社会的双重身份、生存与发展的双重需求中，更多强调大学生应该承担的社会责任，实际上是对大学生在数字生活/学习/实践/创新中的专业水平、数字意识、职业道德、行为规范及综合素质等提出了新的更高要求，不仅需要大学生具备扎实的基本素养、深厚的理论素养、良好的思想道德品质等，而且需要大学生具备与数智时代相匹配的数字素养，如此才能排除各种干扰、驱除阴霾，在信息混杂的"乱码世界"共同发出更多正向声音，有力传播社会主流价值观，推进网络文明建设，加快数字社会建设步伐。正是如此，大学生要想同时兼备双重"身份"，就必须用数字素养的确定性来对冲数字技术创新迭代带来的不确定性。

1.5　技术迭代：对高等教育的现实语境产生了广泛而深刻的影响

经济全球化、社会多元化、教育信息化、数字产业化与全球化竞争，媒体融合、融合媒体与智能媒体，"黑科技"和"深科技"等，林林总总的因素叠加在一起，让越来越多的数字议题、社会舆论现象具有了跨学科、跨维度、跨国界的特性[42]。事实上，数字技术创新迭代，不仅让数字产业进入了技术主导时代，而且对高等教育的现实语境产生了广泛而深刻的影响，正导致看似孤立的学科边界、学科知识壁垒在技术的冲击下逐渐消融。一方面，专业知识与"数字"交叉拓展形成了虚拟知识社区，颠覆着"等级森严"的专业学术场域；另一方面，广告学、地理学、历史学等诸多传统学科与"数字"纵深融合，催生出现了诸多新兴学科。

数智时代，学生都是带着数字领域特定情境中的复杂问题和好奇走进课堂，而教师却为了完成教学大纲规定的教学计划，让学生把问题留待以后再问。如果高校的教师和教育管理者不重视和关注学生的数字能力需求，那么当下的高校就会如同公司或企业不能满足顾客的需求一样，只能以"失败"或"倒闭"告终。既然如此，高等教育要更快实现高质量内涵式发展，就必须紧紧抓住我国数字化转型的重大战略机遇，最大限度地利用数字技术的优势，前瞻部署、科学谋划和调整优化学科专业设置、人才培养方案，努力培养担当民族复兴大任的"时代新人"[43]。传媒业进入技术主导时代，如图1-1所示。

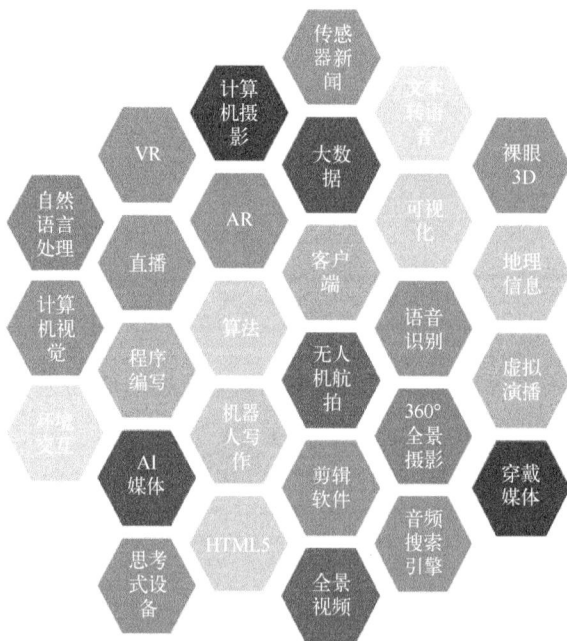

图1-1　传媒业进入技术主导时代

数字技术对高等教育发展的影响，也隐藏在专业的增减之间。由于社会认同危机、核心领域不明确、课程体系不合理等多种因素，仅2022年度，我国普通高等学校就撤销了 925 个本科专业点,其中排名前十的撤销专业包括"广告学""产品设计"等传媒类专业;而为培养满足时代需求、实践能力强、创新能力强的高素质复合型人才,普通高等学校又新增了 1817 个本科专业点,其中有很大一部分专业属于传统学科与"数字"交叉融合后产生的新兴学科,而排名前十的新增专业也包括传媒类专业,如"网络与新媒体""数字媒体艺术"等[44];此外,还有 21 个新专业被列入目录,其中的"数字人文"也与传媒类专业紧密相关。近 5 年排名前十的撤销专业和新增专业[45],如表 1-1 所示。

表 1-1　近 5 年排名前十的撤销专业和新增专业

排名前十的撤销专业			排名前十的新增专业		
序号	专业名称	数量	序号	专业名称	数量
1	信息管理与信息系统	100	1	人工智能	499
2	公共事业管理	97	2	数据科学与大数据技术	460
3	服装与服饰设计	70	3	智能制造工程	306
4	产品设计	66	4	机器人工程	256
5	信息与计算科学	65	5	大数据管理与应用	216
6	教育技术学	51	6	网络与新媒体	155
7	市场营销	51	7	智能科学与技术	155
8	电子信息科学与技术	49	8	数字经济	147
9	广告学	46	9	数字媒体艺术	116
10	工业设计	45	10	智能建造	108

1.6　智能媒体:倒逼大学生的培养过程与高等教育的厚度

2023 年 5 月,世界经济论坛(World Economic Forum,WEF)在发布的《2023 年未来就业报告》中指出:到 2027 年,近四分之一的工作预计会发生变化;未来五年,全球将出现 6900 万个新工作岗位,同时 8300 万个工作岗位将消失,主要受新技术应用和数字化发展影响[46]。

当前,我国社会正处在以数字技术重塑公共生活的拐点[47]。在全新的空间、生态与图景中,以 5G 为核心的高速移动互联网正在强力驱动传媒业态重构,促进新一代"智能+"技术集群与泛传媒业深入结合,创建一个万物互联的数字社会和全新产业经济形态与生活方式。同时,技术赋权又带来表达权的泛化,改变了传统的传播结构,"去中心化"效应凸显,使得泛传媒业的秩序、边界与节奏都已发生了诸多显著变化[48],如"人人都有麦克风"的舆论生态之变、"万物皆媒"的媒体格局之变、"科技革命"的技术环境之变、"场景交互"的用户行为之变等。智能媒体为媒体融合的发展提供了坚实的物质基础,不仅重构了信息场域并建立起了新的传播动力，为个人与信息间的关系赋予了新的意蕴，而且拓宽了记者、编辑等传统媒体岗位的边界，催生出现了社会发现总监、移动项目经理、消费体验总监、直播编辑等新兴岗位，这些都要求大学生在数字知识、思维和能力结构等方面做出调整和适应。与严峻的现实挑战相比，传媒高等教育的进步远不能令人满意，大学生数字素养培育已成为数字社会的热点、数字产业发展的痛点和高等教育改革的难点。可以说，社会环境、数字产业环境和教育环境的变化，要求大学生的角色、地位、权力、利益都随之变化，正在倒逼高等教育改革和大学生培养模式创新，也在倒逼高校直面智能媒体对人才需求的变化并做出相应改变。因此，高等教育有责任用思辨的眼光从"封闭"走向"开放"，构建与数智时代相匹配的智能高等教育体系，完善智能学科专业建设布局，打造高水平专业与课程，通过精细化和专业化确保培养合格的人才。跨界的复合型大学生的数字能力需求，如图 1-2 所示；传媒业技术人才需求新兴岗位，如图 1-3 所示。

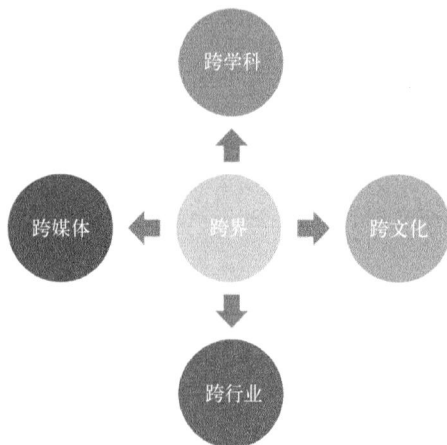

图 1-2　跨界的复合型大学生的数字能力需求

图 1-3　传媒业技术人才需求新兴岗位

1.7　负面影响：让公众的主流价值观认同面临诸多问题和陷阱

数字技术在增加公众彼此连接的机会和可能性，让公众迎来"新空间""新生态""新图景""新内容"的同时，并不必然增加稳固的社会关系，同时也不可避免地带来了诸多矛盾与负面影响，这不仅让传媒业面临更为突出的技术创新迭代问题，而且"泛娱乐化"让不在少数的公众被淹没在信息洪流中，要么遭遇信息过载、焦虑、疲劳的折磨，要么陷入自我身份迷失、自我存在感模糊的困境，面临"内容碎片化""价值功利化""真实幻象化"等诸多问题和陷阱。此外，公众当前关注到的大多数信息还是基于外在行为的"表层信息"(above the skin)，而在未来，技术完全可以"黑入人心"，从人体内部(如温度与血压数据、大脑的反应等)检测并分析到公众的"皮下信息"，甚至预测公众的行为，操纵公众的决定和选择[49]。另有调查报告显示，50%的受访者表示并不清楚企业是否使用算法，60%的受访者表示并不清楚企业使用算法的内容和目的，而高达 80%的受访者对超过一定程度的精准推荐表现出担忧和顾虑[50]。这就说明，数字技术在开发与使用的背后，承载着价值取向和道德判断，反映并作用于人类文明和社会发展。

与此同时，聊天机器人程序 ChatGPT(Chat Generative Pre-trained Transformer)、生成式人工智能(Artificial Intelligence Generated Content，AIGC)等新应用的横空出世，火爆全网，其实也给高等教育敲响了警钟。因为公众对它们的讨论，既有从技术维度探讨哪些职业岗位将被"数字人"全盘替代的失业问题，又有从道德维度探讨学生借助 ChatGPT、AIGC 等以变相"作弊"方式完成自己学业(如作业、论文、考试、作品创作等)的伦理问题，还有数字技术可能给公众与自身、与他人、与未来的"相遇"和"对话"带来的深刻影响，以及由此引发对"什么知识最有价值""还需要学习吗""教育如何变革"等系列本质问题的追问。

尽管我国已出台了系列完善网络空间的法规政策，但仍相对滞后于数字技术创新迭代的速度。从某种层面上看，连续出现这些社会现象，其实正是公众缺乏数字素养、缺乏在数字生活/学习/实践/创新的基本技能与行为规范等的映射。数字技术正以前所未有的力量见缝插针式地渗透，公众只能"束手就擒"吗？"放弃""逃离""被遗忘"是否也是一种正当权利？公众还能对那些远离数字技术的"少数人"不闻不问甚至嗤之以鼻吗？或许，善待这部分群体将重新"定义"数字文明的高度。因此，从数字内容的"传播源"即大学生着手，通过内外引导的有机融合，最大限度地提升他们的数字素养，既强调培养他们适应数字生活/学习/实践/创新所需的、与"数字"一起生存的数字知识与技能，更强调培养他们超越于数字知识与技能、与"数字"一起发展的数字意识与责任，使他们能够站在正确价值观、数字社会责任的立场来对构建防御"机器人"或者超越"数字人"的能力，实现自我超越和进步[51]，便成为数智时代高等教育高质量内涵式发展的应有之义[52]。

1.8　问题本质：大学生数字能力发展亟须从技术应用向数字素养转变

教育信息化 1.0 阶段，我国大学生的数字技术应用能力得到了有效提升，基本可以满足在数字生活/学习/实践/创新中与使用数字化工具的需求。但从教育内容看，该阶段的教育主要还是停留在数字技术的操作与使用层面，并没有从数字生态的角度分析"人、技术与社会"之间的关系，不仅淡化了数字技术的本质及其应该承担的社会功能，以及数字技术的政治、经济、文化、社会属性，而且在大学生如何有效地理解与掌握数字技术方法等方面还存在诸多不足。教育信息化 2.0 阶段，我国必然会转变以往以数字技术操作与使用为主的基础素养观，需要大学生超越数字知识与技能来深入认知"人、技术与社会"之间的关系、数字技术的本质及其应该承担的社会功能，养成良好的数字技术伦理与道德行为，引导大学生像"数字技术专家"一样思考、理解并合理应用数字技术处理特定情境的复杂问题，引导大学生由"数字原住民"向"数字社会合格公民"的转变。

与此同时，数字素养培育有助于培养适应我国国情、与数智时代相匹配、能够通过数字工具与资源"讲好中国故事、传播好中国声音"的大学生。国际交流与传播是一个交流、接触、倾听、吸纳的双向过程。我国在崛起发展的过程中自然会面临较多的对外传播事宜，而如何消除误解、建构与传播好国家形象，已成为大学生需要面临的挑战和问题。大学生数字素养培育强调强化数字内容创新、数字传播创新、数字呈现创新、数字化赋能、数字内容价值评估等数字能力，他们在这些领域能力的提升，即可对内促进数字内容健康传播，又可对外促进国家形象建构。

技术是人的技术并服务于人类，数字技术的发展推动了工具理性的浪潮，是人类思维在数字社会的外化显现，但最大限度地助推大学生实现行为上的工具理性与认知上的价值理性并重，才是"以人为本"的数字素养培育之核心，因为这是"涉及 21 世纪受过教育的人应该是一个什么样的人"的大问题。发展大学生数字素养，不仅可回应大学生在数字生活/学习/实践/创新的现实问题需求，助推大学生更好地成长为数字社会合格公民，而且可提升大学生借助数字工具与资源解决数字领域特定情境中的复杂问题的高阶认知能力，助推大学生更好地成长为数字内容健康传播促进者。

第 2 章　文献回顾与相关理论

　　细致梳理大学生数字素养的相关文献与理论，有助于了解数字素养、数字技术创新迭代对大学生数字能力提出的新的更高要求在国内外的起步和发展，有助于揭示数字素养的研究热点和趋势，指导研究者从不同的视角或研究方法对数字素养进行重新诠释，从而对本书提供参考借鉴。

2.1　文　献　回　顾

2.1.1　国外文献

1．文献概况

　　截至 2024 年 2 月 28 日，在 Web of Science 中的三大核心子库（SCI、SSCI、A&HCI）中，以标题为检索策略，以"digital literacy""digital competence①"为检索对象，经筛选后得到结果 1521 篇，文献最早发表于 1978 年，题名为"Digital communications and the conduct of science: the new literacy"。2000～2023 年，年均发表 61.9 篇，其中在《教育与教育研究》上发表了 578 篇，占比 39%；而 2016～2023 年分别有 24 篇、30 篇、25 篇、38 篇、56 篇、68 篇、81 篇、114 篇，说明国外对数字素养的研究呈整体上升趋势。

　　若以"digital literacy"/"digital competence"/"network literacy"/"media literacy"/"computer literacy"/"information literacy"/"data literacy"为检索对象，合计得到结果 5638 篇；若在检索时加上"college students"/"university students"，合计得到结果 211 篇；同样地，若仅以"college students"/"university students"+"digital literacy"/"digital competence"为对象进行检索，截至 2020 年底，合计得到结果仅有 24 篇（N 年的时间周期），而 2021～2023 年的检索结果便有 80 篇（3 年的时间周期）。从以上数据不难发现：其一，国外较为关注人的各类素养且成果较多；其二，国外针对大学生群体数字素养的成果占比并不高（104/5638）；其三，国外针对大学生群体数字素养的关注热度在过去很长一段时间内都不高，但

---

① "literacy"与"competence"虽然在汉语中通常都译为"素养"，但后者相较前者更侧重于表达综合性能力与胜任力的含义。近年来，欧美国家研究者的确越来越多使用数字竞争能力（digital competence）来表征数字素养，反映出越来越重视从能力的角度对数字素养进行研究，甚至以数字竞争能力代表数字素养。

最近三年却有显著提升。国外各种检索词组合的文献检索基本情况，如表 2-1 所示。

表 2-1　国外各种检索词组合的文献检索基本情况

检索词	检索结果/篇
"digital literacy" / "digital competence" / "network literacy" / "media literacy" / "computer literacy" / "information literacy" / "data literacy"	5638
"college students" / "university students" + "digital literacy" / "digital competence" / "network literacy" / "media literacy" / "computer literacy" / "information literacy" / "data literacy"	211
"college students" / "university students" + "digital literacy" / "digital competence"	104（截至 2020 年底，N 年仅有 24 篇；而 2021～2023 年，3 年合计 80 篇）

若仅以"media literacy""information literacy"为检索对象，分别得到结果 869 篇、2214 篇，分别是数字素养检索结果的约 0.57 倍、1.46 倍。国外媒介素养、信息素养与数字素养的文献检索基本情况，如表 2-2 所示。

表 2-2　国外媒介素养、信息素养与数字素养的文献检索基本情况

检索词	检索结果/篇
"media literacy"	869
"information literacy"	2214
"digital literacy" / "digital competence"	1521

若再对"media literacy"和"digital literacy" / "digital competence"的文献检索情况进行详细对比不难发现：其一，"media literacy"和"digital literacy""digital competence"的成果，整体均呈上升趋势；其二，2000 年，"media literacy"的成果已有 12 篇，但未见"digital literacy" / "digital competence"的任何研究成果；其三，2008～2013 年，"digital literacy""digital competence"的成果显著增加，已基本和"media literacy"平分秋色；其四，从 2014 年开始，"digital literacy" / "digital competence"的研究成果数量整体明显超越"media literacy"（2016 年除外），且 2023 年后者的数量是前者的约 3.07 倍。这说明国外对"digital literacy""digital competence"的关注程度持续增加且已明显超越"media literacy"，这很可能是由于随着网络化、数字化、智能化、虚拟化的普及与深入，不仅让传统媒体时代所倡导的媒介素养已难堪大任，而且让数字素养成为人类融入数字社会的关键。"media literacy"和"digital literacy" / "digital competence"的文献检索基本情况，如表 2-3 所示。

表 2-3　"media literacy"和"digital literacy"/"digital competence"的文献检索基本情况

关键词	2000	2001	2002	2003	2004	2005	2006	2007	2008	2009	2010	2011
"media literacy"	12	5	13	13	30	11	26	13	21	27	23	29
"digital literacy"/"digital competence"	0	1	3	2	6	3	4	5	21	17	22	30
关键词	2012	2013	2014	2015	2016	2017	2018	2019	2020	2021	2022	2023
"media literacy"	33	31	20	28	41	34	42	47	68	77	113	103
"digital literacy"/"digital competence"	35	32	35	52	45	60	65	102	140	215	275	316

2. 关于数字素养的研究

国外对数字素养的研究主要集中在以下三类：数字素养概念和内涵的研究、数字素养框架的研究和数字素养教育的研究。

1) 数字素养概念和内涵的研究

数字素养最初由以色列研究者约拉姆·艾希特-阿尔卡莱（Yoram Eshet-Alkalai）于 1994 年提出，意指个体在数字化条件下的基础生存技能[53]。

站在狭义的视角来看，数字素养侧重对数字技术与产品的使用技能，强调工具层面的应用。保罗·吉尔斯特（Paul Gilster）认为数字素养是"掌握思想，而非敲击键盘"，强调"理解和使用电脑上各式各样信息和资源的能力"[54]。

站在广义的视角来看，数字素养不应局限于关注工具层面的应用，还应关注价值层面的理性。有研究认为，人类在数字时代的基本权利就是数字素养，这与传统时代人类应该具备的听、说、读、写等基础能力同等重要[55]。

除研究者的研究外，也有不少国际组织发布了对于数字素养的定义解释。例如，美国图书馆协会（American Library Association，ALA）认为数字素养指利用 ICT 检索、评估、创建和交流数字信息的能力，包括数字认知和数字技能[56]，同时，ALA 在 2013 年发布的《数字素养、图书馆和公共政策》报告中提出，数字素养包括多个方面的能力，如选择、理解、质疑、评估数字信息的能力，检索、筛选和辨别数字信息质量的能力，保护数字信息隐私的能力，交往合作与公民社会中的数字参与能力[57]。

由此可见，早期狭义的概念更多关注数字技术基础知识和应用技能，以及与"数字"一起生存的能力。而随着 ICT 技术的持续发展，数字素养已成为关注与"数字"一起发展的能力，包含数字认知、数字技能、数字意识、情感态度与价值观等。

2) 数字素养框架的研究

国外很早就开始关注公民数字素养，也构建了一系列公民数字素养框架。但由于框架的制定往往需要统筹考量自身所处的政治、经济、社会和文化环境等，因此具有跨国家、跨机构的特征[58]，这也直接导致目前数字素养领域的研究比较混乱，仅数字素养的框架就超过 100 种，且并没有得到广泛认可的框架[59]。

Eshet-Alkalai 于 2004 年提出，数字素养应包含五大框架，即"图片-图像素养""再创造素养""分支素养""信息素养""社会-情感素养"，并于 2012 年将"实时思考素养"也纳入其中[60]。Spires 和 Bartlett 提出了一种相对比较简单的"三阶段模型"框架，包括"定位和消费数字内容""创建数字内容"和"分享数字内容"三个阶段，同时认为批判性思维应始终贯穿于这三个阶段中[61]。

为帮助欧洲公民顺应数字素养发展的需求，欧盟早在 2006 年就把数字素养列为欧盟公民的 8 项核心素养之一，并在 2013 年制订了《欧盟公民数字素养框架》(The Digital Competence Framework for Citizens，DigComp) 1.0 版[62]，包含"信息和数据素养域""沟通与协作域""数字内容创建域""安全域""问题解决域"5 个素养领域的21种基本素养，随后又相继推出了 DigComp 2.0 版(2016 年)[63]、DigComp 2.1 版(2017 年)[64]和 DigComp 2.2 版(2022 年)[65]。JISC 于 2016 年发布的数字素养框架包括 7 个素养域，即"媒介素养""信息素养""ICT 素养""沟通与协作""数字学术""职业与身份管理""学习技能"。德国联邦职业教育研究所于 2015 年归纳出 8 项具体的数字能力内容，即"熟练使用专业软件""借助数字媒体进行有效沟通""自主解决问题""认识数字媒体相关的法律法规""借助数字媒体积极参与专业交流""判断新媒体的可用性""使用普通办公软件""自主开发媒体应用"。英国政府于 2019 年发布了《基本数字技能框架》(Essential Digital Skills Framework，EDSF)，包括"数字基础技能""沟通交流技能""信息处理技能""在线交易技能""解决问题技能""安全合法上网技能"[66]。

在以上数字素养框架中，Eshet-Alkalai 的框架和欧盟的 DigComp 被认可程度较高，且使用也最为广泛，而 JISC 框架则更多受到了高校和图书馆的认可，这些框架为研究和评估各类人群的数字素养提供了参考。

3)数字素养教育的研究

(1)数字素养教育的理论研究

van Dijk 早在 2006 年就构建了一个数字技术接入类型的累积循环模型，认为在技术革新的过程中，接入动机、接入工具、接入技能与接入应用不仅是关键环节，而且会随着技术革新累积更迭[67]。数字技术接入类型的累积循环模型，如图 2-1 所示。

有研究认为，通过培养 ICT 技术等方式可让公众尽快适应数字社会，如研究网络用户在线行为的模式可减轻迷航等[68]、运用元认知理论可帮助用户修复对网络的负面情感[69]等。Rivoltella 详细探究了数字设备、技术和互联平台转变，认为亟须加强培育用户在新的数字环境下的数字素养能力[70]。Cerisier 等研究者基于 Philippe 对数字能力的理解，将教师这一群体的数字能力划分为了三个层次，即"工具使用

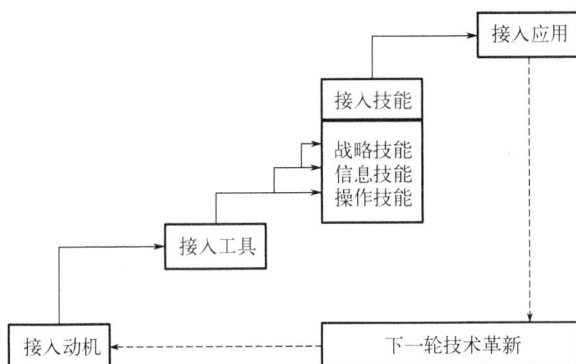

图 2-1　数字技术接入类型的累积循环模型

能力"(操作层面)、"横向能力"(功能层面)和"元能力"(策略层面)[71]。教师数字能力的三层分区，如图 2-2 所示。

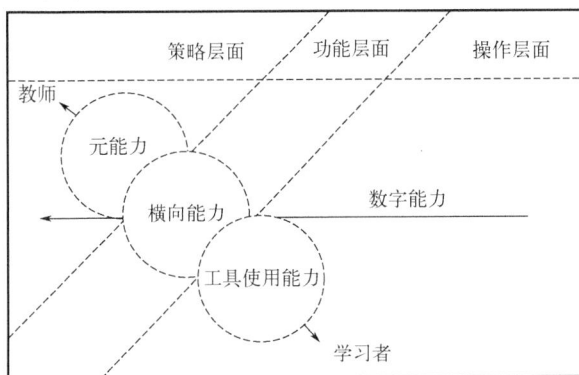

图 2-2　教师数字能力的三层分区

　　近年来，由于数字人文的多元化发展，西方发达国家及国际组织认为数字素养已是人的首要素养之一[72]。JISC 提出，数字素养教育应该包括三方面的技能，即培养公民的创新思辨技能、媒介的使用技能和通信技能。2014 年，澳大利亚大学图书馆协会(Council of Australian University Librarians，CAUL)、澳大利亚大学理事会信息技术协会(Council of Australian University Directors of Information Technology，CAUDIT)和澳大利亚开放、远程和电子学习协会(Australasian Council on Open，Distance and E-learning，ACODE)还共同成立了数字素养工作小组，就数字素养的定义达成了一致，制定了一套指导原则以提升高等教育参与者对数字素养重要性的认知，描述了机构中高效能工作人员所需的数字素养工具包[73]。而 UNESCO 在历时两年、近 100 万人参与的全球协商的基础之上，于 2021 年发布了《一起重新构想我们的未来：为教育打造新的社会契约》，也进一步强调了数字素养的重要性，并将其视为 21 世纪的学生和教师的基本素养之一[74]。

(2)数字素养教育的实践研究

美国政府高度重视数字素养教育，已形成了一套主要由智库等研究机构承担，多主体、多元化、立体化、全方位的教育模式，如政府机构服务、教育系统培养、社会力量介入等，并且以体系多样化的课程加以巩固。例如，美国福赛大学在学士学位课程中开设了数字素养课程，希望学生有效利用数字工具与资源进行检索、创建、评估、分析数字信息；Adobe 公司与韦伯斯特大学合作开发了"创意云计划"，希望学生在数字环境体验的实践活动中，掌握综合的数字知识与技能，做到学以致用、知行合一[75-78]。又如，NMC 为提升公民数字素养技能，还列出了包括 4 个维度的 12 项资源链接[79]，如表 2-4 所示。

表 2-4　NMC 为提升公民数字素养技能列出的 12 项资源链接

类别	资源链接	主要内容
标准类资源	高等教育信息素养能力标准[80]	评估和发展高等教育中的信息素养教学实践
	JISC 数字能力编码挑战博客[81]	提供许多数字技能和框架，便于学习者和专业人员绘制能力框架图
常识类资源	常识媒体：版权和合理使用[82]	提供版权法及合理使用版权的相关知识
	数据信息素养[83]	提供有效开发和实施数据的管理技能
	开放教育无障碍工具包[84]	为教育工作者创建可访问内容建议
	什么是知识共享？[85]	解释与模拟知识共享、许可共享的创意作品
在线课程类资源	数字教育学实验室[86]	提供提升技术能力和专业能力的新方法
	信息通晓项目[87]	提供在线信息素养培训
	数字化故事讲述课程[88]	提供为期四周的数字故事制作和数字内容开发(伯明翰大学)
	开发数字技能课程[89]	提供为期四周的数字技能培训(利兹大学)
播客类资源	未来博客[90]	讨论影响人们工作、生活的技术
	"IRL：网络生活就是现实生活"博客[91]	讲述网络生活模样

欧洲也形成了一套自上而下的多级联合模式——主要由图书馆和图书馆协会负责培养的、多主体的(官方与非官方)、多元化的公民数字素养教育模式，如政府制定框架、数字素养融入各门课程的教学实践之中等。

也有研究者将对象聚焦到某一人群，如青少年[92]、大学生[93]，或聚焦到某一专业学院领域的，如教育学院[94]，或聚焦到某一特定时间的学生，如教育学学士课程毕业前夕的学生[95]。这些研究通过对特定人群的调查研究，发现多数学生仅仅在数字技能层面得到较好的数字化培养，但在数字化的意识、责任、情感态度与价值观等层面的水平较差；同时，学生在日常生活中的数字素养水平要高于学术生活。

(3)数字素养教育的实证研究

有研究者在《数字素养与数字包容》中采用问卷调查以定量方式收集了数字素

养与数字包容的相关数据,同时辅以定性研究,为相关政策方针制定提供了重要参考[96]。Al-Qallaf 和 Al-Mutairi 研究了本国学生的英语学习效果,揭示了数字素养对学生学习业绩的影响关系[97]。另有研究进行了较大范围的调查,囊括了多所中学的成百上千名学生,以及部分校领导和教师等,结果显示,即便是"数字原住民"的大学生之间的数字能力也并非一致,建议学校在教材与课程编制时应考虑到年龄段的差异[98];即便同一年龄但不同班级的学生之间也存在不同程度的数字差异,建议学校在学年开始时就对学生的数字素养水平进行测试,以便更有针对性地培育[99];即便年龄与班级都相同,但不同学校的,学生之间同样存在不同程度的数字差异,其差异则归因于学校的数字资源和教学人员[100]。同时,还有研究认为,家庭文化背景(包括家庭语言水平、书籍数量等)对学生的数字素养具有正向影响作用[101],以及学生对 ICT 的掌握程度与使用动机也会影响学生的数字素养[102]。

2.1.2　国内文献

1. 文献概况

截至 2024 年 2 月 28 日,通过中国知网进行检索,检索范围为期刊(限定为北大核心和 CSSCI 期刊),以篇名为检索策略,以"数字素养"为检索对象,经筛选后得到结果 247 篇,最早的文献发表于 2006 年,到目前为止年均发表 13 篇,其中 2020～2023 年分别为 17 篇、23 篇、47 篇、107 篇,占总数的 85%,说明数字素养已成为我国的一个热点话题并吸引了学者们的高度关注,相关研究正在借鉴、摸索中不断深入。

为更加直观地展现国内外"数字素养"文献发表及研究趋势,本书将文献按照数量与时间顺序做出折线图。国内外"数字素养"文献发表年度趋势折线图,如图 2-3 所示。

同样在中国知网,若将检索范围扩大至期刊、博士硕士论文、会议、报纸,并将检索对象扩大至"数字素养""网络素养""媒介素养""计算机素养""信息素养""数据素养",仍以篇名为检索策略,分别得到结果 390 篇、180 篇、1880 篇、3 篇、2639 篇、321 篇。对结果数量前三的媒介素养、信息素养和数字素养进行详细对比不难发现:在总数上,媒介素养(1880 篇)、信息素养(2639 篇)的数量分别是数字素养(390 篇)的约 4.82 倍、6.77 倍;在期刊论文领域,媒介素养(1140 篇)、信息素养(1618 篇)的数量分别是数字素养(247 篇)的约 4.62 倍、6.55 倍;而在博士硕士论文领域,媒介素养(575 篇)、信息素养(718 篇)的数量分别是数字素养(95 篇)的约 6.05 倍、7.56 倍。这一方面说明我国既有研究主要集中在媒介素养、信息素养方面,数字素养研究明显处于劣势,另一方面说明绝大多数大学生(硕士生、博士生)

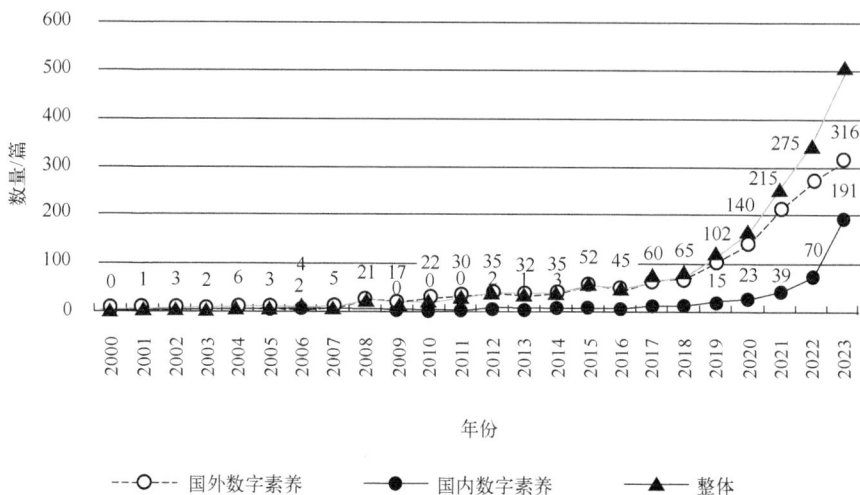

图 2-3　国内外数字素养期刊文献发表年度趋势折线图

对数字素养的理论认知尚不足。国内数字素养与"相关"素养文献检索的基本情况，如表 2-5 所示。

表 2-5　国内数字素养与"相关"素养的文献检索基本情况

检索词	检索结果/篇				
	合计	期刊论文	博士硕士论文	会议论文	报纸
数字素养	390	247	95	22	26
网络素养	180	90	62	12	16
媒介素养	1880	1140	575	136	29
计算机素养	3	1	1	1	0
信息素养	2639	1618	718	290	13
数据素养	321	216	96	8	1
合计	5413	3312	1547	469	85

此外，参照国外文献梳理时的方法，以篇名为检索策略（因"报纸"类的篇名检索结果为 0，因此将"报纸"类的检索策略改为主题），检索时间设置为 2000～2023 年，通过各种检索词的组合检索与筛选，得到国内文献检索的基本情况，如表 2-6 所示。

若检索范围为期刊（限定为北大核心和 CSSCI 期刊），以篇名为检索策略，以"大学生+数字素养"为检索对象，得到结果只有《大学生数字素养及其培养策略》《中国公众数字素养评估指标体系的开发与测量——以传媒类大学生为考察对象》《数智时代大学生数字素养培育：价值、内涵与路径》等 14 篇，说明国内对大学生数字素养的关注程度极低。

表 2-6　国内各种检索词组合的文献检索基本情况

检索词	检索结果/篇				
	合计	期刊论文	博士硕士论文	会议论文	报纸
"数字素养"/"网络素养"/"媒介素养"/"计算机素养"/"信息素养"/"数据素养"	5626	3283	1547	469	327
"大学生"+"数字素养"/"网络素养"/"媒介素养"/"计算机素养"/"信息素养"/"数据素养"	727	452	230	41	4
"大学生"+"数字素养"	22	14	7	1	0

若以"大学生"+"媒介素养""大学生"+"信息素养"为检索对象,分别得到结果 330 篇、289 篇,可以清晰地看出,"大学生"+"数字素养"的成果数量明显处于劣势。此外,我国研究者研究数字素养的关注点主要在欧盟和美国,而国外研究者的视野更为广泛,除关注欧盟和美国外,还将关注点延伸到了世界其他地方。

为更加直观地展现国内"大学生+素养"的文献发表及研究趋势,本书将文献数量按照时间顺序做出折线图,如图 2-4 所示。

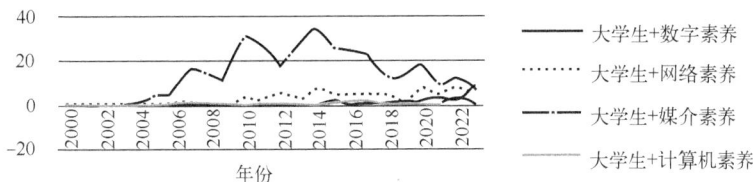

图 2-4　国内"大学生+素养"文献发表年度趋势折线图

2.　关于数字素养的研究

"素养"概念本身就是一个多元化、动态化、复合化、情境化、跨领域化的概念,正逐步淡化并走向复合[103,104]。跟国外一样,我国对数字素养的研究也主要集中在如下三类:数字素养概念和内涵的研究、数字素养框架的研究和数字素养教育的研究。

1) 数字素养概念和内涵的研究

在我国,王晓辉最早提出数字素养,不仅阐述了数字素养的重要性,还列举了发达国家的数字素养实践探索[105]。

站在狭义的视角来看,张薇认为数字素养除需要具备基本的计算机操作技能外,还需要具备在网络中参与获取与创造的能力[106]。赵肖峰和孙向晖认为数字素养是指在数字生活中使用适合的数字工具的能力[107]。

站在广义的视角来看，王佑镁和卜卫等认为，数字素养是一个宽泛的概念，涵盖了以往的媒介素养、信息素养、网络素养、计算机素养等，是公众在学习、工作和生活中熟练、自信、创新、创造性地使用数字技术的能力[108,109]。

另外，中央网络安全和信息化委员会于 2021 年 11 月发布的《提升全民数字素养与技能行动纲要》(以下简称为《行动纲要》)指出，"数字素养与技能是数字社会公民学习工作生活应具备的数字获取、制作、使用、评价、交互、分享、创新、安全保障、伦理道德等一系列素质与能力的集合"。这是我国首次在政策文件中对数字素养与技能的概念进行了明确、具体的阐释，从国家层面为数字素养赋予了具有我国特色的新内涵。但需要注意的是，此阐释是针对"数字素养与技能"，而非单指"数字素养"，因此不能直接套用，因为"数字素养与技能"和"数字素养"的内涵和外延还是存在一定差异的。

2) 数字素养框架的研究

任友群等在分析了《欧盟数字素养框架》后，首先强调了数字素养的重要性，然后通过"概念映射"的思维方式从框架内容和方法层面对我国数字素养提出了启示[110]。武小龙和王涵从胜任素质理论的视角切入，依据冰山模型与洋葱模型，构建了一个"由浅及深"，包含 4 大维度(基础知识、专业技能、个体特质、意识态度)、9 项具体能力的中国农民数字素养框架体系[111]。丁文姚基于四全媒体视域，结合数字智能联盟(The Coalition for Digital Intelligence，CDI)于 2019 年发布的《数字素养、技能和准备的通用框架》，构建了包含 3 个层次(知识贡献公民力、知识贡献创造力、知识贡献竞争力)、8 项具体内容、24 项具体数字能力的知识贡献者数字素养框架[112]。

此外，《行动纲要》也将数字生存能力、数字安全能力、数字思维能力、数字生产能力、数字创新能力作为了提升全民数字素养与技能的核心维度。而在教育部发布的全国首个数字素养行业标准《教师数字素养》中，数字素养由 5 个一级维度、13 个二级维度、33 个三级维度的素养框架和具体描述组成[113]。

3) 数字素养教育的研究

(1) 数字素养教育的理论研究

数字技术创新迭代已跑出了"加速度"[114]。肖俊洪认为，只有客观面对数字时代才能更好地生存于时代[115]。梁钦和杨慧梅认为，数字素养培育的基础是技术技能，重点是群体意识，而重中之重是批判性思维方式[116]。唐超等将我国数字素养教育政策演进划分为四个阶段，即政策空白期(2002~2010 年)、早期探索期(2011~2015 年)、政策初创期(2016~2020 年)和全面发展期(2021 至今)，并将政策演进的逻辑提炼为四个"点"，即立足点(促进全体人民全面发展)、切入点(经济社会发展现实需要)、突破点(构建终身数字学习体系)和着力点(普惠共享城乡协调融合)，认为数字素养教育政策要获得强大内生动力并得到最终检验，就必须加速推动与经济、社会与日常生活等全领域深度融合[117]。

2024 年 1 月，以"数字教育：应用、共享、创新"为主题的世界数字教育大会在上海召开，与会嘉宾重点围绕教师数字素养与胜任力提升、数字化与学习型社会建设等议题展开了深入讨论。例如，UNESCO 东亚地区办事处主任夏泽翰认为，在数字技术创新迭代的进程中，需要重新评估教师的角色，即教师在引导人工智能增强学习中的赋权，保护多样化的知识系统，使其免受人工智能压倒性优势的影响[118]；我国教育部副部长陈杰指出，必须把数字素养与胜任力作为教师的必备素养，提升教师数字化教学能力，助推教学质量提升[119]；华东师范大学教育学部主任袁振国认为，教育数字化转型的成功标志是要师生都得到更好的发展，因此应从教育出发、从需要出发，以人的发展为出发点和落脚点[120]。

(2) 数字素养教育的实践研究

胡正荣认为，在媒体深度融合和"四新"建设的背景下，传媒高等教育要培养时代新人，亟须构建数字素养课程和教育体系[121]。赵健等基于 PISA2012 结果，探究了上海学生的数字化素养水平，发现学生普遍存在接触 ICT 较少、任务引导下的网络技能偏弱、教学与 ICT 的融合度较低等问题[122]。刘晓娟和谢瑞婷以 15 个欧洲老年人数字素养项目为研究对象，在提炼项目特点与实践经验的基础上提出，我国老年人数字素养教育应高度重视多元主体合作，秉持"适老化思维""数字底线思维"，最大限度地以老年人的实际需求为导向，有针对性地共同推进资源建设、共享并持续丰富[123]。王远和陈时见在全面分析加拿大中小学数字素养教育的基础上指出，加拿大各省、各地区对学生数字素养的理解存在差异，因此在中小学中开展的数字素养教育课程也存在差异，目前已形成了以数字素养分科课程、学科渗透式课程和综合实践课程为支撑的立体式课程群[16]。

(3) 数字素养教育的实证研究

周凤飞和王俊丽在分析《欧盟数字素养框架》的基础上编制了调查问卷，通过对天津市高校图书馆馆员数字素养的调研，为数字素养的本土化框架提供了积极借鉴[124]。耿荣娜基于文献调研和活动理论对大学生数字素养教育的影响因素进行集成提取，研究发现高校政策、文化环境、ICT 基础设施、教学管理、评价体系是影响大学生数字素养的 5 个关键因素[125]。21 世纪教育研究院与阿里智能信息事业群通过与我国 11 个省市地区的 5000 多位乡村校长和教师深入交流，重点考察了乡村青少年数字素养的 5 个维度(信息素养、交流协作、内容创建、安全与健康、问题解决)，认为当前乡村青少年的数字素养整体偏弱，乡村学校的数字素养教育资源仍较为有限[126]。孙绍伟对收集到的 749 份网络问卷进行分析后指出，大学生自评的数字素养水平总体较好，但内容与创造能力还普遍较弱，而不同地域、不同性别与不同教育水平的大学生还面临着数字鸿沟。

2.1.3　文献述评

从相关文献来看，国内、国外虽各具特色，但也存在诸多差异。

1. 文献概况层面

相较于国外，我国研究明显呈现出数量更少、起步更晚的现状。正如上文所言，可能的原因有两个：其一，我国不少研究者并未意识到数字素养已是一个新兴的研究领域，但这大概率与我国还没有发布面向公民的数字素养框架、社会还没有普遍开展数字素养项目及活动等因素有关；其二，我国部分研究者将需要良好数字认知、数字意识等隐性能力的数字素养附属于"相关"素养（如网络素养、媒介素养、计算机素养、信息素养、数据素养、阅读素养等）而存在，这其实是一种错位的概念逻辑。

2. 研究方式与进展层面

国外尤其是发达国家的数字素养教育体系和实践研究比我国更早且更多元，已在多个领域开展了实证量化的实践应用研究，取得了初步成绩。同时，国外对数字素养水平的测评范式也正在经历从单一到多元、从封闭到开放、从结果性到过程性、从主观/滞后/模糊到客观/实时/精准、从数字化到智能化、从量化测评到质性分析、从控制到对话、从情境孤立到情境相关、从有限的技能到批判性思维、从以教育问责为目的到以支持学习为目的的变革，我国在数字素养培育的路径层面可依托这些研究成果。相较于国外，我国的研究更多是对国外概念的借鉴、解读和实践成果的总结，从整体上还处于探索阶段，还没有较成熟和通用的数字素养评估标准，与国际数字素养研究水平还存在较大差距。也正是由于经验资料与研究数据积累不足，从根本上制约了我国构建系统、完善、成熟的本土化数字素养框架。

虽然国内外对数字素养的研究差异大于共性，但各自也存在着一定的不足。

首先，概念内涵层面。国外研究较多是在整个数字素养框架下进行，如欧盟的 DigComp、UNESCO 的数字素养全球框架（Digital Literacy Global Framework，DLGF）等，较少以特定人群为对象对数字素养进行定义解释。相较于国外，我国数字素养的研究对象则包含高校教师、中小学生、政府人员、高校图书馆员、农民群体等多种类型。与此同时，我国对数字素养概念与内涵的认知存在一定差异，但主要有两个层次的认知：站在狭义的视角来看，视为能力或技能，表现为对筛选、获取、处理、使用和创造的数字生存与发展性技能；站在广义的视角来看，视为一种数字思维方式，是集技术技能、认知技能、元认知过程、公民参与和道德意识于一体的数字综合能力与价值体系。

其次，实践活动层面。国外尝试实践活动的时间虽然较早，涉及对象也更多，但由于实践活动需要因材施教、因地制宜，直接导致国外现有数字素养框架已超过100种、缺乏相对统一的数字素养测量标准。相较于国外，我国既有研究更多集中在教育现状、途径，以及对发达国家教育模式的文献整理和理论思辨层面，这些研究虽然映射了数字素养教育在我国的推进，但更多还是宏观视角的研究；不仅鲜有面向大学生群体数字素养的研究成果，而且鲜有结合特定学科专业的实践经验分享；虽然也有少量研究面向师范类大学生，但这些研究更多指向了他们从事未来职业(教师)所需的数字素养，即教师数字素养，与此同时，不少研究仍停留在对数字工具与资源使用的显性能力的讨论上，对隐性能力的阐释还不够翔实，这与我国国情存在一定的错位。

最后，研究广度和深度层面。国外研究比较多样，注重量化。我国对数字素养的研究虽然也接近 20 年，但或多局限于宏观理论的探讨，或多在以往研究指出存在问题的基础上结合思辨提出意见和建议，或多流于逻辑推演，较难呈现数字素养的生成机理和影响因素。这和我国学界重质性、轻量性的学术研究习惯有关，实证研究少，且评价维度覆盖范围较窄、指标精细度较差，较难反映数字领域特定情境复杂问题对数字能力的新要求、较少反映数智时代技术环境和内容生态的新问题等，使得鲜有的针对数字素养的调查问卷各维度不统一，不仅鲜有阐明信效度，而且鲜有指标权重，有待进一步提升研究方法的科学性。

综上所述，国内外对数字素养的研究虽然在概念、实践活动、广度和深度上存在着差异，但随着网络化、数字化、智能化、虚拟化的普及与深入，实际上已呈现出不同的侧重点，较为分散，因此难以在概念内涵、研究对象、模型与权重、实践活动上取得一致性结论，这就要求数字素养框架具有科学性、全面性与发展性。

当下正是我国公民数字素养培育的关键期与机遇期，有必要在界定数字素养概念与内涵的基础上，开发与设计一个能够适应当下现实环境和未来职业语境对大学生数字能力提出的新的更高要求、具有较好颗粒度的量表，并在全国范围内开展实证调研。因为只有厘清了大学生数字素养的内涵与构成要素、不同群体间存在的水平差异及其影响因素，才能有的放矢地提出大学生数字素养培育的路径选择。

2.2 数字素养的本质透视

2.2.1 引言

有研究者在比较数字素养与"相关"素养后指出：尽管以上概念术语都用于甄别和探讨公众所具备的数字知识与技能，但却并非同义，而是指向不同层面的不同概念，数字素养是经"相关"素养的部分整合和流变而形成的。为更好地认知数字素养的本质，本书将在分析何为素养、数字素养的基础上，进一步厘清数字素养与"相关"素养的本质差异。

2.2.2 何为素养

1. 国外、国内对素养的界定

1)国外对素养的分析界定
为适应数字技术创新迭代、差异日益突出的社会文化、相互依存与影响日益加深的全球化时代，经济合作与发展组织（Organisation for Economic Co-operation and Development，OECD）于 2005 年通过"实用性概念取向"将素养简洁界定为"素养不只是知识和技能，而是在特定情境中，通过调动和使用心理社会资源（包括技能和态度）满足复杂需要的能力"[127]。例如，具备良好交往能力可以被视为一种素养，因为它可能涉及个体的语言知识、沟通技能及其基本态度倾向。

欧盟于 2009 年将素养定义为"适用于特定情境、至关重要的知识、技能和态度倾向的集合，是可迁移和多功能的"[128]，而其中的特定情境主要指个人情境、职业情境和社会情境。UNESCO 于 2014 年将素养定义为"识别、理解、解释、创造、沟通、计算和使用与各种情境相关联的印制和书写材料的能力"[129]，反映了素养对能力要求的基础性和常识性。

不难发现，素养的内涵是动态演进的，会随着时代和环境的变化呈现出不同的风貌。

2）我国对素养的分析界定

张华认为，素养是一种高级心智能力，并非与生俱来的心理特征，而是经后天训练和实践获得的跨领域迁移的、多功能的技巧或能力，与个体所具备的知识、所处情境与所掌握基本技能紧密关联[130]。

余文森在深入剖析素养构成与素养与人的关系的基础上，分别从社会学、心理学、行为学和认识论四个维度认为素养是一个人的"精神长相"（外貌和气质）、"人格"（心理质量）、"行为习惯"（道德品行）和"思维方式"（个体思维的层次、结构和方向）[131]。

不难发现，素养是根植于人内在的一种认知能力，虽然个体无法通过学习具体知识而直接获得，但可在学习过程中逐渐养成。在这个过程中，教育可起到至关重要的作用。但需要注意的是，教育不仅仅有学校教育，还有自我教育、家庭教育和社会教育等，这也意味着，学校并非是素养形成的唯一指向，个体、家庭和社会其实都是素养养成的可能指向。

综上，国际组织和研究者对素养界定的基本描述如下：素养并非知识、技能和态度三要素的简单组合，而是三要素的超越和统整；既与特定领域或特定任务紧密关联，又与外界情境紧密关联；是经后天训练和实践而获得的能力或素质；是可被预测和测量的；更重要的是如何恰当地使用以解决特定情境中的复杂问题。

2. 素养的基本内涵及特点

通过国内外对素养的分析界定，本书将对素养的内涵与特点进行剖析。

1）素养是相对综合的能力特质集

素养的构成并不限于知识、技能和态度等初阶认知能力，还包括了个体广泛适应终身发展和社会发展需要的更高层次的能力特质。从以上来看，素养所需的综合性能力特质为素养提供了多元化的构成要素。即便如此,以上的综合性能力特质仍可被大致划分为两类,即"知识、技能和态度"和"正确价值观和必备品格"。其中,知识、技能和态度是素养中的初阶认知能力,常被用来预测和测量个体工作表现的外在行为层面的显性能力;正确价值观和必备品格是素养中的高阶认知能力,是重要性大于前者却常被公众忽视的内在意识层面的隐性能力。总之,素养既包括外在行为层面的显性能力,又包括内在意识层面的隐性能力,需要从更为综合的视角进行全面观察、发展和测量。

2)素养指向较高绩效目标的达成

素养要求个体在不断学习中逐步完善自我并实现自我超越。事实上,仅通过"学"获得的孤陋的、碎片的、僵化的、垄断的、基础的和基本的知识、技能和态度,是只能满足最低要求的初阶认知能力,而那些借助初阶认知能力而"习"得的通用的、综合的、无界的、分享的、创新的、创造的、跨领域迁移的能力特质才是满足较高绩效目标的高阶认知能力。这是因为"学"只是一个接受过程,这就决定了"学"只能在"能做"层面达成绩效目标;而"习"是对"学"的知识的整合、加工与实践,是"能做好"层面达成绩效目标的保障。鉴于此,素养既包括相对常识的、基础的初阶认知能力,也包括复杂的、关键的、核心的高阶认知能力,其指向的绩效目标通常需要个体付出更多的努力。

3)素养与职业岗位紧密关联

特定领域的知识或能力是素养的核心内涵之一。这里的特定领域既可视为不同职业对从业者所需素养的要求不同,也可视为同一职业的不同岗位对从业者所需素养的要求不同,还可视为工作目标不同的相位岗位对从业者所需素养的要求不同。但值得注意的是,素养虽然是相对综合的能力特质集,但并非是所有能力的"大合影",而是与职业岗位紧密关联的、关键的、核心的能力特质。不难发现,结合某一职业岗位具体素养的特点或构成要素,往往是数量有限、关键和可测量的,也可在对其进行针对性测量的基础上优化提升。

4)素养与外界情境紧密关联

除与职业岗位紧密关联外,素养还与个体所处的外界情境紧密关联,如社会情境、物理情境和技术情境等,这是因为不同的外界情境会给个体带来不同的思维发生、知识形成、能力成长、情感孕育、理性认识的过程,从而影响到其主要构成要素。相较于传统社会,大学生在数字生活/学习/实践/创新中的素养也会存在较大差异。此外,媒体融合的不同阶段,对大学生的素养要求自然也会存在较大差异。因此,素养是动态的、技术的、特殊的,且对外界情境有极强的敏感性。

5)素养与内在情境紧密关联

境由心动,变化无穷。素养除与外界情境紧密关联外,还与个体的内在情境紧密关联,如经历经验、情绪状态、自我效能等,因为不同的内在情境会给个体带来不同的价值取向与人生追求，这自然也会对大学生素养的主要构成要素造成影响。正是由于素养是基于个体全面成长的需求或在社会组织中的具体职业岗位的需求，因此素养将不仅仅关系到个体对自身表现是否满意，更关系到社会组织对个体的表现是否认可。正是如此，个体的内在情境实际也将映射其在职业岗位中的素养水平。

综上所述，素养呈现出了构成要素综合，较高绩效目标，与职业岗位、外界情境、内在情境紧密关联等特点。

2.2.3 何为数字素养

1. 数字素养的本质

站在高等教育的视角来看，美国新媒体联盟（NMC）首次提及数字素养，认为其是一种在数字环境中使用复杂数字技能、多重意识和创新思维解决数字领域复杂问题的必备技能[132]。随后，在 NMC 2017 年发布的《高等教育中的数字素养 II：新媒体联盟地平线报告》中，数字素养被划分为包含不同数字能力标准的三个领域，即"通识素养""创新素养""跨学科素养"。尽管这也是一个较为宽泛的定义，但相对于 DigComp，本书认为其至少有两种启发式意义：其一是从通识素养、创新素养、跨学科素养三个层面对大学生数字生活/学习/实践/创新提出了期望，其二是主要指向了高等教育，这也再次佐证数字素养具有极强的外界情境敏感性。

史安斌和刘长宇在前人研究的基础上，提出了"全球数字素养"的概念，并将数字素养划分为三个核心维度，即"进阶的能力维度""中阶的认知维度""高阶的参与维度"，如图 2-5 所示。具体而言，能力维度是个体在数字化生存中的基础技能；认知维度要求个体在数字化生存中树立强有力的主体自觉意识；参与维度强调个体在具备较好的能力与认知后，能够创新、创造、跨学科迁移地参与数字内容的生产、交互与传播[133]。

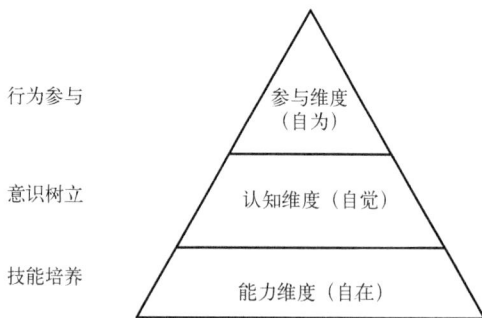

图 2-5 数字素养的三个核心维度及其逻辑关联

综上所述，自 2013 年数字素养被欧盟正式提出后，随着网络化、数字化、智能化、虚拟化技术的应用和普及，数字素养已被身处数字社会的个体视为数字社会合格公民的必备核心能力，既包括数字知识与技能等初阶认知能力，又包括数字意识与责任等高阶认知能力。

但是，数字素养究竟为何，世界各国和国际组织并未达成一致性的观点，不过或可对以上"定义"的相似点做出总结：其一，数字素养包含但不限于数字知识与技能、数字意识与责任等，是一种相对综合的数字能力特质集；其二，数字素养是一种以数字通识技能为基础，指向解决数字领域特定情境中的复杂问题的高级能力；其三，数字素养还应包括数字技术认同、数字社会服务、尊重他人数据、数字版权与许可等价值取向层面的特点；其四，数字素养与个体在数字生活/学习/实践/创新中的自我效能感紧密关联，如自我能力感、自我努力感、环境把握感、自我控制感等；其五，数字素养对外界情境具有很强的敏感性。

2. 数字素养的基本内涵及特点

结合素养的基本内涵及特点，以及不同数字素养"定义"的共有属性，本书将对数字素养的基本内涵及特点进行总结和推演。

1）数字素养是一种面向数字社会的综合数字能力特质集

与素养一样，数字素养也由外在行为层面的显性能力和内在意识层面的隐性能力构成。不一样的是，数字素养的能力特质均基于"数字"，如数字知识与技能、数字意识与责任等。但与知识、技能和态度不同的是，经历经验、情绪状态、自我效能感等内在情境是相对稳定的，因为个体在传统社会中若能全面认知自己，主动关注、学习与追踪新一代技术，在遇到压力和困难时能有效控制情绪，则其在数字社会中大概率会有较好的表现，只是在数字社会中内在情境构成要素的权重会有一定差异。比如，在数字社会中，内在情境中的自我效能感就可能会得到更多关注，因为其将保证个体畅享品质数字生活。总之，数字素养是一种面向数字社会、包含显性能力和隐性能力的综合数字能力特质集。

2）数字素养是基于"数字"方式达成较高绩效目标

相同的是，素养和数字素养均是指向较高绩效目标；不同的是，数字素养指向的较高绩效需要基于"数字"方式才"能做好"，或基于"数字"的创新、创造、跨学科迁移才"能做好"。事实上，数字经济之所以能够成为一种新的经济形态，正是由于数字工具与资源提供了便捷的生产力工具、高效的连接方式和畅通的沟通渠道，这不仅让数字创新、数字创造与跨学科迁移的门槛得以降低，同时也让数字创新、数字创造与跨学科迁移的概率得以提升。总之，数字素养指向的较高绩效目标，不仅仅说明其是一种基于"数字"的、多元的、复杂的基础数字能力特质集，更说明其是一种基于"数字"的、关键的、核心的高级数字能力特质集。就大学生而言，成长为数字社会合格公民应该是对其数字素养的最低要求，成长为数字内容健康传播促进者应该是对其数字素养的较高绩效目标要求。

3) 数字素养与数字社会更为紧密关联

传统社会中，素养与外界情境紧密关联；数字社会中，数字素养与"数字"的广泛普及应用和快速创新迭代更为紧密关联。这是因为数字技术多维度转型赋能正呈"指数级"发展，一方面数字技术催生出现了乘"数"而来、物理空间与数字空间并存的数字社会，为公众的生活带来了诸多便利；但另一方面，数字技术也带来了包括接入鸿沟、使用鸿沟、知识鸿沟、能力鸿沟等在内的数字鸿沟，加剧了个体机会的不均等。面对瞬息万变的数字环境，自然需要个体的数字素养与时俱进，如此方能积极应对和适应数字社会带来的变革。正是如此，数字社会中数字素养将比传统社会中的素养具有更强的情境敏感性。

4) 数字素养是胜任行业新岗位的必备核心能力

从以上三个层面对数字素养内涵与特点的"观察"不难发现，面向不同地域、不同职业、不同岗位、不同工作目标的数字素养是存在较大差异的。因此，面向单一职业岗位的数字素养也开始被国外关注，如澳大利亚昆士兰大学图书馆于 2016 年发布了面向大学生的《2016～2020 年信息数字素养战略框架》，中国教育部也于 2022 年发布了《教师数字素养》。正如素养是较高绩效目标达成的前提一样，数字素养既是个体在数字生活/学习/实践/创新中的基本生存能力，更是个体基于"数字"方式达成较高绩效目标的必备核心能力。但需要注意的是，不同职业岗位所需的数字素养的构成要素必然有所不同。当下，数字技术创新迭代愈加复杂与激烈，这自然会对不同地域、不同职业、不同岗位、不同工作目标的行业新岗位所需的数字素养提出新的更高要求和期待。

综上，数字素养是一种基于"数字"的、多元的、复杂的、关键的、核心的、情境的和跨领域的综合数字能力特质集；其更注重个体面对数字领域特定情境中的复杂问题时的解决能力和创新创造能力；更强调个体对多学科知识的整合创新和意义构建；因而也可视为胜任行业新岗位的必备核心能力；此外，其与数字社会紧密关联，不仅具有极强的外界情境敏感性，而且其构成要素也会因为地域、职业、岗位和工作目标的不同而出现一定差异。

2.2.4　数字素养与"相关"素养的本质差异

尽管"相关"素养的概念术语都用于甄别和探讨公众具备的(某些)数字知识与技能，但却并非同义，而是指向不同层面含义的不同概念[134]。不难发现，数字素养的内涵与"相关"素养的内涵在不同程度上都有交叉和重合，即计算机素养是所有素养的基础，强调计算机操作性知识与软件应用技能；网络素养增加了网络环境下的相关知识和技能，也涵盖了媒介素养中与网络相关的思辨能力和道德意识，是数字素养的核心；媒介素养、信息素养、媒介与信息素养代表在不同的数字化环境中运用到的特有技能；数据素养是大数据时代国家和社会发展建设中对公众数据能力的必然要求。

值得注意的是，尽管数字素养与"相关"素养密切关联，但侧重却有所不同。数字素养是"相关"素养在数智时代的升华与拓展，是个体在数字化生存与发展中对素养的新的更高要求，更加凸显出现代信息技术(不同于计算机与互联网出现之前普及使用的电话、广播、电视等模拟通信技术)瞬息万变的数字化本质；大于"相关"素养的总和[135]。

因此，本书选择数字素养这一概念，其概念范畴囊括"相关"素养，与当下网络化、数字化、智能化、虚拟化的发展环境相匹配。"相关"素养概念体系可以都是建立在个体成长路径上的连续统一体，表现出素养这一基本文化概念在不同阶段的基本诉求。事实上，除了上述普遍性较强的素养概念体系，当前还出现了一些面向专业领域的素养概念体系，如游戏素养[136]、数字化阅读素养[137]，等等。

综上，从人类在信息技术社会中的角色演变来看，从"数字移民""数字原住民"到"数字公民"的发展，体现了公众应有的素养从媒介素养、信息素养、媒介与信息素养、计算机素养、网络素养、数据素养到数字素养的演变发展，也体现了数字技术推动下的社会发展，要求个体具备综合性和竞争性的能力素质，不仅能胜任数字生活/学习/实践/创新中的任务，而且能追求更为卓越的目标或更高的绩效。

各类素养相互渗透的概念框架，如图 2-6 所示。

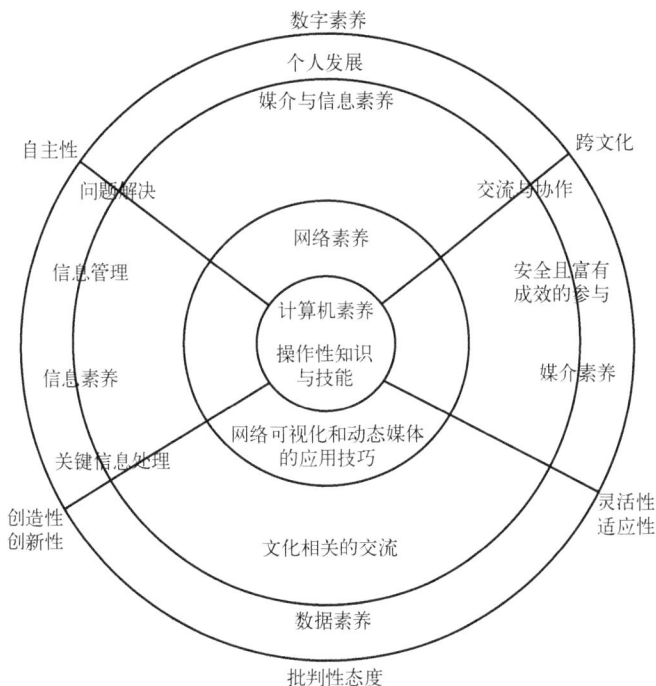

图 2-6 数字素养的概念框架

2.2.5　小结

本节对数字素养的本质进行了分析，并在辨析其与"相关"素养概念术语的差异后发现：数字素养是一种基于"数字"的、多元的、复杂的、关键的、核心的、情境的、跨领域的综合数字能力特质集；其指向的目标往往是解决数字生活/学习/实践/创新特定情境中的复杂问题，在这个过程中时常还需要创新、创造和跨学科迁移性地使用数字工具与资源；而且其对外界情境十分敏感，其构成要素会因地域、职业、岗位、工作目标的不同而发生变化。

2.3　数字素养的理论基础与内涵解析

2.3.1　引言

正如上文所言，大学生具有双重身份，这决定着大学生数字素养所包含的能力更为多元和复杂，而且会随着数字技术创新迭代，呈现出更强的动态性、技术性和情境性特征。那么，大学生数字素养究竟是什么？又有何种内涵？本节将围绕这两个问题进行探讨分析。

2.3.2　数字素养的理论基础

马克·布朗和肖俊洪在评价数字素养等能力素养时，一语中的地指出，这些能力素养绝大多数没有明确可靠的理论基础。这给本书带来了启示，对大学生数字素养的研究，应建立在可靠的理论模型上，从多维视角来全面分析其应有内涵。

1. 知信行理论(Knowledge，Attitude/Belief，Practice，KAP)

KAP 理论最早由 Cust 于 20 世纪 60 年代提出，是用来解释个体的知识和信念如何影响其健康行为改变的最常用模式，也是一种行为干预理论。KAP 理论将人类行为的改变分成获取知识(Knowledge)、产生信念(Attitude/Belief)和形成行为(Practice)三个连续体。其中，"知"是知识和学习，"信"是正确的信念和积极的态度，"行"是行为，即从知识入手，建立态度，最终影响行为。KAP 理论中的三个要素之间是存在辩证关系的，知识是行为改变的基础，信念和态度是行为改变的动力。KAP 理论模型，如图 2-7 所示。

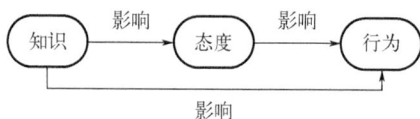

图 2-7　KAP 理论模型

数智时代，KAP 理论为分析大学生数字素养从数字认知到数字意识再到数字行为提供了科学的分析视角，其既可用于解构大学生数字素养培育的过程，也可用于评价与诊断大学生数字素养培育的效果。KAP 理论模型对大学生数字素养研究有以下启示，如图 2-8 所示。

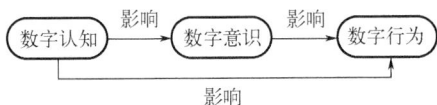

图 2-8　KAP 理论模型对大学生数字素养研究的启示

第一，知，认知数字素养是基础，应最大限度地把《行动纲要》政策法规等变成高等教育的理念。"知"的环节须解决的核心问题是如何将国家倡导的理念变成高等教育中所有师生都知晓并理解的理念。"知"的目标需要达到高等教育管理者精通、高等教育工作者熟悉、大学生知晓，主要可依赖正式管道传播（准确度高、速度快）、非正式管道传播（客观存在的、自然形成的）与物化传播（可合并于正式管道传播中）三种常规方式。

第二，信，认同数字素养培育是动力，应最大限度把全面发展数字素养变成大学生的信念。"信"的环节须解决的核心问题是让全体大学生尽快对标《行动纲要》等政策法规，逐渐养成"凝聚和引领主流意识形态""网络空间生态治理""规范网络传播秩序""引导广大网民自觉抵制网络不良信息和不法行为"的认同度，同时消除局部迷茫。"信"的目标是全面提升全体大学生对《行动纲要》等政策法规的信念度。当前，数字技术创新迭变已成为社会发展的基础。大学生既应是数字素养的受益者，也应是数字素养的引领者和推广者，应在专业知识学习和数字素养实践之间寻找到平衡点和结合点。

第三，行，践行数字素养培育是根本，应最大限度把大学生对数字素养的信念变成他们的习惯。"行"的环节须解决的核心问题是让全体大学生自觉践行已经养成的、国家所提倡的提升全民数字素养与技能的理念，并把这种理念变成自己的日常自觉行动，最后变成习惯。"行"的目标是提升全体大学生数字行为与数字理念的符合度。事实上，数字技术带来的改变早已不是简单的线性模式，KAP 理论给本书带来了启示，即让大学生最快速度、最大限度地发展数字素养，积极通过数字技术链接更多知识与技能，并且在整个过程中不断地调节、修正对数字素养的认知，从而在数字素养培育的过程中受益。

2. 计划行为理论（Theory of Planned Behavior，TPB）

TPB 理论一词最早由 Ajzen 教授于 1991 年提出，是对他和他的同事 Fishbein 于 1975 年共同提出的主要用来预测和了解人类行为的理性行为理论（Theory of

Reasoned Action，TRA）的拓展与延伸，用于帮助公众理解人类是如何改变自己的行为模式的[138,139]。TPB 理论指出，正是个体对行为态度、主观规范和知觉行为控制的意图，才共同塑造了行为意图和实际行为。在以往的研究中，TPB 理论已被广泛应用于包括传媒实践、公共关系、医疗保健和可持续性管理等在内的社会科学不同领域，研究者通过健康行为、网络分享行为、消费行为等研究，已多次证实行为态度、主观规范、知觉行为控制与随后的行为具有强相关关系[140,141]。TPB 理论模型，如图 2-9 所示。

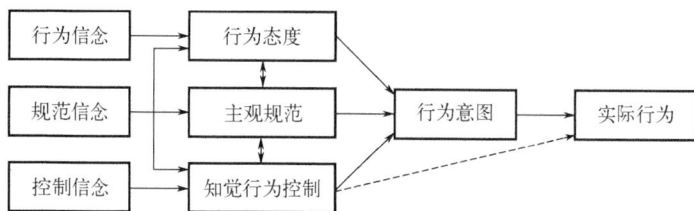

图 2-9　TPB 理论模型

数智时代，TPB 理论模型对大学生数字素养的研究有以下启示，如图 2-10 所示。

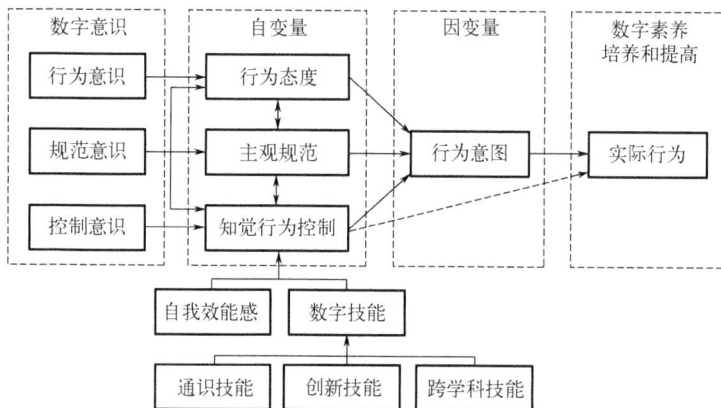

图 2-10　TPB 理论模型对大学生数字素养研究的启示

第一，TPB 理论能帮助个体形成正向参与数字生活/学习/实践/创新的行为态度、主观规范和知觉行为控制的信念，而这些信念是发展数字素养认知和情绪的基础，可用来解释、预测、影响和干预数字素养。第二，从行为态度维度看，发展大学生数字素养的认知，就是尽可能让大学生产生更加积极、正面的态度，其实这可进一步分解为认知成分和情感成分。从认知角度着手，就是让大学生对数字素养形成符合自身成长与社会发展的意义解读。从情感角度着手，就是让大学生产生喜欢、期待等正面情绪和情感。第三，从主观规范维度看，发展大学生养成数字素养的动力，就是尽可能通过重要机构（如主流媒体平台、高校等）、重要他人或团体（如知名专家学者、父母等)等积极肯定、鼓励和引导大学生的正向行为态度，并提供更佳的实践环境，这也是发展大学生数字素养的关键。第四，从知觉行为控制维度看，提升大学生的数字自我效能感、环境感知风险和专业技能(通识技能、创新技能、跨学科技能)，可作为大学生知觉行为控制的测量指标，可直接预测其数字行为发生的可能性[142]。第五，将基本情况(如性别、主修专业、数字经验等)存在差异的大学生进行搭配，可正向影响大学生的行为态度、主观规范和知觉行为控制，并最终影响大学生的数字行为意图，而这些效果又都是可估和可测的。大学生的内隐知识将变得外显化，并转变为更高层次的知识本体，或整合某些学科专业间的知识，经由创造性的思考、实验和实践来提升大学生的数字认知、数字内容评估、数字意识等；或通过对存在背景差异的同学的模仿与学习，实现内隐知识的社会化，即"创新"为发展数字素养过程中的"创新技能"，最大限度地培养和激发大学生追求数字知识与技能的动力，从而使大学生的"跨学科技能"积淀愈发深厚[143]。

3. 技术-绩效链(The Technology-to-Performance Chain，TPC)

TPC 理论是 Goodhue 和 Thompson 于 1995 年将任务-技术匹配(Task-Technology Fit，TTF)理论与倾向和行为(Theories of Attitudes and Behavior，TAB)理论相结合而提出的。TTF 理论的定义为一种技术辅助个体执行任务的过程，前提是任务、技术及个体三者之间的交互作用[144]；而 TAB 理论则认为，技术使用者的倾向、认知是信息技术采纳与否的关键，并可预测信息技术的采纳情况[145,146]。TPC 理论模型，如图 2-11 所示。

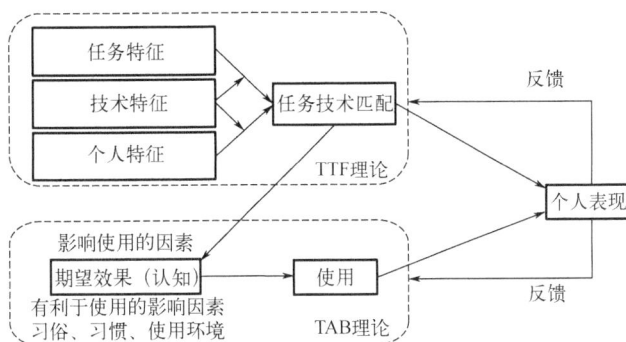

图 2-11　TPC 理论模型

数智时代,TPC 理论模型对大学生数字素养的研究有以下启示,如图 2-12 所示。

第一，大学生数字素养的培育，要求大学生在目标任务、数字技术和个人特征三者之间达成绩效目标上的匹配和协同。第二，面对解决数字领域特定情境中的复杂问题时，大学生要筛选出最合适的数字工具与资源，就需要具有分析任务的知识和能力，符合自身需求和个人特征的技术应用意识、技术应用能力和自我调节能力

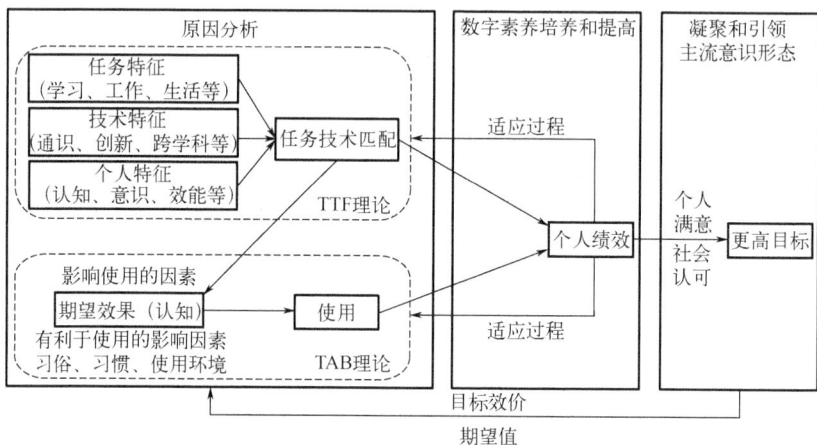

图 2-12　TPC 理论模型对大学生数字素养研究的启示

等。第三，大学生在认知层面的数字工具与资源使用期望效果，也是影响数字技术使用和个人绩效的关键因素。第四，维护积极健康的网络环境、数字社会服务等需要与外界协作的外在因素，也会影响大学生的数字技术采纳与绩效。大学生在解决数字领域特定情境中的复杂问题后，还应反思、总结和反馈自身表现或绩效，如此才能更好更快地成长为数字内容健康传播促进者。

2.3.3　数字素养的运作过程

　　大学生数字素养，既取决于内在意识层面的隐性能力和外在行为层面的显性能力，也受所处的数字环境和追求的目标任务的影响。为更好解构大学生数字素养的能力特质，本书将从隐性默会的"内部"运作过程和"外在"显性互动的双重视角展开分析。

　　1. 内化于心：大学生数字素养的内部运作过程

　　根据上文对大学生数字素养的相关理论分析，可将大学生数字素养的运作环节分为数字认知、数字意识、数字调运、数字自我效能感、数字使用、数字表现（个人绩效）和更高目标等环节。大学生数字素养的内部运作过程，如图 2-13 所示。

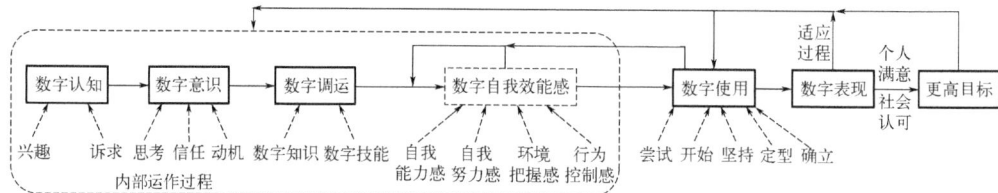

图 2-13　大学生数字素养的内部运作过程

1) 数字认知：数字素养的运作起点

数字认知是个体借助数字知识与技能认识数字社会信息加工的过程和结果，包括感性认知(感官的知觉)、知性认知(主观的思维)和理性认知(思维的统觉)，在这里可以理解为大学生能够察觉和关注到的解决数字领域特定情境中的复杂问题的直接关系。值得注意的是，本书中的数字认知并非是指大学生经过深思熟虑后对数字社会的认知，而是指大学生对数字社会的敏锐觉知，体现了大学生对接触到的数字技术的基本概念、基础理论、数字产品和服务的认知程度、感知程度、兴趣程度与诉求程度等。因此，数字认知既是大学生数字素养内在运作过程的起点，也是此数字素养与外界情境和目标任务连接互动的关键点。

2) 数字意识：数字素养的运作驱动

数字意识可理解为大学生数字素养内部运作中的"分析-决策"过程，是对大学生在数字认知过程中所意识到的解决数字领域特定情境复杂问题时的进一步分析和最透彻的诠释。该环节既是数字认知和数字调运的中间环节，又是数字素养内部运作过程中贯通上下环节的枢纽，也是大学生驱动数字素养发挥程度，以及决定其在解决数字领域特定情境中的复杂问题时投入程度的重要环节。所以，数字意识过程直接决定了大学生解决数字领域特定情境中的复杂问题的思考、信任与动机，包括安全意识、数字身份管理、尊重他人数据、数字版权与许可、数字技术认同、数字社会服务等在内的数字表现。

3) 数字调运：数字素养的运作核心

数字调运是数字意识环节的"分析-决策"结果，数字调运的对象其实是外在行为层面的数字知识与技能。事实上，数字调运环节能否实施，一方面与数字意识有关，另一方面与数字自我效能感息息相关，同时还取决于外在行为层面的数字使用的熟练程度与适应过程等。同时，外在行为层面的数字使用，直接指向数字调运，因此数字调运环节也可间接提升数字知识与技能。内在意识与外在行为的相互转换关系[147]，如图 2-14 所示。

图 2-14　内在意识与外在行为的相互转换关系

值得注意的是，尽管数字使用并非内部运作环节，但却与内部运作环节线性关联，可将大学生数字素养以外在显性的方式直接呈现出来。基于此，以下也将简要探讨数字素养外在行为层面的数字使用和数字表现环节。

数字使用环节指大学生调用相应的数字知识与技能，然后在应用于外在的解决数字领域特定情境中的复杂问题时，将经历"尝试行为→开始行动→坚持行为→动力定型→行为确立"的过程。当然，若大学生在解决数字领域特定情境中的复杂问题时暂未适应数字知识与技能的使用，将会重新进行数字调用。数字使用环节受大学生的数字自我效能感和数字表现的监控与调节的影响。最后，大学生的数字表现，都会通过反馈或反思这一环节，这也直接决定其是否有意愿追求更高目标，对大学生数字素养的内部运作过程和外在层面的数字使用环节产生影响，并将对下一阶段的目标任务做出调整或优化完善。

2. 外化于行：大学生数字素养的外部互动过程

大学生数字素养不仅限于内在意识层面的隐性能力，而且也体现在外在行为层面的显性能力，这里既包含了基本且普适的要求，又有更高层次的创新要求与跨学科迁移要求。其实，图 2-13 已呈现了大学生数字素养的内部运作过程，但若要更好运作，还需要熟练与适应外在行为层面的显性能力，并且最终也将体现在外在行为层面的数字使用和数字表现环节。因此，站在内部运作与外部互动的双重视角来看，大学生数字素养的内部运作，不仅与大学生个体、所处的数字环境和所面对的目标任务息息相关，而且存在于大学生所掌握的数字知识与技能(通识技能、创新技能、跨学科技能)的外部互动中，如图 2-15 所示。

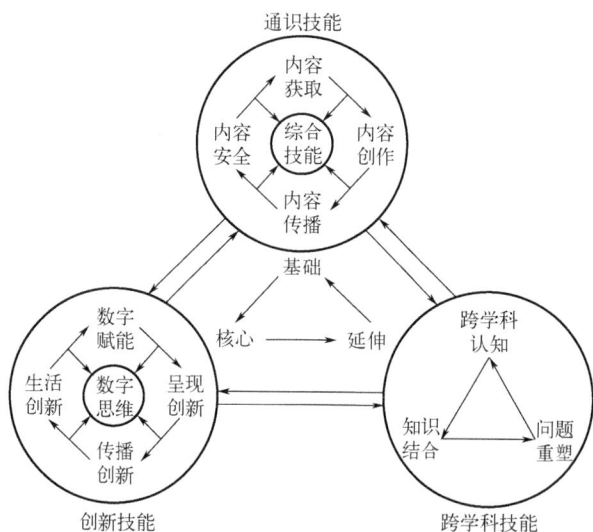

图 2-15　外部互动中的大学生数字素养的运作模式

1)通识技能：数字素养外在行为层面的基础

通识技能是大学生数字素养外在行为层面的基础，即是适应数字环境、完成数字目标任务的基本技能，主要体现为数字内容获取、创作、传播与安全保护等，能创建满足数字生活/学习/实践/创新中最低要求数字内容的认知能力，以及具备熟练使用至少一种专业技能，并能创建满足数字生活/学习/实践/创新中较高要求数字内容的认知能力。事实上，除具备熟练使用至少一种专业技能外，数字内容获取、数字内容创作、数字内容传播、数字安全四项数字使用行为具有社会普适性，因此具备这些能力的，不应局限于大学生，而是所有公民，如此才能帮助他们在未来顺利获得理想职业与保持岗位。

2)创新技能：数字素养外在行为层面的核心

创新技能是数字素养外在行为层面的核心，是大学生完成一些更具挑战性的数字目标任务的中介与支持，主要包括数字呈现创新、数字传播创新、数字生活创新等。创新技能进一步补充了通识技能，不仅强调专业技能，更强调社会文化属性，要求大学生借助数字工具与资源以更丰富、更多元的方式赋能数字内容呈现与数字内容传播等。大学生在解决数字领域特定情境中的复杂问题时的交互过程也是使用数字素养的过程。一方面，大学生应具有筛选、使用和评价数字工具与资源的知识、能力与意识(即图2-13所示的数字调运环节)；另一方面，大学生应将数字知识与技能创新赋能于解决数字领域特定情境中的复杂问题时所需的呈现、传播与生活中，实现四者间的相互流转，并能对数字技术操作与使用的过程进行反馈与反思(即图2-13所示的数字使用与数字表现环节)。

3)跨学科技能：数字素养外在行为层面的延伸与渗透

跨学科技能实际上是创新技能向不同学科进行延伸和渗透的具体体现，指在不同学科、不同外部环境、不同目标任务中融会贯通的认知能力，主要包括跨学科认知、知识结合、问题重塑与解决。例如，数字艺术作品的创作，要求大学生具备包含数字媒体技术(工学)、数字媒体艺术(艺术学)、影像叙事(戏剧与影视学)等在内的跨学科的数字知识与技能。基于此，大学生的数字能力，也从原来关注通识技能、创新技能，向自我学习或协同学习、参与数字社会服务的方向拓展，并在此过程中改变自身的知识观和学习观，相互促进和受益。大学生在使用以上三种技能时，数字素养除使用作为中介与支持的创新技能外，还涉及大学生与目标任务的直接互动，即涉及任务开展的态度、动机、数字价值观、情感和元认知等方面的能力。

图2-15还说明了大学生数字素养应有如下几个特点：第一，虽然大学生是数字素养的载体，但是此能力可在大学生与目标任务的直接互动中得以表现与发展；第二，大学生数字素养既可直接体现于大学生与目标任务直接互动时的通识技能，也可直接体现于在此过程中的创新技能与跨学科技能；第三，若将大学生与目标任务的直接互动视为"外在行为"，则可将数字身份管理、数字版权许可等视为"内在意识"。外在行为与内在意识共同决定着大学生的数字行为的意向和行动，影响着大学生在完成目标任务时的数字使用与数字表现，也决定着大学生在完成目标任务后是否愿意追求"更高目标"；第四，外在行为层面的显性能力的本质是数字知

识与技能，而通识技能、创新技能、跨学科技能这三者只是相对概念。因为，今日的通识技能，在数字技术出现初期也曾经是创新技能；而今日的跨学科技能，辩证来看在未来或也会成为通识技能。

2.3.4　数字素养的内涵及界定

上文不仅对素养和数字素养进行了本质透视，而且对大学生数字素养的理论基础和运作过程进行了深入分析，基于此，本书进一步揭示了大学生数字素养应兼具成长为数字社会合格公民和数字内容健康传播促进者的双重身份，即在让大学生成长为数字社会合格公民、高质量畅享数字生活的同时，能够最大限度地促进数字内容健康传播。

1. 大学生数字素养的内涵

1）大学生数字素养指向"全人发展"的实现

大学生具备数字意识、数字内容价值评估、数字自我效能感等内在意识层面的隐性能力，越来越受到教育界和社会各界的高度关注，而且掌握创新技能和跨学科技能等外在行为层面的、相对高阶的数字技能，也最大限度地受到了高等教育的重视。这种变化是对大学生应有素质的全面拓展，更加关注大学生素质结构的多维立体发展，也即向"全人发展"转变。

从 KAP、TPB、TPC 等理论看，大学生数字素养是从胜任行业新岗位的视角，对大学生数字能力进行的相对全面而系统的阐释。因此，能够胜任行业新岗位的大学生，具备的不应仅仅是数字认知、通识技能、创新技能等外在行为层面的显性能力，而且还应具备数字意识、数字内容价值评估等内在意识层面的隐性能力。此外，从 Piaget 的发生认识论哲学观点来看，大学生数字素养其实是对知识本质、学习过程（问题解决过程）的把握，即从学科知识到问题解决再到学科思维的过程[148]。面向大学生的全人发展目标描述模型，如图 2-16 所示。

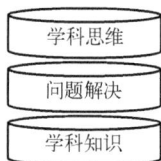

图 2-16　面向大学生的全人发展目标描述模型

2）大学生数字素养指向"时代新人"的实现

数字技术创新迭代，既赋能了数字产业升级，创生出了人机共生、虚实融合、万物互联、万物皆媒的数智时代，激活并释放了用户能动性和创造力，又赋权了传播体系重塑，带来并增强了用户主体性和表达权。在此背景下，数字内容无处不在、无所不及、无人不用，使得行业新岗位对大学生数字能力的现实需求指标已从数字技能转向数字素养。

事实上，要营造清朗网络空间、促进数字内容健康传播，大学生数字素养培育是一把关键利器，主要有如下几个原因：其一，数字素养是大学生胜任与数智时代相匹配的行业新岗位的基础条件；其二，数字素养的指向目标，于外在行为层面的显性能力不应局限于使用或创建满足最低要求数字内容的初阶认知能力, 还应使用或创建满足较高要求数字内容的高阶认知能力, 而于内在意识层面的隐性能力包括更好地熟悉数字意识、数字自我效能感、情感态度与价值观等; 其三, 数字素养是大学生成长为数字社会合格公民和数字内容健康传播促进者所需要的, 是核心的、根本的、关键的、实质的和符合数字社会可持续发展的综合素质; 其四, 数字素养与数字技术创新迭代息息相关, 在数字技术发展的不同阶段、数字技术应用的不同环境与不同目标任务中, 自然存在一定差异。

　　2. 大学生数字素养的界定

　　什么是大学生数字素养, 尚无明确的、获得广泛认可的定义。基于上文对素养和数字素养的本质透视, 本书尝试对其给出以下定义:

　　大学生数字素养是指, 大学生具有的、能促进其成长为数字社会合格公民, 且能富有成效地借助数字工具与资源解决数字领域特定情境中的复杂问题、成长为数字内容健康传播促进者的综合数字能力特质集。而这些能力特质集, 既包括了数字认知、数字技能等外在行为层面的显性能力, 又包括了数字意识、数字内容价值评估等内在意识层面的隐性能力。

2.3.5　小结

　　为相对全面、客观地认知大学生数字素养, 本节首先深入分析了大学生数字素养的理论基础, 其次从内外双重视角揭示了其运作过程, 探究了其应有的外在表现, 最后还进一步厘清了其应有内涵。本书认为, 大学生数字素养的运作环节包括: 数字认知、数字意识、数字调运、数字自我效能感、数字使用、数字表现和更高目标等环节, 而前四者是其内化于心的主要环节; 而大学生数字素养的外化于行, 则存在于大学生与目标任务的外部互动中。

　　从大学生数字素养的内涵看, 其指向"全人发展""时代新人"的实现。而从外在表现看, 此时此地和彼时彼地的大学生的数字素养会有所差异, 但在当下, 其主要表现为: 数字技术的常规使用、创新使用与跨学科迁移使用, 以及成长为数字社会合格公民的数字价值观。

2.4　数字素养培育的中外经验与比较分析

2.4.1　引言

　　无论从国际趋势, 还是从大学生"全人发展""时代新人"的成长需求来看, 都亟须发展大学生数字素养。为此, 本书将对国内外发展数字素养的"标准"进行分析比较, 以期为大学生数字素养模型的构建提供借鉴。

2.4.2 数字素养相关"标准"的比较分析

1. 大学生数字素养相关"标准"之间的差异

国内外"标准"在研制背景、研制目的、内容结构上均存在显著差异，如表 2-7 所示。

表 2-7 相关"标准"的显著差异

"标准"名称	国家/地区/组织	研制背景	研制目的	内容结构与特点
数字素养概念框架	以色列	于 1994 年提出数字素养一词，然后分别于 2004 年、2012 年提出、更新了概念框架。从最初的概念到实时思考素养，凸显了跨学科交叉的重要性。该框架是数字素养最全面的模式之一，因此也被《远程教育百科全书》列入数字学习的主要模式	强调公众在数字社会更好的"生存"	包含"照片-视觉素养""再创造素养""分支素养""信息素养""社会-情感素养""实时思考素养"6 个领域的数字技能。事实上，其中部分技能严格地说并非技能，而是与数字知识、数字意识、数字经验和生活技能等息息相关的数字能力
高等教育数字素养框架	美国	NMC 从 2015 年开始的连续三年发布具有连贯性和互补性、简明性和开放性、理论性和实践性的数字素养系列调查报告，认为高等教育中的数字素养应该由多个方面组成，既应有专业技能(如办公软件、图像处理软件、Web 内容创作工具等)，又应有社会文化素养(如不同学科的融会贯通、数字公民身份、版权认知与数字交往等)。尤其是将研究视野拓展至美国之外的欧洲、中东和非洲国家，以及人文科学、商业管理、计算机科学等多样性和差异性的课程，不仅说明大学生数字素养是一个全球性话题，而且认识到大学生应想成为合格乃至有竞争力的数字公民	充分体现了对高等教育与大学生数字素养的重视，旨在推动高等教育将数字素养以合适的形式嵌入到不同的课程中	从"通识素养""创新素养""跨学科素养"3 个不同数字能力标准的领域构建了高等教育中的数字素养，具有较好的开放性，意味着可根据当前和未来的数字社会环境，由所需的实践技能持续对其进行补充、完善和拓展，此"标准"同样可被视为大学生在数字生活/学习/实践/创新中需要掌握的"通识技能""创新技能""跨学科技能"
欧洲公民数字素养框架	欧盟	欧盟先后四次发布面向全体欧洲公民的 DigComp，即 DigComp 1.0 版(2013 年)、DigComp 2.0 版(2016 年)、DigComp 2.1 版(2017 年)、DigComp 2.2 版(2022 年)。这四个版本的 DigComp 不仅直接映射了 10 多年来数字技术创新迭代对欧洲公民的影响，而且让欧盟构建出了一套兼具科学性、系统性和实践性的发展数字素养的方法体系，与时俱进地为欧盟发展数字社会合格公民提供了新的指导标准	促进欧洲公民更好地认知数字素养，适应数字技术创新迭代对公民数字能力的新要求，并用于评估和发展欧洲公民的数字素养	以当下最新且最为完善的 DigComp 2.2 版为例，不仅从"信息和数据素养域""沟通与协作域""数字内容创建域""安全域"和"问题解决域"5 个素养领域的 21 个基本素养研制了面向全体欧洲公民的数字素养，而且按照公民数字素养发展阶段(基础、中级、高级、高度专业化)设计了公民应具有的数字素养，这正是其与其他"标准"的重要差异

续表

"标准"名称	国家/地区/组织	研制背景	研制目的	内容结构与特点
数字素养全球框架	UNESCO	由 UNESCO 于 2018 年提出，将数字素养描述为：使用数字媒体、数据处理和信息检索所需的一套基本技能，使公众不仅能够借助数字技术参与社交媒体，而且还能创造和分享知识。由于 UNESCO 是一国际性组织，所以在研制"标准"时已充分考虑并广泛收集到了世界各国(地区)的社会、经济和教育发展现状与普遍规律，故这是一个在世界范围内具有代表性的框架	为世界各国的数字素养政策提供参考；加强世界各国对数字素养教育的质量检测	在 DigComp 2.0 的基础上研制，构建了从"设备与软件操作域""信息和数据素养域""沟通与协作域""数字内容创建域""安全域""问题解决域"和"职业相关能力域"层层递升的 7 个素养域及 26 个基本素养。值得注意的是，7 个素养领域还包括欧盟 DigComp 2.0 未涉及的"设备与软件操域作"和"职业相关能力域"，这也使得其所包含的能力相较于其他"标准"更为广泛
数字素养发展框架(七元素框架)	英国	由 JISC 于 2014 年提出，不仅强调发展学生通过数字工具与资源查找、解释、评估、管理和共享信息的能力，而且注重发展学生对信息沟通与协作能力，因此得到了英国多数高校和图书馆的认同	为整个英国高等教育界的计算机和信息教育发展提供国家层面的指导和建议	包含"媒介素养""信息素养""ICT 素养""沟通与协作""数字学术""职业与身份管理""学习技能"7 个元素，这既说明某个单一模型难以对数字素养给出标准化的模型，又说明数字素养与上述素养密切相连但侧重有所不同。事实上，若把媒介素养、信息素养和 ICT 素养三元素分别视为信息与媒体技能、学习与思辨技能、信息与通信技能，则另外的四元素或可被视为如上三元素都将经历的四个发展阶段，即功能性获取(沟通与协作)、个人技能(学习技能)、实际操作(数字学术)、特征与身份(职业与身份管理)
数字素养"七柱模型"	英国	英国国家与大学图书馆协会(Society of College,National and University Libraries，SCONUL)信息素养组先于 1999 年发布了信息素养七柱模型，后于 2015 年在信息素养"七柱模型"中引入了数字素养元素，从而形成了既各自独立又联系紧密的数字素养"七柱模型"	对师生的数字知识与技能进行深入评估，帮助他们了解自身的差距	包含"识别""范围""计划""寻找与获取""比较与评估""管理与控制""创新与呈现"7 个元素。一方面，按照"识别""范围""计划""寻找与获取""比较与评估""管理与控制""创新与呈现"螺旋式上升的结构构建了数字素养的"七柱"；另一方面，按照"新手""高级初学者""高级用户""熟练用户""专家"设计了个体数字能力的熟练程度，这是与其他"标准"的重要差异

续表

"标准"名称	国家/地区/组织	研制背景	研制目的	内容结构与特点
2016~2020年信息数字素养战略框架	澳大利亚	昆士兰大学图书馆将信息数字素养视为个体在数字生活/学习/实践/创新中的必备核心能力，同时强调这是一套包括理解信息产生及其价值、批判使用信息、具有道德地创新知识等在内的综合能力，是规范、有序、系统性地实施数字素养项目的一套实践指导方案	为帮助学生提升21世纪学习和工作所需的基本技能，提高相关人员对数字素养重要性的认识，促进大学战略发展目标的实现	包含"协作""整合""创新""持续性""评价"5项核心原则，强调积极借助数字工具与资源构建新知识体系，如专业领域内的数字学术空间等，并通过多样化的方式（如专题讲座、在线学习模块、针对性交流等）将数字素养持续、充分地嵌入到课程资源建设、教学与科研工作中
基本数字技能框架	英国	由英国教育部于2019年发布，并已成为英国基本数字技能的新国家标准，可见英国已开始疏通数字教育管道	从学生开始增强数字技能培养，以提升他们进入数字社会的基本技能水平	包含"数字基础技能""沟通交流技能""信息处理技能""在线交易技能""解决问题技能""安全合法上网技能"6个技能维度，是与雇主、数字技能和合作伙伴协商制定的，可最大限度地向学生提供与职业相一致的数字技能框架，不仅将激励学生将数字和技术视为进入数字社会的重要职业通道，而且有利于雇主主导的现有劳动力市场的数字技能提升
数字工作场所技能框架	美国	由美国杜克大学伊莉莎白·玛施（Elizabeth Marsh）教授于2018年制定，确保整个组织是富有成效的、有竞争力的，并为未来技术驱动的需求做好准备	帮助组织应对数字技术的挑战，支持他们员工通过数字化工具完成日常工作任务	包含"使用数字工作场所""过程和应用""创建和连接""思考和适应"4个主要领域的16个步骤，系各类数字工作场所主要涉及的所需技能
行动纲要	中国	2021年发布，旨在深入贯彻落实网络强国的重要思想，实施全民数字素养与技能提升行动，加快数字化发展，建设网络强国和数字中国	提升全民数字素养与技能	并未分类命名所描述的能力，而是将能力融入在7项主要任务（丰富优质数字资源供给+提升高品质数字生活水平+提升高效率数字工作能力+构建终身数字学习体系+激发数字创新活力+提高数字安全保护能力+强化数字社会法治道德规范）、23项具体任务中，以及包括6大工程（公民数字参与提升工程+数字社会无障碍和适老化改造提升工程+数字技能产教融合工程+领导干部和公务员数字素养提升工程+退役军人数字素养与技能提升工程+高端数字人才培育工程）在内的10项具体工程中，而这些任务和工程必须以公民具有较高数字素养为前提

"标准"名称	国家/地区/组织	研制背景	研制目的	内容结构与特点
数字素养与技能认证	中国	由全国高等学校计算机教育研究会于2022年发布，旨在帮助中国公民通过学习，了解与掌握生活、工作、学习中所必要的数字化知识与技术，弥合数字鸿沟	对政府有关部门、中国高校、职业技术学院、社会教育机构、社区组织、企事业单位等培养和认证公民的数字素养与技能提供统一规范的标准	包含"数字内容获取、管理与评价""数字内容开发与利用""数字沟通与协作""数字技能""安全保障""伦理道德""政策与法律法规"7个能力维度的61个二、三级核心知识点，用于包括大学生在内的各类公民数字素养与技能的教学、培训、考核及认证考试
教师数字素养	中国	由教育部于2022年发布，旨在扎实推进国家教育数字化战略行动，完善教育信息化标准体系，提升教师利用数字技术优化、创新和变革教育教学活动的意识、能力和责任	对教师数字素养的培训与评价	包含"数字化意识""数字技术知识与能力""数字化应用""数字社会责任""专业发展"5个一级维度，以及13个二级维度和33个三级维度的能力框架，有利于大学生从行业（职业）的视角理解与发展相应维度的能力

2. 大学生数字素养"标准"的共同关注

从研制的背景、目的和内容结构看，虽然9个国际"标准"与3个中国"标准"存在显著差异，但也存在许多共同关注（相似）点，即共同关注和发展的数字能力。由于我国在公民数字素养框架构建方面的工作基本还处于探索阶段，还没有较成熟和通用的数字素养评估标准，下面仅对9个国际"标准"共同关注和发展的数字能力进行提取与分析。

1）研究方法和工具的选择

为提取上文所介绍到的9个国际"标准"共同关注和发展的数字能力，本书使用了相对高效的文本分析法和Nvivo分析软件，主要考虑如下：第一，因为不同"标准"存在着不同的研制背景、目的与内容，所以研制时使用的文本结构和能力表述也不一致；第二，虽然这些"标准"从不同维度对公民、教师、学生数字素养进行了不同广度和深度的划分，但均未直接将"自我效能感"纳入，仔细观察这些"标准"便不难发现，其中部分"标准"的能力描述文本中，其实已提到了"自我效能感"，如"主动性"（主动学习、主动了解、主动争取等）和"自我赋能"等能力要素或特征；第三，基于Nvivo软件的文件分析和应用，更多用于编码分析非结构化数据，而上文所介绍到的9个国际"标准"并非完全是结构化内容，正是如此，在对这些"标准"编码时，本书主要参照和借鉴各"标准"的不同之处，即数字素养维度的不同之处，这将有效提升编码的准确率和效率。

2) 数据处理与结果

首先，将上文所介绍到的 9 个国际"标准"进行翻译、校对并汇总入一个总文本(由于 DLGF 是在欧盟"五维"框架基础上增加了"设备与软件操作域"与"职业相关能力域"两个新维度，构建的从"设备与软件操作域"到"职业相关能力域"层层递升的 7 个素养域及 26 个基本素养，因此在编码 DLGF 时，仅采用了"设备与软件操作域"与"职业相关能力域"两个能力维度的信息，以及其中新增的"5.5 计算思维"的能力维度)并导入到 Nvivo 中；然后，再逐一查阅总文本并进行次词频查询(按单词最小长度为"2"查询，结果如图 2-17 所示)与初始编码，共形成 149 个编码节点，770 个参考点，如图 2-18 所示。

单词	长	计	加权百分比 (% ▾	相似词
数字	2	204	6.30	计算, 数字
使用	2	109	2.85	工作, 利用, 使用, 运用, 职业
信息	2	90	2.80	信息
内容	2	67	2.08	内容
技术	2	53	1.65	技术
环境	2	46	1.43	环境, 情况
工具	2	51	1.41	方法, 工具, 手段
管理	2	62	1.31	策略, 处理, 管理, 交易, 控制, 买卖, 运用, 组织
进行	2	52	1.29	进行, 满足, 实践, 完成

图 2-17　Nvivo 文本分析：9 个国际"标准"的词频查询

文件	搜索 项目		
⊕ 名称		编码	参考点
📄 9个国际"标准"比较分析		149	770

图 2-18　Nvivo 文本分析：9 个国际"标准"初始编码节点与参考点数

需要注意的是，由于本书将 9 个国际"标准"汇总入了一个总文本来编码，故编码节点名称和参考点示意图中的"文件"均为 1。另外，编码节点名称和参考点数示例，如图 2-19 所示。

随后，基于对公民数字素养的内涵分析，本书针对编码节点和参考点再次进行了详细分析并合并、新增或删除了部分能力节点，形成了上文所介绍到的 9 个国际"标准"共同关注的数字能力要素的树状结构图示例，如图 2-20 所示。

上文所介绍到的 9 个国际"标准"共同关注的数字能力要素包括以下方面：

①"创新素养"包括数字迁移、开展创新活动、创新流程和产品等；

②“跨学科素养”包括跨学科认知、知识整合、数字问题解决等；

③“数字技术驾驭”包括使用数字技术进行内容检索、浏览、识别、处理、整合、表达等；

代码　搜索 项目

名称	文件	参考点
数字意识	1	30
自我效能感	1	23
数字内容安全	1	20
促进学生数字发展	1	17
数字认知	1	16
数字内容创新	1	14
数字内容评价	1	14
团队协作	1	14
交流沟通	1	12
数字内容整合	1	11
数字内容处理	1	11
数字内容检索	1	10
数字内容创建	1	10
数字问题解决	1	10
数字内容共享	1	8
数字技术驾驭	1	7

图 2-19　Nvivo 文本分析：9 个国际“标准”编码节点名称和参考点数(示例)

代码　搜索 项目

名称	文件	参考点
创新素养	1	14
跨学科素养	1	11
数字技术驾驭	1	75
数字价值取向与追求	1	27
数字评价	1	23
数字认知	1	18
数字意识	1	53
自我效能感	1	49

图 2-20　Nvivo 文本分析：9 个国际“标准”编码节点的树状结构图(示例)

④“数字价值取向与追求”包括促进学生数字发展、数字社会参与、职业相关能力等；

⑤“数字评价”包括多维分析、有效性/适用性/重要性评估、批判性思考等；

⑥“数字认知”包括数字知识、基本概念、数字产品与服务等；

⑦“数字意识”包括数字身份管理、数字版权与许可、健康与环境保护等；

⑧"自我效能感"包括识别数字素养差距、数字使用个性化、努力学习、管理认知负荷等。

另外，Nvivo 文本分析的编码节点及其文本描述示例，如表 2-8 所示。

表 2-8　Nvivo 文本分析的编码节点及其文本描述示例（9 个国际"标准"）

节点	能力描述示例
创新素养	对数字内容进行多维分析，并赋予其新含义； 从复杂的碎片化数字内容中建构新知识体系； 使用数字工具与资源创新产业价值与用户价值共生的数字生活新流程、新产品和新服务； 利用数字工作场所的工具和资源提出新颖或创新的想法、解决方案和工作方式； 利用（协同）数字技术参与数字社会服务
跨学科素养	识别自己的数字能力需要改进或更新的地方，能对不同学科观点保持好奇、开放和质疑； 能将多学科深度交叉融合，全生命周期地结合自己所持学科展开跨学科项目式学习； 能借助数字工具与资源发现或重构数字社会问题； 能利用不同学科的相关理论和专业知识解决概念性问题的认知能力
数字技术驾驭	能使用基本的数字化工具（包括办公自动化软件、图像处理软件、基于云的应用程序和内容、Web 内容创作工具等）； 能借助数字工具与资源并以适合受众环境和渠道的方式在数字工作场所进行交流； 能借助（协同）适合的数字工具与资源，通过丰富的途径获取并筛选满足最低要求的所需信息，并能在不同数字资源间有效地定位与导航； 能创建和编辑不同格式的数字内容，并通过数字手段表达； 能借助（协同）适合的数字工具与资源对已有的各种数字内容（文字、图片、音频、视频等）进行整合
数字价值取向与追求	能在数字社会中坚持公平、诚实等原则，关注数字社会的细节； 认可数字技术在数字社会中的价值，并愿意积极、主动地使用数字工具与资源； 能借助数字工具与资源，促进数字社会活动的自主性和多样性开展； 能借助数字共享等形式创建、参与或优化现代化社会治理体系和运行逻辑
数字评价	辨识数字内容的质量和真伪； 能对数字内容的负面性保持高度警惕； 对数据来源，信息和数字内容的时效性、重要性、准确性、可信性和可靠性等进行比较、分析，解读和批判性地评估数据、信息和内容； 能在数字环境中理解、分析和评价特定专业领域的数据、信息与数字内容； 能对数字内容进行积极主动的鉴赏和批评活动
数字认知	在特定环境下理解适当的数字通信手段的基本原理； 在个人和集体中进行认知处理，以理解和解决数字环境中的概念问题； 了解数字社会相关的基本概念与基础理论知识； 了解数字工具与资源带来的全面"智能+"和泛娱乐等新型数字生活场景
数字意识	遵循规范去创建、使用和管理个人的数字账号和密码，维护个人数字身份和数字声誉； 规范引用他人成果的认知能力，避免他人隐私、商业秘密和工作秘密等敏感数据泄露； 了解应用于数字内容的版权和许可的相关知识与数据； 认可数字技术在内容获取、制作、使用、分享、创新中的多元社会价值，对数字参与有积极性、主动性和创作性； 了解数字社会的主体需求，通过适当的数字技术寻求自我提升和实现公民价值的机会； 具备采取措施避免数字技术对个人及环境造成风险和危害的认知能力

节点	能力描述示例
自我效能感	具备以特定方式对数字内容进行实时处理的技能； 在正式和非正式的技术环境中努力学习和认知； 使用数字工具与资源来使个人的数字共享环境个性化； 在多个实时输入以及大量数据和信息的情况下管理认知负荷的能力； 反思哪些方法行之有效，并找到改进方法； 通过采用支持生产力的工具和工作实践来灵活、独立和有效地工作

以上基于 Nvivo 的文本分析，从上文所介绍到的 9 个国际"标准"初步提取了数字能力要素，从中可以初步总结出以下方面的借鉴经验：

第一，"数字技术驾驭""数字意识"是公民数字化生存的两大核心能力，被上文所介绍到的 9 个国际"标准"重点关注，本书在构建大学生数字素养构成要素时应重点关注。

第二，公民在数字社会中的高阶认知能力受到了越来越多的关注，如"数字价值取向与追求""数字评价"等。

第三，"数字自我效能感"并非上文所介绍到的 9 个国际"标准"的一级或二级能力要素，但上文通过 Nvivo 文本分析提取到了"努力学习""个性化""灵活性""独立性""有效性"等代表自我能力感、自我努力感、环境把握感和行为控制感的词语，这不仅佐证了大学生数字素养的内涵，而且为后续研究大学生数字素养的构成要素提供了重要参考。

第四，随着数字技术创新迭代，创新素养和跨学科素养也已成为数字社会合格公民所必需的素养。

事实上，如果将上文所介绍到的 9 个国际"标准"分别视为一个数字行为的完整周期的话，那么则可对共同关注进行对应的归纳。例如，将 SCONUL 数字素养"七柱模型"和欧盟 DigComp 进行比较分析，不难发现，"七柱模型"中的"识别"和"范围"可视为欧盟 DigComp 中的"信息和数据素养域"；"计划""寻找与获取"可视为欧盟 DigComp 中的"沟通与协作域"；"比较与评估""管理与控制"可视为欧盟 DigComp 中的"安全域"；"创新与呈现"可视为欧盟 DigComp 中的"数字内容创建域"。而欧盟 DigComp 中的"问题解决域"涉及的范围比较大，在其他几个"域"其实均有体现。按此逻辑，本书尝试在"七柱模型"的基础上把上文所介绍到的 9 个国际"标准"的共同关注进行整合。数字素养整合模型，如图 2-21 所示。

通过比较分析不难发现，无论哪一个"标准"的研制都存在自身的独特现实需求，这在较大程度上决定了"标准"的结构及其构成要素。同时本书也发现，无论是与欧美等国家着力发展公民数字素养的"标准"相比，还是从我国提升公民数字素养与技能以及培养大学生"全人发展""时代新人"的内涵来看，我国公民数字素养已滞后于欧美等国家，亟须开展面向包括大学生在内的全体公民的数字素养研究，并研制相关标准。

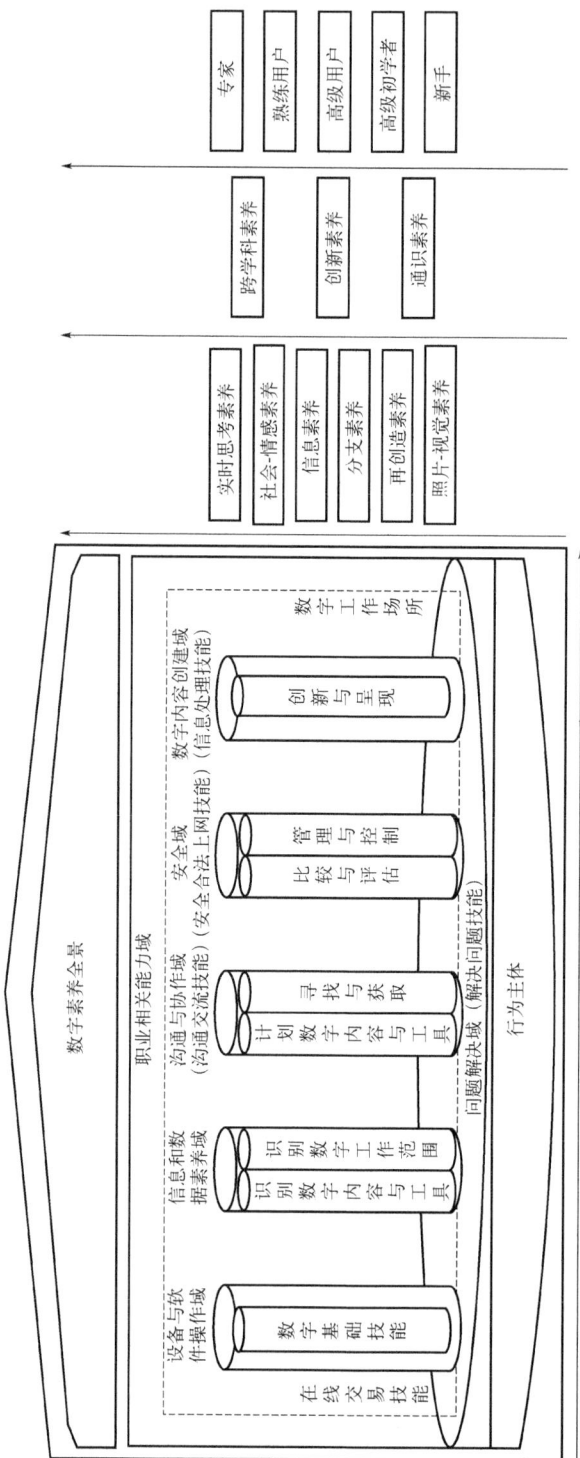

图 2-21　数字素养整合模型

2.4.3　数字素养相关"标准"的反思与启示

虽然从研制的背景、目的和内容结构看，9 个国际"标准"存在显著差异，但若将我国的 3 个"标准"与国际"标准"进行比较，便会发现我国"标准"还有很多不足之处。因此，构建大学生数字素养模型，既需要正视存在的不足，也需要合理借鉴国外的成功经验。

1. 对大学生数字素养培育的反思

1) 缺乏对大学生数字自我效能感层面的关注

数智时代，大学生不仅应该是传统社会的好公民，而且应该是数字社会合格公民，还应该是适合我国国情且与数智时代相匹配的时代新人。

从 TPB 理论模型的视角来看，作为自变量的知觉行为控制将直接影响行为意图与实际行为，而知觉行为控制又由数字自我效能感和数字技能构成，所以大学生数字自我效能感的高低，将在很大程度上决定其是否能成长为数字社会合格公民，并胜任未来行业新岗位所需。一方面，数字自我效能感作为个体的一面"镜子"，将影响大学生的知觉行为控制；另一方面，数字自我效能感也直接决定着大学生在数字社会的实际意图，并影响到在数字生活/学习/实践/创新中的实际行为。

从 TPC 理论模型的视角来看，数字自我效能感将直接影响个体的任务技术匹配，而任务技术匹配又将直接影响个人绩效，所以大学生数字自我效能感的高低，将在很大程度上决定其是否能成长为数字社会合格公民，并在个人满意和社会认可的情况下追求更高目标。一方面，任务技术匹配作为个体的一面"镜子"，将影响大学生的个人绩效；另一方面，任务技术匹配将直接影响期望效果(认知)，而期望效果(认知)又会直接影响数字使用，进而影响到个人绩效。当然，个人绩效与任务技术匹配、数字使用也分别存在一个适应过程，而这个过程其实正是数字自我效能感。

正是如此，大学生的数字自我效能感至关重要，已成为衡量他们能否成长为数字社会合格公民并胜任未来行业新岗位所需的重要指标之一。事实上，以上对大学生数字自我效能感的重要程度分析，同样适用于大学生的数字生活/学习/实践/创新，甚至决定着大学生未来的发展。但上文所介绍到的 9 个国际"标准"，并未将数字自我效能感列为公民数字素养的构成范畴。此外，站在"全人发展""时代新人"的视角而言，大学生也需要具备符合数字社会需求的数字自我效能感，如此方能畅享数字生活/学习/实践/创新。

2) 对大学生的高阶认知能力层面关注不足

虽然我国发布了《行动纲要》，但与上文所介绍到的 9 个国际"标准"相比，主要还是宏观战略层面的"7 项主要任务+6 大工程"，无法直接映射到大学生在数字生活/学习/实践/创新所需的高阶认知能力，如数字艺术鉴赏、跨学科项目式学习等。

而以《行动纲要》对数字素养的概念为基础，结合欧盟面向公民的数字素养框架
DigComp 2.1、UNESCO 研制的 DLGF 而起草完成的《数字素养与技能认证》，虽然
包含了部分高阶认知能力，但由于其面向所有公民，且主要用于培训和认证公民数
字素养与技能，对大学生数字素养所需专业领域的高阶认知能力自然会存在一定的
局限性。此外，《教师数字素养》包含 5 个一级维度，能力要求也呈螺旋式上升样式，
但由于主要用于培训与评价教师数字素养，因此对大学生数字素养所需的专业领域
的高阶认知能力自然也会存在一定的局限。

　　我国的 3 个"标准"对大学生所需的高阶认知能力层面关注不足，主要原因如下：

　　第一，在框架构建方面，我国滞后于国外很多国家，缺乏统领性的素养框架。

　　第二，《数字素养与技能认证》只是团标而非国标，影响力具有一定的局限性。

　　第三，《教师数字素养》主要面向教师群体，且主要用于培训与评价教师数字素养。

　　此外，不同地域、不同层次院校、不同学科背景的大学生高阶认知能力存在差
异，在数字生活/学习/实践/创新所需数字素养自然也会存在差异。例如，"了解应
对恶意代码的基本防范措施"，对文科生可能是高阶认知能力，而对工科学生可能
仅是初阶认知能力。

　　3）对大学生多维化发展层面关注不够灵活

　　正如上文所言，无论从 KAP、TPB、TPC 方面进行分析，还是从大学生胜任行
业新岗位的需求分析，大学生所需的数字能力都是多维的，既包括了数字认知、通
识技能、创新技能、跨学科技能等外在行为层面的显性能力，也包括了适合我国国
情且与数智时代相匹配的数字意识、情感态度与价值观等内在意识层面的隐性能力。
进一步对上文所介绍到的 9 个国际"标准"进行分析，发现其能力要素和组织机理
可分为如下几类：一是指向了数字素养的等级维度，如以色列的"数字素养概念框
架"、NMC 的"高等教育数字素养框架"；二是指向了数字素养的内容维度，如
欧盟的 DigComp、UNESCO 的 DLGF、SCONUL 的数字素养"七柱模型"；三是指
向了数字素养的实践维度，如澳大利亚昆士兰大学图书馆的"2016～2020 年信息数
字素养战略框架"、英国"基本数字技能框架"、美国的"数字工作场所技能框架"，
能力的维度较为多元化，特点是所涉及的能力维度相对较广，尤其是后者，从"使
用数字工作场所+过程和应用+创建和连接+思考与适应"对数字工作场景中的能力
维度进行了进一步说明。

　　与 9 个国际"标准"相比较，我国的 3 个"标准"在能力要素和组织机理上的
优势在于：一是适合我国国情且与数智时代相匹配；二是可根据"7 项主要任务+6
大工程"的要求，认识和发展大学生相应的数字能力；三是可根据螺旋式上升的能
力要求，选择并确认大学生数字素养的构成要素；四是可对大学生的部分数字能力
进行评价。但我国 3 个"标准"的不足之处是：不够具象化，较难最大限度地从不
同维度直接培育大学生数字素养。

　　综上所述，本书对大学生数字素养构成要素的研究，既应借鉴我国"标准"的优势，也应借鉴国际"标准"的长处，从而为大学生全面发展数字素养提供灵活性。

　　2. 国内、国外"标准"对本书的启示

　　1）聚焦我国高等教育的现实需求

　　在对大学生数字素养构成要素的研究中，要着眼于我国数字化转型和我国高等教育发展的特有现状，聚焦于不同层面的现实需求：从宏观层面看，应从我国高等教育的整体发展需求出发，构建大学生在数字生活/学习/实践/创新应有的数字素养，以让大学生养成数字化生存与发展的必备核心能力；从中观层面看，构成要素应满足大学生的差异化发展需求，要确保不同一级学科、不同地理区域在初阶认知能力和高阶认知能力的不同需求；从微观层面看，既应到具有代表性与权威性的相关机构调研，了解行业新岗位对大学生数字能力的现实需求，又应对不同地域、不同层次院校、不同学科背景的大学生进行调研，了解他们在数字生活/学习/实践/创新的数字能力需求。

　　2）关注大学生的数字自我效能感

　　大学生的数字自我效能感至关重要，已成为衡量他们能否成长为数字社会合格公民并胜任行业新岗位所需的重要指标之一。在内在意识层面，数字自我效能感是中介变量，不是调节变量；在外在行为层面，数字自我效能感既是中介变量也是调节变量。另外，从 TPB 理论、TPC 理论和社会心理学的视角来看，不同地域、不同职业、不同岗位、不同工作目标对数字自我效能感的具体指向也有一定差异，而且数字自我效能感与瞬息万变的数字技术紧密相关。因此，大学生的数字自我效能感，理应纳入后续研究，同时也应成为大学生数字素养的重要构成要素。但需要注意的是，数字素养所纳入的数字自我效能感，应该是成为数字社会合格公民与数字内容健康传播促进者的基础和核心特质，需要进行合理预判和筛选。

　　3）重视大学生的数字评价能力

　　为顺应数智时代，数字产业已进行了产业全链条的工具、流程与消费层面的大升级，使得数字内容正处于产业边界拓展、制作技术革新和原创动能爆发的快速迭代中，并呈现出"理论+实践""传统+现代""文化+科技""艺术+视听"的跨学科融合态势。从这个视角来看，大学生所需的数字素养，应该由面向实践的、多元的、复杂的、关键的、核心的、情境的、跨领域的综合能力构成。一方面，需要熟练掌握基础的数字知识与技能，成长为数字社会合格公民；另一方面，需要自主化和多元化的探索、发展和创新自己的数字评价能力，如数字艺术鉴赏、正向社会价值传播等，帮助自身发展具有长期竞争优势的数字素养。因此，在研究大学生数字素养构成要素时，也应充分重视和发展数字评价能力。

4) 学习与借鉴国际成功经验

国外在研制理念、能力构建和未来前瞻等方面的经验,对我国研制相关"标准"具有非常大的参考价值。因此,在研究大学生数字素养的构成要素时,应该借鉴国际"标准"对数字能力的共同关注,并结合我国数字产业的特点进一步优化完善不同维度的构成要素。在构建大学生数字素养的模型时,如何结合大学生数字素养兼具全人发展和时代新人的双重内涵,自然需要有更开阔的视野,而绝不是简单照抄照搬国际经验。

5) 前瞻性布局产业发展所需

大学生能否快速适应行业新岗位和促进数字内容健康传播,一方面需要大学生具备主动关注、学习与追踪新一代"智能+"技术和新兴数字媒介应用(如 Vlog、裸眼 3D、云直播等)的认知能力,另一方面也需要大学生具备发现或重构数字领域特定情境复杂问题,并能利用不同学科的相关理论和专业知识解决概念性问题的认知能力,这自然要求大学生数字素养所涵盖的能力要素应具有发展前瞻性。只有这样,大学生才能不断适应数字社会的发展,成长为数字社会合格公民;才能不断适应数字产业的"变"与"不变",成长为数字内容健康传播促进者。

2.4.4　小结

为进一步探析大学生数字素养的发展思路,本节不仅分析了与公民数字素养、大学生数字素养相关的 9 个国外"标准"和 3 个国内"标准"的研制特点,而且对9 个国际"标准"的研制背景、研制目的和内容结构等进行了比较分析,并提取了 9个国际"标准"的共同关注和发展的数字能力。

此外,结合行业新岗位对大学生数字能力的现实需求,本节还对大学生数字素养培育进行了反思,认为在研究大学生数字素养的构成要素及其模型构建时,应重点从如下五个方面来设计:聚焦我国高等教育发展的现实需求、关注大学生的数字自我效能感、重视大学生的数字评价能力、学习与借鉴国际成功经验、前瞻性布局产业发展所需。

2.5　数字素养影响因素的假设

2.5.1　引言

正如上文所言,大学生数字素养具有非常强的动态属性、技术属性和情境属性。那么,影响大学生数字素养水平的因素有哪些呢?本节将对大学生数字素养影响因素进行系统理论分析,选择并确认大学生数字素养影响因素的研究变量及测量题项。

2.5.2 假设研究的相关理论

20 世纪 70 年代，阿尔伯特·班杜拉 (Albert Bandura) 在勒温模型研究的基础上提出了三元交互决定论[149,150]，主要研究"个体""环境""行为"三者之间的关系。其中，个体是任何一个被培育主体，如人类、动物等，而个体因素指引起个体认知和行为以及其他内部特征因素，如信念、期望、态度、知识等；环境是个体所处的各种环境，不仅与直接环境有关，也与间接环境有关，如家庭、学校、社会等，而环境因素指个体认知和行为发挥影响作用的外在因素，如资源、行为结果、他人、榜样和教师、物理设置等；行为是个体与环境之间互动、可观测的历程或效果，如成功、失败、奖励、批评等，而行为因素指个体的行动、选择、口头陈述等[151,152]。

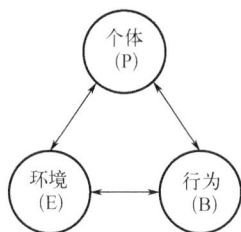

班杜拉认为，在人的心理机能中，个体因素、环境因素、行为因素实际上是通过既相对独立又互为因果的决定因素产生作用的，这揭示了人类与环境之间复杂的相互作用关系，强调了从更高的视角和更全面的角度来看待问题的重要性。三元交互决定论模型，如图 2-22 所示。

图 2-22 三元交互决定论模型

基于三元交互决定论，有研究以大学生社会主义核心价值观培育为对象，认为社会主义核心价值观的培育主体、培育环境、培育效果之间必然有着内在的、天然的、不可分割的"交互"[153]；有研究以高职旅游专业学生国际化素养为对象，认为这些学生的国际化素养的形成是个体、行为和环境三元因素交互作用的结果[154]。

可见，三元交互决定论在教育教学相关实证研究中具有良好的运作基础。根据三元交互决定论，大学生数字素养应该是个体、数字环境和数字行为三个因素交互作用、共同影响的结果。其实，不难发现，无论是过去、现在和将来，还是传统社会和数字社会，人的社会属性都决定着人与社会环境是交叉互动的，同样地，人所具有的能动性只会让其更好地选择、适应、改造或创造环境，而非因环境变迁转变为被环境控制。

2.5.3 影响因素的逻辑推导和假设提出

既有研究更多是对数字素养的理论探索，而实证研究较少，尤其是关于数字素养影响因素的实证研究鲜有。本书在提炼大学生数字素养影响因素时，将"相关"素养概念也纳入了文献检索、梳理与讨论的范畴，以此全面梳理可能对大学生数字素养产生影响的因素，在此基础上提出研究假设。基于上文所提出的理论框架，通过梳理大量文献发现：在个人因素方面，宜人性、责任心、互联网态度可能是影响大学生数字素养的重要因素；在环境因素方面，家庭社会经济地位 (Socioeconomic

Status, SES)、感知学校组织支持、感知社会数字生态可能是影响大学生数字素养的重要因素;在行为因素方面,数字价值观、政策感知可能是影响大学生数字素养的重要因素。

1. 个人层面对大学生数字素养水平的影响

1)宜人性对大学生数字素养水平的影响

宜人性代表了"爱",反映了个体对他人或社会所持的态度,包括信任、坦诚、利他、顺从、谦顺、同理心6个维度。有研究表明,较高的宜人性或可成为一个人事业与生活成功程度的观测标杆[155];宜人性得分较高的中学生更容易体验到积极情感,收获更多的主观幸福感[156];高职学生的宜人性倾向与其网络媒介素养呈显著正相关,有利于塑造和谐发展的自我网络环境,创设和谐、包容、鼓励为主要特征的网络媒介知识技能学习环境[157];宜人性得分较高的林业工作者,其灵活创新、人际合作和业务素养也具有较高的水平[158]。但也有研究表明,虽然宜人性与大学生在生活上的满意度存在显著相关关系,但与大学生正性情感的关系并不分明[159]。为此,本书提出如下假设:

H1:宜人性正向影响大学生数字素养

H1a~H1g分别为:宜人性正向影响大学生的数字认知、通识技能、创新技能、跨学科技能、数字意识、数字自我效能感、数字内容价值评估。

2)责任心对大学生数字素养水平的影响

责任心反映了个体对自己与他人、家庭与集体、国家与社会所负责任的自觉认识与积极履行的行为倾向。有研究表明,公民的责任心既是数字工具与资源使用的生命线,也是数字社会良性发展的先决因素[160],拥有很强责任心的人通常具有较高的道德修养[161]。大学生的责任心不仅对道德推脱有显著的负向预测作用,而且可通过道德推脱作用于学术欺骗行为[162];不仅直接影响网络依赖倾向,而且可通过社交情况间接影响网络依赖倾向[163];不仅直接影响创新行为,而且可通过影响创新动机间接影响创新行为[164]。为此,本书提出如下假设:

H2:责任心正向影响大学生数字素养

H2a~H2g分别为:责任心正向影响大学生的数字认知、通识技能、创新技能、跨学科技能、数字意识、数字自我效能感、数字内容价值评估。

3)互联网态度对大学生数字素养水平的影响

互联网态度是个体对互联网的稳定观点、情绪体验和行为倾向,包括个体的网络认知(持有的对互联网的稳定观点)、网络情感(在使用互联网或提及互联网时产生的情绪体验)和网络倾向性(对互联网的行动意图、行动准备状态)三个方面[165]。有研究表明,青少年的互联网态度是其互联网使用不可忽视的关键影响因素[166]。大学生的网络焦虑与数字素养存在显著的负相关关系[167],其对计算机科学的态度是常见测量指标[168]。也有研究发现经常使用互联网浏览环保信息会促进居民改善环保态度、提升环保素养，且对环境悲观主义群体的改善效果比环境乐观主义群体更为明显[169]。为此，本书提出如下假设：

H3：互联网态度正向影响大学生数字素养

H3a～H3g 分别为：互联网态度正向影响大学生的数字认知、通识技能、创新技能、跨学科技能、数字意识、数字自我效能感、数字内容价值评估。

2. 环境层面对大学生数字素养水平的影响

1）SES 对大学生数字素养水平的影响

SES 是一个跨越社会、经济、心理等多个学科的概念，是关于某个人相对于其他个体或家庭在社会资源上拥有程度的层级排名[170]。有研究通过对样本的元分析发现，SES 与学生成长发展整体上只存在弱相关关系[171]；而 Sirin 对 74 个独立研究的元分析、邓小平等人对 25 个独立样本的元分析所得到的 SES 的效应值高于前述文献[172,173]，认为 SES 可显著地正向预测学业成就。还有研究以小学生和初中生群体的 SES 对其数字素养的影响及其内在机制进行了研究，结果不仅发现 SES 和数字素养之间呈显著正相关，而且发现 SES 对数字素养的直接正向预测效应显著[174]。为此，本书提出如下假设：

H4：SES 正向影响大学生数字素养

H4a～H4g 分别为：SES 正向影响大学生的数字认知、通识技能、创新技能、跨学科技能、数字意识、数字自我效能感、数字内容价值评估。

2）感知学校组织支持对大学生数字素养水平的影响

如果说支持体系是一个资源体系，那么组织体系则是一个行动体系，同样是学生素养培育体系的有效部分[175]。有研究表明，创建学生能够有效转化的、与其学习效能匹配的积极供给应作为构建学习环境的根本目标[176]。大学生的数字素养培育不能局限于课堂，还应全方位建设与其息息相关的校园数字环境[177]；高校政策、文化环境、ICT 基础设施、教学管理和评价体系已成为大学生数字素养培育的关键影响因素[178]；学校领导若能提供清晰愿景、良好工作环境和高质量基础设施，也能够显著提高学生的信息素养[179]；学校若有周期性的、体系化的监控机制，也会对学生数字素养水平产生很大影响[180]。

事实上，教育教学活动的出发点与落脚点都是如何更好为学生服务。UNESCO 指出，数字技术创新迭代给教育教学带来了新的挑战，教师要正视数字技术的内容与能力，采用开放式的数字工具与资源辅助学生的学习探究[181]。有研究表明，教师与学生在教育教学生态体系中是动态仿真的交互共生关系[182]；教师数字意识强烈、数字知识丰富、数字能力充裕是提高教学水平的重要保障[183]；教师的 ICT 态度会影响学生的 ICT 态度，并会间接影响学生的信息素养[184]；教师对学生使用 ICT 的支持和鼓励是学生数字技能的关键影响因素[185]；教师的 ICT 协作使用也对学生信息素养水平具有显著的积极影响[186]。为此，本书提出如下假设：

H5：感知学校组织支持正向影响大学生数字素养

H5a～H5g 分别为：感知学校组织支持正向影响大学生的数字认知、通识技能、创新技能、跨学科技能、数字意识、数字自我效能感、数字内容价值评估。

3）感知社会数字生态对大学生数字素养水平的影响

数字生态是指将数字技术与现实世界融合，构建的一种通过数字化、信息化和智能化等技术实现连接、沟通、互动和交易的经济社会生态系统[187]。大数据分析与应用技术国家工程实验室根据我国 31 个省级行政区（不包含港澳台地区）及重点城市的数字化发展与结构特征状况，构建了"数字基础-数字能力-数字应用"三个维度的数字生态指标体系。其中，数字基础是数字生态的根基，数字能力是数字生态的骨干，数字应用是数字生态的目标[188]。有研究表明，针对青少年群体的数字化生存和发展，社会各界和专家一致希望多方合力构建青少年数字素养的生态系统，以助推青少年数字能力全面提升[189]；结合老年人的数字化生存和发展，研究者也指出关注数字鸿沟问题，以积极老龄化视角满足老年群体对数字红利的多元化需求，构建更积极、更包容的老年数字社会生态体系；培育大众数字素养，需要全社会共同打造良性的数字生态圈。为此，本书提出如下假设：

H6：感知社会数字生态正向影响大学生数字素养

H6a～H6g 分别为：感知社会数字生态正向影响大学生的数字认知、通识技能、创新技能、跨学科技能、数字意识、数字自我效能感、数字内容价值评估。

3. 行为层面对大学生数字素养水平的影响

1）数字价值观对大学生数字素养水平的影响

数字价值观是指一种基于互联网、大数据和人工智能等数字技术构建的新价值观[190]。数智时代，信息的符号化就是数据，要求大学生在认知"能指"的基础上，准确完成"意指过程"，实现对数据"所指"的正确解读。有研究表明，重新审视和重建数字时代文艺批评的主流价值观，对繁荣新时代文艺创作事业和提升整个社会的文艺素养至关重要[191]；视觉"景观的积累"联动着"观看"与"被观看"，如何破译图像的价值密码已成为展开主流价值观认同的视觉机制研究的基本线索[192]；数字文化消费主义正在潜移默化地侵蚀着青年学生的价值观，提高对文化消费主义的警惕性，有助于青年学生发展在数字文化消费过程中的理性思维与批判性思维[193]。为此，本书提出如下假设：

H7：数字价值观正向影响大学生数字素养

H7a～H7g 分别为：数字价值观正向影响大学生的数字认知、通识技能、创新技能、跨学科技能、数字意识、数字自我效能感、数字内容价值评估。

2）政策感知对大学生数字素养水平的影响

政策感知是指技术创业者对政策有用性和易用性的感知程度，以及伴随政策使用的态度取向[194]。有研究将政策感知视为对政策的感知能力和感知程度，以此研究了政策感知对个人或企业发展的影响[195]；有研究通过调查对政策的了解情况和满意度来判断被访者的政策感知程度，以及其具有的显著调节作用[196]；有研究通过调查不同类型毕业生对就业政策及配套政策的实效感知，研究其与政策认可程度的相关性以及对就业意愿的影响，结果发现就业政策的了解程度显著影响了就业工作的运作[197,198]；还有研究表明，政策法规认知与数字素养呈显著正相关[199]。为此，本书提出如下假设：

H8：政策感知正向影响大学生数字素养

H8a～H8g 分别为：政策感知正向影响大学生的数字认知、通识技能、创新技能、跨学科技能、数字意识、数字自我效能感、数字内容价值评估。

2.5.4　影响因素的研究框架及其变量

1.　研究框架的呈现

研究的概念框架用于支持、丰富和指导研究的概念、假设、期望、信念和理论体系，通常以图形或叙述的形式对研究中的关键因素、变量或构念做出解释。

本书在文献回顾与理论分析的基础上，根据三元交互决定论，首先从个人层面探讨了大学生数字素养的可能影响因素，提出了 3 个假设；其次从环境层面探讨了大学生数字素养的可能影响因素，提出了 3 个假设；然后从行为层面探讨了大学生数字素养的可能影响因素，提出了 2 个假设。综合以上所有假设，本书分别从个人层面、环境层面、行为层面、整体分析框架提出了如图 2-23～图 2-26 的大学生数字素养影响因素的研究框架。

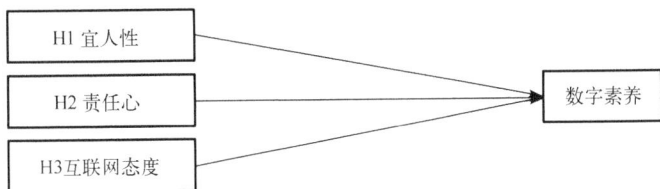

图 2-23　大学生数字素养个人层面影响因素的研究框架

图 2-26 的整体研究框架呈现了大学生数字素养影响因素的具体过程。一方面，个人因素、环境因素、行为因素将直接影响大学生数字素养；另一方面，个人因素、环境因素、行为因素两两之间还会交互，并间接影响大学生数字素养。例如，个人因素除了会直接影响大学生数字素养外，还会通过对环境层面与行为层面的作用效果间接地影响大学生数字素养。

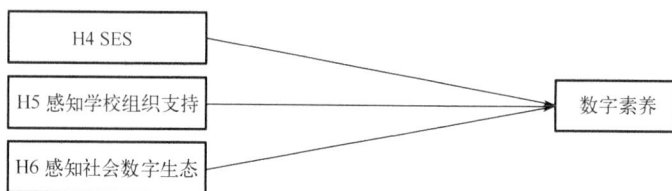

图 2-24 大学生数字素养环境层面影响因素的研究框架

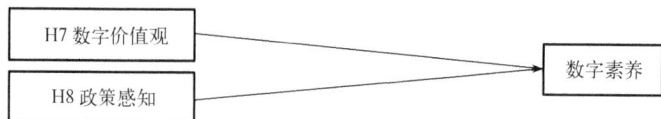

图 2-25 大学生数字素养行为层面影响因素的研究框架

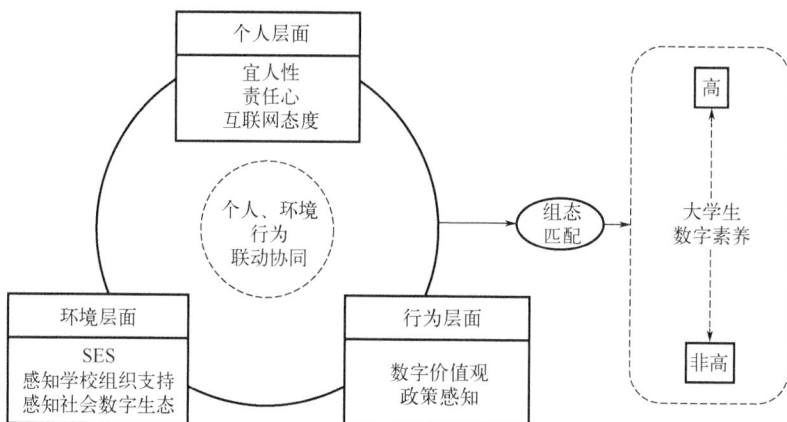

图 2-26 基于三元交互理论的大学生数字素养影响因素的整体研究框架

2. 研究变量的选择与确定

基于上文对大学生数字素养影响因素的分析，结合大学生的客观实际，本书提出了宜人性、责任心、互联网态度、SES、感知学校组织支持、感知社会数字生态、数字价值观和政策感知共 8 个研究变量，即本书的自变量。从本书的主题不难发现，大学生数字素养是研究的结果变量，即本书的因变量。

本书在量表选择上，使用了国内外若干具有良好信效度且被广泛使用的量表和测量题项，包括宜人性、责任心、互联网态度、SES 等 8 个构念。需要单独说明的是，本书的量表虽然借鉴了前人较为成熟的理论模型和测量题项，但也根据研究问题的情境需要对部分测量题项进行了适当的筛选、调整改编。同时，若使用到国际量表，还通过标准的翻译和回译（Translation and Back Translation）的方法将其翻译成中文[200]，力求做到信、达、雅，最大限度地满足我国高等教育与我国大学生思维习惯情境特征。因此，可以认为本书所选择与确定的成熟量表的适用性良好。

基于以上分析，本书对各个研究变量进行归纳汇总，并给出变量具体含义和来源，汇总如表 2-9 所示。

表 2-9　研究变量汇总及来源

研究变量	编号	变量含义	Cronbach's α 系数	变量来源
宜人性	H1	学生人格特质中具有的自信、自律、灵活、毅力、合作、成就动机等特质	0.83	John 等，1991[201]
责任心	H2	学生人格特质中具有的胜任力、条理性、责任感、追求成就、自律、审慎等特质	0.85	John 等，1991
互联网态度	H3	学生对互联网的情感态度和看法	0.88	徐顺，2019[202]
SES	H4	父母职业分层、父母教育水平、家庭人均年收入	该量表主要借鉴李路路关于职业分层的方法(在中国知网超过 380 次引用)	章伟芳等，2018[203]
感知学校组织支持(教学条件、教学方式、教师数字素养水平)	H5	学生感知的所在学校数字化水平建设方面的支持	0.89	徐顺，2019
			—	孔庆杰和孙婷，2020[204]
			全国首个行业标准	中华人民共和国教育部，2023[205]
感知社会数字生态	H6	学生感知的所在城市数字生态水平	国家级实验室编制	大数据分析与应用技术国家工程实验室，2022
数字价值观	H7	学生的数字伦理道德、学习追求、法律法规等	0.94	唐婷，2021[206]
政策感知	H8	学生对政策的关心，以及对政策易用性、可用性的评价	0.756	彭华涛，2013

1) 宜人性量表

本书使用 John 等编制的大五人格量表(The Big Five Inventory，BFI)中的宜人性量表，该量表共 9 道测量题项，对其中 5 道正向评分的测量题项进行了情境化改编(采用 5 点式李克特量表，"1"代表"非常不同意"，"5"代表"非常同意"，由学生选择最符合自身实际情况的题项作答，下同)。宜人性量表，如表 2-10 所示。

2) 责任心量表

本书继续使用 BFI 中的责任心量表，该量表共 9 道测量题项，对其中正向评分的 5 道测量题项进行了情境化改编。责任心量表，如表 2-11 所示。

3) 互联网态度量表

本书使用徐顺编制的大学生数字公民素养量表中的互联网态度量表，该量表共 7 道测量题项[207]，对这 7 道测量题项进行了情境化改编。互联网态度量表，如表 2-12 所示。

表 2-10　宜人性量表

原测量题项(9 道)	情境改编后的测量题项(5 道)
1．乐于助人且无私	1．与线下相比，我更乐意借助数字工具与资源力所能及地帮助他人，且不是自私的
2．有着宽容的天性	2．与线下相比，我更能以包容的心态来对待人和事
3．普遍信任	3．与线下相比，我更诚信、坦诚和直率
4．对几乎每个人都很体贴和友善	4．与线下相比，我更能为他人着想，充分尊重每个人的数字权利，如隐私权、表达权等
5．喜欢与他人合作	5．与线下相比，我更喜欢借助数字工具与资源与他人互动、分享与合作
6．喜欢挑剔别人的毛病(R)	
7．开始与他人争吵(R)	
8．可以冷漠又疏远(R)	
9．有时对别人很粗鲁(R)	

注："R"表示反向评分项目，下同。

表 2-11　责任心量表

原测量题项(9 道)	情境化改编后的测量题项(5 道)
1．工作做得很彻底	1．与线下相比，我能借助数字工具与资源把相关工作做得更彻底
2．是一个可靠的工人	2．与线下相比，我更是一个值得信赖的工作者
3．高效地做事	3．与线下相比，我的行事更有效率
4．制定计划并执行计划	4．与线下相比，我更能借助数字工具与资源制定并执行计划
5．坚守直到任务完成	5．与线下相比，我更能坚守直至任务完成
6．可能有些粗心(R)	
7．往往杂乱无章(R)	
8．容易变得懒惰(R)	
9．很容易分心(R)	

4) SES 量表

本书使用章伟芳等研究者使用的修改后的 SES 量表，该量表共 3 道测量题项，将父母教育程度、父母职业和家庭人均年收入作为衡量 SES 的三个主要指标。发表在高层次学术刊物的量表，经过多次引用和检验，往往具有更好的信度和效度[208]。在职业分类上，该量表主要参考了李路路于 2002 年研发的中国职业分层方法(在中国知网已超过 380 次引用)。本书的测量题项与该量表基本一致。SES 量表，如表 2-13 所示。

5) 感知学校组织支持量表

本书将徐顺编制的大学生数字公民素养量表中的感知学校组织支持视为教学条件维度，并将其与教学方式、教师数字素养水平共同组成包括三个维度的量表。

表 2-12　互联网态度量表

原测量题项(7 道)	情境化改编后的测量题项(7 道)
1．我认为在学习中使用计算机非常重要	1．我认为在生活/学习/实践/创新中使用数字工具与资源非常重要
2．我认为使用计算机是有趣的	2．我认为使用数字工具与资源是有趣的
3．我认为使用计算机辅助学习比不使用计算机更有趣	3．我认为使用数字工具与资源辅助生活/学习/实践/创新比不使用更有趣
4．我使用计算机，是因为我对信息技术很感兴趣	4．我使用数字工具与资源，是因为我对数字技术很感兴趣
5．我喜欢学习如何利用计算机去做新的事情	5．我喜欢学习如何利用数字工具与资源去做新的事情
6．我经常寻找使用计算机做事的新方法	6．我经常寻找使用数字工具与资源做事的新方法
7．我喜欢使用互联网查找信息	7．我喜欢使用互联网查找信息

表 2-13　SES 量表

原测量题项(3 道)	情境化改编后的测量题项(5 道)
1．父母受教育程度(小学及以下、初中、高中/中专、大专及以上)	1．我父亲的受教育程度(小学及小学以下、初中、高中、大专、大学本科及以上)
	2．我母亲的受教育程度(小学及小学以下、初中、高中、大专、大学本科及以上)
2．父母职业分层(半失业或无业人员、体力劳动者、个体与商业服务者、专业技术与办事人员、权力资源层)	3．我父亲的职业分层(半失业或无业人员、体力劳动者、个体与商业服务者、专业技术与办事人员、权力资源层)
	4．我母亲的职业分层(半失业或无业人员、体力劳动者、个体与商业服务者、专业技术与办事人员、权力资源层)
3．家庭人均年收入(5000 元以下、5001～10000 元、10001～30000 元、30001～50000 元、50000 元以上)	5．我的家庭人均年收入(5000 元以下、5001～10000 元、10001～30000 元、30001～50000 元、50000 元以上)

①教学条件：采用徐顺编制的大学生数字公民素养量表中的感知学校组织支持量表，该量表共 16 道测量题项，而徐顺编制的感知学校组织支持量表又主要参考了 Caesens 于 2014 年研发的感知组织支持量表(该量表 Cronbach's α 系数为 0.90[209])。

②教学方式：尽管现有研究中并未发现与教学方式直接相关的量表，但本书根据孔庆杰和孙婷在高校数字素养教育脉络研究中提出的关于教学方式的相关构念，希望其聚焦的数字素养影响因素能为本书的量表开发提供指导和参考，如多元化教学形式、教学内容拓展、学科融合、结合职业发展等。本书测量题项与孔庆杰等聚焦的数字素养影响因素 7 个子节点一致。

③教师数字素养水平：采用《教师数字素养》，该量表共 5 个一级维度(数字化意识、数字知识与技能、数字化应用、数字社会责任、专业发展)，由于其是全国首个数字素养行业标准，必然是经过相关领域专家多轮验证和修订而形成的，具有较

好的信效度，符合心理测量学的要求。

本书按照如上原则，对部分测量题项进行了情境化改编。感知学校组织支持量表，如表 2-14 所示。

表 2-14 感知学校组织支持量表

原变量维度	原测量题项(28道)	现变量维度	情境化改编后的测量题项(28道)
学校组织支持感	数字化基础设施建设： 1. 学校重视并支持数字化基础设施建设，如建设了覆盖全校的无线网络 2. 如果学校能以较低的数字化基础设施投入来满足学生的使用，它会这样做 3. 学校不会考虑学生对数字化资源建设提出的建议，如关于网络学习平台应用的建议 4. 学校数字化水平建设非常重视学生的需求 5. 学校会忽视学生使用数字化基础设施(如校园网)的任何抱怨 6. 当学校数字化建设对学生学习造成影响时，学校会无视学生的最大利益 数字化资源及应用建设： 7. 当学生使用数字化学习资源平台遇到问题时，学校可以提供帮助 8. 学校真正地关心学生使用网络选课系统的舒适感 9. 学校不会注意到学生使用数字化学习平台的效果 10. 当学生需要数字化服务时，学校愿意帮助学生 11. 学校关心学生对其数字化资源应用系统(如超星学习通教学系统平台)建设工作的意见 12. 学校鼓励采用数字化教学模式试图使学生的学习尽可能有趣，如翻转课堂、移动学习等 13. 学校很少关心学生网上课堂的使用感受 数字化管理及服务保障机制建设： 14. 学校有完善的数字化水平建设经费投入机制和专门的数字化运维工作人员 15. 学校配备专门的工作人员和部门为学生提供专项的信息技术技能培训与咨询(如学校在线学习平台的使用等) 16. 学校采用信息管理系统对学生的数字资源平台学习和网络使用进行管理	教学条件	与原测量题项一致

续表

原变量维度	原测量题项(28 道)	现变量维度	情境化改编后的测量题项(28 道)
教学方式	1. 多元教学形式(子节点)	教学方式	1. 我的学校高度重视学生的数字学习动力、情绪与意志、自律性、关注度等，并采用了多元化的教学形式，如教研互促、教学相长、自主学习、探究学习、学习共同体等
	2. 学科融合(子节点)		2. 我的学校高度重视人文、技术与艺术紧密关联，开设了数字素养的通识课程、专业课程、跨学科课程
	3. 结合职业发展(子节点)		3. 我的学校高度重视课程与数智时代的关联度，希望通过理论知识与现实岗位的碰撞突破传统学科专业实践的发展困境，如与相关机构共同制定人才培养方案、共同设计课程体系等
	4. 层次化教学(子节点)		4. 我的学校结合不同年级、不同专业、不同数字素养水平的大学生群体，开展了层次化的教学
	5. 实践交流活动(子节点)		5. 我的学校高度重视数字实践交流活动，如与相关机构共同建设实验平台、专业实践基地，打造个性化学生工作坊、创新实践基地运行模式，增强创业平台孵化能力，扩大实验室开放使用度等
	6. 创新评价模式(子节点)		6. 我的学校有较好的数字素养培育过程的监督机制与培育效果的评价体系
	7. 教学内容拓展(子节点)		7. 我的学校高度重视数字素养教学内容的拓展，通过跨学科课程交流与对话优化了我的数字技术学习与使用体验，如开展多元化的数字技能比赛、数字技能主题讲座/公开课、信息应用成果展示等
教师数字素养水平	1. 数字化意识：客观存在的数字化相关活动在教师头脑中的能动反应，包括数字化认识、数字化意愿，以及数字化意志	教师数字素养水平	1. 我的教师在数字化相关活动中客观存在较好的能动反映，包括数字化认识、数字化意愿，以及数字化意志
	2. 数字知识与技能：教师在日常教育教学活动中应了解的数字技术知识与需要掌握的数字技术技能，包括数字技术知识和数字技术技能		2. 我的教师在日常教育教学活动中具有较好的数字技术知识与需要掌握的数字技术技能，包括数字技术知识和数字技术技能
	3. 数字化应用：教师应用数字工具与资源开展教育教学活动的能力，包括数字化教学设计、数字化教学实施、数字化学业评价，以及数字化协同育人		3. 我的教师具有较好的应用数字工具与资源开展教育教学活动的能力，包括数字化教学设计、数字化教学实施、数字化学业评价，以及数字化协同育人
	4. 数字社会责任：教师在数字化活动中的道德修养和行为规范方面的责任，包括法治道德规范和数字安全保护		4. 我的教师在数字化活动中具有较好的道德修养和行为规范方面的责任，包括法治道德规范和数字安全保护
	5. 专业发展：教师利用数字工具与资源促进自身及共同体专业发展的能力，包括数字化学习与研修，以及数字化教学研究与创新		5. 我的教师能利用数字工具与资源促进自身及共同体专业发展的能力，包括数字化学习与研修，以及数字化教学研究与创新

6）感知社会数字生态量表

本书使用大数据分析与应用技术国家工程实验室编制的数字生态指数指标体系量表，该量表包括3个一级维度（数字基础、数字能力、数字应用）、9个二级维度（如基础设施、数据资源、数字人才等）的构成要素，是经过相关领域专家多轮验证和修订而形成的，理应具有较好的信效度。本书以该量表中的维度为参考依据对测量题项进行了情境化改编。感知社会数字生态量表，如表2-15所示。

表2-15　感知社会数字生态量表

原变量维度	原测量题项（9个二级维度）	现变量维度	情境化改编后的测量题项（9道）
数字基础	1. 基础设施：反映支撑数字转型、智能升级和融合创新的新型基础设施，包括信息基础设施、融合基础设施和创新基础设施	数字基础	1. 我认为所在城市具备支撑数字转型、智能升级和融合创新的新型基础设施，包括信息基础设施、融合基础设施和创新基础设施
	2. 数据资源：反映数字生态发展过程中数据要素的开放、共享、流通、交易等水平		2. 我认为所在城市在数字生态发展过程中的数据要素具备开放、共享、流通、交易等水平
	3. 政策环境：反映各地健全数据市场规则和规范有序发展环境的制度供给水平		3. 我认为所在城市具备健全的数据市场规则和规范有序发展环境的制度供给水平
数字能力	4. 数字人才：反映数字人力资源的结构、流动、供需等状况	数字能力	4. 我认为所在城市具有较好的数字人力资源的结构、流动、供需及环境等，且相关机构积极承担数字素养培育的责任
	5. 技术创新：反映大数据、人工智能、集成电路等数字技术前沿领域的专利发展和创新引领状况		5. 我认为所在城市具有大数据、人工智能、集成电路等数字技术前沿领域的专利发展和创新引领状况，且相关机构高度重视数字素养培育相关内容的研究与实践
	6. 技术安全：反映重要数据资源、信息网络和信息系统的安全保障水平，以及网络安全产品和产业发展水平		6. 我认为所在城市具有重要数据资源、信息网络和信息系统的安全保障水平，以及网络安全产品和产业发展水平
数字应用	7. 数字政府：反映数字技术在政府管理服务领域的应用发展水平	数字应用	7. 我认为所在城市在政府管理服务领域具有较高的数字技术应用发展水平，且已充分释放社会组织的培育潜能
	8. 数字社会：反映企业主体的数字化发展水平，包括数字产业化和产业数字化两方面		8. 我认为所在城市的数字化发展水平较高，包括数字产业化和产业数字化两方面，且已充分挖掘数据潜能
	9. 数字经济：反映数字技术在个人社会生活中的使用和普及水平		9. 我认为所在城市的数字技术在个人的数字生活/学习/实践/创新中的使用和普及水平较高

7）数字价值观量表

本书使用唐婷编制的高职学生数字素养评价模型的数字价值观量表，该量表共5道测量题项，对其中的3道测量题项进行情境化改编。数字价值观量表，如表2-16所示。

表 2-16　数字价值观量表

原测量题项(5 道)	情境化改编后的测量题项(3 道)
1．数字技术认同：认可数字技术在学习和生活中的价值，并愿意在学习和生活中积极地使用数字资源与设备	1．我能够关注发展自身的核心素养需求，并能借助数字工具与资源获取与开展多样性的智育、德育、体育、美育活动
2．数字道德伦理：能够尊重知识，在获取、利用、处理和传播数字内容的过程中自觉遵守规范和道德准则	2．我能够按照数字社会规范的要求行事，经常考量数字内容背后的价值观或意识形态
3．数字安全保护：具备数字安全常识，能够在数字环境中保护个人数据和隐私，并避免数字环境对心理带来的威胁	
4．数字法律法规：能够树立正确的信息社会责任观，学习并遵守有关的法律和法规	3．我具有正确的信息社会责任观，在数字内容获取、利用、处理、传播等过程中能够自觉遵守有关法律法规
5．社会参与意识：能够有社会化参与意识，积极参与学校和社会举办的创新类赛事等活动	

8) 政策感知量表

本书使用彭华涛编制的创业企业政企互动中的政策感知的量表，该量表共 4 道测量题项。冉建宇等研究者的研究中也采用了此 4 道测量题项的量表[210]。本书对这 4 道测量题项进行了情境化改编。政策感知量表，如表 2-17 所示。

表 2-17　政策感知量表

原测量题项(4 道)	情境化改编后的测量题项(4 道)
1．本公司相信能够多种途径获取政府部门提供的创业资金	1．我认为数字素养的相关政策法规内容具体、实在
2．本公司相信政府能够创造公平的创业竞争环境	2．我认为数字素养的相关政策法规有明确的针对性
3．本地区创业方面的法规政策对于其他地区而言具有比较优势	3．我认为数字素养的相关政策法规能有效解决我在数字生活/学习/实践/创新中的实际问题
4．本公司非常了解国家和地方有关创业的政策法规	4．我非常关心并了解国家有关大学生数字素养的相关政策法规

3. 量表适用性分析

本书通过对影响因素的逻辑推导和假设提出，选择了研究变量。本书所选择的量表均是在沿用国内外具有良好信效度且被广泛使用的成熟量表和测量题项的基础上，根据研究问题的情境需要进行筛选、调整和情境化改编而形成的。但需要注意的是，即便是沿用国外成熟量表也可能存在一定的局限性。鉴于本书所选量表近一半直接或间接源于国外，而我国高等教育与我国大学生思维习惯有着独特的情境特征，因此必须充分考虑国外成熟量表在我国情境下的适用性问题。有研究表明，对国外量表适用性进行分析时可从如下三个层面入手：构念层面，所选国外量表应能全面而准确地测量研究者希望测量的构念与内涵；文化层面，所选国外量表应能为被试提供更好的理解度和接受度；样本层面，所选国外量表是否能普适于不同群体，还是限定于某一特定群体，若是后者，研究者需要认真审阅所选国外量表是否能够满足于所关注的目标群体[211]。

正是如此，本书结合上文提及的三个层面的适用性分析对我国高等教育与我国大学生思维习惯情境特征进行了分析。在构念层面，为全面而准确地测量目标变量，本书在收集多个相关量表的基础上，结合希望测量的构念与内涵进行了测量题项的筛选与汇总，使得测量题项可以充分表征各变量的内涵，因此所选国外量表具有良好的构念适用性；在文化层面，本书在翻译汉化所选国外量表的过程中充分考虑了英文和中文的语义差异，均采用了标准的翻译和回译，并选择了最贴切于我国高等教育与我国大学生思维习惯情境特征的中文词汇来表达测量题项的含义，使得最终确认的量表能够为被试提供更好的理解度和接受度；在样本层面，本书的目标群体是我国大学生，而所参考的宜人性、责任心等直接国外成熟量表，以及互联网态度、感知学校组织支持等间接国外成熟量表，均是应用于教育教学情境下针对学生群体所开展的研究，因此所选择的国外量表能够满足于目标群体。综上，可认为本书所选的国内外成熟量表具有良好的适用性。

4. 量表前测

为保证测量题项具有较好的内容效度，本书在改编影响因素量表后，邀请了相关领域的 3 位教授认真细致评价了 8 个维度的 66 道测量题项。根据 3 位教授的建议，本书对初始测量题项进行了修订。此后，为保证测量题项的表达更加准确、通俗与简练，本书还邀请了 3 位普通老师、3 名研究生和 3 名本科生再次审阅与试做了修订后的问卷，并根据他们的建议对部分表述稍显歧义的内容进行了优化完善。本书在完成上述前测后，对测量题项做了最终检查和提炼，最终获得了由 8 个维度 46 道测量题项组成的大学生数字素养影响因素测量量表，如表 2-18 所示。

表 2-18　大学生数字素养影响因素的研究变置及测置题项

研究变量	子维度	编码	测量题项
宜人性 （Humanity，Hu）	无	Hu1	与线下相比，我更乐意借助数字工具与资源力所能及地帮助他人，且不是自私的
		Hu2	与线下相比，我更能以包容的心态来对待人和事
		Hu3	与线下相比，我更诚信、坦诚和直率
		Hu4	与线下相比，我更能为他人着想，充分尊重每个人的数字权利，如隐私权、表达权等
		Hu5	与线下相比，我更喜欢借助数字工具与资源与他人互动、分享与合作

续表

研究变量	子维度	编码	测量题项
责任心 (Responsibility, Re)	无	Re1	与线下相比，我能借助数字工具与资源把相关工作做得更彻底
		Re2	与线下相比，我更是一个值得信赖的工作者
		Re3	与线下相比，我的行事更有效率
		Re4	与线下相比，我更能借助数字工具与资源制定并执行计划
		Re5	与线下相比，我更能坚守直至任务完成
互联网态度 (Attitude，At)	无	At1	我认为在生活/学习/实践/创新中使用数字工具与资源非常重要
		At2	我认为使用数字工具与资源是有趣的
		At3	我认为使用数字工具与资源辅助生活/学习/实践/创新比不使用更有趣
		At4	我使用数字工具与资源，是因为我对数字技术很感兴趣
		At5	我喜欢学习如何利用数字工具与资源去做新的事情
		At6	我经常寻找使用数字工具与资源做事的新方法
		At7	我喜欢使用互联网查找信息
SES	父母受教育程度	F-Edu	我父亲的教育水平(小学及小学以下、初中、高中、大专、大学本科及以上)
		M-Edu	我母亲教育水平(小学及小学以下、初中、高中、大专、大学本科及以上)
	父母职业	F-Job	我父亲的职业分层(半失业或无业人员、体力劳动者、个体与商业服务者、专业技术与办事人员、权力资源层)
		M-Job	我母亲的职业分层(半失业或无业人员、体力劳动者、个体与商业服务者、专业技术与办事人员、权力资源层)
	家庭月收入	Income	我的家庭人均年收入(5000 元以下、5001～10000 元、10001～30000 元、30001～50000 元、50000 元以上)
感知学校组织支持 (Support，Su)	教学条件 (Teaching Condition, TC)	TC1	我所在学校高度重视有利于学生数字能力提升的目标方案和评估体系，已分类型、分阶段、分层次地明确了推进步骤
		TC2	我所在学校高度重视并支持有利于学生数字能力提升的数字化基础设施建设，如 5G 网络等
		TC3	我所在学校高度重视有利于学生数字能力提升的数字化资源建设，如多元化的图书馆资源、翻转课堂、移动学习等
	教学方式 (Teaching Methods, TM)	TM1	我所在学校高度重视并采用了有利于学生数字能力提升的多元化教学形式，如教研互促、教学相长、自主学习、探究学习、层次化教学、学习共同体、个性化学生工作坊等
		TM2	我所在学校高度重视并开展了有利于学生数字能力提升的多元化教学活动，如数字技能比赛、数字技能主题讲座/公开课、信息应用成果展示等
		TM3	我所在学校高度重视人文、技术与艺术的紧密关联度，已最大限度地通过跨学科课程的交流与对话优化了学生的数字技术学习与使用体验

研究变量	子维度	编码	测量题项
感知学校组织支持（Support，Su）	教学方式（Teaching Methods，TM）	TM4	我所在学校采用了以学生为中心的教学理念，开设的课程已为将来的数智化工作环境做好了准备，如与业界共同制定人才培养方案、共同设计课程体系等
	教师数字素养水平（Standard）	St1	我的教师在数字化相关活动中客观存在较好的能动反应，包括数字化认识、数字化意愿，以及数字化意志
		St2	我的教师在日常教育教学活动中具有较好的数字技术知识与需要掌握的数字技术技能，包括数字技术知识，以及数字技术技能
		St3	我的教师具有较好的应用数字技术资源开展教育教学活动的能力，包括数字化教学设计，数字化教学实施，数字化学业评价，以及数字化协同育人
		St4	我的教师在数字化活动中具有较好的道德修养和行为规范方面的责任，包括法治道德规范，以及数字安全保护
感知社会数字生态（Digital Ecology，Dec）	数字基础（Digital Basis，DB）	DB1	我所在城市具有较好的支撑数字转型、智能升级和融合创新的新型基础设施，包括信息基础设施、融合基础设施和创新基础设施
		DB2	我所在城市在数字生态发展过程中的数据要素具有较好的开放、共享、流通、交易等水平
	数字能力（Digital Ability，DA）	DA1	我所在城市具有较好的数字人力资源的结构、流动、供需及环境等，且相关机构积极承担数字素养培育的责任
		DA2	我所在城市具有较好的数字技术(如大数据、人工智能等)前沿领域的专利发展和创新引领状况，且相关机构高度重视数字素养培育相关内容的研究与实践
	数字应用（Digital Application，DAp）	DAp1	我所在城市在政府管理服务领域具有较好的数字技术应用发展水平，且已充分释放社会组织的培育潜能
		DAp2	我所在城市具有较好的数字化发展水平，完全能够支撑公众的数字生活/学习/实践/创新，包括数字产业化水平，以及产业数字化水平
数字价值观（Value，Va）	数字伦理道德	Va1	我能够按照数字社会规范的要求行事，经常考量数字内容背后的价值观或意识形态
	数字学习追求	Va2	我能够关注发展自身的核心素养需求，并能借助数字工具与资源获取与开展多样性的智育、德育、体育、美育活动
	数字法律法规	Va3	我具有正确的信息社会责任观，在数字内容获取、利用、处理、传播等过程中能够自觉遵守有关法律法规
政策感知（Perception，Pe）	政策易用性感知	Pe1	我非常关心并了解国家有关大学生提升数字素养与技能的相关政策法规(如提升全民数字素养与技能行动纲要、媒体融合国家战略、教育部卓越新闻传播人才教育培养计划2.0、教育部"四新"建设等)
		Pe2	我认为提升数字素养与技能的相关政策法规内容具体、实在
	政策有用性感知	Pe3	我认为提升数字素养与技能的相关政策法规有明确的针对性
		Pe4	我认为提升数字素养与技能的相关政策法规能有效解决我在数字生活/学习/实践/创新中的实际问题

2.5.5　小结

本节对大学生数字素养的影响因素进行了假设研究，呈现了研究问题和研究假设，介绍了拟使用的数字素养影响因素量表的编制、构成和修订过程，选择并确认了数智时代大学生数字素养影响因素量表的研究变置及测置题项，为下文数智时代大学生数字素养水平现状与影响因素的实证研究打下了坚实的基础。

第 3 章　数字素养的构成要素与权重计算

通过上文研究不难发现：每个"标准"的研制都面临着独特的外界情境，研制逻辑和所包含的能力要素都存在较大差异，这对研究大学生数字素养及其构成要素带来了一定启示：既要积极参考国内外相关"标准"共同关注，也要充分结合我国数字化转型和我国高等教育的发展现状与趋势，还要符合数字社会对大学生数字能力的现实需求。

3.1　数字素养构成要素及模型初构

3.1.1　引言

大学生数字素养是一种面向实践的、多元的、复杂的、关键的、核心的、情境的、跨领域的数字综合能力特质集，加之我国数字化转型与我国高等教育的发展现状与趋势也非常复杂，在一定程度上对研究其构成要素带来了复杂性和不确定性。因此，要发展大学生数字素养，首先便应凝练大学生数字素养的构成要素。

3.1.2　数字素养构成要素的初步凝练

1. 大学生数字素养构成要素的凝练原则

在确定大学生数字素养的构成要素时，不仅需要结合当下及今后一段时期里我国数字化转型、我国高等教育发展的现状与趋势，也需要紧密围绕当下及今后一段时期里行业新岗位对大学生数字能力的现实需求，将主要遵循以下原则：第一，以"全人发展""时代新人"的新时代教育的根本任务为指导，大学生数字素养旨在帮助大学生发展核心素养，促进大学生全面发展，为大学生插上"未来之翼"；第二，以 KAP、TPB、TPC 等理论为指导，基于外显和内隐两个视角，以及大学生数字素养的内外运作过程进行深层次分析；第三，结合我国"教育信息化 2.0 阶段"的发展现状与趋势，既关注普适需求，又兼顾差异需求；第四，结合媒体深融的现状与趋势，以及国内外已出现的行业新岗位，从数字社会合格公民和数字内容健康传播促进者的双重身份视角切入；第五，借鉴国际"标准"的共同关注，不仅应满足我国数字化转型、我国高等教育发展的现状与趋势的现实需求，而且应具有较好的前瞻性和竞争性；第六，对大学生数字素养的需求进行分类，并重点关注每个分类下的具体能力在解决数字领域特定情境中的复杂问题时的重要性。

2. 大学生数字素养构成要素的初步凝练

1）一级构成要素的初步凝练

有研究在分析与归纳已有数字素养框架后提出，目前对一级构成要素的划分主要存在两种形式：一是按属性来划分，如 UNESCO 研制的 DLGF 将数字素养划分为设备与软件操作域、信息与数据素养域、沟通与协作域、职业相关能力域等；二是按功能来划分，主要包含知识、技能、意识、数字价值观等[211]。若将第一种形式视为偏向于理论的研究，那么第二种形式则可被视为偏向于实践的研究，或者说是偏向于素养本身运作逻辑的研究。本节在选择一级构成要素时，综合采用了以上两种划分形式，既兼顾大学生数字素养的理论属性，也充分考虑大学生数字素养的功能属性。

结合上文提及的 12 个"标准"，对大学生数字素养的内涵剖析、多维审视、运作过程与外在表现，以及行业新岗位对大学生数字能力的现实需求分析，本节初步凝练出了大学生数字素养的 14 个一级构成要素，包含数字安全、数字认知、数字评价、数字道德、基本人格特质、数字社会自我效能感等，如表 3-1 所示。

表 3-1　大学生数字素养的一级构成要素（初步）

序号	一级构成要素
1	数字安全[213,214]
2	数字认知[215,216]
3	数字评价[217,218]
4	数字道德[219,220]
5	数字内容获取[221-223]
6	数字内容处理
7	数字内容利用
8	数字基础设施[224-226]
9	基本人格特质[227]
10	数字价值取向与追求[228,229]
11	数字社会自我效能感[230,231]
12	通识素养[232-235]
13	创新素养
14	跨学科素养[236]

2）二级构成要素的初步凝练

二级构成要素是一级构成要素的细化。本节在二级构成要素的凝练中，基于已有"标准"对应一级构成要素的二级构成要素及其描述的深入分析，同时借鉴前人研究成果，梳理、分析、初步归纳出了 65 个二级构成要素。大学生数字素养的二级构成要素(初步)，如表 3-2 所示。

表 3-2　大学生数字素养的二级构成要素(初步)

一级构成要素(14 个)	二级构成要素(65 个)	描述
数字安全	安全意识	能尽可能安全地访问、管理、使用和存储数据，主动加密或备份数据
	安全保护	能对数据进行安全保护
	防范病毒	能防范计算机病毒对数据的攻击
	健康与环境保护	有意识地采取措施避免数字技术对个人及环境造成风险和危害
	基础设施安全	能安全地访问和利用网络等数字基础设施，确保所用数字设备安全
	风险管理	对数据保持高度敏锐性，能提前研判、预警以及管控数字化风险
数字认知	概念内涵与外延	了解"数字原住民""数字移民""数字难民""数字公民""数字鸿沟"等基本概念的内涵与外延
	硬件与设备知识	对计算机硬件与设备的发展现状与前沿趋势有一定的了解
	软件与技术知识	熟悉大数据、云计算、人工智能、区块链、数字孪生、AI 主播、智能媒体等数字技术的发展现状与前沿趋势，并了解其影响
	数据类型和用途	理解数字内容的类型与用途
	数据生命周期	了解数据存在生命周期
	数据产品与服务	了解本学科主要的数据产品与服务
	数字开源与数字霸权	了解数字开源所连接的创新链、产业链、价值链，了解数字霸权产生的根源和可能带来的危害性
数字评价	判断数据质量	能判断数字内容的有效性、可靠性和局限性，感知到关键数据的产生和变动
	数字批判思维	敢于质疑和批判，能进行逻辑性地分析、判断和决策数据
	价值评估	能评估所获数字内容的价值及其与工作的相关性，从高质量数据源中解读蕴含的发展趋势
数字道德	真实性与准确性	能对使用数据的真实性和准确性负责
	尊重他人数据	尊重他人数据，规范引用他人成果
	数据法规	能遵守版权法等数字法律与公共伦理，避免敏感数据泄露，确保他人隐私、商业秘密和工作秘密受到保护
	数字身份管理	能创建、使用和管理与真实个人特征相符合的数字身份，并维护个人的数字信誉
数字内容获取	获取方式多样化	能通过多种方式获取创作所需资料
	信息来源多样化	能从海量信息源中获取所需信息
	获取途径多样化	能通过丰富的途径获取所需信息
	恰当的策略	能按需选择和熟练使用合适的数字技术与工具

续表

一级 构成 要素 (14 个)	二级 构成要素 (65 个)	描述
数字内容处理	数字技术与工具	熟悉数字技术与工具，并能进行有效的信息生产与扩散(如对数字内容进行复制、改写、解析、发布、评价与反馈等)
	数据平台与应用	能科学整合、处理、分析与存储不同类型的数据，并能选用合适的媒介手段进行输出和表达
	认定结果	能对数据处理结果进行质疑、改进与认定
数字内容利用	独立管理	能在数字环境下独立地组织和存储信息，并能在需要的时候检索内容
	独立开发	能借助数字工具与资源，独立地开发不同的数字内容
	创造性整合	能借助不同数字工具与资源，构建(设计/制作/开发/修改/提炼/整合)具有原创价值的数字内容
	数字版权与许可	了解数字版权和使用许可相关的法律法规，规范使用网络平台发布公开内容及个人数字内容
	数字交流与协作	能有效运用不同的数字交流与协作工具，共享和交换数据
数字基础设施	获得正版软件	学校购买正版软件，有利于提升学生的数字能力
	获得正版权限	学校拥有专业期刊数据平台(如中国知网、维普等)、网络多媒体数据库(如超星、小鹅通等)，有利于提升学生的数字能力
	数字学习环境	学校采用数字化教学模式(如慕课、翻转课堂等)，有利于提升学生的数字能力
	信息化水平	学校拥有较高的信息化水平(如信息化基础设施建设等)，有利于提升学生的数字能力
基本人格特质	诚信	能在数字社会中坚持公平、诚实等原则
	细心	关注数字社会的细节，且仔细认真完成数字社会活动
	自信	相信自己能胜任数字社会活动的开展，并达成预定目标
	灵活	能敏捷地、适应性地、多样性地调整策略，以及适应数字社会活动的开展
	毅力	在数字社会中，遇到困难、挫败或阻碍时，仍坚毅不屈，坚持到底
	自控	在数字社会中，遇到压力和困难时，能有效控制情绪，保持冷静镇定，继续执行既定计划
数字价值取向与追求	数字技术认同	认可数字技术在数字社会中的价值，并愿意积极、主动地使用数字工具与资源
	数字生活理性	面对全面"智能+"和泛娱乐的数字生活方式，能保持克制和理性
	数字学习追求	关注发展自身的核心素养，并能借助数字工具与资源，促进数字社会活动的自主性和多样性开展
	数字社会服务	有数字社会参与意识，能借助数字共享等形式创建、参与或优化现代化社会治理体系和运行逻辑
数字社会自我效能感	自我能力感	个体对自己能力的认知，对数字生活/学习/实践/创新结果和目标的预期，以及即时的满足感与奖励
	自我努力感	个体对自己是否能努力学习、管理好自己、专注于数字生活/学习/实践/创新任务的认知
	环境把握感	个体对数字生活/学习/实践/创新环境的感受，在需要的时候能有效借助数字工具与资源求助于他人
	行为控制感	个体对自己是否能控制数字社会中的学习/生活/工作行为的认知

续表

一级构成要素（14 个）	二级构成要素（65 个）	描述
通识素养	办公软件	熟练使用某一类办公软件(如 Word、Excel、PPT 等)
	专业软件	熟练使用某一类专业软件(如 PS、PR、Flash、Unity、Picasa、C++、Java、AR/VR/MR 等)，并能创建满足学习或工作任务最低要求的数字化内容
	互联网应用	熟练使用互联网应用与移动应用(如云内容和云应用、社交媒体等)，并善于多任务处理
	专业能力	熟练掌握某一类专业能力(如全媒体叙事能力、融媒体表达能力、跨部门协作能力、产品运营管理能力、数据挖掘分析能力、人机协作能力等)
	数字艺术接受	能对数字艺术进行积极能动的鉴赏和批评活动
创新素养	数字思维	能借助数字思维领域的思想方法(如用户思维、平台思维、跨界思维等)解决相关数字问题
	数字主动学习	能主动关注、学习与追踪数字技术，促进自身核心素养发展
	数字创新创造	能主动发现数字社会中的问题，借助数字工具与资源，创新数字内容的新流程、新产品和新服务
	数字内容创新	依赖图像交流，能将想法以原创音视频的形式展现，并能根据组织学习或工作要求创造更高标准的数字化内容
	重塑问题与创新	能借助数字工具与资源，发现或重构问题，有效应对突发事件或创新性地解决问题
	数字公民与知识产权	了解数字公民与知识产权知识
跨学科素养	跨学科态度	能意识到自己欠缺什么能力，对不同学科观点保持好奇、开放和质疑，并对多学科观点进行优劣势评价
	知识结合	能关注不同学科、不同数字情境的学科交融性、内在逻辑性和情境熟识度，并建立与自己所持学科视角的联系
	数据批判意识	能对智媒时代已出现或可能出现的问题和挑战进行批判性评价(如"信息茧房"会造成单向度的人，社交机器人或将加剧错误信息和虚假信息的传播等)
	解决问题	能利用不同学科的相关理论和专业知识解决以互联网为基础的数字媒介平台领域的专业问题

以上只是初步凝练提取出了大学生数字素养的构成要素，但其是否合理，以及描述是否适切和精准，还有待专家进一步的验证、修订和完善。

3.1.3　数字素养构成要素的专家验证

为进一步对这些要素及其描述进行验证、修订和完善，本节将采用德尔菲法，通过两轮的专家背对背匿名咨询，最终确定相对完善、合理和可靠的大学生数字素养构成要素及其描述，并进一步构建其模型。

1. 咨询专家与专家问卷的确定

本节初步制定的咨询专家名单共有 30 位，均长期从事高等教育相关领域的研究与实践工作,90%具有教授(研究员)职称。其中 13 位为博士生导师、15 位为硕士生导师。从专家工作单位所属层次看,985 院校：211 院校(非 985)：普通院校(公办)：普通院校(民办)=2：10：12：3,另有 3 位专家分别来自新加坡南洋理工大学、中国科学院中国现代化研究中心和四川省教育科学研究院,因工作单位不属于我国高等院校,故无法按本节约定的层次划分。从专家工作单位所在区域看,华北地区：东北地区：华东地区：华南地区：华中地区：西南地区：西北地区：其他=9：1：4：1：0：14：1。其中西南地区(14 位)和华北地区(9 位)的专家人数,主要考虑有两点：其一是西南地区是本书作者工作单位所在区域,作者在该区域的专家资源较多；其二为一北一南(华北、西南)作为主要区域,而非主要集中在单一区域,有利于专家咨询意见更为客观。

在这 30 位专家中,除了有 90%具有教授(研究员)职称之外,有 29 位专家的教龄在 10 年以上,仅有 1 位为 10 年以下,表明他们具有相对丰富的实践经验,专家教龄的分布如图 3-1 所示。其中,30 位专家的男女性别占比分别为 56.67%和 43.33%。基于上文初步形成的大学生数字素养构成要素,本书设计了第一轮专家咨询问卷(见附录一)。

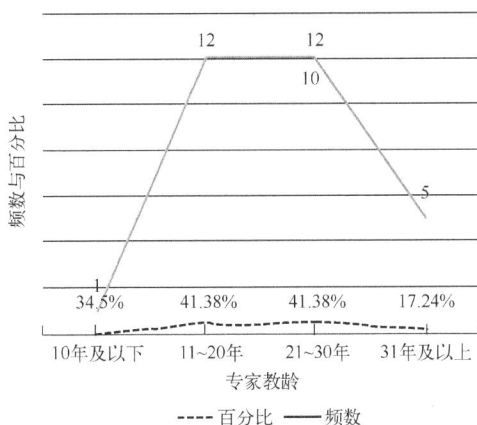

图 3-1　专家教龄的分布情况

2. 第一轮专家咨询过程与结果

通过即时通信方式向所有专家发放了第一轮咨询问卷,共计 30 份。在指定时间内,共回收到专家咨询意见反馈 30 份,其中填写完整且有效的为 27 份,因此,专家积极系数为 27/30=90.00%,表明专家对大学生数字素养这一主题比较关注,具有相对较高的参与积极性；有 3 份专家咨询意见反馈填写不完整,但 3 位专家都提出了相对详细的改进建议。

因此,以下将只对 27 份有效问卷进行统计分析,但在修改和形成第二轮的专家咨询问卷时，也将同时借鉴 3 份并不完整的专家咨询意见反馈的修改建议。但当这 3 位专家咨询意见与另外 27 位专家咨询意见反馈形成矛盾或冲突时，将主要采纳 27 位专家的修改建议。

1）专家咨询意见集中程度

本节基于德尔菲法，将计算专家咨询意见的集中程度。对集中程度通常用平均值 M、众数、中数，以及上四分位数（Q^+）和下四分位数（Q^-）的差（Q^+-Q^-）来测量。构成要素的平均值越大，说明其越重要；通常采用计算公式（Q^+-Q^-）<$a(a_n-a_1)$来反映专家的意见集中程度。本节借鉴了徐顺在专家咨询意见集中程度的 a 赋值（0.45），由于专家咨询问卷采用 5 点式量表，所以最大值 a_n=5，最小值 a_1=1，专家咨询意见集中程度的基准值为 $a×(a_n-a_1)$=0.45×（5-1）=1.8。（Q^+-Q^-）的值与专家咨询意见集中程度[237]，如表 3-3 所示。另外，满分率（K）也时常被用于反映专家咨询意见的集中程度。

表 3-3　（Q^+-Q^-）的值与专家咨询意见集中程度

Q^+-Q^-	专家咨询意见集中程度
Q^+-Q^-=0	最高
0<（Q^+-Q^-）<1.8	良好
1.8≤（Q^+-Q^-）≤2.0	一般，但还可以接受
（Q^+-Q^-）>2.0	比较差，其平均值和中位数所代表的意义不可接受

大学生数字素养的 65 个二级构成要素得分均值高于 4.0 分的有 59 个，占比为 90.77%（其中，高于 4.5 分的有 15 个，占比为 23.08%）；其余 6 个二级构成要素的得分均值均低于 4 分但高于 3 分，占比为 9.23%。通过（Q^+-Q^-）值反映出以下结果：其一，专家在"安全意识""真实性与准确性""尊重他人数据""数据法规""获取方式多样化""诚信"这 6 个构成要素的一致性程度最高（Q^+-Q^-=0），且满分率也是最高，说明专家集中认为这 6 个构成要素是大学生最为需要的能力特质。

其二，专家在"概念内涵与外延""硬件与设备知识""数据生命周期""独立管理""独立开发""数字交流与协作""灵活""数字艺术接受""数字公民与知识产权""批判意识"这 10 个构成要素的一致性程度一般（1.8≤（Q^+-Q^-）≤2.0），但还可以接受。另外，除数据生命周期的中数值为 3 外，其余构成要素的中数值均为 4。

其三，专家在其余构成要素的一致性程度良好（0<（Q^+-Q^-）<1.8）。

第一轮专家咨询的一致性反映表，如表 3-4 所示。

表 3-4　第一轮专家咨询的一致性反映表

构成要素	平均值	满分率	中数	众数	Q^+	Q^-	Q^+-Q^-	集中程度
概念内涵与外延	4.11	0.48	4	5	5	3	2	一般
硬件与设备知识	4.11	0.30	4	4	5	3	2	一般

续表

构成要素	平均值	满分率	中数	众数	Q^+	Q^-	Q^+-Q^-	集中程度
软件与技术知识	4.52	0.59	5	5	5	4	1	良好
数据类型和用途	4.15	0.41	4	5	5	3.5	1.5	良好
数据生命周期	3.52	0.11	3	3	5	3	2	一般
数据产品与服务	4.00	0.15	4	4	5	4	1	良好
数字开源与数字霸权	4.00	0.26	4	4	5	3.5	1.5	良好
安全意识	4.96	0.96	5	5	5	5	0	最高
安全保护	4.63	0.67	5	5	5	4	1	良好
防范病毒	4.22	0.41	4	4	5	4	1	良好
健康与环境保护	4.48	0.63	5	5	5	4	1	良好
基础设施安全	4.33	0.59	5	5	5	4	1	良好
风险管理	4.67	0.74	5	5	5	4.5	0.5	良好
判断数据质量	4.37	0.44	4	4	5	4	1	良好
数字批判思维	4.30	0.48	4	5	5	4	1	良好
价值评估	4.33	0.52	5	5	5	4	1	良好
真实性与准确性	4.85	0.85	5	5	5	5	0	最高
尊重他人数据	4.93	0.93	5	5	5	5	0	最高
数据法规	4.85	0.85	5	5	5	5	0	最高
数字身份管理	4.48	0.56	5	5	5	4	1	良好
获取方式多样化	4.78	0.78	5	5	5	5	0	良好
信息来源多样化	4.52	0.59	5	5	5	4	1	良好
获取途径多样化	4.37	0.52	5	5	5	4	1	良好
恰当的策略	4.22	0.44	4	5	5	4	1	良好
数字工具与资源	4.70	0.70	5	5	5	4	1	良好
数据平台与应用	4.48	0.48	4	4	5	4	1	良好
认定结果	4.04	0.26	4	4	5	4	1	良好
独立管理	3.52	0.07	4	4	5	3	2	一般
独立开发	3.96	0.33	4	4	5	3	2	一般
创造性整合	4.00	0.30	4	4	5	3.5	1.5	良好
数字版权与许可	4.44	0.59	5	5	5	4	1	良好
数字交流与协作	3.96	0.26	4	5	5	3	2	一般
获得正版软件	4.26	0.56	5	5	5	4	1	良好
获得正版权限	4.48	0.63	5	5	5	4	1	良好
数字学习环境	4.33	0.41	4	4	5	4	1	良好
信息化水平	4.33	0.56	5	5	5	4	1	良好
诚信	4.81	0.89	5	5	5	5	0	最高

续表

构成要素	平均值	满分率	中数	众数	Q^+	Q^-	Q^+-Q^-	集中程度
细心	4.26	0.44	4	5	5	4	1	良好
自信	4.48	0.59	5	5	5	4	1	良好
灵活	4.00	0.37	4	5	5	3	2	一般
毅力	4.41	0.52	5	5	5	4	1	良好
自控	4.52	0.59	5	5	5	4	1	良好
数字技术认同	4.48	0.56	5	5	5	4	1	良好
数字生活理性	4.56	0.59	5	5	5	4	1	良好
数字学习追求	4.19	0.33	4	4	5	4	1	良好
数字社会服务	4.56	0.63	5	5	5	4	1	良好
自我能力感	4.33	0.41	4	5	5	4	1	良好
自我努力感	4.26	0.37	4	4	5	4	1	良好
环境把握感	4.11	0.33	4	4	5	4	1	良好
行为控制感	4.33	0.48	4	5	5	4	1	良好
办公软件	4.37	0.63	5	5	5	4	1	良好
专业软件	4.19	0.48	4	5	5	3.5	1.5	良好
互联网应用	4.33	0.48	4	5	5	4	1	良好
专业能力	4.41	0.44	4	4	5	4	1	良好
数字艺术接受	3.81	0.22	4	4	5	3	2	一般
数字思维	4.56	0.63	5	5	5	4	1	良好
数字主动学习	4.33	0.44	4	5	5	4	1	良好
数字创新创造	4.37	0.56	5	5	5	4	1	良好
数字内容创新	4.41	0.52	5	5	5	4	1	良好
重塑问题与创新	4.22	0.41	4	5	5	4	1	良好
数字公民与知识产权	3.96	0.33	4	3	5	3	2	一般
跨学科态度	4.37	0.44	4	4	5	4	1	良好
知识结合	4.33	0.48	4	5	5	4	1	良好
批判意识	4.00	0.33	4	5	5	3	2	一般
解决问题	4.41	0.63	5	5	5	4	1	良好

2) 专家咨询意见整理与构成要素修订思路

(1) 根据专家打分情况，初步考虑直接保留得分高于 4.5 分的构成要素，进一步观察得分低于 4.5 分但高于 4.0 分的构成要素，初步考虑删除得分低于 4.0 分的构成要素；

(2) 根据专家反馈意见集中程度，对构成要素及其描述进行优化完善；

(3) 根据专家打分与反馈意见，确认第二轮专家咨询问卷的构成要素及其描述；

(4)将总变量设为外在行为层面的显性能力和内在意识层面的隐性能力两个分变量。

3. 第二轮专家咨询过程与结果

根据第一轮专家咨询结果,在详细修改大学生数字素养的构成要素及其描述后,本书形成了第二轮专家咨询问卷(见附录二)。在第二轮专家咨询中,向 30 位填写第一轮问卷的专家发放问卷,在指定时间内回收到有效专家咨询意见反馈 30 份,故这一轮专家的积极系数为 100%,进一步说明了 30 名专家对大学生数字素养这一主题的关注和积极参与。

构成大学生数字素养的 8 个一级构成要素的得分均值全部在 4.0 分以上,占比100%。

1)专家咨询意见集中程度

通过第二轮专家咨询的一致性反映表(如表 3-5 所示)得出以下结果:

"通识技能"得分最高,达到了 4.6 分;满分率超过 0.5 的有 4 个,占比约为50%。另外,在(Q^+-Q^-)所反映的专家咨询意见集中程度方面,Q^+-Q^- 均为 1.0,表明专家在第二轮的专家咨询意见集中程度良好。值得注意的是,尽管专家在"数字自我效能感"方面,其满分率稍低($K=0.30$),但是专家的意见集中程度为良好($Q^+-Q^-=1$),同时,得分均值介于比较重要和非常重要之间(Mean=4.07),故将其保留。

构成大学生数字素养的 35 个二级构成要素的得分均值在 4.0 分以上有 27 个,占比约为 77.14%;其中,"数字内容获取"最高,达到了 4.97 分;满分率超过 0.5的有 16 个,占比约为 45.71%。另外,专家在"产品服务""尊重爱人数据""数字身份管理""环境把握感""数字内容获取""数字内容创作""数字内容传播""数字安全保护"这 8 个构成要素的专家咨询意见集中程度最高($Q^+-Q^-=0$),在"基础技术""数字开源与数字霸权""自我努力感""数字生活创新""数字传播创新""数据批判意识"这 6 个构成要素的专家咨询意见集中程度为一般($1.8\leqslant(Q^+-Q^-)\leqslant2.0$),但还可以接受;在其余构成要素的专家咨询意见集中程度为良好($Q<(Q^+-Q^-)<1.8$)。值得注意的是,尽管专家在"专业软件"方面,其满分率最低($K=0.00$),但是专家的意见集中度为良好($Q^+-Q^-=1$),故将其保留。综上,30 位专家在第二轮的专家咨询中,具有较高的意见集中度。

表 3-5　第二轮专家咨询的一致性反映表

构成要素	平均值	满分率	中数	众数	Q^+	Q^-	Q^+-Q^-	一致性程度
一级构成要素指标(8 个)								
数字认知	4.47	0.63	5	5	5	4	1	良好
数字伦理	4.33	0.50	4.5	5	5	4	1	良好

续表

构成要素	平均值	满分率	中数	众数	Q^+	Q^-	Q^+-Q^-	一致性程度
数字审美	4.13	0.40	4	5	5	4	1	良好
数字理念	4.13	0.37	4	4	5	4	1	良好
数字自我效能感	4.07	0.30	4	4	5	4	1	良好
通识技能	4.60	0.67	5	5	5	4	1	良好
创新技能	4.40	0.53	5	5	5	4	1	良好
跨学科技能	4.10	0.37	4	4	5	4	1	良好
二级构成要素指标(35 个)								
概念内涵与外延	4.27	0.40	4	4	5	4	1	良好
软硬件基础知识	4.50	0.53	5	5	5	4	1	良好
基础技术	3.40	0.07	3	3	5	3	2	一般
数字开源与数字霸权	3.63	0.07	4	4	5	3	2	一般
产品服务	4.73	0.77	5	5	5	5	0	最高
数字版权与许可	4.57	0.57	5	5	5	4	1	良好
尊重他人数据	4.93	0.93	5	5	5	5	0	最高
数字身份管理	4.90	0.90	5	5	5	5	0	最高
价值评估	4.30	0.33	4	4	5	4	1	良好
批判思维	4.33	0.40	4	4	5	4	1	良好
数字成效分析	4.20	0.27	4	4	5	4	1	良好
数字艺术接受	4.03	0.20	4	4	5	4	1	良好
基本人格特质	4.17	0.40	4	4	5	4	1	良好
数字技术认同	4.43	0.50	4.5	5	5	4	1	良好
数字社会服务	4.73	0.73	5	5	5	4.25	0.75	良好
自我能力感	4.60	0.67	5	5	5	4	1	良好
自我努力感	3.53	0.07	4	4	5	3	2	一般
环境把握感	4.87	0.87	5	5	5	5	0	最高
行为控制感	4.07	0.17	4	4	5	4	1	良好
专业软件	3.10	0.00	3	3	4	3	1	良好
专业技能	4.50	0.60	5	5	5	4	1	良好
数字内容获取	4.97	0.97	5	5	5	5	0	最高
数字内容创作	4.80	0.80	5	5	5	5	0	最高
数字内容传播	4.77	0.77	5	5	5	5	0	最高
数字安全保护	4.87	0.87	5	5	5	5	0	最高
健康与环境保护	3.83	0.10	4	4	5	3.25	1.75	良好
数字思维	4.45	0.62	5	5	5	4	1	良好
数字表达与协作	4.45	0.48	4	5	5	4	1	良好

续表

构成要素	平均值	满分率	中数	众数	Q^+	Q^-	Q^+-Q^-	一致性程度
数字生活创新	3.62	0.07	4	4	5	3	2	一般
数字传播创新	3.62	0.07	4	4	5	3	2	一般
数字化赋能	4.31	0.34	4	4	5	4	1	良好
跨学科态度	4.03	0.17	4	4	5	4	1	良好
知识结合	4.38	0.41	4	4	5	4	1	良好
数据批判意识	3.72	0.10	4	4	5	3	2	一般
解决问题	4.48	0.52	5	5	5	4	1	良好

另外，进一步确定 30 位专家咨询意见的集中程度，还需要通过专家咨询意见的协调一致性程度指标来衡量，即协调系数。协调系数的取值范围为 0~1，越接近 1，表明所有专家咨询意见协调一致性程度越高。一般认为，协调系数<0.2 说明专家咨询意见的协调一致性程度较差；0.2~0.4 说明专家咨询意见的协调一致性程度一般；0.4~0.6 说明专家咨询意见的协调一致性程度中等；0.6~0.8 说明专家咨询意见的协调一致性程度较强；0.8~1.0 说明专家咨询意见的协调一致性程度很强。通过非参数检验，得到表 3-6 所示的专家咨询意见协调程度情况表。

表 3-6　两轮专家咨询结果的专家协调程度情况表

	协调系数	卡方值	显著性(Sig)
第一轮专家咨询	0.210	362.248	0.000
第二轮专家咨询	0.605	596.769	0.000

相较于第一轮专家咨询意见的协调系数 0.210 而言，第二轮专家咨询意见的协调系数达到了 0.605，远高于第一轮，可见专家对第二轮的咨询基本达到了统一意见，且这两轮的 30 位专家咨询结果差异显著，可以拒绝第一类错误，表明两轮的研究结果都具有较高的可信度。综上，30 位专家在大学生数字素养构成要素方面达成了较高的一致性协调程度，研究结果可取。

2) 专家咨询意见整理与构成要素修订思路

(1) 根据专家打分的情况，初步考虑直接保留得分高于 4.0 分的构成要素；

(2) 根据专家反馈的意见，对构成要素及其描述进行优化完善。

3) 专家咨询结果的可靠性分析

除专家的基本身份信息之外，所咨询专家的权威程度(Cr)也是德尔菲法中衡量专家咨询意见可靠性的重要依据。专家的权威程度通过公式 $Cr=(Cs+Ca)/2$ 来计算得出。其中，Cs 为专家对咨询问题的熟悉程度，不同熟悉程度赋予不同的量化值，如表 3-7 所示。

表 3-7　专家对咨询问题的熟悉程度系数

熟悉程度	量化值
很熟悉	1
熟悉	0.8
一般熟悉	0.5
不熟悉	0.2
很不熟悉	0

Ca 为专家对咨询问题的判断依据(即直观感觉、理论分析、实践(工作)经验、对国内外的相关了解),并在影响专家判断程度(大、中、小)上赋予不同的量化值,如表 3-8 所示。

表 3-8　专家判断依据及其影响程度赋值表

判断依据	对专家的判断影响程度(Ca)		
	大	中	小
直观感觉	0.1	0.1	0.1
理论分析	0.3	0.2	0.1
实践(工作)经验	0.5	0.4	0.3
对国内外的相关了解	0.1	0.1	0.1

因此,结合图 3-2 所示的专家对本节咨询意见熟悉程度的分布情况,以及表 3-7 所示的专家对咨询问题的熟悉程度系数,可计算出 30 位专家对大学生数字素养的熟悉度, $Cs=0.87$。

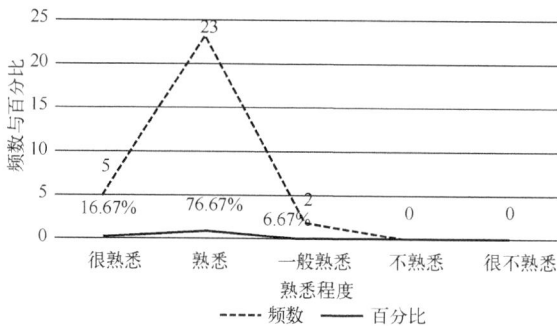

图 3-2　专家熟悉程度的分布情况

结合图 3-3 所示的专家在本节中的判断依据频率分布情况,以及表 3-8 所示的专家判断依据及其影响程度赋值表,可计算出 30 位专家的判断依据, $Ca=0.98$。综上,可得到 30 位专家的权威程度为 $(Cs+Ca)/2=(0.87+0.98)/2=0.925$。这说明 30 位专家的权威度比较高,专家咨询具有较好的可信度。

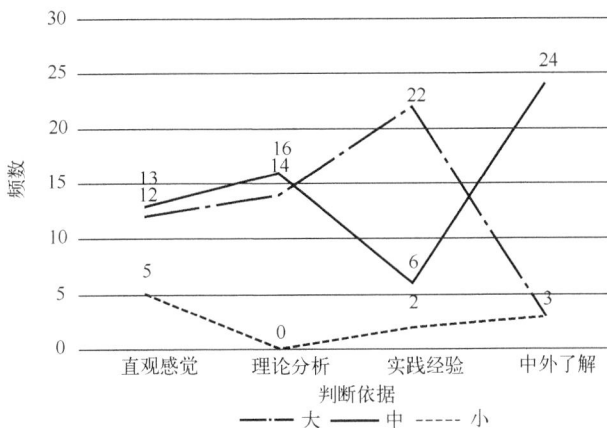

图 3-3 专家判断依据频率分布

3.1.4 数字素养构成要素的阐释及初步模型

1. 数字素养构成要素的阐释

上文通过专家咨询对大学生数字素养的构成要素和描述进行了验证、修订和完善，初步确定了表 3-9 所示的大学生数字素养的构成要素及其描述。

表 3-9 大学生数字素养的构成要素及描述

一级构成要素 (7 个)	二级构成要素 (35 个)	描述	编号
数字认知 (Number Cognition, NC)	基本概念	我了解"数字公民""数字鸿沟""数字原住民""数字移民""数字难民""智能媒体""元宇宙""数字艺术"等基本概念	NC1
	软硬件基础知识	我对计算机软件与技术、硬件与设备的发展现状与前沿趋势有一定的了解	NC2
	基础理论	我了解数字媒体与智能传播系统(如数字感知、数字采集、数字生产、数字分发、数字推荐、数字消费、数字反馈等)的基础知识理论	NC3
	数字开源与数字霸权	我了解数字开源所连接的创新链、产业链、价值链，了解数字霸权产生的根源和可能带来的危害性	NC4
	数字产品和服务	我了解以"云大物移智链"(云计算、大数据、物联网、移动互联网、人工智能、区块链)等为代表的"智能+"技术集群带来的全面"智能+"和泛娱乐等新型数字生活场景	NC5
通识技能 (General Skills, GS)	专业软件	我具备(协同)熟练使用至少一种专业软件(如 PS、PR、Flash、Unity、Picasa、C++、Java、AR/VR/MR、Maya、知识图谱、用户画像等)，并能创建满足学习/生活/工作任务最低要求的数字内容的认知或能力	GS1
	数字内容获取	我具备(协同)借助适合的数字工具与资源，通过丰富的途径获取并筛选满足最低要求所需信息的认知或能力	GS2
	数字内容创作	我具备(协同)借助适合的数字工具与资源，构建(设计/制作/开发、修改/提炼/整合)满足最低要求社会显示度的数字内容的认知或能力	GS3

续表

一级构成要素(7个)	二级构成要素(35个)	描述	编号
通识技能(General Skills, GS)	数字内容传播	我具备(协同)科学整合、处理、分析与存储不同类型的数字内容,并能选用合适的媒介手段从事满足最低要求的信息扩散(如对数字内容进行复制、改写、解析、发布、评价与反馈等)的认知或能力	GS4
	数字安全保护	我具备(协同)安全地访问、管理、使用和存储数据,确保所用数字设备安全,能提前研判、预警以及管控数字化风险的认知或能力	GS5
	专业综合技能	我具备(协同)熟练使用至少一种媒体深度融合专业技能(如全媒体叙事能力、融媒体表达能力、跨部门协作能力、产品运营管理能力、数据挖掘分析能力、人机协作能力等),并能创建满足较高要求的数字生活/学习/实践/创新任务的数字内容认知或能力	GS6
创新技能(Innovation Skills, IS)	数字思维	我具备借助数字思维领域的思想方法(如互联网思维、用户思维、平台思维、跨界思维等),能处理好"身体-技术-传播-从业者"之间的多元关系的认知或能力	IS1
	数字呈现创新	我具备(协同)组织和存储信息,并能选用合适的数字工具与资源努力赋予传统文化以新的时代内涵和现代表达方式,以满足不同用户的需求	IS2
	数字传播创新	我具备(协同)考量传播链条中的所有元素(包括传播的对象、内容、方式与效果等),创新传播手段和话语方式,引导全民遵守数字社会规则等方面的敏感度、参与度、认可度与价值感的认知或能力	IS3
	数字生活创新	我具备(协同)将想法以图文、音视频、动画、虚拟现实等载体形式展现,能创新产业价值与用户价值共生的数字生活新流程、新产品和新服务的认知或能力	IS4
	数字化赋能	我具备(协同)利用数字工具与资源参与创新创业,提升群众参与城市治理、社区治理、乡村治理的途径和模式的认知或能力	IS5
跨学科技能(Cross-Science Skills, CS)	跨学科认知	我具备意识到自己欠缺什么能力,能对不同学科观点保持好奇、开放和质疑,并对多学科观点进行优劣势评价的认知或能力	CS1
	知识结合	我具备关注不同学科、不同数字情境的学科交融性、内在逻辑性和情境熟识度,能将多学科深度交叉融合,结合自己所持学科展开跨学科项目式学习的认知或能力	CS2
	数据批判意识	敢于质疑和批判,能进行逻辑性地分析、判断和决策数据	CS3
	问题重塑与解决	我具备借助数字工具与资源发现或重构数字领域特定情境中的复杂问题,并能利用不同学科的相关理论和专业知识解决概念性问题的认知或能力	CS4
数字意识(Number Consciousness, NCO)	保护个人信息和隐私	我能够遵循规范去创建、使用和管理个人的数字账号和密码,维护个人数字身份和数字声誉	NCO1
	尊重他人数据	我具备规范引用他人成果的认知或能力,避免他人隐私、商业秘密和工作秘密等敏感数据泄露,能理解付费阅读的可持续性的认知或能力	NCO2
	数字版权与许可	我能够积极学习并践行数字版权和使用许可相关的法律法规,具备规范使用正版软件的认知或能力	NCO3
	数字技术认同	我认可数字技术在数字获取、制作、使用、交互、分享、创新等过程中的多元社会价值,对数字参与有积极性、主动性和创作性	NCO4
	数字社会服务	我了解数字社会的主体需求,能善用数字技术服务社会多元领域,助推社会治理模式创新	NCO5
	维护积极健康的网络环境	我遵守网络传播秩序,具备采取措施避免数字技术对个人及环境造成风险和危害的认知或能力	NCO6

一级 构成 要素 (7 个)	二级 构成要素 (35 个)	描述	编号
数字 自我效能感 (Digital Self-efficacy, DS)	基本人格 特质	我在数字社会中坚持公平、诚实等原则，对待数字处理的工作或任务细心，能敏捷地、适应性地、多样性地调整策略，以及适应数字社会活动的开展	DS1
	自我 能力感	我能够全面认知自己能力，借助适合的数字工具与资源达成数字生活/学习/实践/创新的预期目标的认知或能力	DS2
	自我 努力感	我能够主动关注、学习与追踪新一代"智能+"技术和新兴数字媒介应用(如Vlog、裸眼 3D、AI 主播、元宇宙、数字艺术、云直播等)的认知或能力	DS3
	环境 把握感	我具备对数字生活/学习/实践/创新环境的感受，在需要的时候能有效借助数字工具与资源求助于他人	DS4
	行为 控制感	我能够畅享数字生活，即便遇到压力和困难时，也能有效控制情绪，保持冷静镇定，继续执行既定计划的认知或能力	DS5
数字内容 价值评估 (Digital content Evaluation, DE)	数字成效 分析	我具备借助数字工具与资源对数字生活/学习/实践/创新的成效进行分析的认知或能力	DE1
	数字人文 批判	我具备批判性思考数智时代已出现或可能出现的问题和挑战(如"信息茧房"会造成单向度的人，社交机器人或将加剧错误信息和虚假信息的传播等)，重新定位媒介与人和社会的关系，能对数字产品的负面性保持高度警惕的认知或能力	DE2
	数字艺术 鉴赏	我具备对数字艺术进行积极主动的鉴赏和批评活动的认知或能力	DE3
	正向社会 价值传播	我具备评估所获数字内容的时效性及其与工作的相关性，能从高质量数据源中解读蕴含的主流价值的认知或能力	DE4

正是如此，本书认为大学生数字素养应由包括 2 个分组变量、7 个方面的构成要素组成，即外在行为层面的显性能力(数字认知、通识技能、创新技能和跨学科技能)和内在意识层面的隐性能力(数字意识、数字自我效能感、数字内容价值评估)。大学生数字素养模型维度划分，如图 3-4 所示。

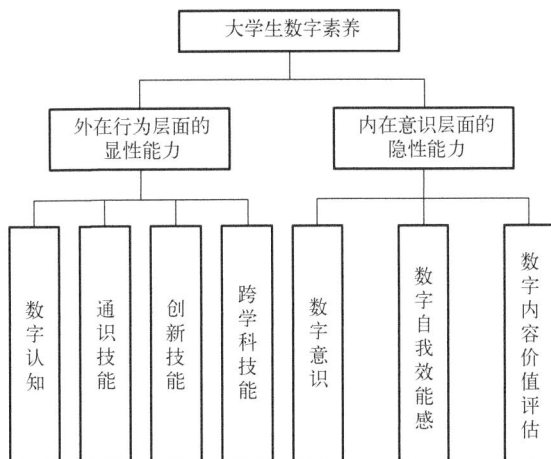

图 3-4　大学生数字素养模型维度划分

值得注意的是，本模型在一级构成要素的构建有以下的设计逻辑：

第一，从整体上看，模型包括两类能力，即外在行为层面的显性能力和内在意识层面的隐性能力。

第二，从外在行为层面的显性能力的 4 个一级构成要素看，对大学生数字能力的要求呈现出螺旋式上升样式。因为只有个体先具备数字认知，才可能通过实践养成数字技能。通识技能是数字技能的基础，创新技能是数字技能的核心，而跨学科技能是数字技能在不同学科、不同数字情境的延伸与渗透。

第三，从内在意识层面的隐性能力的 3 个一级构成要素看，对大学生数字能力的要求也呈现出螺旋式上升态势。因为只有大学生具备了数字意识，才会在数字生活/学习/实践/创新中更多关注个人的满意度或社会的认可度，进而更好地发挥数字自我效能感并追求更高目标；而大学生具备了较好的数字自我效能感，才能够从高质量数据源中解读蕴含的主流价值，并最大限度地生产与传播符合主流意识形态的数字内容。

2. 大学生数字素养模型的初步构建

数智时代，若要成长为数字社会合格公民与数字内容健康传播促进者，需要一套独特的数字素养结构，同时，在面对不同的传播环境和不同的用户对象时，大学生在与数字社会的直接互动中所需的数字能力结构自然也会有所差异。通过上文的一系列研究，本节构建了面向大学生数字素养的初始模型，如图 3-5 所示。

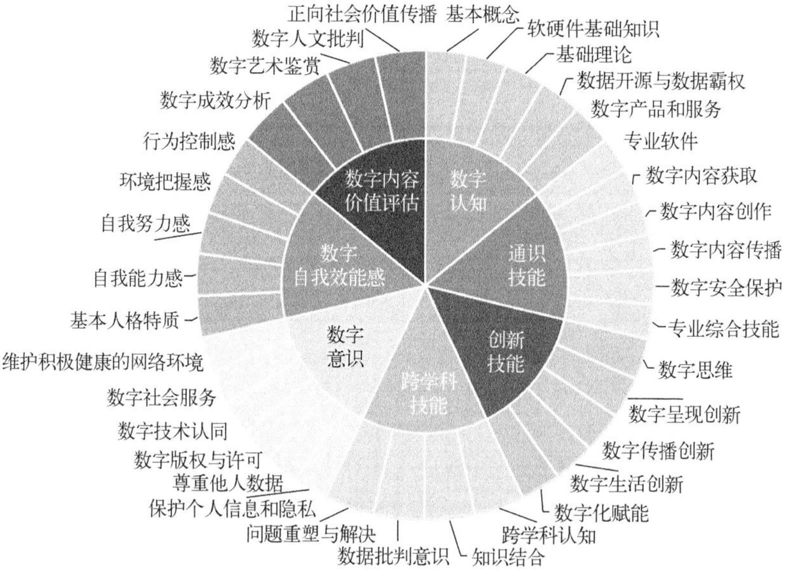

图 3-5　构建的大学生数字素养初始模型

值得注意的是，本模型中的数字认知、通识技能、创新技能、跨学科技能、数字意识、数字自我效能感和数字内容价值评估是大学生数字素养的一级构成要素。而每个一级构成要素所包括的二级构成要素，均应是上文分析提取的数智时代大学生应重点发展与提升的核心能力，而非面面俱到的能力。加之数字素养具有极强的动态属性、技术属性和情境属性，因此本模型的 7 个一级构成要素也会根据我国数字化转型、我国高等教育发展的不同阶段而有所变化。同样值得注意的是，本模型只体现了构成要素的组成，并未体现各构成要素在重要性方面的差异。

3.1.5　小结

为研究和确定我国数字化转型、我国教育信息化 2.0 阶段背景下大学生数字素养的构成要素，本节以 KAP、TPB、TPC 等理论为指导，在借鉴上文所分析到的 12 个"标准"的基础上，依据确认、提升的过程和凝练原则，凝练提取大学生数字素养的构成要素。随后，采用德尔菲法进行了两轮背对背专家匿名咨询，并进一步对大学生数字素养的构成要素进行了修订和完善，初步确定了具有较高的专家集中度、协调度、认可度和权威度的 7 个一级构成要素和 35 个二级构成要素。最后，本节分析阐释了大学生数字素养构成要素的合理性，并在此基础上得到了面向大学生数字素养的初始模型。

3.2　数字素养模型的完善

3.2.1　引言

为验证上文得到的面向数字素养的初始模型，并进一步评估模型的可靠性和有效性，本节首先获取了关于大学生数字素养的 361 份有效问卷，并依次进行了描述性分析、区分度检验、信度分析、探索性因子分析(Exploratory Factor Analysis，EFA)，在第一轮初探中删除了 4 道测量题项，量表保留 7 个一级维度的 31 道测量题项；其次获取了关于大学生数字素养的 368 份有效问卷，并依次进行描述性分析、信度分析、验证性因子分析(Confirmatory Factor Analysis，CFA)，系统梳理及验证了量表的信度(内部一致性信度、折半信度和组合信度)和效度(内容效度、聚合效度、区分效度)，最终认为：大学生数字素养量表由符合我国高等教育与我国大学生思维习惯情境特征的 7 个一级维度的 31 道测量题项构成。在此基础上，本节还采用德尔菲法和层次分析法(Analytic Hierarchy Process，AHP)，确定了大学生数字素养各构成要素的相对权重。

3.2.2　数字素养量表概念内涵与题库形成

为使量表开发符合规范,大学生数字素养构成要素及其描述,首先参照了国内外的相关"标准"与经验,其次在对标数智时代行业新岗位对大学生数字能力的现实需求的基础上,经过 30 位专家两轮验证和修订后,初步确认了量表的测量题项,即大学生数字素养量表由符合我国高等教育与我国大学生思维习惯情境特征的 7 个一级维度的 35 道测量题项构成。因此,大学生数字素养量表具有较好的内容效度和专家效度。

3.2.3　数字素养量表结构探索

量表结构初探阶段的核心分析是 EFA,根据 Hair 等研究者的观点,EFA 样本数量的经验估计基于数据集的绝对量、样本与变量(题项)比例及结果"强度"。本节收集到初步确认的数字素养量表(35 题)有效问卷 361 份,从样本绝对量(>200)、样本数量与变量数量比例(>10 倍)及结果"强度"(中等共同度时>200)三方面而言,均满足最小样本要求。

1. 问卷设计与调查

1)问卷设计

为验证大学生数字素养量表工具的信效度,本节设计了调查问卷(见附录三),问卷主要分为两个部分:

第一部分是数字素养水平现状评估量表,包含 7 个维度的 35 道测量题项。同时,为增强被试数据的准确性,本轮问卷使用"指定选项测量题项方法"进行注意力检验[238,239],将"您在本次调查中是否认真作答,如果您是认真作答,本题请选择'非常不同意'""本题请选最后一个选项"这 2 道测量题项也分别插入了问卷。

第二部分是大学生的个人基本信息,包含性别、学历阶段、学校层次、学校区域等。

2)问卷调查

本轮问卷通过问卷星平台(官方网址为 https://www.wjx.cn/)、采用滚雪球方式发放,发放及回收时间为 2023 年 8 月 2 日~2023 年 8 月 4 日。时间结束后,停止了本轮问卷运行,从问卷星后台导出问卷数据,剔除不符合注意力检验的问卷。

本节收集到 392 份调查问卷,通过题项 12 和题项 37 过滤剔除未认真作答的问卷 31 份,得到有效问卷 361 份,问卷有效率 92.09%。将收集到的数据用于量表区分度检验、量表信度分析与 EFA,以此对大学生数字素养量表的结构进行初步探索。本节信度分析采用 Cronbach's α 系数、校正后的题项总分相关系数(Corrected-Item Total Correlation,CITC)与删除该题项后的 Cronbach's α 系数(Cronbach's Alpha if Item

Deleted，CAID）等方式对量表信度进行检验；EFA 通过旋转后的因子矩阵、因子载荷、累计方差解释度与共同度等指标进行评估。

　　3）调查对象基本特征

　　在过往的研究中，通常都会先对样本数据进行描述性分析。其中，对分类变量（Categorical Variable）采用频数（Frequency）和百分比（Percent）进行描述，对数值型变量（Continuous Variable）采用均值（Mean）和标准差（Standard Deviation，SD）进行描述。总体来看，被试数据能够较好地呈现当前大学生数字素养的基本特征，具有较为明显的代表性。被试样本的基本信息统计，如表 3-10 所示。

表 3-10　被试样本的基本信息统计表

变量	类别	数量	百分比/%
性别	男性	180	49.9
	女性	181	50.1
学历阶段	本科生	223	61.8
	硕士研究生	101	28.0
	博士研究生	37	10.2
学校层次	985 院校	81	22.4
	211 院校（非 985）	99	27.4
	普通院校（公办）	110	30.5
	普通院校（民办）	71	19.7
学校区域	华北地区	153	42.4
	东北地区	100	27.7
	西南地区	108	29.9
主修专业	新闻与传播学	62	17.2
	戏剧与影视学	70	19.4
	美术与设计	87	24.1
	音乐与舞蹈学	34	9.4
	电子信息与计算机	73	20.2
	管理科学与工程	35	9.7
奖学金	国家级奖学金	62	17.2
	省级奖学金	70	19.4
	校级奖学金	87	24.1
	院级奖学金	74	20.5
	未获得	68	18.8
每天使用数字媒介工具时间	2 小时以下	47	13.0
	2～4 小时	64	17.7
	4～6 小时	135	37.4
	6～8 小时	64	17.7
	8～10 小时	27	7.5
	10 小时以上	24	6.6

2. 变量特征

正态性检验常用于确定观测变量数据是否服从正态分布，或样本是否来自正态总体的统计方法，是统计判决中一种重要的、特殊的拟合优度假设检验。其中，偏度(Skewness)和峰度(Kurtosis)是数据测量正态分布特性的两个指标。

偏度是统计数据分布偏斜方向和程度的度量。0 说明是最完美的对称性，正态分布的偏态就是 0。

峰度是衡量数据取值分布形态陡缓程度的统计量。峰度高就意味着方差增大是由低频度的高于或低于平均值的极端差值引起的。

利用 SPSS 26.0 对 361 份有效问卷进行统计分析，问卷各变量及题项(数值型变量)的平均水平、分布情况及离散程度，通常采用最大值(Max)、最小值(Min)、均值、标准差、偏度及峰度描述其特征。数据呈正态分布是后续进行深入统计分析(如相关分析、回归分析、结构方程模型等)的前提条件。基于最大似然估计的结构方程模型(Structural Equation Modeling，SEM)，前提条件是数值型结果变量需服从多元正态性(Multi-normality)，Mardia 指出多种正态性检验法，包括常用的柯尔莫可洛夫 - 斯米洛夫检验(Kolmogorov-Smirnov test，K-S test)与夏皮罗 - 威尔克检验(Shapiro-Wilk test)在内，都存在一定的局限性[240]。在大样本中轻微偏离可能是显著的，而小样本中检验效能较低，较大的偏离尚不能发现。通过检查单变量频数分布，也可发现多变量非正态性，故研究者推荐采用偏度和峰度描述数据分布形式[241]。理论上讲，标准正态分布的偏度和峰度均为 0。但现实中的数据很难满足标准正态分布，因此若数据偏度的绝对值低于 3，且数据峰度的绝对值低于 10，则认为数据为基本可接受的正态分布，尽管其并非是标准化的正态分布[242,243]。

本节中各题项/变量的偏度和峰度的绝对值最大值分别为 0.958 与 0.851(均低于 1)，数据呈正态分布，故满足后续分析条件。被试样本的变量特征，如表 3-11 所示。

表 3-11 被试样本的变量特征

题项代码	数量	最小值	最大值	平均值	标准差	偏度	峰度
NC1	361	1.000	5.000	3.753	1.146	−0.719	−0.279
NC2	361	1.000	5.000	3.878	1.028	−0.679	−0.218
NC3	361	1.000	5.000	3.884	1.066	−0.749	−0.135
NC4	361	1.000	5.000	3.898	1.053	−0.712	−0.233
NC5	361	1.000	5.000	3.939	0.987	−0.644	−0.304
GS1	361	1.000	5.000	3.695	1.088	−0.606	−0.203
GS2	361	1.000	5.000	3.731	1.068	−0.616	−0.155
GS3	361	1.000	5.000	3.834	1.051	−0.629	−0.336

续表

题项代码	数量	最小值	最大值	平均值	标准差	偏度	峰度
GS4	361	1.000	5.000	3.914	1.065	−0.744	−0.192
GS5	361	1.000	5.000	3.820	1.087	−0.786	0.030
GS6	361	1.000	5.000	3.795	0.987	−0.381	−0.523
IS1	361	1.000	5.000	3.795	1.063	−0.560	−0.527
IS2	361	1.000	5.000	3.964	1.006	−0.717	−0.148
IS3	361	1.000	5.000	3.789	1.147	−0.746	−0.230
IS4	361	1.000	5.000	3.850	1.077	−0.717	−0.189
IS5	361	1.000	5.000	3.895	1.008	−0.556	−0.315
CS1	361	1.000	5.000	3.906	1.198	−0.958	−0.073
CS2	361	1.000	5.000	3.753	1.189	−0.709	−0.388
CS3	361	1.000	5.000	3.706	1.127	−0.751	−0.034
CS4	361	1.000	5.000	3.895	1.256	−0.866	−0.425
NCO1	361	1.000	5.000	3.734	1.078	−0.498	−0.611
NCO2	361	1.000	5.000	3.784	1.063	−0.479	−0.564
NCO3	361	1.000	5.000	3.734	1.099	−0.684	−0.115
NCO4	361	1.000	5.000	3.873	1.062	−0.709	−0.226
NCO5	361	1.000	5.000	3.751	1.120	−0.558	−0.504
NCO6	361	1.000	5.000	3.809	1.159	−0.525	−0.851
DS1	361	1.000	5.000	3.681	1.012	−0.705	0.147
DS2	361	1.000	5.000	3.898	1.124	−0.858	0.047
DS3	361	1.000	5.000	3.759	1.088	−0.525	−0.573
DS4	361	1.000	5.000	3.834	1.181	−0.936	0.097
DS5	361	1.000	5.000	3.812	1.132	−0.734	−0.312
DE1	361	1.000	5.000	3.792	1.082	−0.558	−0.558
DE2	361	1.000	5.000	3.864	1.096	−0.811	0.037
DE3	361	1.000	5.000	3.787	1.114	−0.711	−0.132
DE4	361	1.000	5.000	3.825	1.121	−0.712	−0.277

3．数据分析

1)区分度检验

区分度是对被试数据属性或品质的区分程度或鉴别能力，是测量题项对被试的心理特性的区分程度或鉴别能力，是评价测量题项质量好坏的一个重要指标，也是筛选测量题项的主要依据。在心理测量中，通常将临界比率作为鉴别不同被试对测量题项区分度的重要指标，以27%和73%作为区分标准，分位数低于27%的数据为低分组，分位数介于27%～73%的数据为中分组，分位数高于73%的数据为高分组。

然后使用独立样本 t 检验，对比检验高低两组在每道测量题项上的得分均值是否存在显著差异，所得的 t 值就是临界比率值。如果测量题项的检验结果呈现显著水平，则该测量题项具有良好的区分度(鉴别力)，应保留该测量题项；若测量题项的检验结果不显著，应考虑修订或删除该测量题项[244]。

被试样本数据的区分度检验的分析结果，如表 3-12 所示。

表 3-12　被试样本的区分度检验的分析结果

编号	分组	数量	平均值	标准差	t 值	P 值
NC1	低	103	2.88	1.191	−12.817	0.000
NC1	高	102	4.56	0.573		
NC2	低	103	3.17	1.001	−11.608	0.000
NC2	高	102	4.52	0.625		
NC3	低	103	3.04	1.038	−13.144	0.000
NC3	高	102	4.59	0.586		
NC4	低	103	3.53	0.968	−4.732	0.000
NC4	高	102	4.20	1.034		
NC5	低	103	3.45	1.007	−7.446	0.000
NC5	高	102	4.39	0.798		
GS1	低	103	3.00	1.155	−9.050	0.000
GS1	高	102	4.27	0.834		
GS2	低	103	2.98	1.038	−10.235	0.000
GS2	高	102	4.27	0.747		
GS3	低	103	3.25	1.161	−7.065	0.000
GS3	高	102	4.27	0.892		
GS4	低	103	3.18	1.178	−8.827	0.000
GS4	高	102	4.42	0.789		
GS5	低	103	3.11	1.111	−9.754	0.000
GS5	高	102	4.38	0.718		
GS6	低	103	3.16	0.937	−8.908	0.000
GS6	高	102	4.26	0.843		
IS1	低	103	3.05	1.013	−11.384	0.000
IS1	高	102	4.46	0.740		
IS2	低	103	3.28	1.088	−10.743	0.000
IS2	高	102	4.62	0.630		
IS3	低	103	2.91	1.147	−12.697	0.000
IS3	高	102	4.58	0.667		
IS4	低	103	3.05	1.141	−10.559	0.000

编号	分组	数量	平均值	标准差	t 值	P 值
IS4	高	102	4.46	0.727	−10.559	0.000
IS5	低	103	3.32	1.068	−10.804	0.000
IS5	高	102	4.63	0.596		
CS1	低	103	3.12	1.231	−11.126	0.000
CS1	高	102	4.61	0.566		
CS2	低	103	3.01	1.233	−8.350	0.000
CS2	高	102	4.29	0.950		
CS3	低	103	3.10	1.287	−6.681	0.000
CS3	高	102	4.19	1.031		
CS4	低	103	2.91	1.292	−12.383	0.000
CS4	高	102	4.70	0.672		
NCO1	低	103	3.17	1.095	−8.849	0.000
NCO1	高	102	4.35	0.804		
NCO2	低	103	3.18	1.144	−9.445	0.000
NCO2	高	102	4.47	0.767		
NCO3	低	103	3.05	1.149	−11.002	0.000
NCO3	高	102	4.48	0.641		
NCO4	低	103	3.29	1.035	−9.688	0.000
NCO4	高	102	4.48	0.685		
NCO5	低	103	3.08	1.152	−8.775	0.000
NCO5	高	102	4.32	0.858		
NCO6	低	103	3.16	1.127	−8.025	0.000
NCO6	高	102	4.33	0.968		
DS1	低	103	3.13	1.160	−6.329	0.000
DS1	高	102	4.02	0.832		
DS2	低	103	3.01	1.248	−9.756	0.000
DS2	高	102	4.42	0.763		
DS3	低	103	3.06	1.074	−8.413	0.000
DS3	高	102	4.22	0.886		
DS4	低	103	2.94	1.342	−8.629	0.000
DS4	高	102	4.30	0.865		
DS5	低	103	2.93	1.199	−10.130	0.000
DS5	高	102	4.37	0.795		
DE1	低	103	3.02	0.990	−11.952	0.000
DE1	高	102	4.46	0.713		

编号	分组	数量	平均值	标准差	t 值	P 值
DE2	低	103	3.19	1.197	−7.928	0.000
DE2	高	102	4.33	0.825		
DE3	低	103	2.83	1.030	−13.145	0.000
DE3	高	102	4.44	0.683		
DE4	低	103	3.12	1.182	−9.492	0.000
DE4	高	102	4.43	0.751		

按照以上思路对大学生数字素养自评数据进行处理后，进一步采用独立样本 t 检验对调查数据进行显著性差异分析，量表数据区分度检验的分析结果表明，35 道测量题项 t 值均高于 3，P 值均低于 0.05，表明各测量题项在高低两组的得分均值存在显著差异，各测量题项均具有良好区分度。

2）信度分析

问卷的信度（Reliability）和效度（Validity）是评价量表质量的两个重要指标，直接关系到研究的可靠性和有效性。信度与效度间的关系并非对称的，其中信度是效度的前提和基础，效度是信度的目的和归宿。若问卷的信度和效度不高，就需要重新设计并发放。

在社会科学领域中，李克特量表的内部一致性信度估计，通过 Cronbach's α 系数、CITC、CAID 对研究构念及其维度进行度量，其中 Cronbach's α 系数应用最为广泛，公式如下

$$\text{Cronbach's} \quad \alpha = \frac{k}{k-1}\left(1 - \frac{\sum S_i^2}{S^2}\right)$$

其中，k 为量表的题项数，$\sum S_i^2$ 为量表题项的方差总和，S^2 为量表总分的方差。

量表的题项数越多，$\dfrac{k}{k-1}$ 的值越接近 1，$\dfrac{\sum S_i^2}{S^2}$ 的值越接近 0，因而 Cronbach's α 系数也会接近 1。

按照研究者们的共识，Cronbach's α 系数是问卷最常使用的信度测量指标，介于 0～1，值越高，结果越可信。已有研究表明，Cronbach's α 系数达到 0.7，则具有较好的信度，高于 0.8 则具有非常好的信度，其大致可信程度为：Cronbach's α 系数 ≥ 0.8 甚至更高至 0.9 以上时，表示量表内在信度非常好，是开展研究的最佳选择；0.7 ≤ Cronbach's α 系数 < 0.8 时，表示量表内在信度较好，可用来测量使用；0.6 ≤ Cronbach's α 系数 < 0.7 时，表示量表内在信度比较一般，勉强可用来测量使用，但不建议使用；Cronbach's α 系数 < 0.6 时，表示量表内在信度不足，不宜使用，应重新设计[245]。

　　同时，为检验某道测量题项的可信度，本节还引入了 CITC 和 CAID。CITC 表示某维度对应各测量题项间的相关关系，通常值高于 0.4，即说明某测量题项与另外的测量题项间有着较高的相关性。CAID 表示该题项删除后，整个量表的 Cronbach's α 系数。若 CAID 明显高于该维度 Cronbach's α 系数，认为删除该题项是合理的，即删除该测量题项后能够提高该维度整体的信度；反之，CAID 低于或等于该维度 Cronbach's α 系数，则认为没有明显证据支持删除该测量题项[246-248]。问卷整体效果分析，如表 3-13 所示。

表 3-13　问卷整体效果分析

编号	平均值	标准差	CITC	CAID	Cronbach's α 系数	题项数量
NC1	3.75	1.146	0.607	0.739		
NC2	3.88	1.028	0.666	0.720		
NC3	3.88	1.066	0.674	0.716	0.791	5
NC4	3.90	1.053	**0.306**	**0.830**		
NC5	3.94	0.987	0.625	0.735		
GS1	3.70	1.088	0.471	**0.863**		
GS2	3.73	1.068	0.680	0.824		
GS3	3.83	1.051	0.656	0.829	0.855	6
GS4	3.91	1.065	0.718	0.817		
GS5	3.82	1.087	0.711	0.818		
GS6	3.80	0.987	0.633	0.833		
IS1	3.80	1.063	0.720	0.864		
IS2	3.96	1.006	0.692	0.870		
IS3	3.79	1.147	0.778	0.850	0.887	5
IS4	3.85	1.077	0.753	0.856		
IS5	3.89	1.008	0.691	0.870		
CS1	3.91	1.198	0.625	0.648		
CS2	3.75	1.189	0.584	0.672	0.751	4
CS3	3.71	1.127	**0.384**	**0.774**		
CS4	3.89	1.256	0.601	0.661		
NCO1	3.73	1.078	0.717	0.859		
NCO2	3.78	1.063	0.696	0.862		
NCO3	3.73	1.099	0.702	0.861	0.883	6
NCO4	3.87	1.062	0.713	0.860		
NCO5	3.75	1.120	0.682	0.865		
NCO6	3.81	1.159	0.654	0.870		

续表

编号	平均值	标准差	CITC	CAID	Cronbach's α 系数	题项数量
DS1	3.68	1.012	0.407	**0.846**		
DS2	3.90	1.124	0.647	0.784		
DS3	3.76	1.088	0.679	0.776	0.826	5
DS4	3.83	1.181	0.676	0.775		
DS5	3.81	1.132	0.706	0.766		
DE1	3.79	1.082	0.669	0.782		
DE2	3.86	1.096	0.631	0.799	0.831	4
DE3	3.79	1.114	0.643	0.793		
DE4	3.83	1.121	0.692	0.771		
DL					0.913	35

信度分析结果表明：量表总体信度 Cronbach's α 系数为 0.913，表明本节构建的数字素养量表问卷总体信度佳；各测量题项信度信息结果表明：数字认知第 4 题（NC4，数字开源与数字霸权，CITC 低于 0.4，CAID 高于 Cronbach's α 系数）、通识技能第 1 题（GS1，专业软件，CAID 高于 Cronbach's α 系数）、跨学科技能第 3 题（CS3，数据批判意识，CITC 低于 0.4，CAID 高于 Cronbach's α 系数）、数字自我效能感第 1 题（DS1，基本人格特质，CAID 高于 Cronbach's α 系数）与所属维度的概念总体相关性差，应当进一步优化。

3）EFA

EFA 是一项常用于探索多变量的内在结构并进行降维处理的技术，目的在于用最少的因素去概括和解释大量的观测事实，并建立起最简洁的、基本的概念系统。进行探索性因子分析，通常必须先满足两个条件：第一，在取样适当性指标（Kaiser-Meyer-Olkin，KMO）方面，统计量取值在 0～1.0，值越大（越接近 1.0 时），变量间的共同因子越多，相关性越强，原有变量越适合进行 EFA，通常以 0.7 为分界点，并按以下标准解释 KMO 值的大小：KMO 值≥0.9 时，表示原有变量非常适合进行 EFA；0.8≤KMO 值＜0.9 时，表示原有变量适合进行 EFA；0.7≤KMO 值＜0.8 时，表示原有变量可以进行 EFA，但指标水平一般；0.6≤KMO 值＜0.7 时，表示原有变量不太适合进行 EFA；KMO 值＜0.6 时，表示原有变量极不适合进行 EFA。第二，巴特利特球形检验（Bartlett's Test of Sphericity）值必须显著。该检验指标如果显著，则表示原有变量之间存在共同因子，适合用于 EFA；否则表示原有变量没有结构效度，不能进行 EFA[249]。

当满足上述两个条件后则可进行 EFA，但一般分析还需要满足如下条件才表明量表具有良好的结构效度：一是因子载荷（Factor Loading）高于 0.5；二是交叉载荷（Cross Loading）低于 0.4；三是各个测量题项均落在符合的维度。

为探究大学生数字素养量表的内容结构，本节通过 KMO 和 Bartlett 检验的分析结果来判断 35 道测量题项是否可做进一步的 EFA。首先，如果检验后的 KMO 值 ≥0.7，说明测量题项可被接受，可继续做 EFA。其次，如果 Bartlett 检验结果显著，说明测量题项也可被接受，可继续做 EFA。数字素养量表工具的 KMO 和 Bartlett 检验结果，如表 3-14 所示。

表 3-14　数字素养量表的 KMO 和 Bartlett 检验结果

KMO 值		0.870
Bartlett 检验	卡方(χ^2)	6354.581
	自由度(df)	595
	显著性(Sig)	0.000

本节经 KMO 与 Bartlett 检验，量表初始测量 KMO 值为 0.870，远高于 0.7 的标准值；Bartlett 检验的卡方值为 6354.581、自由度为 595、显著性水平为 0.000；结果表明本节数字素养量表通过了因子分析可行性检验，量表适合进行因子分析。

进一步对量表各测量题项采用主成分分析法，并采用最大方差法旋转因子矩阵，呈现高于 0.4 的因子载荷结果，如表 3-15 所示。因子提取分析结果表明，本节共提取出 7 个特征值高于 1 的公因子，累计方差贡献率为 63.367%，因此采用主成分分析法提取的 7 因子结构能够较好地符合数字素养的理论预期。

但本节发现，因子载荷与共同度均低于标准值 0.5 的有通识技能第 1 题(GS1)、数字自我效能感第 1 题(DS1)、数字认知第 4 题(NC4)、跨学科技能第 3 题(CS3)，且通识技能第 1 题(GS1)与创新技能维度存在因子交叉载荷，故从 EFA 角度应当对量表进行优化。

表 3-15　被试数据在相应因子上的载荷及共同度

编号	因子载荷							共同度
	数字意识	创新技能	通识技能	数字自我效能感	数字认知	数字内容价值评估	跨学科技能	
NCO1	0.809							0.708
NCO2	0.774							0.645
NCO3	0.762							0.653
NCO4	0.796							0.687
NCO5	0.759							0.615
NCO6	0.750							0.582
IS1		0.804						0.707
IS2		0.762						0.649
IS3		0.810						0.734

续表

编号	因子载荷							共同度
	数字意识	创新技能	通识技能	数字自我效能感	数字认知	数字内容价值评估	跨学科技能	
IS4		0.819						0.720
IS5		0.763						0.626
GS1	**0.455**	**0.467**						**0.499**
GS2			0.764					0.679
GS3			0.754					0.617
GS4			0.774					0.682
GS5			0.801					0.696
GS6			0.713					0.586
DS1				**0.487**				**0.330**
DS2				0.742				0.649
DS3				0.810				0.706
DS4				0.797				0.689
DS5				0.783				0.699
NC1					0.692			0.610
NC2					0.770			0.683
NC3					0.733			0.673
NC4					**0.484**			**0.266**
NC5					0.818			0.696
DE1						0.746		0.662
DE2						0.799		0.704
DE3						0.655		0.664
DE4						0.792		0.692
CS1							0.741	0.668
CS2							0.756	0.677
CS3							**0.418**	**0.366**
CS4							0.694	0.661
特征值	3.967	3.811	3.501	3.105	2.823	2.720	2.251	
方差总解释率	11.336	10.888	10.003	8.871	8.066	7.771	6.432	
累计方差解释率	11.336	22.224	32.227	41.098	49.164	56.935	63.367	

4. 项目分析

定性分析主要是依靠研究者的丰富经验和所受的训练，对项目的内容和形式是否得当进行分析，包括考虑内容效度，测量题项编写的恰当性和教育性、有效性等。定量分析主要是指对项目区分度、信度、效度的分析。测验的信度和效度在很大程度上取决于项目的特性，掌握项目分析的概念和方法，能够帮助研究者在测验编制过程中选择和修订测量题项，改善和提高测验的效度和信度，并能够帮助研究者评价现有的各种测验。数字素养量表项目分析摘要，如表 3-16 所示。

表 3-16　数字素养量表项目分析摘要

编号	区分度检验	信度分析		EFA		未达标准指标数	备注
		CITC	CAID	共同性	因子载荷		
NC1	−12.817	0.607	0.739	0.610	0.692	0	保留
NC2	−11.608	0.666	0.720	0.683	0.770	0	保留
NC3	−13.144	0.674	0.716	0.673	0.733	0	保留
NC4	−4.732	**0.306**	**0.830**	**0.266**	**0.484**	4	**删除**
NC5	−7.446	0.625	0.735	0.696	0.818	0	保留
GS1	−9.050	0.471	**0.863**	**0.499**	**0.467**	3	**删除**
GS2	−10.235	0.680	0.824	0.679	0.764	0	保留
GS3	−7.065	0.656	0.829	0.617	0.754	0	保留
GS4	−8.827	0.718	0.817	0.682	0.774	0	保留
GS5	−9.754	0.711	0.818	0.696	0.801	0	保留
GS6	−8.908	0.633	0.833	0.586	0.713	0	保留
IS1	−11.384	0.720	0.864	0.707	0.804	0	保留
IS2	−10.743	0.692	0.870	0.649	0.762	0	保留
IS3	−12.697	0.778	0.850	0.734	0.810	0	保留
IS4	−10.559	0.753	0.856	0.720	0.819	0	保留
IS5	−10.804	0.691	0.870	0.626	0.763	0	保留
CS1	−11.126	0.625	0.648	0.668	0.741	0	保留
CS2	−8.350	0.584	0.672	0.677	0.756	0	保留
CS3	−6.681	**0.384**	**0.774**	**0.366**	**0.418**	4	**删除**
CS4	−12.383	0.601	0.661	0.661	0.694	0	保留
NCO1	−8.849	0.717	0.859	0.708	0.809	0	保留
NCO2	−9.445	0.696	0.862	0.645	0.774	0	保留
NCO3	−11.002	0.702	0.861	0.653	0.762	0	保留
NCO4	−9.688	0.713	0.860	0.687	0.796	0	保留
NCO5	−8.775	0.682	0.865	0.615	0.759	0	保留
NCO6	−8.025	0.654	0.870	0.582	0.750	0	保留
DS1	−6.329	0.407	**0.846**	**0.330**	**0.487**	4	**删除**
DS2	−9.756	0.647	0.784	0.649	0.742	0	保留

续表

编号	区分度检验	信度分析		EFA		未达标准指标数	备注
		CITC	CAID	共同性	因子载荷		
DS3	−8.413	0.679	0.776	0.706	0.810	0	保留
DS4	−8.629	0.676	0.775	0.689	0.797	0	保留
DS5	−10.130	0.706	0.766	0.699	0.783	0	保留
DE1	−11.952	0.669	0.782	0.662	0.746	0	保留
DE2	−7.928	0.631	0.799	0.704	0.799	0	保留
DE3	−13.145	0.643	0.793	0.664	0.655	0	保留
DE4	−9.492	0.692	0.771	0.692	0.792	0	保留
标准	>3.5	>0.4	<Cronbach's α	>0.5	>0.5		

注：Cronbach's α 系数：NC=0.791，GS=0.855，IS=0.887，CS=0.751，NCO=0.883，DS=0.826，DE=0.831。

由表 3-16 可知，数字认知第 4 题(NC4)有 4 项未达标、通识技能第 1 题(GS1)有 3 项未达标、跨学科技能第 3 题(CS3)有 4 项未达标、数字自我效能感第 1 题(DS1)有 3 项未达标，故 NC4、GS1、CS3、DS1 应删除。综上所述，本书最终获得了包含 7 个维度、31 道测量题项的大学生数字素养量表。

3.2.4　数字素养量表结构再验证

数字素养量表结构再验证的核心分析是 CFA，而 CFA 的样本数量估计基于经验法则和统计效能。本节获取了 368 份有效问卷，样本数量满足经验法则且具有足够的检验效能。经蒙特卡罗模拟法估计的样本数量与统计效能对应表，如表 3-17 所示。

表 3-17　经蒙特卡罗模拟法估计的样本数量与统计效能对应表

样本数量	100	110	120	130	140	150	180	200	300	400	500
功效	0.720	0.774	0.790	0.827	0.851	0.883	0.917	0.949	0.993	0.999	1.000

1. 问卷设计与调查

1)问卷设计

为再次验证优化完善后的数字素养量表，本书再次设计了调查问卷(见附录四)，问卷主要分为两个部分：

第一部分是数字素养水平现状评估量表，包含 7 个维度的 31 道测量题项。同时，为增强被试数据的准确性，本轮问卷继续使用"指定选项测量题项方法"进行注意力检验。

第二部分是大学生的个人基本信息，包含性别、学历阶段、学校层次、学校区域等。

2）问卷调查

本轮问卷继续通过问卷星平台、采用滚雪球方式发放，发放及回收时间为 2023 年 8 月 8～13 日。从问卷星后台导出问卷数据，剔除不符合注意力检验的问卷。

本节收集到 401 份调查问卷，通过测量题项 10 和测量题项 33 过滤剔除未认真作答的问卷 33 份，得到有效问卷 368 份，问卷有效率 91.77%。将收集到的数据用于 CFA 与量表信度分析，信度分析采用了内部一致性信度、折半信度（Split-half Reliability，SR）、组合信度（Composite Reliability，CR）等方式，效度检验采用内容效度评估、构建效度、聚合效度、区分效度、校标关联效度等方式。

3）调查对象基本特征

总体来看，被试数据能够较好地呈现当前大学生数字素养的基本特征，具有较为明显的代表性。被试样本的基本信息统计，如表 3-18 所示。

表 3-18　被试样本的基本信息统计表

变量	类别	数量	百分比/%
性别	男性	186	50.5
	女性	182	49.5
学历阶段	本科生	229	62.2
	硕士研究生	104	28.3
	博士研究生	35	9.5
学校层次	985 院校	92	25.0
	211 院校（非 985）	94	25.5
	普通院校（公办）	112	30.4
	普通院校（民办）	70	19.0
学校区域	华北地区	75	20.4
	东北地区	36	9.8
	华东地区	75	20.4
	华南地区	36	9.8
	华中地区	45	12.2
	西南地区	73	19.8
	西北地区	28	7.6
主修专业	新闻与传播学	75	20.4
	戏剧与影视学	66	17.9
	美术与设计	81	22.0
	音乐与舞蹈学	45	12.2
	电子信息与计算机	73	19.8
	管理科学与工程	28	7.6

续表

变量	类别	数量	百分比/%
奖学金	国家级奖学金	75	20.4
	省级奖学金	66	17.9
	校级奖学金	81	22.0
	院级奖学金	81	22.0
	未获得	65	17.7
每天使用数字媒介工具时间	2 小时以下	51	13.9
	2～4 小时	83	22.6
	4～6 小时	119	32.3
	6～8 小时	56	15.2
	8～10 小时	42	11.4
	10 小时以上	17	4.6

2. 变量特征

利用 SPSS 26.0 对 368 份有效问卷进行统计分析，各测量题项的平均值、标准差、偏度、峰度等统计结果，如表 3-19 所示。调查数据各测量题项的最大值为 5，最小值为 1，且各测量题项的偏度和峰度的绝对值都低于 1，数据呈正态分布，故满足后续分析条件。

表 3-19　被试样本的变量特征

编号	数量	最小值	最大值	平均值	标准差	偏度	峰度
NC1	368	1.000	5.000	3.842	1.171	−0.746	−0.361
NC2	368	1.000	5.000	3.864	1.106	−0.724	−0.282
NC3	368	1.000	5.000	3.723	1.160	−0.593	−0.561
NC4	368	1.000	5.000	3.742	1.193	−0.642	−0.552
NC	368	1.000	5.000	3.793	0.992	−0.693	−0.148
GS1	368	1.000	5.000	3.859	1.053	−0.617	−0.424
GS2	368	1.000	5.000	3.688	1.133	−0.528	−0.548
GS3	368	1.000	5.000	3.772	1.040	−0.526	−0.301
GS4	368	1.000	5.000	3.878	1.089	−0.836	0.148
GS5	368	1.000	5.000	3.837	1.181	−0.757	−0.399
GS	368	1.000	5.000	3.807	0.894	−0.716	0.159
IS1	368	1.000	5.000	3.796	1.059	−0.623	−0.288
IS2	368	1.000	5.000	3.783	1.081	−0.627	−0.343
IS3	368	1.000	5.000	3.793	1.120	−0.733	−0.195
IS4	368	1.000	5.000	3.769	1.027	−0.495	−0.328

续表

编号	数量	最小值	最大值	平均值	标准差	偏度	峰度
IS5	368	1.000	5.000	3.821	1.098	−0.783	−0.046
IS	368	1.000	5.000	3.792	0.904	−0.722	0.041
CS1	368	1.000	5.000	3.851	1.256	−0.902	−0.232
CS2	368	1.000	5.000	3.720	1.204	−0.615	−0.572
CS3	368	1.000	5.000	3.845	1.292	−0.846	−0.432
CS	368	1.000	5.000	3.805	1.067	−0.859	0.028
NCO1	368	1.000	5.000	3.840	1.136	−0.758	−0.181
NCO2	368	1.000	5.000	3.761	1.079	−0.600	−0.271
NCO3	368	1.000	5.000	3.807	1.040	−0.658	−0.092
NCO4	368	1.000	5.000	3.978	1.070	−0.884	0.100
NCO5	368	1.000	5.000	3.848	1.192	−0.800	−0.292
NCO6	368	1.000	5.000	3.902	1.130	−0.696	−0.472
NCO	368	1.000	5.000	3.856	0.908	−0.874	0.491
DS1	368	1.000	5.000	3.840	1.134	−0.754	−0.214
DS2	368	1.000	5.000	3.793	1.103	−0.626	−0.354
DS3	368	1.000	5.000	3.899	1.230	−0.885	−0.330
DS4	368	1.000	5.000	3.837	1.130	−0.771	−0.175
DS	368	1.000	5.000	3.842	0.951	−0.816	0.117
DE1	368	1.000	5.000	3.861	1.124	−0.812	−0.168
DE2	368	1.000	5.000	3.845	1.117	−0.787	−0.173
DE3	368	1.000	5.000	3.853	1.165	−0.918	0.023
DE4	368	1.000	5.000	3.851	1.108	−0.849	0.042
DE	368	1.000	5.000	3.853	0.943	−0.853	0.269
整体	368	1.488	5.000	3.821	0.684	−0.851	0.444

3. 数据分析

1) CFA

CFA 是使用样本数据对构建的结构模型 (量表测量题项与潜在变量的对应关系，潜在变量之间的关系) 是否与实际数据情况一致进行验证的过程。已有研究表明，整体模型拟合度检验指标的评价标准分为绝对拟合指标、相对拟合指标和简约拟合指标三类[250-254]。拟合度评判指标和标准，如表 3-20 所示。

本节通过 Mplus 8.3 构建数字素养量表的一阶多因子 CFA 模型，并对量表的一阶 7 因子模型与其他因子合并模型的拟合指标进行比较，分析结果表明，一阶 7 因子 CFA 拟合指标 (χ^2=543.472，df=413，χ^2/df=1.316，RMSEA=0.029，SRMR=0.032，CFI=0.979，NNFI=0.977) 达到较好拟合水平。另外，一阶 7 因子模型拟合指标较其他因子合并模型拟合指标更优，表明本节获得的测量数据可以较好地支持构念模型，数字素养量表的 7 因子结构得到检验。数字素养量表实证数据与竞争模型拟合指数，如表 3-21 所示。

表 3-20　拟合度评判指标和标准

检验指标		拟合标准
绝对拟合指标	卡方(χ^2)	达到显著水平
	NC 值(χ^2/df 值)	1＜NC＜3，表示模型拟合度优良
		3＜NC＜5，表示模型拟合度良好
		NC＞5，表示模型拟合度一般，需要修正
		NC＞10，表示模型拟合度很差
	近似均方根误差(Root Mean Square Error of Approximation，RMSEA)	介于 0~1，越接近 0，表示模型拟合度越好
		RMSEA＜0.05，表示模型拟合度优良
		0.05＜RMSEA＜0.08，表示模型拟合度良好
		0.08＜RMSEA＜0.1，表示模型拟合度一般
		RMSEA＞0.1，表示模型拟合度很差
	标准化均方根残差(Standardized Root Mean-Square Residual，SRMR)	越接近 0，表示模型拟合度越好
		SRMR＜0.08，表示模型拟合度优良
		SRMR＜0.10，表示模型拟合度良好
		SRMR＜0.15，表示模型拟合度一般
		SRMR＞0.15，表示模型拟合度很差
	适配度指标(Goodness of Fit Index，GFI)	介于 0~1，越接近 1，表示模型拟合度越好
		GFI＞0.9，表示模型拟合度优良
相对拟合指标	规范拟合指标(Normed Fit Index，NFI)	NFI＞0.9，表示模型拟合度优良
	非规范拟合指标(Non-Normed Fit Index，NNFI)	NNFI＞0.9，表示模型拟合度优良
	比较拟合指标(Comparative Fit Index，CFI)	介于 0~1，越接近 1，表示模型拟合度越好
		CFI＞0.9，表示模型拟合度优良
简约拟合指标	简约规范拟合指标(Parsimonious Normed Fit Index，PNFI)	介于 0~1，越接近 1，表示模型拟合度越好
		PNFI＞0.5，表示模型拟合度优良

表 3-21　数字素养量表实证数据与竞争模型拟合指数

因子数	模型	χ^2	自由度(df)	NC 值	RMSEA	SRMR	CFI	NNFI
7 因子	NC、GS、IS、CS、NCO、DS、DE	543.472	413	1.316	0.029	0.032	0.979	0.977
6 因子	NC+GS、IS、CS、NCO、DS、DE	1079.983	419	2.578	0.065	0.053	0.896	0.884

因子数	模型	χ^2	自由度(df)	NC 值	RMSEA	SRMR	CFI	NNFI
5 因子	NC+GS+IS、CS、NCO、DS、DE	1646.390	424	3.883	0.089	0.070	0.807	0.789
4 因子	NC+GS+IS+CS、NCO、DS、DE	1875.258	428	4.381	0.096	0.075	0.772	0.752
3 因子	NC+GS+IS+CS+NCO、DS、DE	2450.675	431	5.686	0.113	0.088	0.683	0.657
2 因子	NC+GS+IS+CS+NCO+DS、DE	2772.630	433	6.403	0.121	0.093	0.631	0.604
1 因子	NC+GS+IS+CS+NCO+DS+DE	3091.137	434	7.122	0.129	0.098	0.581	0.551
标准				<5	<0.08	<0.08	>0.9	>0.9

数字素养量表的 CFA，如表 3-22 所示。

表 3-22　数字素养量表的 CFA

维度	编号	因子载荷	SE	t 值	P 值	CR	AVE
数字认知	NC1	0.786	0.024	32.390	0.000	0.879	0.646
	NC2	0.785	0.024	32.123	0.000		
	NC3	0.832	0.021	39.510	0.000		
	NC4	0.810	0.022	36.032	0.000		
通识技能	GS1	0.734	0.028	25.849	0.000	0.871	0.575
	GS2	0.777	0.025	30.669	0.000		
	GS3	0.744	0.028	26.777	0.000		
	GS4	0.764	0.026	29.162	0.000		
	GS5	0.772	0.026	29.961	0.000		
创新技能	IS1	0.674	0.031	21.575	0.000	0.897	0.636
	IS2	0.826	0.020	41.150	0.000		
	IS3	0.786	0.023	34.012	0.000		
	IS4	0.821	0.020	40.309	0.000		
	IS5	0.866	0.017	50.857	0.000		
跨学科技能	CS1	0.792	0.028	28.584	0.000	0.813	0.592
	CS2	0.725	0.031	23.192	0.000		
	CS3	0.790	0.028	28.455	0.000		
数字意识	NCO1	0.820	0.020	40.281	0.000	0.903	0.608
	NCO2	0.792	0.023	35.100	0.000		
	NCO3	0.756	0.025	29.778	0.000		
	NCO4	0.846	0.018	45.870	0.000		
	NCO5	0.718	0.028	25.196	0.000		
	NCO6	0.738	0.027	27.360	0.000		

续表

维度	编号	因子载荷	SE	t 值	P 值	CR	AVE
数字自我效能	DS1	0.781	0.026	29.890	0.000	0.847	0.581
	DS2	0.706	0.031	22.647	0.000		
	DS3	0.797	0.025	31.796	0.000		
	DS4	0.762	0.027	27.792	0.000		
数字内容价值评估	DE1	0.745	0.028	26.714	0.000	0.857	0.600
	DE2	0.763	0.027	28.669	0.000		
	DE3	0.742	0.028	26.298	0.000		
	DE4	0.845	0.021	39.792	0.000		

注：标准误差（Standard Error，SE）；平均方差提取量（Average Variance Extracted，AVE）。

数字素养一阶 7 因子模型 CFA 结果表明：各潜变量测量模型路径显著性指标 P 值均低于 0.05；各测量指标的标准化因子载荷均高于 0.5，表明本节观察变量在潜在因子上的载荷较高；各测量题项的因子载荷在 0.674～0.866 范围介于 0.5～0.95 的合理区间，表明本节数字素养构念维度划分合理且可靠，7 因子结构各题项之间具有较好的内部一致性与稳定性，以及具有较好内容效度与结构效度。

2）信度分析

信度是问卷的可靠性、稳定性和一致性的重要衡量指标，主要包括内部一致性信度、SR 与 CR 等。

（1）内部一致性

数字素养量表的信度分析，如表 3-23 所示。

本节信度分析结果表明：数字认知、通识技能、创新技能、跨学科技能、数字意识、数字自我效能感、数字内容价值评估的 Cronbach's α 系数分别为 0.879、0.871、0.895、0.813、0.902、0.846、0.856，均高于 0.7，表明本节各题项均具有较理想的信度；数字素养量表总体信度指标 Cronbach's α 系数为 0.940，表明量表整体也具有较理想的信度。

表 3-23　数字素养量表的信度分析

编号	CITC	CAID	Cronbach's α 系数	题项
NC1	0.722	0.851	0.879	4
NC2	0.717	0.853		
NC3	0.763	0.835		
NC4	0.752	0.839		
GS1	0.683	0.847	0.871	5
GS2	0.707	0.841		
GS3	0.688	0.846		
GS4	0.706	0.841		
GS5	0.702	0.843		

续表

编号	CITC	CAID	Cronbach's α 系数	题项
IS1	0.643	0.893		
IS2	0.767	0.867		
IS3	0.742	0.873	0.895	5
IS4	0.760	0.869		
IS5	0.802	0.858		
CS1	0.675	0.732		
CS2	0.645	0.763	0.813	3
CS3	0.673	0.735		
NCO1	0.759	0.880		
NCO2	0.747	0.883		
NCO3	0.709	0.888	0.902	6
NCO4	0.776	0.878		
NCO5	0.698	0.891		
NCO6	0.712	0.888		
DS1	0.699	0.798		
DS2	0.638	0.823	0.846	4
DS3	0.709	0.794		
DS4	0.688	0.802		
DE1	0.687	0.821		
DE2	0.689	0.820	0.856	4
DE3	0.668	0.830		
DE4	0.753	0.794		
整体			0.940	31

（2）SR

SR 是将一份测验或量表依奇数项或偶数项分割成两个次量表或次测验，或根据测量题项数的排序将前半部分题项与后半部分题项分割成两个次量表，然后再求出两个次量表的相关系数。通常，使用 SR 还必须使用斯布校正公式（Spearman-Brown formula）加以校正，将 SR 加以还原估计。斯布校正的 SR 公式求法为：（两个次量表测验间的相关系数×2）/（两个次量表测验间的相关系数+1）。数字素养量表的 SR，如表 3-24 所示。

表 3-24　数字素养量表的 SR

	数字认知	通识技能	创新技能	跨学科技能	数字意识	数字自我效能感	数字内容价值评估
Spearman-Brown 系数	0.881	0.859	0.893	0.814	0.880	0.842	0.858

检验结果表明,数字素养量表各维度的 SR 均高于 0.7,表明量表具有较高的 SR。

（3）CR

CR 是反映一组观测变量能够在多大程度表示潜变量的一种指标。CR 的值若在 0.7 以上，则说明量表的 CR 良好，公式如下

$$CR = \left(\sum \lambda\right)^2 \Big/ \left(\left(\sum \lambda\right)^2 + \sum \delta\right)$$

其中， λ 为因子载荷， δ 为残余方差。

数字认知、通识技能、创新技能、跨学科技能、数字意识、数字自我效能感、数字内容价值评估的 CR 指标均高于 0.7，如表 3-25 所示，表明量表具有良好的 CR。

表 3-25　数字素养量表的 CR

变量	CR
数字认知	0.879
通识技能	0.871
创新技能	0.897
跨学科技能	0.813
数字意识	0.903
数字自我效能感	0.847
数字内容价值评估	0.857

3）效度分析

效度是指问卷测量内容的真实性、准确度和有效性，即问卷可能测出所要测量的心理特征和行为特征的程度，是问卷正确性和有效性的必备重要条件，用于检测测量题项设计是否合理。美国心理学会将效度分为内容效度、专家效度、结构效度。内容效度和专家效度已论证，经文献阅读、专家验证，理清了量表构念内涵并形成量表题库。校标关联效度将在后续实证验证中进一步证实。本节将重点探讨结构效度、聚合效度和区分效度。

（1）结构效度

结构效度也称为建构效度（Construct Validity），指能够测量出理论的特质或构念的程度，也即实际的测验数据能在多大程度解释某一心理特质，因此是一种非常严谨的效度检验方法，可避免内容效度有逻辑分析却无实证依据产生的误差。结构效度的核心是聚合效度和区分效度[255]。

结构效度与测量的准确性有关。结构效度的证据提供了从样本中提取的项目度量代表存在于总体中的真实得分的可靠性。测量模型的拟合较差，是缺乏结构有效性的初步证据[256]。

一阶 7 因子模型验证因子的模式配适判断，如表 3-26 所示。

表 3-26　一阶 7 因子模型验证因子的模式配适判断

因子数	χ^2	自由度(df)	NC 值	RMSEA	SRMR	CFI	NNFI
模式	543.472	413	1.316	0.029	0.032	0.979	0.977
模式配适判断	优良	优良	优良	优良	优良	优良	优良

(2)聚合效度

聚合效度也称为收敛效度(Convergent Validity),指使用不同的方法测量相同的特质或者构念的多个观察变量在该构念上的聚敛程度。聚合效度的检验要基于 CFA 的题项因子载荷,主要判别指标 AVE 高于 0.5,则说明量表的聚合效度良好,计算公式

$$AVE = \left(\sum \lambda_i^2\right)/n$$

其中, λ_i 为测量题项的因子载荷, n 为测量指标个数。

本节各变量聚合效度检验指标如表 3-27 所示。数字认知、通识技能、创新技能、跨学科技能、数字意识、数字自我效能感、数字内容价值评估的 AVE 均高于 0.5,表明各变量的聚合效度佳。

表 3-27　数字素养量表的聚合效度

变量	AVE
数字认知	0.646
通识技能	0.575
创新技能	0.636
跨学科技能	0.592
数字意识	0.608
数字自我效能感	0.581
数字内容价值评估	0.600

(3)区分效度

区分效度也称为判别效度(Discriminant Validity),指在应用不同方法测量不同构念时,所观测到的数值间应该能够加以区分。常采用 Fornell-Laracker 判断准则:若构念的 AVE 高于该构念与其他构念的相关系数,则表明变量间存在良好的区分效度[257]。

数字素养量表的区分效度,如表 3-28 所示。数据显示,本量表各变量的区分效度佳。

表 3-28　数字素养量表的区分效度

变量	平均值	标准差	NC	GS	IS	CS	NCO	DS	DE
NC	3.793	0.992	0.804						
GS	3.807	0.894	0.422**	0.758					
IS	3.792	0.904	0.450**	0.405**	0.797				
CS	3.805	1.067	0.435**	0.392**	0.432**	0.769			
NCO	3.856	0.908	0.422**	0.418**	0.473**	0.479**	0.779		
DS	3.842	0.951	0.409**	0.443**	0.406**	0.469**	0.421**	0.762	
DE	3.853	0.943	0.432**	0.422**	0.422**	0.476**	0.436**	0.474**	0.775

注：*表示 $P<0.05$，**表示 $P<0.01$；对角线为 AVE 的开方值。

4）项目分析

本节采用实证调查和统计分析，通过31道测量题项的量表调查获取了368份（样本数量高于题项数的 10 倍）有效问卷，依次进行描述性分析、信度分析、CFA，系统梳理及验证了量表的信度（内部一致性信度、SR 和 CR）和效度（建构效度、聚合效度、区分效度），均达到量表开发标准，最终发现并确认，大学生数字素养量表含 7 个维度的31道测量题项。

3.2.5　数字素养构成要素的权重确定

为进一步优化完善大学生数字素养模型，首先，通过 AHP 构建大学生数字素养的层次结构模型，分解大学生数字素养的构成要素，并清晰简明地呈现不同层级要素或同一层级不同要素之间的相互关系；其次，进一步使用德尔菲法向专家咨询关于一级构成要素重要性的两两比较得分，以及二级构成要素的重要性排序；最后，按照 AHP 的实施步骤，根据 10 位咨询专家对一级和二级构成要素的打分计算权重，并检验专家判断矩阵的随机一致性。

1. 问卷设计与调查

1）问卷设计

根据上文确认的大学生数字素养构成要素及上述层次结构，本书设计了第三轮专家咨询问卷（见附录五），主要由"一级构成要素的重要性对比打分表"和"二级构成要素的重要性对比排序表"两部分构成。

2）问卷调查

第三轮专家咨询在指定时间内，共回收到有效的专家咨询意见反馈 10 份，故这一轮专家的积极系数仍为 100%，进一步说明了 10 名专家对数字素养这一主题的关注和积极参与。

3) 调查对象的基本特征

本轮邀请的 10 位咨询专家均参与了第一次、第二次的专家咨询，对相关内容较为熟悉，90%具有教授职称。其中 5 位为博士生导师、5 位为硕士生导师。从专家工作单位看，10 位专家均来自我国高校，包括清华大学、中国传媒大学、西南交通大学、江南大学、大连民族大学、成都大学、成都体育学院、四川传媒学院等。从专家工作单位所属层次看，985 院校：211 院校(非 985)：普通院校(公办)：普通院校(民办)=1：5：3：1。从专家工作单位所在区域看，华北地区：东北地区：华东地区：华南地区：华中地区：西南地区：西北地区：其他=4：1：1：0：0：4：0。其中西南地区(4 位)和华北地区(4 位)的专家人数，跟第一轮、第二轮专家咨询时的主要考虑点一样。

2. 数据分析

1) 建立递阶层次结构模型

使用 AHP 分析法建立递阶层次结构模型，通常会按照如下步骤推进：第一，对问题关键点进行条理化、层次化的分析处理，将构成要素根据一定的标准划分成不同的类型，作为层次结构中的新层次——准则层；第二，持续按照一定的标准对构建的准则进行归类，以从更高层面构建准则；第三，如此循环，直至最终构建出单一的目标层，如此构建出一个由目标层、准则层和指标层组成的递阶层次分析结构模型。需要注意的是，虽然递阶层次结构模型并未对层次数做出限制，但每层不宜超过 9 个构成指标[258]。

递阶层次结构模型能以分层细化的方式实现对决策目标评价的全面覆盖，而且不同层次的指标间存在一定的解释关系和对应性。本书结合德尔菲法以及层次分析模型构造原则构建的递阶层次结构模型，如图 3-6 所示。

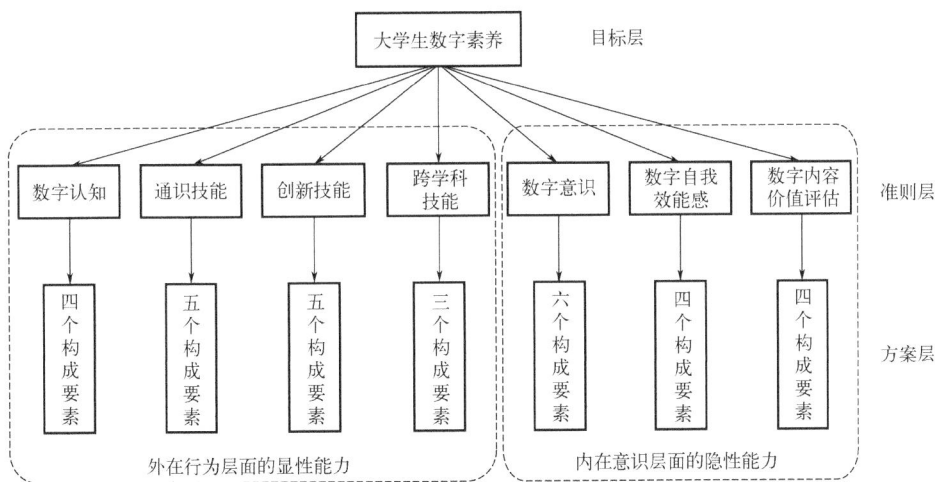

图 3-6　大学生数字素养层次结构模型

最高层(目标层)为大学生数字素养,中间层(准则层)为各一级构成要素,最低层(方案层)为各一级构成要素的二级构成要素。

2)构造判断(成对比较)矩阵

专家在对一级构成要素打分时,主要对各一级构成要素体现的数字能力进行两两比较对其重要程度打分。为此,根据图3-6所示的大学生数字素养层次结构模型,和一级构成要素的重要程度比较需求,可构建一级构成要素两两比较的判断矩阵,如表3-29所示。其中,A代表数字认知、B代表通识技能、C代表创新技能、D代表跨学科技能、E代表数字意识、F代表数字自我效能感、G数字内容价值评估。

表3-29　一级构成要素两两比较的判断矩阵

	要素A	要素B	要素C	要素D	要素E	要素F	要素G
要素A	G_{AA}	G_{AB}	G_{AC}	G_{AD}	G_{AE}	G_{AF}	G_{AG}
要素B	G_{BA}	G_{BB}	G_{BC}	G_{BD}	G_{BE}	G_{BF}	G_{BG}
要素C	G_{CA}	G_{CB}	G_{CC}	G_{CD}	G_{CE}	G_{CF}	G_{CG}
要素D	G_{DA}	G_{DB}	G_{DC}	G_{DD}	G_{DE}	G_{DF}	G_{DG}
要素E	G_{EA}	G_{EB}	G_{EC}	G_{ED}	G_{EE}	G_{EF}	G_{EG}
要素F	G_{FA}	G_{FB}	G_{FC}	G_{FD}	G_{FE}	G_{FF}	G_{FG}
要素G	G_{GA}	G_{GB}	G_{GC}	G_{GD}	G_{GE}	G_{GF}	G_{GG}

专家以表3-29所示的判断矩阵为依据,对大学生数字素养级构成要素的重要程度比较时,采用广泛使用于两两比较时的Satty 1～9比率标度法,重要程度之间的标度,如表3-30所示。需要说明的是,标度值2、4、6、8表示上述相邻奇数重要程度的中间值。

表3-30　Satty 1～9比率标度表

量化值	重要程度
1	表示元素 i 与元素 j 同等重要
3	表示元素 i 比元素 j 稍重要
5	表示元素 i 比元素 j 重要
7	表示元素 i 比元素 j 很重要
9	表示元素 i 比元素 j 极重要
2、4、6、8	以上相邻重要程度的折中值
倒数值	若元素 i 与元素 j 相比的重要性程度判断比为 a_{ij},则元素 j 与 i 相比的重要性程度判断比为 $a_{ji}=1/a_{ij}$

本书对专家反馈的判断矩阵进行整理,并根据反馈的完整性,初步判断10位专家提供的判断矩阵是有效的,可开展进一步的计算与分析。为保证计算结果的科学性,本节使用AHP分析法的计算与分析,实质上是通过幂乘法与几何平均法,计算

每位专家提供的判断矩阵的最大特征值 $\lambda_{\max}$ 和相应的特征矢量 W，进而得出各一级构成要素的指标权重，并对随机一致性进行检验，以验证专家是否是在同一逻辑与同一标准下进行判断的。

各级构成要素的权重值大小表示了对应指标的重要性程度，以及在数字素养模型中所占比重的大小[259]。一级构成要素的权重值越大，表示该一级构成要素在数字素养的整体指标体系中的重要性程度越高；二级构成要素的权重值越大，表示该二级构成要素在所属一级构成要素中的重要性程度越高。

本节使用几何平均法来计算一级构成要素的权重，下面以专家 E1 提供的判断矩阵为例。

第一步，根据专家 E1 对判断矩阵的赋值(如表 3-31 所示)，计算矩阵中每行内各个的乘积 W_i

$$W_1=1\times1/3\times1/9\times1/7\times1\times3\times1=0.01587$$

$$W_2=3\times1\times1/7\times1/5\times5\times7\times3=9$$

$$W_3=9\times7\times1\times3\times7\times7\times7=64827$$

$$W_4=7\times5\times1/3\times1\times3\times5\times5=875$$

$$W_5=1\times1/5\times1/7\times1/3\times1\times3\times1=0.02857$$

$$W_6=1/3\times1/7\times1/7\times1/5\times1/3\times1\times1/5=0.00009$$

$$W_7=1\times1/3\times1/7\times1/5\times1\times5\times1=0.04762$$

表 3-31 专家 E1 对判断矩阵的赋值

	要素 A	要素 B	要素 C	要素 D	要素 E	要素 F	要素 G
要素 A	1	1/3	1/9	1/7	1	3	1
要素 B	3	1	1/7	1/5	5	7	3
要素 C	9	7	1	3	7	7	7
要素 D	7	5	1/3	1	3	5	5
要素 E	1	1/5	1/7	1/3	1	3	1
要素 F	1/3	1/7	1/7	1/5	1/3	1	1/5
要素 G	1	1/3	1/7	1/5	1	5	1

第二步，对通过计算得到的 W_i 进行 7 次方根值，得到

$\overline{w}_1=0.55329$，$\overline{w}_2=1.36874$，$\overline{w}_3=4.86848$，$\overline{w}_4=2.63201$，$\overline{w}_5=0.60175$，$\overline{w}_6=0.26456$，$\overline{w}_7=0.64731$。

第三步，对向量 $\overline{w}=(\overline{w}_1,\ \overline{w}_2,\ \overline{w}_3,\ \overline{w}_4,\ \overline{w}_5,\ \overline{w}_6,\ \overline{w}_7)$ 进行规范化处理，并在如下公式中代入第二步得到的计算数值

$$\hat{w} = \overline{w}_i / \sum_{j=1}^{n} \overline{w}_j$$

计算出规范化后的向量特征值

$\hat{w}_1 = 0.55329 / (0.55329 + 1.36874 + 4.86848 + 2.63201 + 0.60175 + 0.26456 + 0.64731) = 0.051$

$\hat{w}_2 = 1.36874 / (0.55329 + 1.36874 + 4.86848 + 2.63201 + 0.60175 + 0.26456 + 0.64731) = 0.125$

$\hat{w}_3 = 4.86848 / (0.55329 + 1.36874 + 4.86848 + 2.63201 + 0.60175 + 0.26456 + 0.64731) = 0.445$

$\hat{w}_4 = 2.63201 / (0.55329 + 1.36874 + 4.86848 + 2.63201 + 0.60175 + 0.26456 + 0.64731) = 0.241$

$\hat{w}_5 = 0.60175 / (0.55329 + 1.36874 + 4.86848 + 2.63201 + 0.60175 + 0.26456 + 0.64731) = 0.055$

$\hat{w}_6 = 0.26456 / (0.55329 + 1.36874 + 4.86848 + 2.63201 + 0.60175 + 0.26456 + 0.64731) = 0.024$

$\hat{w}_7 = 0.64731 / (0.55329 + 1.36874 + 4.86848 + 2.63201 + 0.60175 + 0.26456 + 0.64731) = 0.059$

至此，根据向量 $\hat{w} = (0.051，0.125，0.445，0.241，0.055，0.024，0.059)$，可知专家 E1 对大学生数字素养一级构成要素的赋值权重，如表 3-32 所示。

表 3-32　一级构成要素的权重值（专家 E1）

一级构成要素	权重值
数字认知	0.051
通识技能	0.125
创新技能	0.445
跨学科技能	0.241
数字意识	0.055
数字自我效能感	0.024
数字内容价值评估	0.059

第四步，依据以下公式计算判断矩阵的最大特征值 $\lambda_{\max}$

$$\lambda_{\max} = \frac{1}{n} \sum_{i=1}^{n} \frac{(A\hat{W})_i}{\hat{W}_i}$$

以上公式中的 $A\hat{W}$ 为专家 E1 对判断矩阵的赋值与向量 $\hat{W}$ 的乘积

$$A\hat{W} = \begin{bmatrix} 1 & 1/3 & 1/9 & 1/7 & 1 & 3 & 1 \\ 3 & 1 & 1/7 & 1/5 & 5 & 7 & 3 \\ 9 & 7 & 1 & 3 & 7 & 7 & 7 \\ 7 & 5 & 1/3 & 1 & 3 & 5 & 5 \\ 1 & 1/5 & 1/7 & 1/3 & 1 & 3 & 1 \\ 1/3 & 1/7 & 1/7 & 1/5 & 1/3 & 1 & 1/5 \\ 1 & 1/3 & 1/7 & 1/5 & 1 & 5 & 1 \end{bmatrix} \begin{bmatrix} 0.051 \\ 0.125 \\ 0.445 \\ 0.241 \\ 0.055 \\ 0.024 \\ 0.059 \end{bmatrix}$$

因此，可以计算出 $A\hat{W}_i$ 的数值

$A\hat{W}_1 =1\times0.051+1/3\times0.125+1/9\times0.445+1/7\times0.241+1\times0.055+3\times0.024+1\times0.059=0.363$

$A\hat{W}_2 =3\times0.051+1\times0.125+1/7\times0.445+1/5\times0.241+5\times0.055+7\times0.024+3\times0.059=1.011$

$A\hat{W}_3 =9\times0.051+7\times0.125+1\times0.445+3\times0.241+7\times0.055+7\times0.024+7\times0.059=3.467$

$A\hat{W}_4 =7\times0.051+5\times0.125+1/3\times0.445+1\times0.241+3\times0.055+5\times0.024+5\times0.059=1.951$

$A\hat{W}_5 =1\times0.051+1/5\times0.125+1/7\times0.445+1/3\times0.241+1\times0.055+3\times0.024+1\times0.059=0.406$

$A\hat{W}_6 =1/3\times0.051+1/7\times0.125+1/7\times0.445+1/5\times0.241+1/3\times0.055+1\times0.024+1/5\times0.059=0.201$

$A\hat{W}_7 =1\times0.051+1/3\times0.125+1/7\times0.445+1/5\times0.241+1\times0.055+5\times0.024+1\times0.059=0.439$

　　将以上 $A\hat{W}_i$ 数值代入 $\lambda_{\max}$ 的公式中，可以得出

$$\lambda_{\max}=1/7\times(0.363\div0.051+1.011\div0.125+3.467\div0.445+1.951\div0.241$$
$$+\ 0.406\div0.055+0.201\div0.024+0.439\div0.059)=7.750$$

　　第五步，通过检验专家 E1 判断矩阵赋值的随机一致性比率来衡量测试结果的可靠性和一致性的指标，以确保专家打分结果和所计算出的权重数值可靠。当随机一致性比率<0.1 时，表明专家判断矩阵的一致性可以接受，即认为专家 E1 判断矩阵的一致性可以接受，否则需要对判断矩阵进行修正。判断矩阵的随机一致性比率，可以通过以下公式计算得出

随机一致性比率=CI/RI

　　CI 为一致性检验指标(Consistency Index，CI)，判断矩阵中的 n 越小，CI 值越大，表明判断矩阵偏离完全一致性越严重；而 CI 值越小，表明判断矩阵越接近于完全一致性；如果 CI=0，则表明判断矩阵具备完全一致性。其计算公式如下

$$CI=(\lambda_{\max}-n)/(n-1)$$

　　通常而言，判断矩阵的阶数 n 越大，元素之间的一致性就越难达到。因此，需要根据判断矩阵的阶数对 CI 进行修正。而平均随机一致性指标(Random Index，RI)则可通过查询多阶判断矩阵 RI 值(1～10 阶)得知，如表 3-33 所示。

表 3-33　多阶判断矩阵 RI 值[260](1～10 阶)

RI	n									
	1	2	3	4	5	6	7	8	9	10
	0	0	0.52	0.89	1.12	1.24	1.36	1.14	1.46	1.19

　　将 $\lambda_{\max}=7.750$，$n=7$，RI=1.36 代入以上公式中，可以计算出 CI=0.125、随机一致性比率=0.09<0.1，表明专家 E1 对一级构成要素的权重分配相对合理，即可以接

受表 3-32 所示的大学生数字素养一级构成要素的权重(E1)。以上即为对专家 E1 在大学生数字素养一级构成要素方面的权重数据的处理过程。

与以上过程类似,可相继对其余 9 位专家的判断矩阵进行分析和计算,得出表 3-34 所示的大学生数字素养一级构成要素的权重值(10 位专家)。

表 3-34　大学生数字素养一级构成要素权重值(10 位专家)

一级构成要素	E1	E2	E3	E4	E5	E6*	E7	E8	E9	E10
数字认知	0.051	0.362	0.306	0.374	0.379	0.052	0.282	0.329	0.319	0.029
通识技能	0.125	0.056	0.165	0.254	0.277	0.132	0.176	0.258	0.276	0.027
创新技能	0.445	0.022	0.064	0.151	0.126	0.231	0.044	0.048	0.050	0.437
跨学科技能	0.241	0.033	0.022	0.103	0.115	0.061	0.030	0.139	0.138	0.254
数字意识	0.055	0.277	0.317	0.060	0.055	0.134	0.303	0.094	0.086	0.117
数字自我效能感	0.024	0.086	0.095	0.030	0.029	0.123	0.103	0.094	0.093	0.068
数字内容价值评估	0.059	0.165	0.031	0.028	0.019	0.267	0.061	0.038	0.037	0.068

专家 E6 反馈对大学生数字素养一级构成要素判断矩阵的随机一致性比率 $=0.274>0.10$,因此将其赋值视为无效,并将其剔除。其余 9 位专家对大学生数字素养一级构成要素的权重值,如表 3-35 所示。至此,大学生数字素养一级构成要素的权重值便已确定。

表 3-35　一级构成要素的权重(专家 E1～E10)

一级构成要素	权重值
数字认知	0.270
通识技能	0.179
创新技能	0.154
跨学科技能	0.120
数字意识	0.152
数字自我效能感	0.069
数字内容价值评估	0.056

在二级构成要素权重的专家咨询中,由于二级构成要素达到 31 道测量题项,若也请专家采用类似一级构成要素两两比较的对比打分,不仅会大幅度增加专家的工作负荷,而且极有可能会影响到打分结果。因此,本书在二级构成要素的权重咨询中,只要求专家对同属某一级构成要素下的二级构成要素按照重要程度进行排序即可。需要说明的是,尽管在大学生一级构成要素权重的计算中,专家 E6 反馈判断矩阵的随机一致性比率 $=0.274>0.10$,其赋值被视为无效,但由于二级构成要素权重的计算与一级构成要素权重的计算是相互独立的,且专家 E6 对二级构成要素的

排序完整，故本书仍将采纳专家 E6 对二级构成要素的权重赋值。

为便于数据分析与处理，在回收的第三轮专家问卷中，本书使用了可量化的方式对专家打分进行了转化。首先，按照二级构成要素的重要程度对专家打分进行递减排序，从高向低赋予各二级构成要素对应分值(其中，跨学科技能所含二级构成要素的赋值范围为 1～3 分；数字认知、数字自我效能感、数字内容价值评估所含二级构成要素的赋值范围为 1～4 分；通识技能、创新技能所含二级构成要素的赋值范围为 1～5 分；数字意识所含二级构成要素的赋值范围为 1～6 分)；然后，统计专家对各二级构成要素的打分；最后，计算各二级构成要素得分在所属一级构成要素总分中的占比，即可得到二级构成要素的权重值。一级构成要素总分可由二级构成要素的赋值范围计算得到，跨学科技能所含二级构成要素总分为 60；数字认知、数字自我效能感、数字内容价值评估所含二级构成要素总分为 100；通识技能、创新技能所含二级构成要素的赋值范围为 150；数字意识所含二级构成要素总分为 210。

以下将以数字认知所含二级构成要素为例，对大学生数字素养二级构成要素的权重分析过程进行说明。

第一步，根据表 3-36 所示的 10 位专家对数字认知所含二级构成要素的排序，赋予对应的分值，并按照 A1～A4 的顺序重新排序(A1 代表基本概念，A2 代表软硬件基础知识，A3 代表基础理论，A4 代表数字产品和服务)，如表 3-37 所示。

表 3-36　10 位专家对数字认知所含二级构成要素的排序

专家	E1	E2	E3	E4	E5	E6	E7	E8	E9	E10
递减排序	A3	A1	A1	A1	A3	A4	A1	A1	A1	A1
	A2	A3	A3	A3	A1	A2	A3	A3	A2	A3
	A4	A2	A4	A2	A2	A1	A2	A2	A4	A4
	A1	A4	A2	A4	A4	A3	A4	A4	A3	A2

表 3-37　10 位专家对数字认知所含二级构成要素排序赋值

二级构成要素	E1	E2	E3	E4	E5	E6	E7	E8	E9	E10
A1	1	4	4	4	3	2	4	4	4	4
A2	3	2	1	2	2	3	2	2	3	1
A3	4	3	3	3	4	1	3	3	1	3
A4	2	1	2	1	1	4	1	1	2	2

第二步，对表 3-37 中各二级构成要素所在行的得分值求和，A1 基本概念为 34、A2 软硬件基础知识为 21、A3 基础理论为 28、A4 数字产品与服务为 17。

第三步，将二级构成要素 A1、A2、A3、A4 的得分值和一级构成要素数字认知的赋值总分 100 相比，即可得到数字认知的 4 个二级构成要素的占比，分别为 34.00%、21.00%、28.00%和 17.00%。

重复上述步骤，可以相继算出剩余的 30 个二级构成要素的权重值，如表 3-38
所示。

表3-38　二级构成要素的权重(专家 E1～E10)

二级构成要素	E1	E2	E3	E4	E5	E6	E7	E8	E9	E10	和值	赋值总分	占比/%
基本概念	1	4	4	4	3	2	4	4	4	4	34	100	34.00
软硬件基础知识	3	2	1	2	2	3	2	2	3	1	21	100	21.00
基础理论	4	3	3	4	3	3	3	1	3	1	28	100	28.00
数字产品和服务	2	1	2	1	1	4	1	1	2	2	17	100	17.00
数字内容获取	1	1	5	4	5	5	4	5	5	3	38	150	25.33
数字内容创作	4	2	2	3	4	3	1	3	4	5	31	150	20.67
数字内容传播	3	3	2	2	2	4	3	2	2	3	26	150	17.33
数字安全保护	2	5	4	1	1	1	2	1	1	1	19	150	12.67
专业综合技能	5	4	1	5	3	2	5	4	3	4	36	150	24.00
数字思维	5	5	5	5	5	5	5	5	5	5	50	150	33.33
数字呈现创新	4	2	4	3	4	2	2	2	1	2	26	150	17.33
数字传播创新	3	2	3	1	1	1	2	1	3	2	19	150	12.67
数字生活创新	1	3	1	2	3	3	1	3	2	1	20	150	13.33
数字化赋能	2	4	2	4	3	4	4	4	4	4	35	150	23.33
跨学科认知	1	1	3	1	2	3	3	3	3	3	23	60	38.33
知识结合	2	2	2	3	1	1	1	2	1	3	18	60	30.00
问题重塑与解决	3	3	1	2	1	2	2	1	2	2	19	60	31.67
保护个人信息和隐私	4	1	6	6	4	4	6	6	6	6	49	210	23.33
尊重他人数据	5	2	5	5	5	1	4	5	3	5	40	210	19.05
数字版权与许可	6	3	2	2	2	3	1	3	4	2	28	210	13.33
数字技术认同	3	4	3	3	3	5	3	2	2	1	29	210	13.81
数字社会服务	2	5	4	4	3	6	3	1	1	4	33	210	15.71
维护积极健康的网络环境	1	6	1	1	2	5	4	5	5	3	31	210	14.76
自我能力感	4	2	4	4	3	4	2	4	4	2	33	100	33.00
自我努力感	3	1	2	2	4	3	4	3	4	2	28	100	28.00
环境把握感	2	3	3	3	2	1	3	2	3	1	21	100	21.00
行为控制感	1	4	1	1	1	2	3	1	1	3	18	100	18.00
数字成效分析	3	1	4	4	3	4	3	4	2	2	30	100	30.00
数字艺术鉴赏	2	3	1	2	4	1	1	1	1	1	17	100	17.00
数字人文批判	1	2	1	2	2	2	2	2	3	4	21	100	21.00
正向社会价值传播	4	4	2	4	1	4	3	3	4	3	32	100	32.00

3）各级构成要素的权重分配及排序

本书通过以上德尔菲法的两两比较、AHP 分析法中的几何分析和比较排序等方式，相继计算和确定了大学生数字素养一级构成要素和二级构成要素的权重值，如表 3-38 所示。

4）项目分析

（1）数字素养模型

虽然在图 3-5 得到了大学生数字素养的初始模型，但需要注意的是，该模型只是初步呈现了大学生数字素养的 7 个一级构成要素和 35 个二级构成要素，其不仅未经预试予以最终确认，而且并未呈现各级构成要素对大学生数字素养的相对重要性。

为更好地呈现并帮助大学生以有层次、有重点、有先后和点线面体相结合的方式提高自身的数字素养，本书进一步将大学生各级构成要素的相对重要程度（权重）纳入初步构建且经过预试的模型中，最终形成了完善的大学生数字素养模型（7 个一级构成要素和 31 个二级构成要素），如图 3-7 所示。本模型图中的数值代表对应各级构成要素的权重值，即各级构成要素对大学生数字素养的相对重要程度。

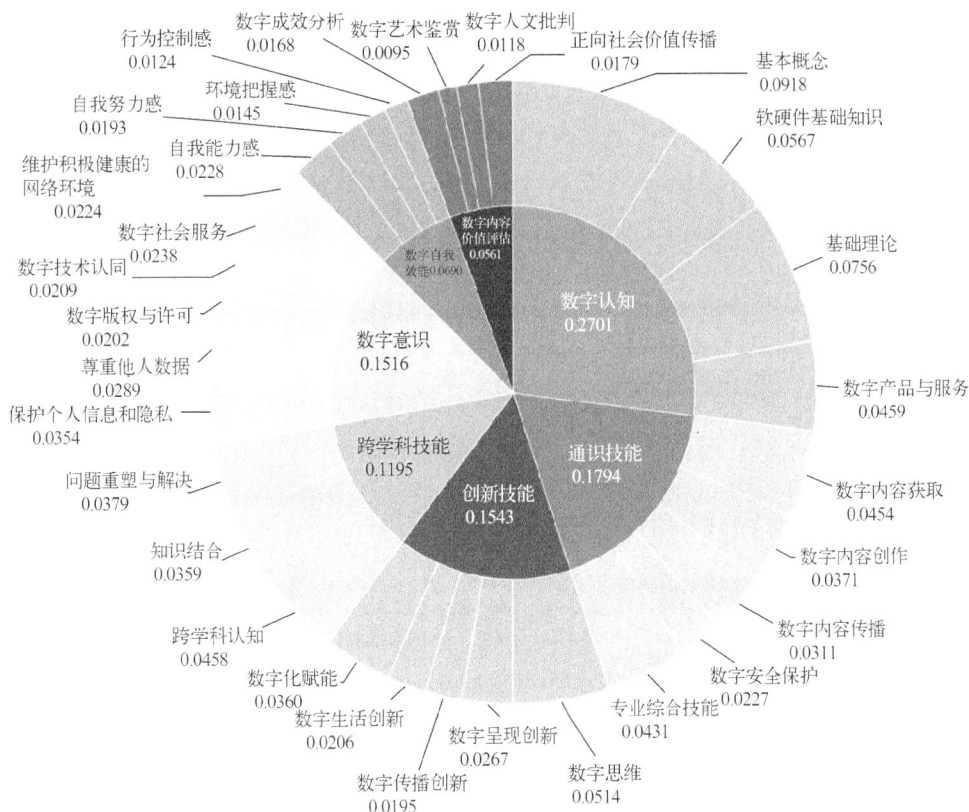

图 3-7　大学生数字素养模型

(2)模型的优点

第一，本书在构建大学生数字素养模型时，以 KAP、TPB、TPC 等理论为指导，不仅通过德尔菲法初步确定了各级构成要素，而且通过预试最终确定了各级构成要素，之后结合 AHP 分析法确认了各级构成要素的权重，具有较高的科学性。第二，本模型较好地呈现了大学生数字素养构成要素的关系。大学生的数字素养究竟有哪些构成要素，相互之间的重要程度和关联性又如何，这其实是我国高等教育和我国大学生高度关注的。本书构建的大学生数字素养模型，分别以中观视角（一级构成要素）和微观视角（二级构成要素）对以上问题做出了回应。与此同时，本模型还呈现出各级构成要素既彼此独立又相互关联的关系，正是如此，才共同构成了一个有机整体。第三，本模型一方面呈现了当下大学生应该聚焦和发展的数字能力特质，另一方面也呈现出不同数字能力的重要性是存在差异的，这有利于大学生根据自身不足或实际需求，以有重点、有序和点线面体相结合的方式，发展和提高自身的数字素养。第四，本模型符合当下大学生胜任行业新岗位的数字能力需求。大学生数字素养是与行业新岗位紧密关联的。本模型所包括的各级构成要素，是基于我国数字化转型、我国教育信息化 2.0 阶段的现实需求所确定的，并且经过了 30 位专家的修订和验证。

(3)一级构成要素权重的结果与分析讨论

大学生数字素养一级构成要素权重（降序排列），如图 3-8 所示。

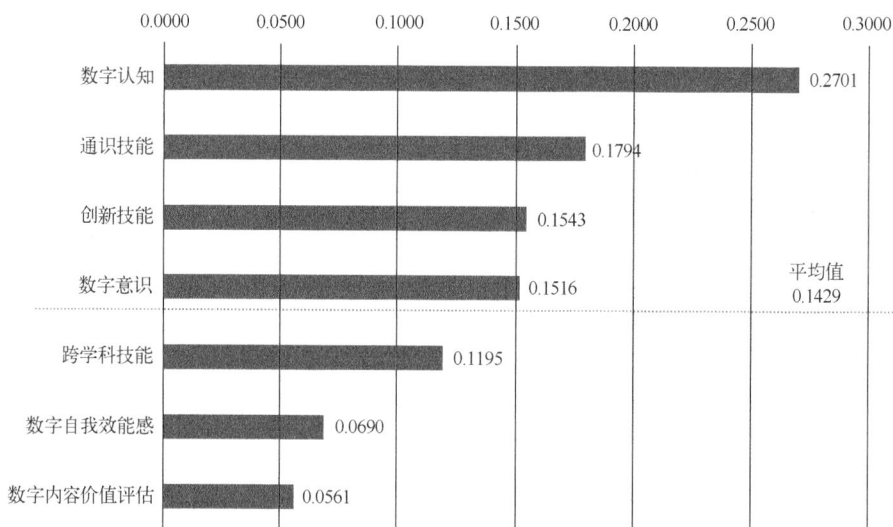

图 3-8　大学生数字素养一级构成要素权重（降序排列）

大学生数字素养一级构成要素的权重值（重要性程度）从高到低依次是：数字认知（0.2701）＞通识技能（0.1794）＞创新技能（0.1543）＞数字意识（0.1516）＞跨学科

技能(0.1195)＞数字自我效能感(0.0690)＞数字内容价值评估(0.0561)。以上一级构成要素的权重值及其排序可以发现：

①从外在行为层面的显性能力与内在意识层面的隐性能力看。

本书认为的外在行为层面的显性能力，即数字认知、通识技能、创新技能、跨学科技能 4 个一级构成要素，除跨学科技能的权重值(0.1195)低于权重均值(0.1429)外，其余 3 个一级构成要素的权重值均高于权重均值；换言之，本书认为的外在行为层面的显性能力，有 75%的一级构成要素的权重值均高于权重均值。而本书认为内在意识层面的隐性能力，即数字意识、数字自我效能感、数字内容价值评估 3 个一级构成要素，除数字意识的权重值(0.1516)高于权重均值(0.1429)，其余 2 个一级构成要素的权重值均低于权重均值；换言之，本书认为的内在意识层面的隐性能力，有 66.67%的一级构成要素的权重值均低于权重均值。原因可能是以下几个方面：

(a)尽管在本书认为的内在意识层面的隐性能力中，有 66.67%的一级构成要素的权重值均低于权重均值，但这不仅并不意味着这些一级构成要素可被忽略，而且预示着这些一级构成要素可根据当前和未来的数字化环境，由所需的实践技能持续对其进行补充、完善和拓展。首先，我国数字素养研究还是较为新的领域，这从客观上造成了内在意识层面的隐性能力的关注不足；其次，我国既有研究较少关注大学生这一群体的数字素养，且构成要素还存在一定不足，加之实证研究尤为匮乏，导致可参考性的框架模型较少，这也从客观上造成了对大学生的高阶数字认知能力的关注不足；再次，数字素养具有非常强的动态属性、技术属性和情境属性，盲目照搬国外框架可能导致灾难性后果，而本书开发的大学生数字素养量表，首先参照了国内外相关"标准"的经验，其次对标了行业新岗位对大学生数字能力的现实需求，再次经过了 30 位专家两轮验证和修订后，才得以最终确认，具有较好的内容效度和专家效度，这不仅佐证了上文所提及的不同学科、不同数字情境、不同数字目标任务、不同需求群体的数字素养培育具有不同的侧重点，而且弥补了既有研究缺失结合大学生群体数字素养的不足，还可为我国高等教育中的数字素养发展提供积极的思路方向。正是如此，对内在意识层面的隐性能力，专家对 66.67%的一级构成要素赋予较低的权重值，具有合理性。

(b)欧美国家更多是中产阶级国家，其公民发展已经历了基础操作环节，而我国仍属于发展中国家，不少公民并不具备较好的数字技术应用能力，存在数字鸿沟较大、资源供给不足等问题。尽管国家对发展公民数字素养的诉求非常迫切，也先后出台了多项以提升公民数字素养为支持导向的宏观政策，已从国家层面充分肯定了数字素养的重要意义，但尚缺乏数字素养与技能提升的顶层设计、操作规程与"工具箱"等，距离实践层面深度融合还有很大差距，需要经过一段时间的培育，公民的数字技术应用能力才能得到全面提升。因此，对包括大学生在内的所有公民而言，当下更重要和紧急的自然是外在行为层面的显性能力。正是如此，本书认为的外在行为层面的显性能力中的一级构成要素的权重值有75%高于权重均值,而本书认为的内在意识层面的隐性能力中的一级构成要素的权重值有66.67%低于权重均值,具有合理性。

(c)本书中的跨学科技能这个一级构成要素来源于NMC"高等教育数字素养框架"。但正如上文所言,通识技能是数字素养外在行为层面的基础,创新技能是数字素养外在行为层面的核心,而跨学科技能实际上是创新技能向不同学科进行延伸和渗透的具体体现,指在不同学科、不同数字情境、不同数字目标任务中融会贯通的认知能力,其基础和前提是具备一定程度的通识技能与创新技能。而大学生数字素养中的跨学科素养,除了使用作为中介与支持的创新技能外,还涉及大学生和解决数字领域特定情境中的复杂问题时的直接互动,即涉及任务开展的态度、动机、数字价值观、情感和多元认知等方面的能力,可谓外在行为层面的显性能力中较高层次的认知能力。因此,跨学科技能(延伸与渗透)相较于通识技能(基础)和创新技能(核心)的权重值还不高,也有一定合理性。

(d)我国较国外虽然较晚开始数字化建设,但我国数字经济规模已达45.5万亿(占GDP比重由14.2%提升至39.8%),总量稳居世界第二[261],各行各业数字化速度几乎快于其他任何市场。尤其是我国国家政府已从数字社会的宏大视角赋予了数字素养新内涵,并正在加速提升全民数字素养,预示着数字素养必将成为包括大学生在内的全体公民在未来相当长一段时间内都会持续关注的领域。因此,虽然数字意识是内在意识层面的隐性能力,但由于其仅是内在意识层面的隐性能力中较低层次的认知能力,专家们赋予其较高的权重值,也有一定的合理性。

②从权重值最高的一级构成要素(数字认知)看。

无论是从当前我国数字化转型、我国高等教育现状与趋势的现实需求来看,还是从数字社会合格公民和数字内容健康传播促进者来看,专家们对其赋予最高的权重值是合理的。

(a)数字技术创新迭代促进了教育信息化的迅猛发展,使得在线教育、远程教育、教育APP等应用比比皆是,以及数字生活/学习/实践/创新活动都对学生产生了多维度的影响。大学生的主要职责是学业发展、自我管理和社会融入,即按照社会需求和个人意愿有效计划、组织并实施数字生活/学习/实践/创新活动。即使是在当前的数字化环境中,数字技术也是用来服务学习实践及其效果的提升,一方面数字认知能力是大学生开展数字学习实践活动的核心与根本,另一方面,数字实践经验又可以提升大学生的数字认知能力,如此正向循环。

(b)大学生要成长为数字社会合格公民,就必须先对数字社会有足够的认知,即了解数字社会中出现的新概念、新理论、新知识、新产品与新服务。大学生如果对数字社会中衍生出来的基本概念、基础知识、基础理论、产品与服务都没有较为清晰的认知,那么借助数字工具与资源来提升自己在数字生活/学习/实践/创新方面的效能就会沦为象牙之塔。

(c)大学生要成长为数字内容健康传播促进者,更需要对数字领域涉及的基本概念、基础知识、基础理论、产品与服务有较为清晰的认识。若对"数字鸿沟""元宇宙""数字艺术"等基本概念,或对数字媒体与智能传播系统中涉及的"数字感知""数字推荐""数字反馈"等基础知识理论,或对新一代"智能+"技术集群带来的全面"智能+"和泛娱乐等数字场景都没有较为清晰的认知,自然也是无法满足行业新岗位的数字能力需求的。

③从权重值最低的一级构成要素(数字内容价值评估)看。

数字内容价值评估在一级构成要素上的权重值最低,原因可能是以下几个方面:

(a)在当前的数字生活/学习/实践/创新中,相对于其他能力而言,数字内容价值评估更多强调大学在数字生活/学习/实践/创新的成效分析,以及对相关数字"见闻"的评估、鉴赏和批判能力。但这一切的前提是先拥有自己的"数字化存在"形态,即在数字社会"是谁,能做什么,在哪儿;如何联系,如何关注,如何链接,如何获取,如何生产,如何呈现,如何表达,如何保护,如何赋能"等基础存在的形态。只有以"存在"为基础进行的数字能力生长,才能实现最终的转型升级。如果"我"在数字世界都不存在,又能拿什么去对其中的"人""事""物"进行"鉴赏""批判"和"传播"呢?因而,相较于数字认知、通识技能、创新技能、数字意识和跨学科技能,其权重值或重要性较低是合理的。而与数字自我效能感的权重值相比,二者其实差异不大(仅相差0.0129),但根据KAP、TPC、TPB等理论可知,数字自我效能感不仅更加强调大学生更应多关注数字技术的当下与未来,而且这种关注亦会影响到大学生在数字生活/学习/实践/创新活动中的各个环节,即对数字内容价值评估产生影响。

(b)数字技术创新迭代,不仅在极大程度上提升了包括数字学习在内的数字环境,而且让数字工具与资源成为了每个人数字生活/学习/实践/创新中利用最多的资源形式,成为了社会经济发展不可缺少和不可替代的关键资源。特别是作为"数字原住民"的大学生,成长在移动互联网和内容大爆发的数字环境下,物质生活优越,同时面临社会的流动性降低,在家里独享父母的爱,在学校接受的管教更为民主,但课业负担更重,导致在课余或过度沉溺于网络或游戏不能自拔,或变成手机不离身的"低头族",或在传统社会中很少与人沟通,或发起与遭遇着网络暴力、侵权盗版、网络黑客、注意力缺失、知识碎片化等,这使得对他们的数字能力需求更加关注数字认知、通识技能、创新技能、跨学科技能和数字意识等数字化生存能力。

(c)相较于其他能力而言,数字内容价值评估更多服务于大学生的日常学习认知和学习发展。事实上,当大学生拥有通识技能、创新技能、跨学科技能和数字意识等能力时,他们自然能够更好地解决数字领域特定情境中的复杂问题。在这个过程中,个体的数字内容价值评估能力自然可以得到积极的强化,从而让其乐意积极主动地开展鉴赏和批评活动，并从高质量数据源中解读蕴含的主流价值。

④从各一级构成要素权重反映的能力重要性看。

从各一级构成要素的权重反映的能力的重要性来看，也基本符合当下行业新岗位对大学生数字能力的现实需求。数智时代，数字技术创新迭代速度明显加快，不仅使包括专业知识和数字化知识在内的各类知识层出叠现、井喷式增长，而且使知识更新周期不断缩短。与此同时，当推荐算法涉入信息分发中，它是否正在带来数字化"全景监狱"，剥夺用户价值认知的主体理性？当短视频几近成为现代人信息摄取的核心来源，它是否正在消解严肃议题的复杂性，模糊用户的价值判断取向？当人工智能拥有了意识，它是否正在让用户沦为数字技术的"奴隶"，引发用户的价值选择疑虑？当 AIGC 在短时间内生产出大量产品时，它是否正造成数字环境的爆炸性污染，降低用户的价值情感体验？当机器手臂的应用成本降低，但效率又不断提升，人类工作者又将何去何从？因此，通识技能、创新技能、跨学科技能、数字意识将对大学生的数字生活/学习/实践/创新产生直接影响，并对大学生提升和更新其数字能力产生关键影响，从根本上也对学习效果和核心素养提升发挥决定性作用。正是如此，数字认知在所有一级构成要素中被赋予最高的权重值也具有合理性。至于其他的一级构成要素，在上文的中有所提及和分析，此处不再做更多结果分析与讨论。

3.2.6 小结

首先，本节对数字素养量表的结构进行了初探，采用初步确认的 35 道测量题项的量表，通过问卷调查方式获取了 361 份有效问卷，在依次进行了描述性分析、区分度检验、信度分析、EFA 后，删除了 4 道测量题项，量表保留 7 个维度的 31 道测量题项。其次，本节对 31 道测量题项的量表结构进行了再验证，通过问卷调查方式获取了 368 份有效问卷，并依次进行描述性分析、信度分析、CFA，均达到量表开发标准，最终认为：数字素养量表包含 7 个维度的 31 道测量题项。然后，本节进一步采用 AHP 分析法确定了大学生数字素养构成要素的权重值，并对各一级构成要素进行了分析讨论。

基于以上一级构成要素的权重值，本节还进一步完善了大学生数字素养模型，如图 3-7 所示，完善后的模型，不仅呈现出大学生数字素养是一个有机的整体，各级构成要素既彼此独立又相互关联，还呈现出了各一级构成要素之间、同属某一一级构成要素的二级构成要素之间的相对重要程度，有利于大学生结合自身的实际需求或不足，以有重点、有序和点线面体相结合的方式，发展和提高自身的数字素养水平。

第4章 数字素养的水平现状、群体差异与影响因素

大学生数字素养与"相关"素养是有一定关联的，但在具体构成维度和要素上仍有较大差异。以往关于大学生"相关"素养的实证研究，虽然也从某个(些)维度上反映了大学生数字素养水平，如数字科学知识、数字技术应用能力等，但尚未从真实、客观、整体上呈现出大学生数字素养的水平现状。那么，大学生数字素养水平的整体现状和分布现状如何？基本特征不同的大学生的数字素养水平又存在哪些差异？上文提出的研究假设是否成立，又是否会对大学生数字素养产生正向影响？这些因素的重要性-绩效表现又如何？为解决以上问题，本章将对大学生数字素养水平的整体现状、群体差异与影响因素进行研究。

4.1 研 究 设 计

本章根据大学生数字素养模型与影响因素假设，设计了调查问卷(见附录六)，对我国 1000 名以上的大学生进行调查分析，希望达到如下几个方面的目的：其一，审视大学生数字素养水平现状的整体特征与分布特征；其二，认知基本特征不同的大学生的数字素养水平现状是否存在统计学意义上的显著差异；其三，编制数字素养影响因素量表并进行实践检视；其四，确认假设的 8 个维度的影响因素是否或在多大程度上对大学生的数字素养存在影响。

本节使用定量研究方法，数据搜集的方式为问卷调查。

4.1.1 数据分析方法

在现代行为与社会科学的实证研究中，SEM 是一种常被用于探索变量之间的关系[262]，其结果用于判定自变量与因变量之间的假设影响是否成立的研究方法。在过去相当长的一段时间，运用 SEM 方法对相关问题进行研究的成果数量呈现出较大增幅[263]。截至目前，SEM 方法主要存在两类主流的建模技术，分别是协方差结构方程模型(Covariance-Based Structural Equation Modeling，CB-SEM)和偏最小二乘法-结构方程模型(Partial Least Square Structural Equation Modelling，PLS-SEM)[264]。其中，PLS-SEM 允许变量为非正态分布，运用其对变量的主成分结构进行分析，利用回归原理来检验主成分间的预测与解释关系[265]，追求内生变量的解释能力最大化[266]，是近年来逐渐兴起并被认可的一种新型方法。Hair 等研究者也认为，PLS-SEM 比 CB-SEM 更适合于复杂模型，其预测能力更强，也适用于探索或拓展理论模型，能

处理小样本和非正态数据。

通常，在 PLS-SEM 模型中存在三种类型的随机变量，即观测变量、潜变量和误差变量。其中，观测变量通常可被直接测量，而潜变量则无法被直接测量，如顾客满意度、主观幸福感、核心竞争力等[267]。在研究时，通常将潜变量通过观测变量进行呈现。

除 PLS-SEM，本章还将采用多种数据分析方法。数据分析方法汇总，如表 4-1 所示。

表 4-1　数据分析方法汇总

序号	方法	目的	具体描述	标准/经验法则
1	描述性分析[268]	为了描述被试特征及各变量及测量题项的集中趋势及离散程度	选择目标变量，百分位数-四分位数、集中趋势-均值/中位、后验分布特征-偏度/峰度	无
2	正态性检验[269]	利用观测数据判断总体是否服从正态分布的检验，是统计判决中的一种重要且特殊的拟合优度假设检验	图示法采用概率图和分位数图，计算法分别是偏度检验、峰度检验、偏度和峰度联合检验	检验水平=0.1，即 $P \leqslant 0.1$，则拒绝正态分布的原假设
3	共同方法偏差检验[270-272]	检验变量和/或结构之间的关系受数据收集方法（例如，相同的收集方法，问卷格式，甚至量表类型）的影响	心理学研究中常用 Harman 单因子检验法、共同方法偏差因子法、全共线性检验法	Harman 单因子法：EFA 中未经旋转的第一个因子的方差解释率＜50%，单因子 CFA 模型的拟合度差
4	信度分析[273]	信度指问卷测量中，每个维度或整个问卷所对应的一组测量题项能否测量变量的同一维度或同一变量，即这些维度或变量所包含的测量题项的一致性程度，是问卷的可靠性、稳定性和一致性的重要衡量指标	李克特量表的内部一致性信度估计，通过 Cronbach's α、CITC 和 CAID 对研究构念及其维度进行度量，其中 Cronbach's α 系数应用最为广泛	Cronbach's α 系数≥0.7，则具有较好的信度CITC＞0.4，即说明某题项与另外的题项间有着较高的相关性CAID≤Cronbach's α 系数，内部一致性较好
5	CR	是在一组观测变量中能够多大程度表示潜变量的一种指标	$CR = (\sum \lambda)^2 / ((\sum \lambda)^2 + \sum \delta)$，$\lambda$ 为因子载荷，δ 为误差项残差	CR≥0.7，说明量表的组合信度良好
6	AVE	是计算构念中专案载荷的平均方差提取的指标，它是检验收敛效度的指标	$AVE = (\sum \lambda^2) / n$，$\lambda$ 为因子载荷，n 为测量指标个数	AVE＞0.5，说明量表的收敛效度良好

续表

序号	方法	目的	具体描述	标准/经验法则
7	区分效度[274]	指在应用不同方法测量不同构念时，所观测到的数值之间应该能够加以区分	基于 PLS-SEM 的第二代统计技术，可通过交叉载荷、Fornell-Larcker 准则和异质-单质比率探讨区分效度	交叉载荷标准：一个指标在一个构念上的外部载荷应该高于它与其他构念的所有交叉载荷；异质-单质比率（Heterotrait Monotrait Ratio，HTMT）的判断标准：各构念间 HTMT 比值不应超过 0.85 且 HTMT 统计量的置信区间不包括 1；Fornell-Larcker 准则（Fornell-Larcker Criterion）：经比较本书各变量 AVE 的开方值均高于各变量间相关系数
8	相关系数	又称为统计相关，是指事物之间存在相互依存的关系	常用的相关系数有 Pearson 积差相关系数和 Spearman 等级相关系数	$P \leqslant 0.05$，表明两个具有相关性；相关系数：<0.4，弱相关；$0.4 \sim 0.7$，中等强度相关；>0.7，高相关；>0，正相关；<0，负相关
9	共线性[275]	多重共线性是指线性回归模型中的解释变量之间由于存在精确相关关系或高度相关关系而使模型估计失真或难以估计准确	多重共线性使参数估计值的方差增大，$1/(1-r^2)$ 为方差膨胀因子（Variance Inflation Factor，VIF）	VIF 值越大，共线性程度越大 VIF $\geqslant 5$，表明预测概念之间存在共线性问题；理想情况下，VIF 值应该接近 3 或更低
10	路径系数	评估外生变量和内生变量之间假设的结构路径的显著性，连接变量的路径系数大小表示研究构建间关系的有效性	PLS-SEM 估计的路径系数 +95% 置信区间的自举	$P \leqslant 0.05$ 或者 95% 置信区间不跨过 0
11	决定系数（R^2）	已经被所有自变量解释的因变量方差占其中方差的比值	R^2 是模型预测能力的衡量标准，通过特定内生结构的实际值和预测值之间的相关平方来计算，表示外生潜在变量对内生潜在变量的综合影响	R^2 为 0.75、0.50 或 0.25，可以分别被描述为强、中等或弱
12	效应量（f^2）	f^2 是当特定的外生构念从模型中被省略时 R^2 的变化，可以用来评估被省略的外生构念是否对内生构念有实质性的影响	PLS-SEM 中对应影响路径的 f^2	0.02、0.15 和 0.35 分别代表外生潜在变量的小、中、大影响，低于 0.02 表示没有效应

序号	方法	目的	具体描述	标准/经验法则
13	预测相关性非参数检验方法 Stone-Geisser Q^2	测量路径预测相关性以及路径模型对原始观测值的预测程度	通过对指定的省略距离 D 使用 Blindfolding 程序获得，Blindfolding 是一种样本重用技术，它省略了内生构念的指标中的每 d 个数据点，并用剩余的数据点估计参数，省略的数据点被认为是缺失值，进行相应的处理（如成对删除或均值替换）得到的估计值用于预测省略的数据点，真实数据点（即省略的数据点）和预测数据点之间的差值被用于估计 Q^2	$Q^2>0$ 表明该模型对内生构念具有预测相关性，$Q^2 \leq$ 则表示缺乏预测相关性
14	中介效应（Mediation Effect）	考虑自变量 X 对因变量 Y 的影响，如果 X 通过影响变量 M 来影响 Y，则称 M 为中介变量。M 既是 X 的结果，又是 Y 的原因，它在 X 到 Y 的这个关系中起着解释作用，这种效应称中介效应	中介路径的显著性及 Bootstrap 法估计的 95% 置信区间	$P \leq 0.05$ 或者 95% 置信区间不跨过 0

综上，本章将按照如下思路开展：

①描述性分析：利用 SPSS 26.0 对问卷各类型变量与测量题项特征进行分析。

②共同方法偏差：以 Harman 单因子检验法、共同方法偏差因子法以及全共线性检验法作为共同方法偏差的检验方法。

③测量模型评估：本章首先通过 Cronbach's α 系数、CR 与 AVE 与指标的外部载荷（Outer Loading）来评估反应性测量模型。

区分效度的测量采用 Fornell-Larcker 准则、HTMT、交叉载荷。

④结构模型评估：测量模型评估结束后，本章按照 Hair 等研究者的建议，进行五个步骤的结构模型评估：第一，研究评估模型中外生构念之间的多重共线性，当两个或更多外生变量高度相关时，会出现共线性问题，采用 VIF 统计量评估研究中的共线性问题，其中 VIF 应低于 5，表明不存在严重共线性问题；第二，评估路径系数的大小和统计显著性，使用 5000 次重复抽样自助法（Bootstrapping）进行双尾检验，确认通过 t 统计量，显著性 P 值以及 95% 置信区间确定影响路径的显著性；第三，研究解释内生变量方差的外生构念；第四，分析效应量（Effect Size，f^2）；第五，

研究了预测相关性(Q^2)并进行了报告。

此外,本章还将经由 PLS-SEM 分析得出的各构念对于解释结构模型中其他构念、各指标对于解释其对应构念的相对重要性信息,运用重要性-绩效图分析方法(Importance-Performance Map Analysis,IPMA)扩展 PLS-SEM 的结果,并考虑每个构念、指标的效果以便从重要性和效果(质量)两方面,研究提升数字素养的有效路径。

Martilla 和 James 于 1977 年便提出了 IPMA 分析法[276]。IPMA 分析法的分析架构是将各项影响因素(潜变量)的重要性和绩效表现分别列为横轴和纵轴,并以重要性与绩效表现感知数据的均值作为 X-Y 轴的分割点,得出由 4 个象限构成的 IPMA 矩阵,并得到各项影响因素(或其观测变量)的相对位置。IPMA 模型架构,如图 4-1 所示。

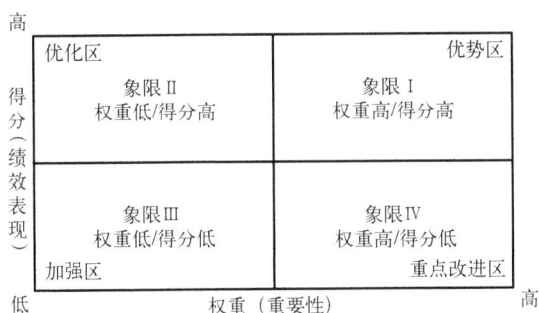

图 4-1 IPMA 模型架构

不难发现,IPMA 分析法既简单实用,又简洁明了;既被诸多研究者接受,又在相关因素重要性的测评问题上引发了系列的学术争鸣[277]。已有研究分别以成人教育[278]、市场营销教育[279]、高校行政部门[280]、校园餐饮服务[281]、学生满意度[282]为研究对象,不仅通过 IPMA 分析法进一步提升了高等教育的服务质量与满意度的改进对策,而且证明了 IPMA 分析法可为持续优化与改进高等教育中的人才培养质量提供有效决策[283]。还有研究表明,在运用 PLS-SEM 方法进行模型求解的研究情境下,IPMA 分析法可将各项影响因素(或其观测变量)的绩效表现(评价得分)与经由 PLS-SEM 分析得出的重要性整合起来,进而系统分析各项影响因素的改进与优化策略,是对 PLS-SEM 分析结果的进一步深化和延伸[284]。

4.1.2　问卷设计与调查

1. 问卷设计

本轮问卷主要分为三个部分:

第一部分是数字素养水平现状评估量表，包含 7 个维度的 31 道测量题项(仍采用与上文一样的 5 点式李克特量表)。

第二部分是数字素养影响因素评估量表，包含 8 个维度的 46 道测量题项(仍采用与上文一样的 5 点式李克特量表)。

第三部分是大学生的个人基本信息，包含性别、学历阶段、学校层次、学校区域等基本信息。

同时，本轮问卷继续使用"指定选项题目方法"进行注意力检验。

2. 问卷调查

本轮问卷仍通过问卷星平台、采用滚雪球方式发放。问卷发放及回收时间为 2023 年 8 月 25 日～8 月 31 日。从问卷星后台导出问卷数据，共回收到调查问卷 1186 份，通过筛选和注意力检验题项 1(2-6)和注意力检验题项 2(14-4)过滤，剔除未认真作答的问卷 128 份，得到有效问卷 1058 份，问卷有效率 89.2%。

3. 调查对象基本特征

被试样本的基本信息统计，如表 4-2 所示。

表 4-2　被试样本的基本信息统计表

变量	类别	数量	百分比/%
性别	男性	559	52.8
	女性	499	47.2
学历阶段	本科生	688	65.0
	硕士研究生	284	26.8
	博士研究生	86	8.1
学校层次	985 院校	241	22.8
	211 院校(非 985)	250	23.6
	普通院校(公办)	286	27.0
	普通院校(民办)	281	26.6
学校区域	华北地区	206	19.5
	东北地区	103	9.7
	华东地区	187	17.7
	华南地区	97	9.2
	华中地区	101	9.5
	西南地区	273	25.8
	西北地区	91	8.6

续表

变量	类别	数量	百分比/%
主修专业	新闻与传播学	212	20.0
	戏剧与影视学	207	19.6
	美术与设计	211	19.9
	音乐与舞蹈学	102	9.6
	电子信息与计算机	218	20.6
	管理科学与工程	108	10.2
获得奖学金层次	国家级奖学金	171	16.2
	省级奖学金	204	19.3
	校级奖学金	225	21.3
	院级奖学金	225	21.3
	未获得	233	22.0
平均每天使用数字媒介工具时间	2 小时以下	60	5.7
	2~4 小时	154	14.6
	4~6 小时	280	26.5
	6~8 小时	266	25.1
	8~10 小时	192	18.1
	10 小时以上	106	10.0

本章中被试的 SES 变量基本特征，如表 4-3 所示。

表 4-3　SES 基本特征

变量	类别	数量	百分比/%
父亲学历	小学及小学以下	206	19.5
	初中	113	10.7
	高中	233	22.0
	大专	344	32.5
	大学本科及以上	162	15.3
母亲学历	小学及小学以下	277	26.2
	初中	175	16.5
	高中	254	24.0
	大专	225	21.3
	大学本科及以上	127	12.0
父亲职业	半失业或无业人员	295	27.9
	体力劳动者	202	19.1
	个体与商业服务者	245	23.2
	专业技术与办事人员	228	21.6
	权力资源层	88	8.3

续表

变量	类别	数量	百分比/%
母亲职业	半失业或无业人员	303	28.6
	体力劳动者	157	14.8
	个体与商业服务者	242	22.9
	专业技术与办事人员	262	24.8
	权力资源层	94	8.9
家庭人均年收入	5000 元以下	280	26.5
	5001~10000 元	210	19.8
	10001~30000 元	241	22.8
	30000~50000 元	232	21.9
	50000 元以上	95	9.0

在正式调查阶段，为增强被试数据的代表性，本轮面向北京、天津、河北、山西、辽宁、上海、浙江、江苏、广东、湖北、重庆、四川等 12 个省份(直辖市)的 40 余所院校发放了调查问卷，包括清华大学、中国传媒大学、北京电影学院、北京科技大学、北京体育大学、南开大学、河北传媒学院、山西传媒学院、大连民族大学、上海交通大学、江南大学、南京传媒学院、杭州师范大学、浙江传媒学院、中山大学、深圳大学、广东海洋大学、华中科技大学、湖北大学、重庆大学、四川大学、电子科技大学、西南交通大学、四川农业大学、西南民族大学、西南石油大学、四川师范大学、成都理工大学、成都大学、西华大学、四川传媒学院等。上述高校所属区域分布广泛，全面覆盖中国的七大地理区域，既有 985/211 院校，又有普通院校(公办/民办)，既有综合类院校，又有专业类院校。

4. 问卷质量检验

考虑到完全消除共同方法偏差可能并不可行，本章数据分析阶段采用 Harman 单因子检验法以及全共线性检验法等方法来评估问卷调查数据中是否存在共同方法问题。

1)共同方法偏差-基于 Harman 单因子检验法

本章使用 Harman 单因子检验法对共同方法偏差进行检验，将本章量表涉及的所有测量题项纳入因子分析，经采用主成分分析法，得到特征高于 1 的公因子 16 个，累计方差解释度为 66.899%，未经旋转的第一个因子方差贡献率为 24.646%(低于 50%)，表明本章量表不存在严重共同方法偏差。共同方法偏差检验结果，如表 4-4 所示。

表 4-4　共同方法偏差检验结果

因子	初始特征值		
	合计	方差贡献率/%	累计方差解释度/%
1	18.978	24.646	24.646
2	4.959	6.440	31.086
3	3.642	4.730	35.816
4	3.210	4.169	39.985
5	2.695	3.500	43.484
6	2.353	3.056	46.540
7	2.151	2.793	49.333
8	2.035	2.643	51.977
9	1.860	2.416	54.392
10	1.612	2.093	56.485
11	1.536	1.994	58.480
12	1.512	1.964	60.444
13	1.422	1.847	62.290
14	1.274	1.654	63.944
15	1.166	1.515	65.459
16	1.109	1.440	66.899

2) 全共线性检验法

Kock 认为，基于全共线性检验的方法识别常见的方法偏差，即内生变量的 VIF 低于 3.3 时，研究不存在严重共同方法偏差；本章量表内生变量的 VIF 最大值为 1.518，表明量表不存在严重共同方法偏差。

3) 多元假设检验

在进一步进行多变量分析之前，需要满足正态性、多重共线性检验等几个基本假设。

(1) 正态性检验

正态分布的检验对 SEM 至关重要，因为其第一个假设是多变量正态分布[285]。正态性指的是个体度量变量的数据分布形状及其与正态分布的对应关系。如果研究的最终目标是进行推断分析，那么正态性检验是多变量分析中必不可少的步骤[286]。多元正态性强调不仅包括个体项目的分布，还包括变量组合的分布。本章使用 K-S test 与 Shapiro-Wilk test 对数据集的正态性进行了检验，数据分析结果显示所有的 P 值均低于 0.05，表明各测量题项变量均呈现非正态分布状态。正态性分布检验结果，如表 4-5 所示。

表 4-5　正态性分布检验结果

变量	K-S test			Shapiro-Wilk test		
	统计	自由度(df)	显著性(P)	统计	自由度(df)	显著性(P)
宜人性	0.107	1058	0.000	0.956	1058	0.000
责任心	0.143	1058	0.000	0.900	1058	0.000
互联网态度	0.112	1058	0.000	0.962	1058	0.000
SES	0.132	1058	0.000	0.952	1058	0.000
感知学校组织支持	0.126	1058	0.000	0.954	1058	0.000
感知社会数字生态	0.106	1058	0.000	0.946	1058	0.000
数字价值观	0.118	1058	0.000	0.945	1058	0.000
政策感知	0.055	1058	0.000	0.974	1058	0.000
数字认知	0.168	1058	0.000	0.854	1058	0.000
通识技能	0.095	1058	0.000	0.966	1058	0.000
创新技能	0.148	1058	0.000	0.890	1058	0.000
跨学科技能	0.067	1058	0.000	0.966	1058	0.000
数字意识	0.048	1058	0.000	0.987	1058	0.000
数字自我效能感	0.076	1058	0.000	0.986	1058	0.000
数字内容价值评估	0.149	1058	0.000	0.914	1058	0.000
数字素养	0.100	1058	0.000	0.975	1058	0.000

(2)多重共线性检验

多重共线性是指两个或更多自变量之间高度相关的情况。多重共线性问题可能会导致在因变量的效果解释中存在困难，因为自变量之间存在相互关系。在进行多变量假设检验时，不存在多重共线性问题非常重要，因为它会使结果无效。本章使用 VIF 和 Pearson 相关分析两种方法进行了多重共线性问题的评估。

①VIF 和容差值。

通过 SPSS 26.0 构建多元线性回归分析模型，以数字素养为因变量，对各变量间贡献值进行检验，根据 Hair 的建议，在检验变量间共线值时，每个预测变量的 VIF 应当低于 5(或容差值高于 0.2)时，表示不存在严重共线性问题。检验结果表明，所有预测变量的 VIF 和容差值都低于推荐的阈值。VIF 共线性诊断检验结果，如表 4-6 所示。

表 4-6　VIF 共线性诊断检验结果

变量	VIF	容差值
宜人性	1.253	0.798
责任心	1.171	0.854

续表

变量	VIF	容差值
互联网态度	1.184	0.845
SES	1.231	0.813
感知学校组织支持	1.250	0.800
感知社会数字生态	1.350	0.741
数字价值观	1.366	0.732
政策感知	1.253	0.798

②Pearson 相关分析。

进一步通过相关分析检验变量间多重共线性问题，根据一般经验法则，当 Pearson 相关系数低于 0.90 时，表示变量间不存在严重共线性问题[287]。

结果显示，各前因变量间 Pearson 相关系数的最大值为 0.597 远低于 0.90，表明本章量表不存在严重共线性问题。Pearson 相关分析结果，如表 4-7 所示。

表 4-7　Pearson 相关分析结果

	1	2	3	4	5	6	7	8	9	10	11	12	13	14	15	16
宜人性	1															
责任心	0.325**	1														
互联网态度	0.334**	0.234**	1													
SES	0.187**	0.117**	0.173**	1												
感知学校组织支持	0.237**	0.201**	0.204**	0.462**	1											
感知社会数字生态	0.185**	0.163**	0.171**	0.397**	0.401**	1										
数字价值观	0.216**	0.202**	0.200**	0.174**	0.323**	0.203**	1									
政策感知	0.196**	0.192**	0.191**	0.218**	0.323**	0.240**	0.478**	1								
数字认知	0.226**	0.219**	0.220**	0.344**	0.505**	0.329**	0.391**	0.373**	1							
通识技能	0.219**	0.211**	0.214**	0.379**	0.589**	0.301**	0.346**	0.342**	0.501**	1						
创新技能	0.242**	0.217**	0.363**	0.235**	0.379**	0.248**	0.316**	0.322**	0.397**	0.460**	1					
跨学科技能	0.256**	0.246**	0.363**	0.239**	0.381**	0.241**	0.344**	0.390**	0.485**	0.487**	0.526**	1				

续表

	1	2	3	4	5	6	7	8	9	10	11	12	13	14	15	16
数字意识	0.306**	0.306**	0.294**	0.317**	0.400**	0.308**	0.386**	0.472**	0.436**	0.454**	0.521**	0.482**	1			
数字自我效能感	0.334**	0.434**	0.288**	0.297**	0.456**	0.341**	0.356**	0.380**	0.562**	0.574**	0.509**	0.511**	0.505**	1		
数字内容价值评估	0.306**	0.330**	0.294**	0.225**	0.374**	0.232**	0.433**	0.338**	0.451**	0.462**	0.421**	0.445**	0.437**	0.526**	1	
数字素养	0.358**	0.373**	0.385**	0.392**	0.597**	0.382**	0.490**	0.497**	—	—	—	—	—	—	—	1

注：*表示 P<0.05，**表示 P<0.01。

4.2　测量模型评估与结构模型评估

4.2.1　测量模型评估

在 SEM 建模过程中，潜变量与观测变量的关系包括反映性测量模型和形成性测量模型两种模式。反映性和形成性模式判别标准，如表4-8所示。

表4-8　反映性和形成性模式判别标准

判别标准	反映性模式	形成性模式
(1)潜变量与观测变量的因果关系方向 ①潜变量与观测变量的关系； ②改变观测变量是否会改变潜变量； ③改变潜变量是否会改变观测变量	因果关系的方向是潜变量→观测变量； 观测变量表征潜变量的特征，潜变量与观测变量互为因果； 改变潜变量会改变观测变量	因果关系的方向是观测变量→潜变量； 潜变量由观测变量构成，观测变量与潜变量互为因果； 改变观测变量会改变潜变量； 改变潜变量不会改变观测变量
(2)观测变量的互换性 ①观测变量是否有相同或相似的内容/主题； ②删除其一观测变量是否会改变潜变量的概念	观测变量具有可互换性； 观测变量应有相同(似)的内容/主题，即具有内部一致性； 删除观测变量不会改变潜变量的概念	观测变量不具有可互换性； 观测变量应无有相同(似)的内容/主题，即不具有内部一致性； 删除观测变量会改变潜变量的概念
(3)观测变量之间的共变 改变某一观测变量是否会改变其他观测变量	观测变量之间有共变	观测变量之间不需要有共变

资料来源：根据 Hair 等研究者、萧文龙[288]改编。

在本章中，所有潜变量与观测变量的关系均为反映性测量模型。

1. 模型一阶构念外部载荷与信效度检验

本书根据 Hair 等研究者提出的反映性测量指标评估的经验法则，分别报告

Cronbach's α、聚合效度(外部载荷、AVE)。模型一阶构念外部载荷与信效度检验结果，如表 4-9 所示。

表 4-9　模型一阶构念外部载荷与信效度检验结果

变量	编码	外部载荷	标准误差	t 值	P 值	Cronbach's α	CR	AVE
宜人性	Hu1	0.809	0.014	57.669	0.000	0.868	0.904	0.654
	Hu2	0.787	0.017	47.334	0.000			
	Hu3	0.819	0.015	54.296	0.000			
	Hu4	0.825	0.013	62.673	0.000			
	Hu5	0.806	0.016	51.336	0.000			
责任心	Re1	0.827	0.014	59.444	0.000	0.886	0.917	0.690
	Re2	0.858	0.011	74.694	0.000			
	Re3	0.709	0.023	30.600	0.000			
	Re4	0.879	0.009	102.537	0.000			
	Re5	0.869	0.011	76.334	0.000			
互联网态度	At1	0.797	0.013	61.567	0.000	0.930	0.944	0.706
	At2	0.840	0.012	71.484	0.000			
	At3	0.840	0.011	73.742	0.000			
	At4	0.891	0.008	113.393	0.000			
	At5	0.852	0.010	82.995	0.000			
	At6	0.841	0.012	72.843	0.000			
	At7	0.819	0.014	59.303	0.000			
家庭社会经济地位	FEdu	0.797	0.013	63.664	0.000	0.864	0.902	0.648
	FJob	0.809	0.013	60.034	0.000			
	Income	0.821	0.012	69.042	0.000			
	MEdu	0.802	0.013	59.509	0.000			
	MJob	0.794	0.015	53.494	0.000			
教师数字素养水平	St1	0.828	0.012	68.349	0.000	0.850	0.899	0.690
	St2	0.881	0.007	121.525	0.000			
	St3	0.820	0.013	61.851	0.000			
	St4	0.791	0.014	54.844	0.000			
教学条件	TC1	0.844	0.011	77.583	0.000	0.795	0.880	0.710
	TC2	0.863	0.009	93.376	0.000			
	TC3	0.820	0.013	63.144	0.000			
教学方式	TM1	0.854	0.010	81.387	0.000	0.856	0.903	0.699
	TM2	0.842	0.012	71.535	0.000			
	TM3	0.855	0.010	86.077	0.000			
	TM4	0.790	0.014	55.125	0.000			

变量	编码	外部载荷	标准误差	t 值	P 值	Cronbach's α	CR	AVE
数字能力	DA1	0.902	0.006	148.753	0.000	0.750	0.889	0.800
	DA2	0.887	0.009	103.695	0.000			
数字应用	DAp1	0.899	0.007	130.413	0.000	0.754	0.891	0.803
	DAp2	0.893	0.008	115.570	0.000			
数字基础	DB1	0.886	0.007	128.297	0.000	0.732	0.882	0.789
	DB2	0.890	0.007	134.925	0.000			
数字价值观	Va1	0.827	0.014	57.368	0.000	0.794	0.879	0.708
	Va2	0.837	0.014	61.964	0.000			
	Va3	0.860	0.014	62.987	0.000			
政策感知	Pe1	0.867	0.010	90.965	0.000	0.871	0.912	0.721
	Pe2	0.852	0.011	76.954	0.000			
	Pe3	0.862	0.010	82.634	0.000			
	Pe4	0.816	0.015	55.956	0.000			
数字认知	NC1	0.733	0.023	31.378	0.000	0.816	0.879	0.645
	NC2	0.819	0.011	72.402	0.000			
	NC3	0.824	0.011	72.161	0.000			
	NC4	0.832	0.012	69.627	0.000			
通识技能	GS1	0.790	0.014	54.638	0.000	0.881	0.913	0.679
	GS2	0.796	0.014	56.304	0.000			
	GS3	0.860	0.009	93.986	0.000			
	GS4	0.837	0.011	73.291	0.000			
	GS5	0.835	0.011	76.475	0.000			
创新技能	IS1	0.821	0.012	69.126	0.000	0.841	0.887	0.612
	IS2	0.820	0.014	58.764	0.000			
	IS3	0.751	0.020	36.707	0.000			
	IS4	0.765	0.017	45.637	0.000			
	IS5	0.751	0.018	41.950	0.000			
跨学科技能	CS1	0.857	0.011	75.690	0.000	0.818	0.892	0.733
	CS2	0.853	0.011	76.582	0.000			
	CS3	0.858	0.011	76.867	0.000			
数字意识	NCO1	0.824	0.011	72.800	0.000	0.892	0.917	0.649
	NCO2	0.794	0.012	64.463	0.000			
	NCO3	0.805	0.015	53.025	0.000			
	NCO4	0.803	0.012	64.346	0.000			
	NCO5	0.816	0.013	64.376	0.000			
	NCO6	0.793	0.015	52.266	0.000			

续表

变量	编码	外部载荷	标准误差	t 值	P 值	Cronbach's α	CR	AVE
数字自我效能	DS1	0.855	0.010	87.143	0.000	0.866	0.909	0.714
	DS2	0.858	0.011	81.103	0.000			
	DS3	0.883	0.009	100.532	0.000			
	DS4	0.781	0.016	47.869	0.000			
数字内容价值评估	DE1	0.819	0.013	64.025	0.000	0.862	0.906	0.708
	DE2	0.819	0.016	50.775	0.000			
	DE3	0.866	0.011	76.504	0.000			
	DE4	0.859	0.012	73.827	0.000			

第一，内部一致性而言，各测量变量 Cronbach's α系数均高于 0.7（最小值=0.732），CR 均高于 0.7（最小值=0.879），表明测量模型的内部一致性佳。

第二，聚合效度而言，各测量模型指标的外部载荷均高于 0.7（最小值=0.709），AVE 均高于 0.5（最小值=0.612），表明测量模型的聚合效度优良。

2. 模型二阶构念外部载荷与信效度检验

模型二阶构念外部载荷与信效度检验结果，如表 4-10 所示。

表 4-10　模型二阶构念外部载荷与信效度检验结果

变量	编码	外部载荷	标准误差	t 值	P 值	Cronbach's α	CR	AVE
数字素养	NC	0.718	0.021	34.573	0.000	0.944	0.898	0.556
	GS	0.767	0.015	51.884	0.000			
	IS	0.735	0.018	41.321	0.000			
	CS	0.726	0.018	40.849	0.000			
	NCO	0.763	0.016	46.328	0.000			
	DS	0.803	0.016	50.367	0.000			
	DE	0.705	0.023	30.227	0.000			
感知学校组织支持	ST	0.818	0.013	61.490	0.000	0.873	0.835	0.628
	TC	0.758	0.018	43.035	0.000			
	TM	0.801	0.015	52.728	0.000			
感知社会数字生态	DA	0.864	0.008	105.923	0.000	0.852	0.886	0.721
	DAP	0.847	0.010	85.471	0.000			
	DB	0.837	0.010	82.169	0.000			

本章使用交叉载荷、HTMT 统计量以及 Fornell-Larcker 准则对变量间区分效度进行检验，分析结果如下。

　　首先，各测量模型因子的交叉载荷的评估标准为一个指标在一个构念上的外部载荷应该高于它与其他构念的所有交叉载荷，本章中各指标均能良好区分。其次，采用 HTMT 进行区分效度检验，结果表明：各构念间 HTMT 统计量未超过 0.85 且经 Bootstrap 法检验 HTMT 统计量的置信区间不包括 1，表明本书各变量能够得到较好区分。最后，通过 Fornell-Larcker 准则对变量间区分效度进行检验，经比较各变量 AVE 的开方值均高于各变量间相关系数，表明各变量间存在良好的区分效度。综上所述，本章的区分效度良好。

　　被试数据在相应因子上的载荷及共同度、基于 HTMT 区分效度检验、潜变量相关分析和 Fornell-Larcker 准则，分别如表 4-11～表 4-13 所示。

表 4-11　被试数据在相应因子上的载荷及共同度

	1	2	3	4	5	6	7	8	9	10	11	12	13	14	15	16	17	18	19
NC1	0.733	0.359	0.291	0.350	0.303	0.405	0.312	0.171	0.159	0.189	0.267	0.300	0.285	0.308	0.196	0.213	0.233	0.346	0.291
NC2	0.819	0.437	0.349	0.405	0.385	0.494	0.393	0.193	0.191	0.204	0.310	0.364	0.311	0.349	0.246	0.241	0.228	0.326	0.334
NC3	0.824	0.417	0.305	0.379	0.351	0.447	0.355	0.182	0.191	0.158	0.277	0.335	0.324	0.315	0.237	0.205	0.219	0.301	0.278
NC4	0.832	0.400	0.335	0.424	0.359	0.463	0.386	0.195	0.164	0.171	0.262	0.351	0.312	0.329	0.237	0.206	0.245	0.307	0.306
GS1	0.394	0.790	0.387	0.397	0.362	0.457	0.351	0.191	0.157	0.212	0.280	0.379	0.373	0.376	0.203	0.190	0.236	0.294	0.272
GS2	0.415	0.796	0.373	0.421	0.394	0.477	0.375	0.212	0.211	0.212	0.351	0.400	0.363	0.402	0.230	0.198	0.208	0.319	0.317
GS3	0.430	0.860	0.384	0.404	0.381	0.480	0.384	0.183	0.148	0.147	0.332	0.407	0.398	0.411	0.213	0.204	0.195	0.267	0.298
GS4	0.417	0.837	0.378	0.389	0.364	0.453	0.365	0.123	0.172	0.139	0.278	0.357	0.373	0.369	0.185	0.197	0.182	0.258	0.257
GS5	0.415	0.835	0.375	0.398	0.368	0.499	0.426	0.201	0.186	0.181	0.327	0.400	0.396	0.382	0.243	0.239	0.246	0.292	0.271
IS1	0.321	0.361	0.821	0.433	0.433	0.425	0.357	0.205	0.197	0.309	0.194	0.249	0.198	0.258	0.144	0.185	0.150	0.274	0.271
IS2	0.312	0.361	0.820	0.418	0.429	0.416	0.368	0.184	0.169	0.294	0.156	0.238	0.179	0.232	0.153	0.209	0.173	0.259	0.284
IS3	0.267	0.303	0.751	0.400	0.355	0.359	0.304	0.179	0.157	0.248	0.192	0.258	0.216	0.225	0.183	0.184	0.133	0.209	0.239
IS4	0.329	0.373	0.765	0.426	0.413	0.412	0.304	0.198	0.196	0.317	0.188	0.278	0.211	0.253	0.155	0.187	0.154	0.241	0.226
IS5	0.330	0.399	0.751	0.376	0.402	0.374	0.314	0.186	0.130	0.248	0.192	0.265	0.190	0.272	0.147	0.158	0.156	0.249	0.241
CS1	0.449	0.405	0.432	0.857	0.431	0.431	0.374	0.228	0.217	0.311	0.219	0.290	0.267	0.269	0.151	0.168	0.199	0.336	0.339
CS2	0.401	0.432	0.463	0.853	0.399	0.440	0.388	0.215	0.199	0.321	0.209	0.265	0.227	0.266	0.158	0.186	0.178	0.259	0.323
CS3	0.400	0.416	0.454	0.858	0.408	0.441	0.381	0.221	0.221	0.300	0.189	0.261	0.253	0.239	0.172	0.167	0.199	0.289	0.339
NCO1	0.337	0.342	0.424	0.402	0.824	0.398	0.340	0.250	0.222	0.253	0.249	0.263	0.234	0.233	0.239	0.195	0.199	0.320	0.401
NCO2	0.357	0.359	0.434	0.391	0.794	0.413	0.344	0.242	0.270	0.228	0.243	0.258	0.245	0.248	0.217	0.212	0.226	0.309	0.391
NCO3	0.362	0.355	0.424	0.406	0.805	0.412	0.331	0.280	0.220	0.280	0.268	0.254	0.258	0.253	0.239	0.199	0.234	0.291	0.379
NCO4	0.358	0.395	0.416	0.381	0.803	0.398	0.364	0.212	0.247	0.210	0.267	0.260	0.276	0.272	0.203	0.196	0.205	0.315	0.360
NCO5	0.357	0.395	0.415	0.384	0.816	0.424	0.370	0.279	0.277	0.254	0.245	0.266	0.256	0.281	0.219	0.201	0.222	0.334	0.395
NCO6	0.343	0.347	0.409	0.369	0.793	0.397	0.358	0.226	0.238	0.202	0.260	0.255	0.235	0.252	0.218	0.181	0.186	0.294	0.362
DS1	0.475	0.510	0.437	0.418	0.403	0.855	0.427	0.241	0.368	0.229	0.255	0.340	0.287	0.294	0.250	0.260	0.247	0.270	0.316
DS2	0.474	0.490	0.419	0.408	0.424	0.858	0.468	0.319	0.379	0.248	0.262	0.317	0.269	0.279	0.239	0.248	0.261	0.331	0.325

续表

	1	2	3	4	5	6	7	8	9	10	11	12	13	14	15	16	17	18	19
DS3	0.519	0.500	0.455	0.460	0.474	0.883	0.449	0.293	0.381	0.243	0.261	0.354	0.303	0.326	0.250	0.238	0.241	0.326	0.341
DS4	0.438	0.439	0.407	0.440	0.405	0.781	0.437	0.288	0.339	0.258	0.230	0.347	0.282	0.292	0.243	0.224	0.233	0.277	0.303
DE1	0.375	0.394	0.348	0.379	0.384	0.451	0.819	0.251	0.268	0.258	0.183	0.240	0.250	0.247	0.151	0.157	0.172	0.356	0.274
DE2	0.358	0.363	0.325	0.361	0.355	0.378	0.819	0.240	0.252	0.218	0.163	0.213	0.219	0.226	0.133	0.160	0.165	0.346	0.309
DE3	0.399	0.413	0.364	0.380	0.367	0.483	0.866	0.271	0.321	0.261	0.236	0.288	0.246	0.289	0.162	0.182	0.214	0.386	0.277
DE4	0.389	0.383	0.381	0.378	0.361	0.456	0.859	0.274	0.272	0.254	0.183	0.252	0.221	0.296	0.157	0.154	0.186	0.369	0.278
Hu1	0.187	0.167	0.205	0.217	0.276	0.290	0.237	0.809	0.280	0.301	0.132	0.168	0.105	0.154	0.134	0.142	0.153	0.174	0.182
Hu2	0.240	0.196	0.217	0.246	0.246	0.301	0.276	0.787	0.248	0.292	0.152	0.181	0.125	0.186	0.146	0.106	0.137	0.206	0.165
Hu3	0.171	0.175	0.175	0.187	0.242	0.240	0.258	0.819	0.242	0.228	0.171	0.130	0.133	0.175	0.094	0.105	0.136	0.183	0.165
Hu4	0.156	0.157	0.188	0.189	0.241	0.259	0.254	0.825	0.276	0.272	0.172	0.127	0.133	0.190	0.111	0.129	0.137	0.153	0.142
Hu5	0.171	0.196	0.196	0.200	0.238	0.268	0.218	0.806	0.265	0.260	0.136	0.156	0.135	0.172	0.119	0.140	0.132	0.161	0.142
Re1	0.186	0.172	0.179	0.184	0.243	0.348	0.278	0.256	0.827	0.196	0.098	0.153	0.098	0.144	0.093	0.097	0.092	0.177	0.142
Re2	0.182	0.191	0.179	0.241	0.261	0.358	0.296	0.271	0.858	0.205	0.074	0.155	0.113	0.123	0.098	0.110	0.099	0.195	0.170
Re3	0.169	0.156	0.133	0.168	0.234	0.317	0.226	0.263	0.709	0.164	0.094	0.168	0.092	0.119	0.106	0.133	0.116	0.112	0.117
Re4	0.204	0.203	0.208	0.226	0.261	0.410	0.302	0.280	0.879	0.211	0.096	0.164	0.142	0.130	0.125	0.145	0.127	0.194	0.180
Re5	0.170	0.156	0.199	0.203	0.269	0.365	0.269	0.279	0.869	0.194	0.127	0.145	0.115	0.127	0.135	0.129	0.117	0.159	0.184
At1	0.172	0.155	0.286	0.289	0.224	0.217	0.241	0.269	0.202	0.797	0.106	0.134	0.078	0.126	0.099	0.092	0.090	0.161	0.150
At2	0.178	0.184	0.300	0.307	0.234	0.232	0.236	0.294	0.186	0.840	0.121	0.143	0.096	0.141	0.117	0.135	0.134	0.171	0.145
At3	0.188	0.161	0.275	0.296	0.256	0.217	0.230	0.267	0.172	0.840	0.141	0.136	0.107	0.132	0.112	0.144	0.123	0.148	0.169
At4	0.204	0.187	0.332	0.307	0.260	0.258	0.264	0.314	0.203	0.891	0.166	0.143	0.121	0.149	0.123	0.119	0.126	0.191	0.163
At5	0.209	0.204	0.319	0.316	0.270	0.293	0.266	0.276	0.216	0.852	0.176	0.167	0.161	0.162	0.135	0.100	0.116	0.192	0.195
At6	0.176	0.179	0.318	0.315	0.244	0.227	0.247	0.271	0.199	0.841	0.153	0.148	0.107	0.175	0.146	0.122	0.123	0.152	0.143
At7	0.191	0.197	0.301	0.303	0.246	0.247	0.248	0.286	0.198	0.819	0.161	0.145	0.145	0.145	0.142	0.125	0.148	0.160	0.156
FEdu	0.287	0.337	0.184	0.206	0.252	0.270	0.222	0.183	0.137	0.145	0.797	0.323	0.292	0.297	0.274	0.251	0.279	0.180	0.177
MEdu	0.274	0.263	0.169	0.175	0.275	0.210	0.129	0.132	0.084	0.125	0.802	0.281	0.279	0.268	0.278	0.252	0.306	0.126	0.172
FJob	0.275	0.302	0.196	0.192	0.224	0.220	0.176	0.135	0.082	0.139	0.809	0.299	0.323	0.285	0.285	0.258	0.280	0.130	0.166
MJob	0.272	0.301	0.185	0.189	0.272	0.218	0.178	0.132	0.055	0.139	0.794	0.272	0.299	0.293	0.262	0.265	0.279	0.117	0.183
Income	0.289	0.325	0.211	0.201	0.253	0.276	0.204	0.170	0.108	0.156	0.821	0.337	0.295	0.312	0.292	0.250	0.257	0.145	0.178
St1	0.357	0.397	0.270	0.291	0.272	0.360	0.277	0.194	0.169	0.166	0.320	0.828	0.439	0.375	0.250	0.231	0.266	0.251	0.220
St2	0.387	0.409	0.298	0.255	0.271	0.347	0.241	0.142	0.125	0.143	0.360	0.881	0.406	0.380	0.252	0.238	0.269	0.252	0.209
St3	0.344	0.390	0.256	0.274	0.270	0.320	0.243	0.156	0.179	0.141	0.304	0.820	0.366	0.343	0.257	0.242	0.237	0.193	0.160
St4	0.309	0.373	0.267	0.233	0.255	0.305	0.221	0.140	0.155	0.124	0.263	0.791	0.355	0.335	0.213	0.225	0.222	0.225	0.199

续表

	1	2	3	4	5	6	7	8	9	10	11	12	13	14	15	16	17	18	19
TC1	0.307	0.410	0.199	0.234	0.266	0.315	0.227	0.118	0.122	0.101	0.334	0.387	0.844	0.362	0.229	0.237	0.251	0.177	0.194
TC2	0.343	0.407	0.235	0.269	0.274	0.285	0.241	0.147	0.094	0.118	0.334	0.407	0.863	0.389	0.212	0.223	0.279	0.193	0.204
TC3	0.319	0.351	0.206	0.230	0.247	0.253	0.236	0.128	0.129	0.135	0.264	0.401	0.820	0.345	0.175	0.180	0.232	0.176	0.191
TM1	0.336	0.408	0.272	0.238	0.277	0.303	0.278	0.188	0.150	0.153	0.300	0.361	0.346	0.854	0.202	0.196	0.191	0.245	0.275
TM2	0.352	0.388	0.310	0.280	0.266	0.324	0.270	0.212	0.138	0.195	0.320	0.368	0.354	0.842	0.221	0.241	0.205	0.248	0.250
TM3	0.343	0.412	0.253	0.235	0.257	0.277	0.258	0.174	0.099	0.133	0.330	0.391	0.399	0.855	0.239	0.242	0.239	0.223	0.220
TM4	0.324	0.366	0.225	0.258	0.265	0.276	0.248	0.149	0.133	0.105	0.258	0.323	0.351	0.790	0.213	0.181	0.224	0.203	0.230
DA1	0.265	0.252	0.196	0.172	0.248	0.274	0.190	0.168	0.140	0.143	0.312	0.282	0.246	0.257	0.902	0.549	0.577	0.171	0.180
DA2	0.246	0.214	0.159	0.163	0.246	0.245	0.130	0.099	0.099	0.123	0.307	0.242	0.189	0.210	0.887	0.533	0.477	0.131	0.214
DAp1	0.229	0.201	0.190	0.164	0.209	0.259	0.175	0.121	0.136	0.131	0.279	0.255	0.243	0.209	0.553	0.899	0.511	0.147	0.177
DAp2	0.254	0.248	0.234	0.200	0.230	0.256	0.174	0.155	0.129	0.124	0.289	0.249	0.210	0.254	0.531	0.893	0.479	0.142	0.184
DB1	0.262	0.247	0.193	0.205	0.244	0.281	0.216	0.162	0.133	0.124	0.303	0.262	0.259	0.239	0.529	0.472	0.886	0.197	0.184
DB2	0.248	0.214	0.156	0.194	0.224	0.235	0.175	0.144	0.103	0.137	0.314	0.270	0.278	0.218	0.520	0.509	0.890	0.138	0.152
Va1	0.325	0.300	0.290	0.288	0.330	0.315	0.362	0.179	0.166	0.171	0.135	0.248	0.184	0.249	0.147	0.131	0.140	0.827	0.399
Va2	0.359	0.288	0.238	0.293	0.318	0.300	0.371	0.187	0.162	0.151	0.160	0.217	0.185	0.213	0.135	0.135	0.172	0.837	0.416
Va3	0.318	0.288	0.269	0.288	0.325	0.285	0.360	0.185	0.186	0.184	0.147	0.236	0.176	0.232	0.146	0.143	0.164	0.860	0.394
Pe1	0.340	0.321	0.298	0.333	0.433	0.347	0.289	0.158	0.155	0.178	0.194	0.208	0.189	0.266	0.197	0.173	0.170	0.438	0.867
Pe2	0.328	0.259	0.242	0.331	0.391	0.319	0.291	0.205	0.186	0.165	0.183	0.214	0.196	0.237	0.187	0.196	0.163	0.400	0.852
Pe3	0.325	0.306	0.294	0.345	0.385	0.334	0.293	0.151	0.157	0.158	0.190	0.213	0.216	0.246	0.174	0.177	0.140	0.408	0.862
Pe4	0.285	0.278	0.261	0.315	0.399	0.290	0.274	0.159	0.158	0.148	0.173	0.171	0.192	0.239	0.189	0.139	0.170	0.378	0.816

表 4-12 基于 HTMT 区分效度检验

	1	2	3	4	5	6	7	8	9	10	11	12	13	14	15	16
宜人性																
责任心	0.371															
互联网态度	0.372	0.257														
SES	0.216	0.133	0.193													
感知学校组织支持	0.274	0.233	0.229	0.533												
感知社会数字生态	0.216	0.187	0.192	0.462	0.467											
数字价值观	0.261	0.241	0.232	0.21	0.392	0.248										

续表

	1	2	3	4	5	6	7	8	9	10	11	12	13	14	15	16
政策感知	0.227	0.218	0.212	0.251	0.369	0.279	0.575									
数字认知	0.271	0.258	0.258	0.413	0.603	0.397	0.495	0.446								
通识技能	0.252	0.24	0.238	0.434	0.672	0.348	0.415	0.391	0.592							
创新技能	0.284	0.25	0.409	0.276	0.447	0.293	0.385	0.376	0.481	0.535						
跨学科技能	0.305	0.29	0.416	0.284	0.453	0.289	0.428	0.462	0.595	0.575	0.633					
数字意识	0.349	0.344	0.323	0.361	0.453	0.353	0.458	0.537	0.511	0.512	0.601	0.565				
数字自我效能感	0.388	0.495	0.321	0.343	0.53	0.397	0.43	0.437	0.67	0.658	0.596	0.608	0.574			
数字内容价值评估	0.355	0.378	0.328	0.261	0.431	0.271	0.524	0.391	0.537	0.529	0.494	0.53	0.497	0.609		
数字素养	0.402	0.41	0.413	0.438	0.655	0.43	0.569	0.557	—	—	—	—	—	—	0.878	

表 4-13　潜变量相关分析和 Fornell-Larcker 准则

	1	2	3	4	5	6	7	8	9	10	11	12	13	14	15	16
宜人性	1															
责任心	0.325	1														
互联网态度	0.336	0.234	1													
SES	0.188	0.117	0.175	1												
感知学校组织支持	0.239	0.204	0.207	0.465	1											
感知社会数字生态	0.187	0.163	0.172	0.396	0.404	1										
数字价值观	0.218	0.204	0.2	0.175	0.327	0.204	1									
政策感知	0.197	0.193	0.191	0.218	0.321	0.24	0.479	1								
数字认知	0.231	0.22	0.225	0.348	0.509	0.331	0.397	0.377	1							
通识技能	0.221	0.212	0.216	0.381	0.59	0.302	0.347	0.344	0.503	1						
创新技能	0.244	0.218	0.363	0.235	0.382	0.248	0.316	0.323	0.399	0.461	1					
跨学科技能	0.259	0.248	0.363	0.24	0.383	0.241	0.345	0.39	0.486	0.488	0.525	1				
数字意识	0.308	0.305	0.295	0.317	0.399	0.308	0.386	0.473	0.437	0.454	0.522	0.483	1			
数字自我效能感	0.308	0.332	0.295	0.228	0.375	0.233	0.433	0.338	0.452	0.462	0.422	0.445	0.436	1		
数字内容价值评估	0.338	0.434	0.289	0.299	0.461	0.34	0.357	0.381	0.565	0.575	0.509	0.511	0.505	0.527	1	
数字素养	0.366	0.379	0.387	0.397	0.596	0.386	0.492	0.506	0.718	0.767	0.735	0.726	0.763	0.705	0.803	1

4.2.2　结构模型评估

1. 数字素养的影响因素分析

基于研究假设，将宜人性、责任心、互联网态度、SES、感知学校组织支持、感知社会数字生态、数字价值观、政策感知纳入模型作为自变量，数字素养作为因变量纳入模型，采用 Smart PLS 4.0 构建研究模型。结构模型图，如图 4-2 所示。

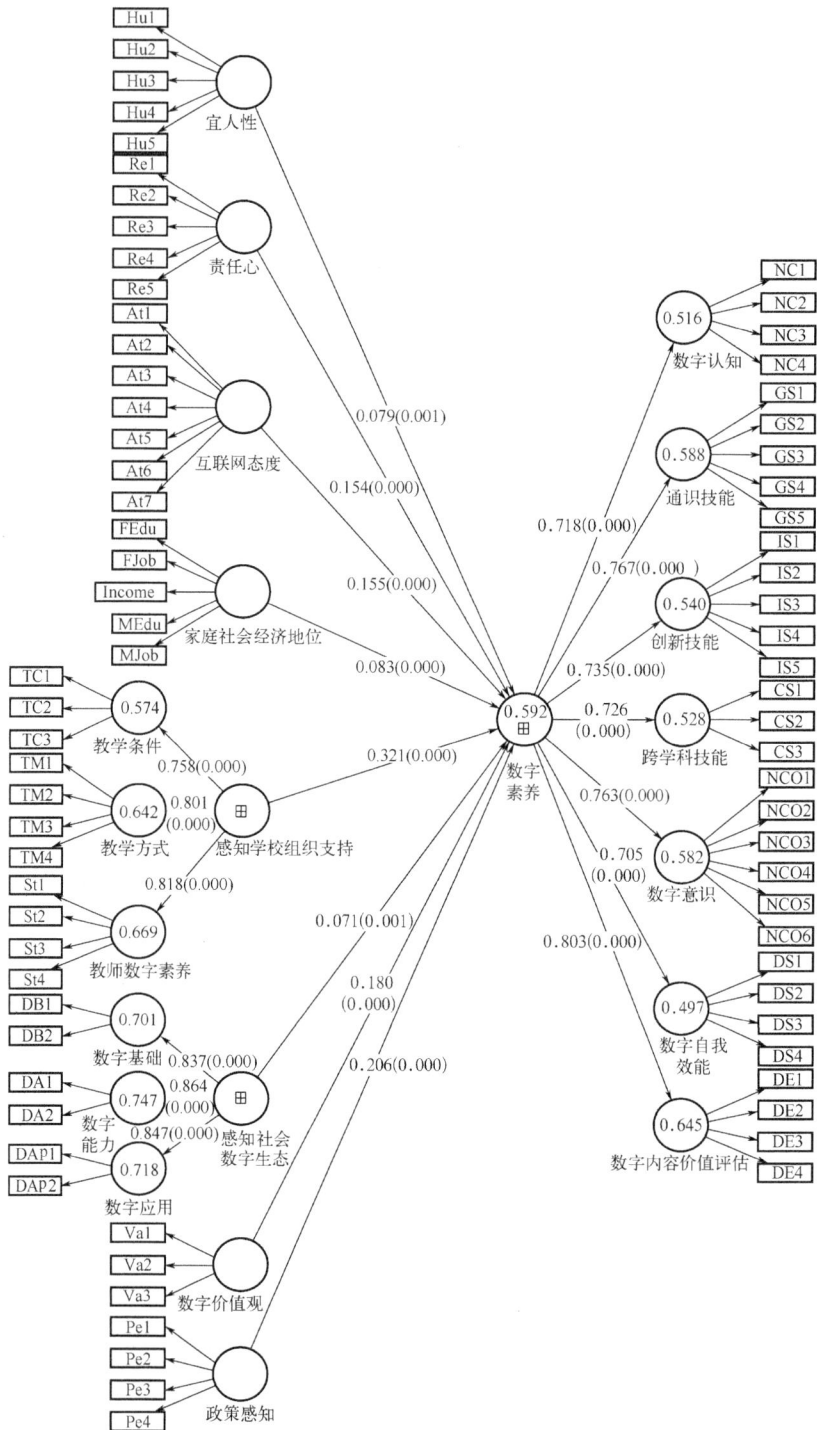

图 4-2　结构模型图

假设检验结果，如表 4-14 所示。

表 4-14　假设检验结果

路径	Bootstrap β	标准差	t 值	P 值	f^2	VIF	R^2/Q^2
宜人性→数字素养	0.079	0.024	3.333	0.001	0.012	1.260	
责任心→数字素养	0.154	0.024	6.536	0.000	0.049	1.175	
互联网态度→数字素养	0.155	0.024	6.372	0.000	0.050	1.188	
SES→数字素养	0.083	0.022	3.786	0.000	0.012	1.380	
感知学校组织支持→数字素养	0.321	0.023	13.719	0.000	0.166	1.518	0.589 /0.222
感知社会数字生态→数字素养	0.071	0.022	3.299	0.001	0.010	1.308	
数字价值观→数字素养	0.180	0.024	7.549	0.000	0.057	1.386	
政策感知→数字素养	0.206	0.025	8.388	0.000	0.075	1.383	

第一，模型中各预测变量的 VIF 最大值为 1.518＜5，表明各构念间无明显共线性。

第二，将模型采用 Bootstrap 法重复抽样 5000 次后，结果表明：假设的 8 个影响因素均存在显著正向影响（$P＜0.01$），标准化路径系数（β）分别为 0.079、0.154、0.155、0.083、0.321、0.071、0.180、0.206，假设 H1、H2、H3、H4、H5、H6、H7、H8 成立。

第三，对数字素养存在显著正向影响因素的节点置信度按降序排列如下：感知学校组织支持（0.321）＞政策感知（0.206）＞数字价值观（0.180）＞互联网态度（0.155）＞责任心（0.154）＞SES（0.083）＞宜人性（0.079）＞感知社会数字生态（0.071）。

第四，数字素养的 R^2 值为 0.589；根据经验，内生潜在变量的 R^2 值为 0.75、0.50 或 0.25，可分别被描述为强、中等或弱。

第五，各路径的 f^2 介于 0.010～0.166，根据评估 f^2 的指导原则是：0.02、0.15 和 0.35 分别代表外生潜在变量的小、中、大影响。

第六，Stone-Geisser Q^2 为 0.222；Q^2 值高于 0 表明该模型对内生构念具有预测相关性，0 及以下则表示缺乏预测相关性。

第七，除 Stone-Geisser Q^2 外，研究者还提出一个新的评估模型预测能力的预测标准 PLS predict，其中提供了 Q^2 Predict、RMSE 与 MAE 三个统计量；通过评估 Q^2 Predict 与预测基准的差异以及比较 PLS-SEM 下所有 RMSE、MAE 与 LM 基准的差异以确定模型的预测能力[289, 290]。首先，对潜变量 Q^2 Predict 进行评估，确认其是否能验证模型的预测能力；其次，PLS-SEM 中各测量指标的 Q^2 Predict 均高于 0，表明各测量指标均具有预测相关性；另外，参照 Hair 的标准，本章绝大多数测量指标 PLS-SEM 模型的 RSME、MAE 低于 LM 模型，说明本书模型具有较强预测能力。数字素养的 PLS Predict 预测结果，如表 4-15 所示。

表 4-15　数字素养的 PLS Predict 预测结果

	Q^2Predict	PLS-SEM		LM		PLS-LM	
		RMSE	MAE	RMSE	MAE	RMSE	MAE
NC1	0.201	0.671	0.545	0.685	0.549	−0.014	−0.004
NC2	0.248	0.853	0.691	0.872	0.702	−0.019	−0.011
NC3	0.206	1.064	0.875	1.086	0.885	−0.022	−0.010
NC4	0.216	1.031	0.841	1.042	0.850	−0.011	−0.009
GS1	0.233	1.070	0.856	1.081	0.861	−0.011	−0.005
GS2	0.276	1.062	0.862	1.069	0.865	−0.007	−0.003
GS3	0.237	1.187	0.985	1.171	0.959	0.016	0.026
GS4	0.193	1.190	0.977	1.181	0.965	0.009	0.012
GS5	0.249	1.142	0.945	1.145	0.942	−0.003	0.003
IS1	0.173	0.905	0.714	0.918	0.726	−0.013	−0.012
IS2	0.152	0.898	0.714	0.906	0.724	−0.008	−0.010
IS3	0.134	0.897	0.710	0.914	0.728	−0.017	−0.018
IS4	0.165	0.949	0.755	0.963	0.762	−0.014	−0.007
IS5	0.143	0.890	0.699	0.909	0.716	−0.019	−0.017
CS1	0.233	0.921	0.734	0.938	0.755	−0.017	−0.021
CS2	0.197	0.981	0.775	1.000	0.794	−0.019	−0.019
CS3	0.205	0.959	0.761	0.978	0.779	−0.019	−0.018
NCO1	0.228	0.767	0.598	0.782	0.613	−0.015	−0.015
NCO2	0.230	0.830	0.659	0.847	0.677	−0.017	−0.018
NCO3	0.232	0.780	0.607	0.792	0.617	−0.012	−0.010
NCO4	0.222	0.857	0.689	0.876	0.709	−0.019	−0.020
NCO5	0.255	0.820	0.649	0.836	0.667	−0.016	−0.018
NCO6	0.205	0.839	0.671	0.854	0.686	−0.015	−0.015
DS1	0.255	0.923	0.727	0.924	0.730	−0.001	−0.003
DS2	0.277	0.862	0.667	0.862	0.674	0.000	−0.007
DS3	0.299	0.889	0.695	0.901	0.707	−0.012	−0.012
DS4	0.253	0.850	0.655	0.863	0.670	−0.013	−0.015
DE1	0.202	0.928	0.741	0.947	0.757	−0.019	−0.016
DE2	0.183	0.907	0.729	0.922	0.744	−0.015	−0.015
DE3	0.245	0.898	0.719	0.915	0.735	−0.017	−0.016
DE4	0.216	0.891	0.716	0.907	0.734	−0.016	−0.018

2. 数字素养各构成要素的影响因素分析

将假设的 8 个影响因素纳入模型作为自变量，数字素养各构成要素作为因变量纳入模型，采用 Smart PLS 4.0 构建的研究模型，如图 4-3 所示。

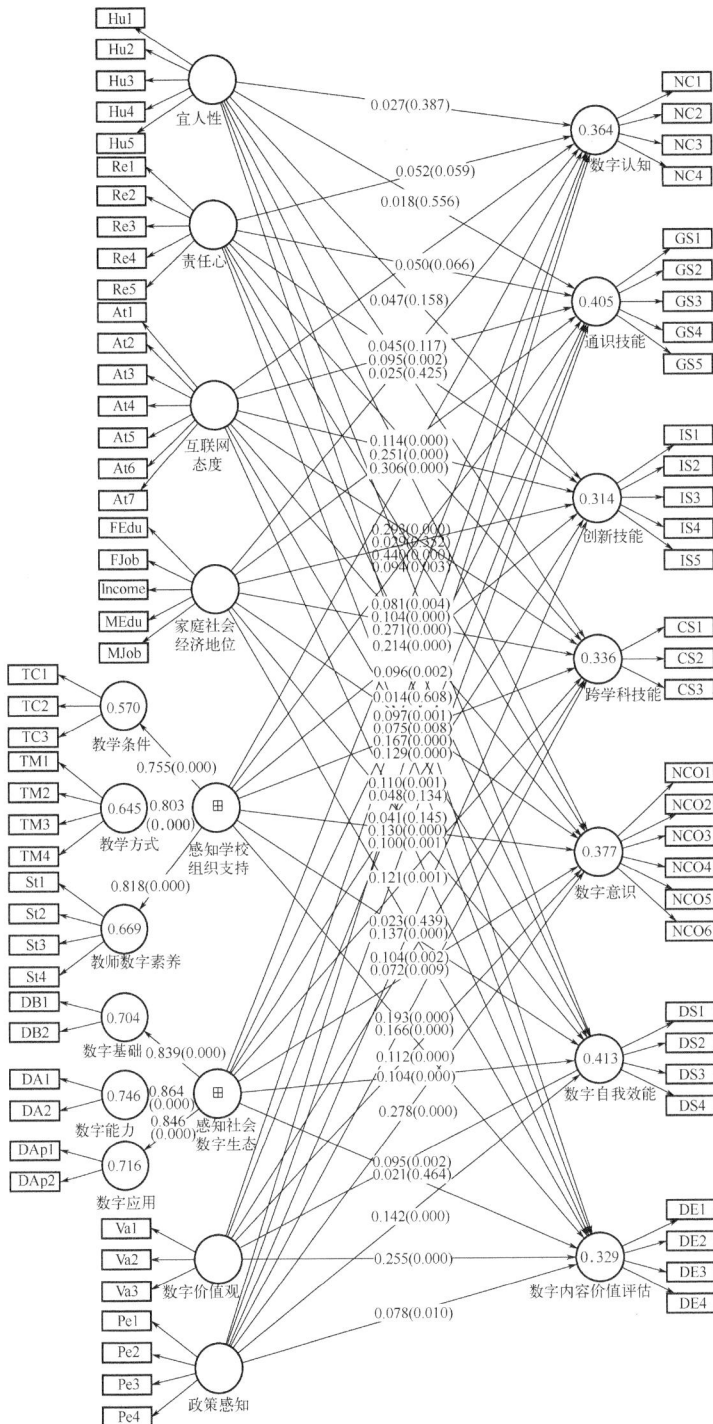

图 4-3　采用 Smart PLS 4.0 构建的研究模型

路径检验结果，如表 4-16 所示。

表 4-16　路径检验结果

路径	Bootstrap β	标准差	t 值	P 值	f^2	VIF	R^2/Q^2
宜人性→数字认知	0.027	0.030	0.893	0.372	0.001	1.261	
责任心→数字认知	0.052	0.028	1.865	0.062	0.004	1.175	
互联网态度→数字认知	0.050	0.028	1.807	0.071	0.003	1.188	
SES→数字认知	0.095	0.031	3.050	0.002	0.010	1.380	
感知学校组织支持→数字认知	0.306	0.034	9.087	0.000	0.097	1.518	0.364/ 0.230
感知社会数字生态→数字认知	0.081	0.028	2.843	0.004	0.008	1.308	
数字价值观→数字认知	0.177	0.031	5.672	0.000	0.035	1.386	
政策感知→数字认知	0.130	0.031	4.209	0.000	0.019	1.383	
宜人性→通识技能	0.018	0.030	0.596	0.551	0.000	1.261	
责任心→通识技能	0.049	0.026	1.877	0.061	0.003	1.175	
互联网态度→通识技能	0.045	0.029	1.558	0.119	0.003	1.188	
SES→通识技能	0.114	0.030	3.785	0.000	0.016	1.380	
感知学校组织支持→通识技能	0.440	0.032	13.901	0.000	0.214	1.518	0.405/ 0.269
感知社会数字生态→通识技能	0.014	0.028	0.515	0.606	0.000	1.308	
数字价值观→通识技能	0.110	0.032	3.411	0.001	0.015	1.386	
政策感知→通识技能	0.100	0.030	3.304	0.001	0.012	1.383	
宜人性→创新技能	0.036	0.033	1.097	0.273	0.001	1.261	
责任心→创新技能	0.052	0.030	1.752	0.080	0.003	1.175	
互联网态度→创新技能	0.239	0.031	7.663	0.000	0.067	1.188	
SES→创新技能	0.018	0.032	0.557	0.577	0.000	1.380	
感知学校组织支持→创新技能	0.211	0.037	5.686	0.000	0.041	1.518	0.278/ 0.166
感知社会数字生态→创新技能	0.048	0.030	1.594	0.111	0.002	1.308	
数字价值观→创新技能	0.108	0.034	3.199	0.001	0.012	1.386	
政策感知→创新技能	0.125	0.032	3.901	0.000	0.016	1.383	
宜人性→跨学科技能	0.041	0.032	1.286	0.198	0.002	1.261	
责任心→跨学科技能	0.076	0.031	2.479	0.013	0.007	1.175	
互联网态度→跨学科技能	0.223	0.030	7.320	0.000	0.061	1.188	
SES→跨学科技能	0.023	0.030	0.770	0.442	0.001	1.380	
感知学校组织支持→跨学科技能	0.190	0.033	5.786	0.000	0.035	1.518	0.311/ 0.222
感知社会数字生态→跨学科技能	0.027	0.031	0.864	0.388	0.001	1.308	
数字价值观→跨学科技能	0.109	0.035	3.130	0.002	0.012	1.386	
政策感知→跨学科技能	0.200	0.034	5.950	0.000	0.042	1.383	

续表

路径	Bootstrap β	标准差	t 值	P 值	f^2	VIF	R^2/Q^2
宜人性→数字意识	0.091	0.029	3.139	0.002	0.010	1.261	
责任心→数字意识	0.126	0.029	4.286	0.000	0.022	1.175	
互联网态度→数字意识	0.104	0.029	3.530	0.000	0.015	1.188	
SES→数字意识	0.097	0.029	3.403	0.001	0.011	1.380	0.377/
感知学校组织支持→数字意识	0.130	0.033	3.950	0.000	0.018	1.518	0.241
感知社会数字生态→数字意识	0.072	0.028	2.601	0.009	0.006	1.308	
数字价值观→数字意识	0.112	0.031	3.573	0.000	0.015	1.386	
政策感知→数字意识	0.277	0.031	8.998	0.000	0.089	1.383	
宜人性→数字自我效能	0.094	0.032	2.967	0.003	0.012	1.261	
责任心→数字自我效能	0.271	0.029	9.497	0.000	0.106	1.175	
互联网态度→数字自我效能	0.075	0.028	2.657	0.008	0.008	1.188	
SES→数字自我效能	0.041	0.028	1.450	0.147	0.002	1.380	
感知学校组织支持→数字自我效能	0.230	0.030	7.551	0.000	0.059	1.518	0.413/ 0.289
感知社会数字生态→数字自我效能	0.104	0.026	3.918	0.000	0.014	1.308	
数字价值观→数字自我效能	0.095	0.030	3.158	0.002	0.011	1.386	
政策感知→数字自我效能	0.142	0.030	4.718	0.000	0.025	1.383	
宜人性→数字内容价值评估	0.096	0.031	3.068	0.002	0.011	1.261	
责任心→数字内容价值评估	0.167	0.029	5.843	0.000	0.035	1.175	
互联网态度→数字内容价值评估	0.115	0.030	3.899	0.000	0.017	1.188	
SES→数字内容价值评估	0.023	0.029	0.801	0.423	0.001	1.380	
感知学校组织支持→数字内容价值评估	0.166	0.030	5.544	0.000	0.027	1.518	0.329/ 0.228
感知社会数字生态→数字内容价值评估	0.021	0.029	0.732	0.464	0.001	1.308	
数字价值观→数字内容价值评估	0.255	0.033	7.637	0.000	0.070	1.386	
政策感知→数字内容价值评估	0.078	0.029	2.660	0.008	0.007	1.383	

　　第一，模型中各预测变量的 VIF 最大值为 1.518<5，表明各构念间无明显共线性。

　　第二，将模型采用 Bootstrap 法重复抽样 5000 次后，结果表明：

　　①SES、感知学校组织支持、感知社会数字生态、数字价值观和政策感知对数字认知存在正向影响（$P<0.05$），β 分别为 0.095、0.306、0.081、0.177、0.130，假设 H4a、H5a、H6a、H7a、H8a 成立。

②SES、感知学校组织支持、数字价值观和政策感知对通识技能存在正向影响（$P<0.05$)，β 分别为 0.114、0.440、0.110、0.100，假设 H4b、H5b、H7b、H8b 成立。

③互联网态度、感知学校组织支持、数字价值观和政策感知对创新技能存在正向影响（$P<0.05$)，β 分别为 0.239、0.211、0.108、0.125，假设 H3c、H5c、H7c、H8c 成立。

④责任心、互联网态度、感知学校组织支持、数字价值观和政策感知对跨学科技能存在正向影响（$P<0.05$)，β 分别为 0.076、0.223、0.190、0.109、0.200，假设 H2d、H3d、H5d、H7d、H8d 成立。

⑤宜人性、责任心、互联网态度、SES、感知学校组织支持、感知社会数字生态、数字价值观和政策感知对数字意识均存在正向影响（$P<0.05$)，β 分别为 0.091、0.126、0.104、0.097、0.130、0.072、0.112、0.277，假设 H1e、H2e、H3e、H4e、H5e、H6e、H7e、H8e 成立。

⑥宜人性、责任心、互联网态度、感知学校组织支持、感知社会数字生态、数字价值观和政策感知对数字自我效能感存在正向影响（$P<0.05$)，β 分别为 0.094、0.271、0.075、0.230、0.104、0.095、0.142，假设 H1f、H2f、H3f、H5f、H6f、H7f、H8f 成立。

⑦宜人性、责任心、互联网态度、感知学校组织支持、数字价值观和政策感知对数字内容价值评估存在正向影响（$P<0.05$)，β 分别为 0.096、0.167、0.115、0.166、0.255、0.078，H1g、H2g、H3g、H5g、H7g、H8g 成立。

第三，模型中数字认知、通识技能、创新技能、跨学科技能、数字意识、数字自我效能、数字内容价值评估的 R^2 分别为 0.364、0.405、0.278、0.311、0.377、0.413、0.329；

第四，模型中各路径的 f^2 介于 0.000～0.214；

第五，模型中数字认知、通识技能、创新技能、跨学科技能、数字意识、数字自我效能、数字内容价值评估的 Stone-Geisser Q^2 分别为 0.230、0.269、0.166、0.222、0.241、0.289、0.228。

第六，PLS Predict 预测结果，如表 4-17 所示。首先，对潜变量 Q^2 Predict 进行评估，确认数字认知、通识技能、创新技能、跨学科技能、数字意识、数字自我效能感、数字内容价值评估等测量指标是否能验证模型的预测能力；其次，PLS-SEM 中各测量指标的 Q^2 Predict 亦均高于 0，表明各测量指标均具有预测相关性；另外对 PLS-SEM 中所有 RSME 与 MAE 的值与 LM 进行比较，参照 Hair 的标准，本章各要素的测量指标 PLS-SEM 模型的 RSME 与 MAE 均低于 LM 模型，说明本书模型具有较强预测能力。

表 4-17　数字素养的 PLS Predict 预测结果

	Q^2Predict	PLS-SEM		LM		PLS-LM	
		RMSE	MAE	RMSE	MAE	RMSE	MAE
NC1	0.210	0.668	0.538	0.685	0.549	−0.017	−0.011
NC2	0.256	0.849	0.686	0.872	0.702	−0.023	−0.016
NC3	0.212	1.059	0.866	1.086	0.885	−0.027	−0.019
NC4	0.223	1.027	0.834	1.042	0.850	−0.015	−0.016
GS1	0.252	1.057	0.841	1.081	0.861	−0.024	−0.020
GS2	0.294	1.048	0.846	1.069	0.865	−0.021	−0.019
GS3	0.281	1.153	0.948	1.171	0.959	−0.018	−0.011
GS4	0.224	1.167	0.953	1.181	0.965	−0.014	−0.012
GS5	0.276	1.122	0.927	1.145	0.942	−0.023	−0.015
IS1	0.181	0.901	0.709	0.918	0.726	−0.017	−0.017
IS2	0.164	0.892	0.707	0.906	0.724	−0.014	−0.017
IS3	0.136	0.896	0.707	0.914	0.728	−0.018	−0.021
IS4	0.176	0.943	0.749	0.963	0.762	−0.020	−0.013
IS5	0.146	0.888	0.694	0.909	0.716	−0.021	−0.022
CS1	0.234	0.919	0.736	0.938	0.755	−0.019	−0.019
CS2	0.207	0.976	0.773	1.000	0.794	−0.024	−0.021
CS3	0.210	0.956	0.760	0.978	0.779	−0.022	−0.019
NCO1	0.239	0.761	0.595	0.782	0.613	−0.021	−0.018
NCO2	0.241	0.824	0.657	0.847	0.677	−0.023	−0.020
NCO3	0.241	0.775	0.606	0.792	0.617	−0.017	−0.011
NCO4	0.221	0.858	0.690	0.876	0.709	−0.018	−0.019
NCO5	0.262	0.816	0.648	0.836	0.667	−0.020	−0.019
NCO6	0.211	0.835	0.669	0.854	0.686	−0.019	−0.017
DS1	0.272	0.912	0.722	0.924	0.730	−0.012	−0.008
DS2	0.295	0.851	0.664	0.862	0.674	−0.011	−0.010
DS3	0.312	0.881	0.694	0.901	0.707	−0.020	−0.013
DS4	0.264	0.844	0.656	0.863	0.670	−0.019	−0.014
DE1	0.214	0.922	0.736	0.947	0.757	−0.025	−0.021
DE2	0.191	0.902	0.728	0.922	0.744	−0.020	−0.016
DE3	0.260	0.889	0.713	0.915	0.735	−0.026	−0.022
DE4	0.229	0.884	0.713	0.907	0.734	−0.023	−0.021

4.3　数字素养水平现状的结果与分析讨论

4.3.1　引言

为全面了解大学生数字素养水平现状的结果，本节结合经计算得到的 7 个一级构成要素的得分均值与权重值，对大学生数字素养水平的特征进行综合性评价[291]。

4.3.2　整体特征的结果与分析讨论

1. 整体结果

大学生数字素养及其要素的基本特征，如表 4-18 所示。

表 4-18　大学生数字素养及其要素的基本特征

项目	数量	最小值	最大值	平均值	标准差	偏度	峰度	高于均分	低于均分
数字素养	1058	1.474	5.000	3.768	0.648	−0.584	0.044	571	487
数字认知	1058	1.000	5.000	3.808	0.828	−0.526	−0.263	517	541
通识技能	1058	1.000	5.000	3.785	1.067	−0.857	−0.232	663	395
创新技能	1058	1.000	5.000	3.686	0.771	−0.689	0.576	579	479
跨学科技能	1058	1.000	5.000	3.578	0.919	−0.624	0.082	617	441
数字意识	1058	1.000	5.000	3.853	0.748	−0.764	0.477	580	478
数字自我效能感	1058	1.000	5.000	3.821	0.872	−0.656	0.040	555	503
数字内容价值评估	1058	1.000	5.000	3.846	0.858	−0.570	0.004	578	480

从整体上看，1058 名大学生的数字素养得分均值=3.768、标准差=0.648、偏度 =−0.584 和峰度值=0.044，可以进行进一步分析。从各一级构成要素的得分均值来看，所有一级构成要素的得分均值都在 3.5 分以上，表明各个维度的水平为中等偏上。

根据表 4-18 所示，得分均值按降序排列：数字意识＞数字内容价值评估＞数字自我效能感＞数字认知＞通识技能＞创新技能＞跨学科技能，表明大学生的数字意识最强，而跨学科技能最弱。

数字素养及各要素的得分均值柱状图，如图 4-4 所示。

大学生数字素养影响因素及各要素的基本特征，如表 4-19 所示。

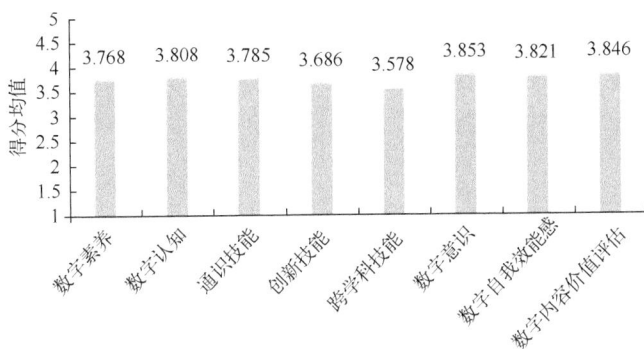

图 4-4　大学生数字素养影响因素及各要素的平均值图

表 4-19　大学生数字素养影响因素及各要素的基本特征

项目	数量	最小值	最大值	平均值	标准差	偏度	峰度
宜人性	1058	1.000	5.000	4.117	0.917	−1.186	0.657
责任心	1058	1.000	5.000	3.431	0.999	−0.406	−0.490
互联网态度	1058	1.000	5.000	3.739	1.004	−1.098	0.530
SES	1058	1.000	5.000	2.781	1.075	−0.040	−0.901
感知学校组织支持	1058	1.000	5.000	3.577	0.709	−0.400	0.002
感知社会数字生态	1058	1.000	5.000	3.133	0.844	−0.232	−0.524
数字价值观	1058	1.000	5.000	4.033	0.809	−0.906	0.688
政策感知	1058	1.000	5.000	3.317	0.930	−0.308	−0.508

根据表 4-19 所示，得分均值按降序排列：宜人性＞数字价值观＞互联网态度＞感知学校组织支持＞责任心＞政策感知＞感知社会数字生态＞SES，表明大学生的宜人性影响最强，而 SES 的影响最弱。数字素养影响因素及各要素的得分均值柱状图，如图 4-5 所示。

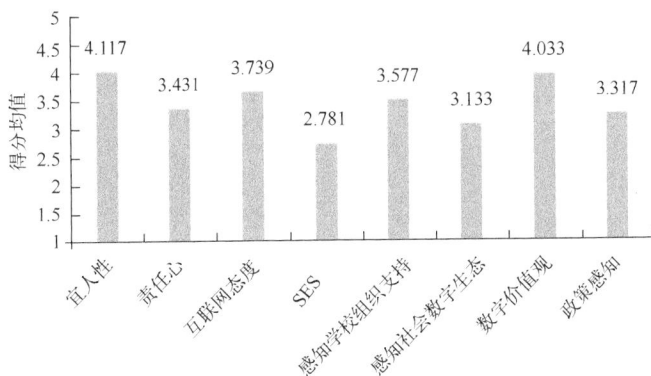

图 4-5　数字素养影响因素及各要素的平均值图

2. 分析讨论

值得注意的是，由于各构成要素具备不同的权重值，因此不能根据其得分均值直接比较大学生在不同构成要素上的表现，但仍可对得分高于均值和得分低于均值的人数百分比进行比较。数字素养整体及各要素得分低/高于均值的百分比，如图 4-6 和图 4-7 所示。

图 4-6　数字素养整体得分低/高于均值的百分比

不难发现，参与调查的大学生在数字素养整体方面，得分高于均值的人数占比 53.97%（571 人），得分低于均分的人数占比 46.03%（487 人）。

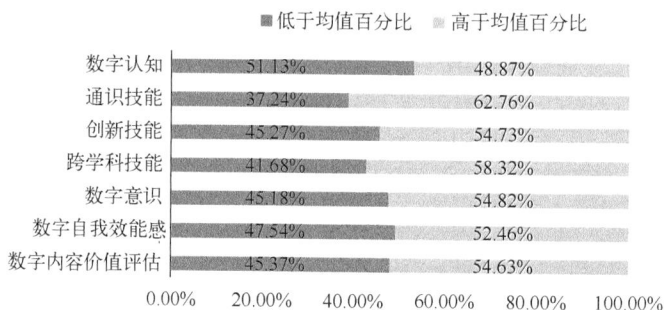

图 4-7　数字素养构成要素得分低/高于均值的百分比

不难发现，参与调查的大学生在数字素养构成要素方面，除数字认知维度外，得分高于均值的人数均多于得分低于均值的人数，但尽管如此，最高的也仅有 62.76%。

以上说明，数字素养及各要素得分低于均值的大学生较多，除通识技能外的其他所有一级构成要素，至少有超过 41.68%（最高超过 51.13%）的大学生的得分低于均值。从整体上来看，大学生数字素养及各要素的水平亟待提高。

4.3.3　分布特征的结果与分析讨论

1. 整体结果

大学生数字素养二级构成要素的均值、标准差、偏度和峰度值，如表 4-20 所示。从表中数据不难看出，数据的偏度介于−1.072 和−0.260 之间，峰度值介于−0.985 和 0.296 之间，说明此样本符合正态分布，可进行下面的分析。31 个二级构成要素的均值介于 3.451 和 4.214 之间，标准差介于 0.751 和 1.359 之间。其中，有 18 个二级构成要素的均值高于整体水平均值，说明大学生在这些二级构成要素等方面具有较高的素养水平。

表 4-20 大学生数字素养二级构成要素的描述性分析

	项目	数量	最小值	最大值	平均值	标准差	偏度	峰度
NC1	基本概念	1058	1.000	5.000	4.214	0.751	−0.708	0.205
NC2	软硬件基本知识	1058	1.000	5.000	3.995	0.984	−0.791	0.112
NC3	基础理论	1058	1.000	5.000	3.451	1.193	−0.260	−0.985
NC4	数字产品与服务	1058	1.000	5.000	3.572	1.164	−0.427	−0.748
GS1	数字内容获取	1058	1.000	5.000	4.023	1.221	−1.018	−0.153
GS2	数字内容创作	1058	1.000	5.000	4.027	1.247	−1.072	−0.062
GS3	数字内容传播	1058	1.000	5.000	3.595	1.359	−0.572	−0.924
GS4	数字安全保护	1058	1.000	5.000	3.635	1.324	−0.617	−0.819
GS5	专业综合技能	1058	1.000	5.000	3.645	1.317	−0.631	−0.782
IS1	数字思维	1058	1.000	5.000	3.698	0.995	−0.600	−0.080
IS2	数字呈现创新	1058	1.000	5.000	3.677	0.975	−0.481	−0.148
IS3	数字传播创新	1058	1.000	5.000	3.690	0.963	−0.557	−0.035
IS4	数字生活创新	1058	1.000	5.000	3.589	1.038	−0.505	−0.287
IS5	数字化赋能	1058	1.000	5.000	3.779	0.961	−0.642	0.154
CS1	跨学科认知	1058	1.000	5.000	3.594	1.050	−0.565	−0.157
CS2	知识结合	1058	1.000	5.000	3.547	1.094	−0.533	−0.344
CS3	问题重塑与解决	1058	1.000	5.000	3.592	1.075	−0.529	−0.300
NCO1	保护个人信息与隐私	1058	1.000	5.000	3.765	0.872	−0.596	0.296
NCO2	尊重他人数据	1058	1.000	5.000	3.818	0.945	−0.526	−0.197
NCO3	数字版权与许可	1058	1.000	5.000	3.828	0.890	−0.585	0.234
NCO4	数字技术认同	1058	1.000	5.000	3.903	0.971	−0.642	−0.133
NCO5	数字社会服务	1058	1.000	5.000	3.873	0.950	−0.662	−0.004
NCO6	维护积极健康的网络环境	1058	1.000	5.000	3.931	0.940	−0.663	−0.060
DS1	自我能力感	1058	1.000	5.000	3.783	1.068	−0.711	−0.056
DS2	自我努力感	1058	1.000	5.000	3.928	1.013	−0.841	0.245
DS3	环境把握感	1058	1.000	5.000	3.782	1.061	−0.688	−0.060
DS4	行为控制感	1058	1.000	5.000	3.792	0.983	−0.603	−0.118
DE1	数字成效分析	1058	1.000	5.000	3.794	1.039	−0.625	−0.190
DE2	数字人文批判	1058	1.000	5.000	3.882	1.002	−0.620	−0.314
DE3	数字艺术鉴赏	1058	1.000	5.000	3.830	1.034	−0.629	−0.271
DE4	正向社会价值传播	1058	1.000	5.000	3.878	1.006	−0.615	−0.290

2. 分析讨论

1) 数字认知维度

数字认知维度各要素得分低/高于均值的百分比，如图 4-8 所示。

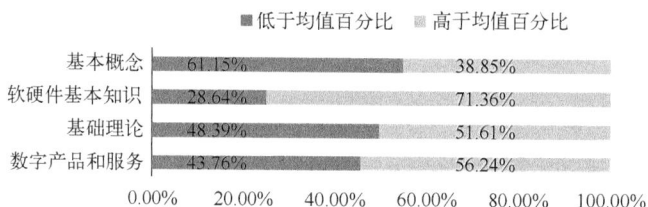

图 4-8　数字认知维度各要素得分低/高于均值的百分比

不难发现，软硬件基本知识得分高于均值的人数百分比最高(71.36%)，且超过51.61%的大学生在软硬件基本知识、基础理论、数字产品和服务这 3 个方面已具备较好的认知或能力；基本概念得分高于均值的人数百分比仅 38.85%，造成这一现象的原因可能有三个：其一，基本概念的得分均值超过 4 分，"高于均值百分比"其实便是选择"非常同意"(得分为 5)的百分比，而其他二级构成要素的得分不足 4分，"高于均值百分比"其实便是选择"同意""非常同意"(得分≥4)的百分比；其二，伴随着数字技术创新迭代，"数字公民""数字鸿沟"等基本概念确实接连不断、层出不穷，导致那些并未及时、全面地认知基本概念的大学生，并未选择"非常同意"(得分为 5)而是选择"同意"(得分为 4)，这会直接影响到高于均值的百分比；其三，软硬件基本知识、基本理论、数字产品和服务更多是一个循序渐进的过程，因为即便并非数智时代，大学生也在这些二级构成要素方面具备了一定的水平。

2) 通识技能维度

通识技能维度各要素得分低/高于均值的百分比，如图 4-9 所示。

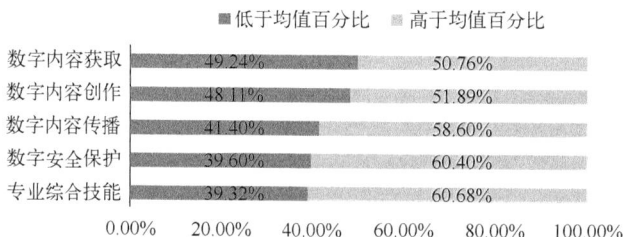

图 4-9　通识技能维度各要素得分低/高于均值的百分比

不难发现，专业综合技能得分高于均值的人数百分比最高(60.68%)，且 5 个要素得分高于均值都比低于均值的人数百分比高(最低为 50.76%)，说明超过 50.76%的大学生在数字内容获取、数字内容创作、数字内容传播、数字安全保护和专业综合技能这 5 个方面已具备较好的认知或能力。

3) 创新技能维度的现状分析

创新技能维度各要素得分低/高于均值的百分比，如图 4-10 所示。

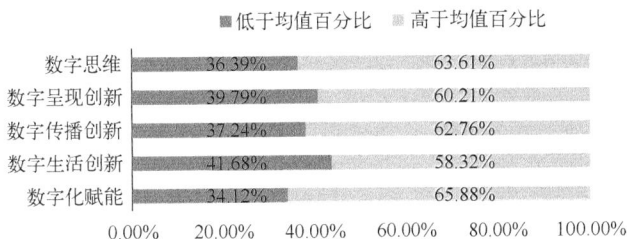

图 4-10 创新技能维度各要素得分低/高于均值的百分比

不难发现，数字化赋能得分高于均值的人数百分比最高(65.88%)，且 5 个要素得分高于均值都比低于均值的人数百分比高(最低为 58.32%)，说明超过 58.32% 的大学生在数字思维、数字呈现创新、数字传播创新、数字生活创新和数字化赋能这 5 个方面已具备较好的认知或能力。

4) 跨学科技能维度的现状分析

跨学科技能维度各要素得分低/高于均值的百分比，如图 4-11 所示。

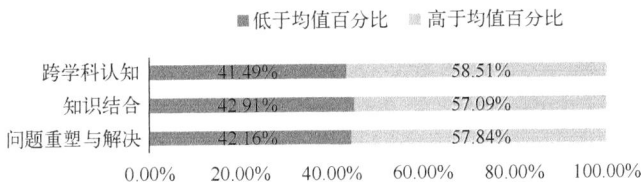

图 4-11 跨学科技能维度各要素得分低/高于均值的百分比

不难发现，跨学科认知得分高于均值的人数百分比最高(58.51%)，且 3 个要素得分高于均值都比低于均值的人数百分比高(最低为 57.09%)，说明超过 57.09% 的大学生在跨学科认知、知识结合和问题重塑与解决这 3 个方面已具备较好的认知或能力。

5) 数字意识维度的现状分析

数字意识维度各要素得分低/高于均值的百分比，如图 4-12 所示。

不难发现，维护积极健康的网络环境得分高于均值的人数百分比最高 (71.17%)，且 6 个要素得分高于均值都比低于均值的人数百分比高(最低为 66.07%)，说明超过 66.07% 以上的大学生在保护个人信息与隐私、尊重他人数据、数字版权与许可、数字技术认同、数字社会服务和维护积极健康的网络环境这 6 个方面已具备较好的认知或能力。

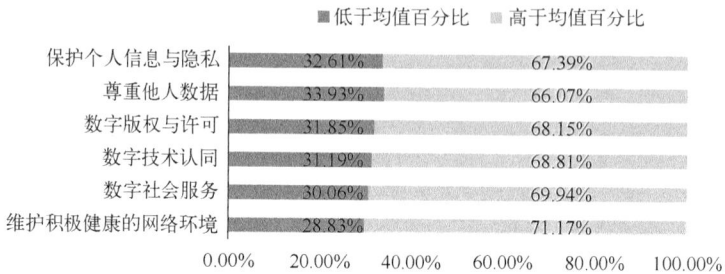

图 4-12　数字意识技能维度各要素得分低/高于均值的百分比

6) 数字自我效能感维度的现状分析

数字自我效能感维度各要素得分低/高于均值的百分比，如图 4-13 所示。

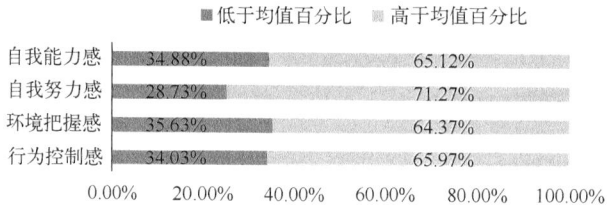

图 4-13　数字自我效能感维度各要素得分低/高于均值的百分比

不难发现，自我努力感得分高于均值的人数百分比最高 (71.27%)，且 4 个要素得分高于均值都比低于均值的人数百分比高 (最低为 64.37%)，说明超过 64.37%以上的大学生在自我能力感、自我努力感、环境把握感和行为控制感这 4 个方面已具备较好的认知或能力。

7) 数字内容价值评估维度的现状分析

数字内容价值评估维度各要素得分低/高于均值的百分比，如图 4-14 所示。

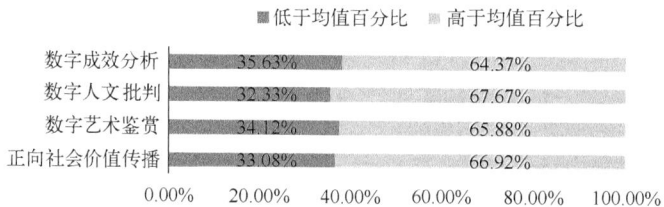

图 4-14　数字内容价值评估维度各要素得分低/高于均值的百分比

不难发现，数字人文批判得分高于均值的人数百分比最高 (67.67%)，且 4 个要素得分高于均值都比低于均值的人数百分比高 (最低为 64.37%)，说明超过 64.37%以上的大学生在数字成效分析、数字人文批判、数字艺术鉴赏和正向社会价值传播这 4 个方面已具备较好的认知或能力。

4.3.4 得分特征的结果与分析讨论

1. 整体结果

大学生数字素养量表共有 31 道测量题项，采用 5 点式李克特量表测量（最低得分为 1 分，最高得分为 5 分），这 31 道测量题项的最低得分理论值为 31 分，最高得分理论值为 155 分。通过统计分析发现，参与调查的 1058 名大学生在这 31 道测量题项中的得分分位数分布情况，如表 4-21 所示。

表 4-21 参与调查大学生数字素养得分分位数分布情况

分位数	大学生数字素养得分
最小值（理论值）	47（31）
10%	89
20%	101
25%	105
30%	108
40%	114
50%	120
60%	125
70%	129
75%	132
80%	134
90%	142
最大值（理论值）	155（155）
原始得分平均值	117.10
水平平均值	3.768

可以看出，有 25% 的大学生的数字素养得分在 47～105，属于低分组；有 25% 的大学生的数字素养得分在 132～155，属于高分组。换言之，若大学生使用该问卷进行自评，得分在 89 分，按照表 4-21 的标准，也只是居于我国大学生数字素养水平的后 10%；得分在 120 分以上，进入我国大学生数字素养水平的前 50%；只有当得分在 142 分以上，才能达到我国大学生数字素养水平的前 10%。由此，相关机构也可将表 4-21 作为数智时代大学生数字素养水平测评的参考标准。

2. 分析讨论

通过分析，得到参与调查的 1058 名大学生评价数字素养得分情况直方图，如图 4-15 所示。不难发现，大学生评价数字素养总体呈严重负偏态，超过 90% 的大学生样本的数字素养得分超过理论得分的中间值（93 分）。

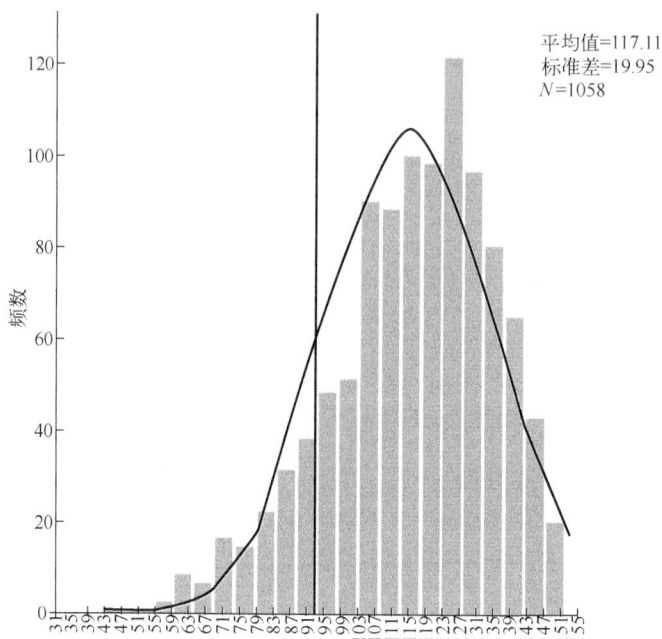

图 4-15　大学生评价数字素养得分直方图

注：大学生数字素养量表理论分值：最小值=31(31×1)，最大值=155(31×5)，图中黑色竖线表示理论分值的中间值为 93，黑色曲线为拟合的正态分布曲线，N 为样本数量。

就整体而言，目前我国大学生数字素养的整体水平处于中等偏上水平，2/3 的大学生的数字素养得分介于 97～137(117.11±19.95)。

出现这种情况的原因，可能是当前我国大学生的评价数字素养确实处于一个相对比较理想的水平。一方面，近年来，随着我国数字化转型、我国高等教育改革的推进，各相关机构/高校通过开设/举办不同形式的数字知识与技能的课程、培训、专题讲座或学科竞赛等，让大学生的数字素养水平得到了不同程度的提高。另一方面，随着数字技术创新迭代与融合应用，大学生更多使用数字知识与技能来提升自己在数字生活/学习/实践/创新中的效能，也在一定程度上促进了其数字素养水平的提升。

4.4　数字素养群体差异的结果与分析讨论

4.4.1　引言

为了解大学生数字素养在哪些方面存在个体差异，本节将对基本特征不同的大学生的数字素养的整体水平、数字素养 7 个一级维度的水平和数字素养影响因素 8 个一级维度的水平进行差异性检验，以此来探究大学生数字素养的差异性。

本节使用 SPSS 26.0 软件的 ANOVA 分析方法对于基本特征不同的独立样本进行独立样本 t 检验和单因素方差分析。独立样本 t 检验适用于社会人口特征变量为二分变量的分析，单因素方差分析则适用于研究一个控制变量的不同水平是否给观测变量造成了显著差异和变动。其中独立样本 t 检验的 t 值代表检验统计量，根据 t 值可以计算出相对的显著性 P 值；单因素方差分析的显著性 P 值可以通过分布统计量 F 值计算得出[292]。

4.4.2　群体差异的结果与分析讨论

1. 整体结果

基本特征对数字素养各要素的差异，如表 4-22 所示。

表 4-22　基本特征对数字素养各要素的差异

	数字认知	通识技能	创新技能	跨学科技能	数字意识	数字自我效能感	数字内容价值评估
性别	—	0.034*	—	—	0.023*	—	0.000***
学历阶段	0.002**	0.003**	0.008**	0.004**		0.000***	0.000***
学校层次	0.002**	0.000***		0.022*	0.000***		
学校区域	0.000***	0.000***	0.000***	0.001**	0.000***	0.000***	0.001**
主修专业	0.031*	—	0.000***	0.000***	0.015*	0.003**	0.000***
奖学金层次	0.000***	0.004**	0.000***	0.000***	0.000***	0.010*	0.000***
平均每天使用数字媒介总时间	0.016*	0.000***	0.002**	—	0.001**	0.005**	—

注：*视为存在差异，**视为存在显著差异，***视为存在极其显著差异，—视为不存在显著差异。

根据表 4-22，基本特征不同的大学生的数字素养水平存在差异。综合来看，学校区域不同和获得奖学金层次不同对大学生数字素养各要素均会产生影响，而性别、学历阶段、学校层次、主修专业等对个别构成要素不会产生影响。

2. 分析讨论

1）性别差异性维度

研究者在研究我国初中生数字素养时发现，性别不同的学生在数字素养及各维度得分上均存在统计学意义上的显著差异，女生在数字素养及各维度得分上均显著高于男生[293]；在研究农村性别数字鸿沟时发现，农村居民在互联网使用技能和使用方向等方面存在较为显著的性别差异[294]；也有研究者认为，数字技术的普及应用并不必然带来性别平等，并从"性别与发展"理论视角揭示了性别数字鸿沟的存在[295]。为此，本轮问卷设计了调查学生性别的题项。性别差异性分析，如表 4-23 所示。

表 4-23　性别差异性分析

变量	类别	数量	最小值	最大值	平均值	标准差	t 值	P 值
宜人性	男	559	1.000	5.000	4.049	0.905	−2.553	0.011*
	女	499	1.000	5.000	4.193	0.924		
责任心	男	559	1.000	5.000	3.401	0.998	−1.044	0.297
	女	499	1.000	5.000	3.465	0.999		
互联网态度	男	559	1.000	5.000	3.759	0.964	0.695	0.487
	女	499	1.000	5.000	3.716	1.048		
SES	男	559	1.000	5.000	2.798	1.094	0.536	0.592
	女	499	1.000	5.000	2.763	1.053		
感知学校组织支持	男	559	1.000	5.000	3.591	0.684	0.678	0.498
	女	499	1.000	5.000	3.561	0.736		
感知社会数字生态	男	559	1.000	5.000	3.128	0.825	−0.200	0.842
	女	499	1.000	5.000	3.139	0.867		
数字价值观	男	559	1.000	5.000	3.971	0.838	−2.647	0.008**
	女	499	1.000	5.000	4.103	0.770		
政策感知	男	559	1.000	5.000	3.373	0.925	2.064	0.039*
	女	499	1.000	5.000	3.255	0.933		
数字认知	男	559	1.000	5.000	3.818	0.834	0.438	0.662
	女	499	1.000	5.000	3.796	0.823		
通识技能	男	559	1.000	5.000	3.851	1.053	2.126	0.034*
	女	499	1.000	5.000	3.711	1.078		
创新技能	男	559	1.000	5.000	3.704	0.774	0.791	0.429
	女	499	1.000	5.000	3.667	0.768		
跨学科技能	男	559	1.000	5.000	3.593	0.926	0.593	0.554
	女	499	1.000	5.000	3.560	0.910		
数字意识	男	559	1.000	5.000	3.902	0.748	2.277	0.023*
	女	499	1.000	5.000	3.798	0.744		
数字自我效能感	男	559	1.000	5.000	3.843	0.859	0.847	0.397
	女	499	1.000	5.000	3.797	0.886		
数字内容价值评估	男	559	1.000	5.000	3.752	0.859	−3.802	0.000***
	女	499	1.000	5.000	3.951	0.846		
数字素养	男	559	1.000	5.000	3.854	0.651	0.656	0.512
	女	499	1.000	5.000	3.816	0.645		

注：*视为存在差异，**视为存在显著差异，***视为存在极其显著差异。

不同要素在性别间差异，采用 ANOVA 检验，经独立样本 t 检验，结果表明：

（1）在数字素养整体层面，不存在统计学意义上的差异。

（2）以下要素存在统计学意义上的差异（$P<0.05$）：①宜人性、数字价值观、数字内容价值评估：女生高于男生；②政策感知、通识技能、数字意识：男生高于女生。

（3）其余要素均不存在统计学意义上的差异（$P>0.05$）。

2）学历阶段差异性维度

研究者在研究大学生数字素养时发现，我国硕博学历大学生在获取信息、评估信息、管理信息等方面的能力均强于本科学历[296]；在研究居民数字素养时发现，学历对数字素养的提升具有显著的正向促进作用[297]；在研究公众需求导向牵引下的数字政府服务体系设计时发现，不同学历群体在技术认知得分率上存在较大差异，高学历群体在技术认知和实践认知方面的得分率更高[298]。为此，本轮设计了调查学生学历阶段的题项。学历阶段差异性分析，如表 4-24 所示。

表 4-24　学历阶段差异性分析

变量	类别	数量	最小值	最大值	平均值	标准差	t 值	P 值
宜人性	本科	688	1.000	5.000	4.097	0.936	0.547	0.579
	硕士	284	1.000	5.000	4.142	0.876		
	博士	86	1.000	5.000	4.191	0.891		
责任心	本科	688	1.000	5.000	3.372	1.013	3.582	0.028*
	硕士	284	1.000	5.000	3.525	0.970		
	博士	86	1.000	5.000	3.591	0.949		
互联网态度	本科	688	1.000	5.000	3.736	1.012	0.047	0.954
	硕士	284	1.000	5.000	3.737	0.979		
	博士	86	1.000	5.000	3.771	1.034		
SES	本科	688	1.000	5.000	2.759	1.074	0.418	0.658
	硕士	284	1.000	5.000	2.822	1.055		
	博士	86	1.000	5.000	2.826	1.151		
感知学校组织支持	本科	688	1.000	5.000	3.538	0.729	3.160	0.043*
	硕士	284	1.000	5.000	3.636	0.658		
	博士	86	1.000	5.000	3.692	0.691		
感知社会数字生态	本科	688	1.000	5.000	3.106	0.848	1.356	0.258
	硕士	284	1.000	5.000	3.163	0.828		
	博士	86	1.000	5.000	3.250	0.868		
数字价值观	本科	688	1.000	5.000	3.989	0.826	2.933	0.054
	硕士	284	1.000	5.000	4.117	0.750		
	博士	86	1.000	5.000	4.109	0.835		

续表

变量	类别	数量	最小值	最大值	平均值	标准差	t 值	P 值
政策感知	本科	688	1.000	5.000	3.299	0.950	0.547	0.579
	硕士	284	1.000	5.000	3.366	0.894		
	博士	86	1.000	5.000	3.294	0.889		
数字认知	本科	688	1.000	5.000	3.741	0.851	6.508	0.002**
	硕士	284	1.000	5.000	3.929	0.743		
	博士	86	1.000	5.000	3.945	0.862		
通识技能	本科	688	1.000	5.000	3.706	1.097	5.935	0.003**
	硕士	284	1.000	5.000	3.900	1.000		
	博士	86	1.000	5.000	4.035	0.965		
创新技能	本科	688	1.000	5.000	3.635	0.781	4.801	0.008**
	硕士	284	1.000	5.000	3.765	0.727		
	博士	86	1.000	5.000	3.842	0.802		
跨学科技能	本科	688	1.000	5.000	3.520	0.932	5.463	0.004**
	硕士	284	1.000	5.000	3.638	0.866		
	博士	86	1.000	5.000	3.837	0.933		
数字意识	本科	688	1.000	5.000	3.820	0.755	2.772	0.063
	硕士	284	1.000	5.000	3.885	0.726		
	博士	86	1.000	5.000	4.008	0.742		
数字自我效能感	本科	688	1.000	5.000	3.739	0.894	8.889	0.000***
	硕士	284	1.000	5.000	3.966	0.808		
	博士	86	1.000	5.000	4.000	0.819		
数字内容价值评估	本科	688	1.000	5.000	3.767	0.872	8.943	0.000***
	硕士	284	1.000	5.000	4.016	0.792		
	博士	86	1.000	5.000	3.919	0.876		
数字素养	本科	688	1.000	5.000	3.704	0.661	10.197	0.000***
	硕士	284	1.000	5.000	3.871	0.587		
	博士	86	1.000	5.000	3.941	0.667		

注：*视为存在差异，**视为存在显著差异，***视为存在极其显著差异。

不同要素在学历阶段间差异，采用 ANOVA 检验，经独立样本 t 检验，结果表明：

(1)在数字素养整体层面，存在统计学意义上的差异($P<0.05$)：博士＞硕士＞本科。

(2)以下要素存在统计学意义上的差异($P<0.05$)：①责任心、感知学校组织支持、数字认知、通识技能、创新技能、跨学科技能、数字自我效能感：博士最高，

本科最低；②数字内容价值评估：硕士最高，本科最低。

(3)其余要素均不存在统计学意义上的差异($P>0.05$)。

3)学校层次差异性维度

研究者在研究大学生媒介素养时发现，我国双一流建设高校学生在网络使用认知、网络情感控制、网络行为控制方面的表现均优于非双一流建设高校学生[299]；在研究院校层次与学生能力增值时发现，在总体能力、创新能力和非认知技能方面一般本科高校对学生能力的增值效应高于重点高校[300]。为此，本轮设计了调查学生所在学校层次的题项。学校层次差异性分析，如表 4-25 所示。

表 4-25　学校层次差异性分析

变量	类别	数量	最小值	最大值	平均值	标准差	t 值	P 值
宜人性	985 院校	241	1.000	5.000	4.168	0.966	0.847	0.468
	211 院校（非 985）	250	1.000	5.000	4.052	0.923		
	普通本科（公办）	286	1.000	5.000	4.150	0.869		
	普通本科（民办）	281	1.000	5.000	4.096	0.916		
责任心	985 院校	241	1.000	5.000	3.470	0.962	0.225	0.879
	211 院校（非 985）	250	1.000	5.000	3.432	1.057		
	普通本科（公办）	286	1.000	5.000	3.398	1.027		
	普通本科（民办）	281	1.000	5.000	3.431	0.949		
互联网态度	985 院校	241	1.000	5.000	3.938	0.884	5.349	0.001**
	211 院校（非 985）	250	1.000	5.000	3.781	1.013		
	普通本科（公办）	286	1.000	5.000	3.643	1.021		
	普通本科（民办）	281	1.000	5.000	3.629	1.051		
SES	985 院校	241	1.000	5.000	2.975	1.114	4.414	0.004**
	211 院校（非 985）	250	1.000	5.000	2.822	1.069		
	普通本科（公办）	286	1.000	5.000	2.690	1.063		
	普通本科（民办）	281	1.000	5.000	2.673	1.038		
感知学校组织支持	985 院校	241	1.000	5.000	3.629	0.683	1.097	0.349
	211 院校（非 985）	250	1.000	5.000	3.557	0.693		
	普通本科（公办）	286	1.000	5.000	3.601	0.722		
	普通本科（民办）	281	1.000	5.000	3.526	0.731		

变量	类别	数量	最小值	最大值	平均值	标准差	t 值	P 值
感知社会数字生态	985 院校	241	1.000	5.000	3.266	0.815	3.016	0.029*
	211 院校（非 985）	250	1.000	5.000	3.124	0.843		
	普通本科（公办）	286	1.000	5.000	3.050	0.876		
	普通本科（民办）	281	1.000	5.000	3.112	0.828		
数字价值观	985 院校	241	1.000	5.000	4.151	0.758	2.58	0.052
	211 院校（非 985）	250	1.000	5.000	4.024	0.788		
	普通本科（公办）	286	1.000	5.000	4.017	0.812		
	普通本科（民办）	281	1.000	5.000	3.957	0.857		
政策感知	985 院校	241	1.000	5.000	3.501	0.878	4.262	0.005**
	211 院校（非 985）	250	1.000	5.000	3.231	0.956		
	普通本科（公办）	286	1.000	5.000	3.282	0.946		
	普通本科（民办）	281	1.000	5.000	3.271	0.917		
数字认知	985 院校	241	1.000	5.000	3.968	0.804	5.106	0.002**
	211 院校（非 985）	250	1.000	5.000	3.761	0.827		
	普通本科（公办）	286	1.000	5.000	3.825	0.811		
	普通本科（民办）	281	1.000	5.000	3.695	0.849		
通识技能	985 院校	241	1.000	5.000	3.699	1.095	6.669	0.000***
	211 院校（非 985）	250	1.000	5.000	3.674	1.167		
	普通本科（公办）	286	1.000	5.000	3.718	1.095		
	普通本科（民办）	281	1.000	5.000	4.026	0.870		
创新技能	985 院校	241	1.000	5.000	3.789	0.754	2.369	0.069
	211 院校（非 985）	250	1.000	5.000	3.681	0.743		
	普通本科（公办）	286	1.000	5.000	3.680	0.744		
	普通本科（民办）	281	1.000	5.000	3.610	0.830		
跨学科技能	985 院校	241	1.000	5.000	3.732	0.886	3.234	0.022*
	211 院校（非 985）	250	1.000	5.000	3.565	0.931		
	普通本科（公办）	286	1.000	5.000	3.541	0.884		
	普通本科（民办）	281	1.000	5.000	3.493	0.958		

续表

变量	类别	数量	最小值	最大值	平均值	标准差	t 值	P 值
数字意识	985 院校	241	1.000	5.000	4.047	0.688	7.876	0.000***
	211 院校（非 985）	250	1.000	5.000	3.853	0.725		
	普通本科（公办）	286	1.000	5.000	3.775	0.757		
	普通本科（民办）	281	1.000	5.000	3.766	0.779		
数字自我效能感	985 院校	241	1.000	5.000	3.933	0.822	2.163	0.091
	211 院校（非 985）	250	1.000	5.000	3.841	0.890		
	普通本科（公办）	286	1.000	5.000	3.757	0.894		
	普通本科（民办）	281	1.000	5.000	3.773	0.869		
数字内容价值评估	985 院校	241	1.000	5.000	3.859	0.849	0.061	0.980
	211 院校（非 985）	250	1.000	5.000	3.844	0.854		
	普通本科（公办）	286	1.000	5.000	3.853	0.859		
	普通本科（民办）	281	1.000	5.000	3.829	0.873		
数字素养	985 院校	241	1.000	5.000	3.861	0.598	2.151	0.092
	211 院校（非 985）	250	1.000	5.000	3.746	0.673		
	普通本科（公办）	286	1.000	5.000	3.736	0.642		
	普通本科（民办）	281	1.000	5.000	3.742	0.668		

注：*视为存在差异，**视为存在显著差异，***视为存在极其显著差异。

不同要素在学校层次间差异，采用 ANOVA 检验，经独立样本 t 检验，结果表明：

(1) 在数字素养整体层面，不存在统计学意义上的显著差异。

(2) 以下要素存在统计学意义上的差异（$P < 0.05$）：①互联网态度、SES、数字认知、跨学科技能、数字意识：985 院校最高，普通本科（民办）最低；②感知社会数字生态：985 院校最高，普通本科（公办）最低；③政策感知：985 院校最高，211 院校（非 985）最低；④通识技能：普通本科（民办）最高，211 院校（非 985）最低。

(3) 其余要素均不存在统计学意义上的差异（$P > 0.05$）。

4) 学校区域差异性维度

研究者在研究我国初中生数字素养时发现，东部地区学生的数字素养及各维度得分均显著高于中部地区学生，而中部地区学生的数字素养及各维度得分又显著高于西部地区学生；在研究我国青少年数字素养时发现，东部与中西部青少年的数字素养在数字内容创造、数字化学习和信息素养层面存在统计学意义上的显著差异[301,302]。为此，本轮问卷设计了调查学生所在学校区域的题项。学校区域差异性分析，如表 4-26 所示。

表 4-26　学校区域差异性分析

变量	类别	数量	最小值	最大值	平均值	标准差	t 值	P 值
宜人性	华北地区	206	1.000	5.000	4.133	0.871	2.013	0.061
	东北地区	103	1.000	5.000	4.173	0.844		
	华东地区	187	1.000	5.000	4.160	0.855		
	华南地区	97	1.000	5.000	4.099	0.869		
	华中地区	101	1.000	5.000	4.152	0.878		
	西南地区	273	1.000	5.000	4.151	0.955		
	西北地区	91	1.000	5.000	3.804	1.136		
责任心	华北地区	206	1.000	5.000	3.420	1.045	1.081	0.372
	东北地区	103	1.000	5.000	3.344	0.958		
	华东地区	187	1.000	5.000	3.545	0.954		
	华南地区	97	1.000	5.000	3.425	0.940		
	华中地区	101	1.000	5.000	3.465	0.948		
	西南地区	273	1.000	5.000	3.444	0.997		
	西北地区	91	1.000	5.000	3.248	1.133		
互联网态度	华北地区	206	1.000	5.000	3.760	1.012	1.883	0.081
	东北地区	103	1.000	5.000	3.793	0.901		
	华东地区	187	1.000	5.000	3.780	0.964		
	华南地区	97	1.000	5.000	3.809	0.835		
	华中地区	101	1.000	5.000	3.751	1.035		
	西南地区	273	1.000	5.000	3.756	1.011		
	西北地区	91	1.000	5.000	3.407	1.230		
SES	华北地区	206	1.000	5.000	2.891	1.123	2.532	0.019*
	东北地区	103	1.000	5.000	2.734	1.072		
	华东地区	187	1.000	5.000	2.747	1.041		
	华南地区	97	1.000	5.000	2.870	1.034		
	华中地区	101	1.000	5.000	3.042	1.087		
	西南地区	273	1.000	5.000	2.686	1.029		
	西北地区	91	1.000	5.000	2.563	1.143		

变量	类别	数量	最小值	最大值	平均值	标准差	t 值	P 值
感知学校组织支持	华北地区	206	1.000	5.000	3.589	0.751	3.637	0.001**
	东北地区	103	1.000	5.000	3.548	0.688		
	华东地区	187	1.000	5.000	3.690	0.651		
	华南地区	97	1.000	5.000	3.746	0.657		
	华中地区	101	1.000	5.000	3.605	0.757		
	西南地区	273	1.000	5.000	3.499	0.683		
	西北地区	91	1.000	5.000	3.372	0.761		
感知社会数字生态	华北地区	206	1.000	5.000	3.198	0.840	3.079	0.005**
	东北地区	103	1.000	5.000	2.995	0.799		
	华东地区	187	1.000	5.000	3.059	0.893		
	华南地区	97	1.000	5.000	3.280	0.748		
	华中地区	101	1.000	5.000	3.254	0.762		
	西南地区	273	1.000	5.000	3.170	0.872		
	西北地区	91	1.000	5.000	2.894	0.843		
数字价值观	华北地区	206	1.000	5.000	4.105	0.732	3.459	0.002**
	东北地区	103	1.000	5.000	3.968	0.794		
	华东地区	187	1.000	5.000	4.144	0.781		
	华南地区	97	1.000	5.000	4.086	0.769		
	华中地区	101	1.000	5.000	4.056	0.795		
	西南地区	273	1.000	5.000	4.006	0.804		
	西北地区	91	1.000	5.000	3.718	1.026		
政策感知	华北地区	206	1.000	5.000	3.420	0.931	3.576	0.002**
	东北地区	103	1.000	5.000	3.126	0.856		
	华东地区	187	1.000	5.000	3.386	0.927		
	华南地区	97	1.000	5.000	3.497	0.967		
	华中地区	101	1.000	5.000	3.401	0.891		
	西南地区	273	1.000	5.000	3.258	0.928		
	西北地区	91	1.000	5.000	3.047	0.946		
数字认知	华北地区	206	1.000	5.000	3.873	0.812	4.989	0.000***
	东北地区	103	1.000	5.000	3.702	0.814		
	华东地区	187	1.000	5.000	3.905	0.844		
	华南地区	97	1.000	5.000	3.974	0.698		
	华中地区	101	1.000	5.000	3.973	0.678		
	西南地区	273	1.000	5.000	3.714	0.858		
	西北地区	91	1.000	5.000	3.503	0.926		

变量	类别	数量	最小值	最大值	平均值	标准差	t 值	P 值
通识技能	华北地区	206	1.000	5.000	3.825	1.068	7.68	0.000***
	东北地区	103	1.000	5.000	3.672	0.978		
	华东地区	187	1.000	5.000	3.997	0.986		
	华南地区	97	1.000	5.000	4.132	0.846		
	华中地区	101	1.000	5.000	3.891	1.006		
	西南地区	273	1.000	5.000	3.659	1.091		
	西北地区	91	1.000	5.000	3.279	1.274		
创新技能	华北地区	206	1.000	5.000	3.773	0.789	4.367	0.000***
	东北地区	103	1.000	5.000	3.594	0.666		
	华东地区	187	1.000	5.000	3.779	0.725		
	华南地区	97	1.000	5.000	3.707	0.696		
	华中地区	101	1.000	5.000	3.780	0.714		
	西南地区	273	1.000	5.000	3.662	0.794		
	西北地区	91	1.000	5.000	3.352	0.906		
跨学科技能	华北地区	206	1.000	5.000	3.673	0.891	3.725	0.001**
	东北地区	103	1.000	5.000	3.505	0.831		
	华东地区	187	1.000	5.000	3.693	0.852		
	华南地区	97	1.000	5.000	3.667	0.912		
	华中地区	101	1.000	5.000	3.634	0.888		
	西南地区	273	1.000	5.000	3.520	0.984		
	西北地区	91	1.000	5.000	3.773	0.789		
数字意识	华北地区	206	1.000	5.000	3.903	0.743	5.486	0.000***
	东北地区	103	1.000	5.000	3.727	0.699		
	华东地区	187	1.000	5.000	3.994	0.774		
	华南地区	97	1.000	5.000	4.005	0.547		
	华中地区	101	1.000	5.000	3.914	0.608		
	西南地区	273	1.000	5.000	3.791	0.796		
	西北地区	91	1.000	5.000	3.549	0.816		
数字自我效能	华北地区	206	1.000	5.000	3.918	0.861	4.743	0.000***
	东北地区	103	1.000	5.000	3.677	0.791		
	华东地区	187	1.000	5.000	3.959	0.817		
	华南地区	97	1.000	5.000	3.990	0.706		
	华中地区	101	1.000	5.000	3.874	0.817		
	西南地区	273	1.000	5.000	3.730	0.940		
	西北地区	91	1.000	5.000	3.519	0.985		

续表

变量	类别	数量	最小值	最大值	平均值	标准差	t 值	P 值
数字内容价值评估	华北地区	206	1.000	5.000	3.973	0.808	3.666	0.001**
	东北地区	103	1.000	5.000	3.716	0.879		
	华东地区	187	1.000	5.000	3.931	0.857		
	华南地区	97	1.000	5.000	3.974	0.773		
	华中地区	101	1.000	5.000	3.837	0.755		
	西南地区	273	1.000	5.000	3.792	0.890		
	西北地区	91	1.000	5.000	3.566	0.962		
数字素养	华北地区	206	1.000	5.000	3.848	0.627	8.470	0.000***
	东北地区	103	1.000	5.000	3.656	0.543		
	华东地区	187	1.000	5.000	3.894	0.619		
	华南地区	97	1.000	5.000	3.921	0.519		
	华中地区	101	1.000	5.000	3.843	0.568		
	西南地区	273	1.000	5.000	3.695	0.690		
	西北地区	91	1.000	5.000	3.427	0.771		

注：*视为存在差异，**视为存在显著差异，***视为存在极其显著差异。

不同要素在学校区域间差异，采用 ANOVA 检验，经独立样本 t 检验，结果表明：

(1)在数字素养整体层面，存在统计学意义上的差异($P<0.05$)：华南地区＞华东地区＞华北地区＞华中地区＞西南地区＞东北地区＞西北地区。

(2)以下要素存在统计学意义上的差异($P<0.05$)：①SES、创新技能：华中地区最高，西北地区最低；②感知学校组织支持、感知社会数字生态、政策感知、数字认知、通识技能、数字意识、数字自我效能感、数字内容价值评估：华南地区最高，西北地区最低；③数字价值观：华东地区最高，西北地区最低；④跨学科技能：西北地区最高，东北地区最低。

(3)其余要素均不存在统计学意义上的差异($P>0.05$)。

5)主修专业差异性维度

研究者在研究大学生数字素养时发现，我国理工农医专业大学生在获取信息方面的能力要强于人文社科专业大学生，而人文社科专业大学生在评估信息、数字合作等方面的能力要强于理工农医专业大学生，理科学生的数字素养水平要优于文科和艺术类学生。此外，还有研究者以学科为背景研究了数字素养，如文科大学生数字素养[303]、工科大学生数字素养[304]，或财会专业大学生数字素养[305-307]等。为此，本轮问卷设计了调查学生主修专业的题项。主修专业差异性分析，如表 4-27 所示。

表 4-27　主修专业差异性分析

变量	类别	数量	最小值	最大值	平均值	标准差	t 值	P 值
宜人性	新闻与传播学	212	1.000	5.000	4.200	0.823	1.666	0.140
	戏剧影视学	207	1.000	5.000	4.146	0.931		
	美术与设计	211	1.000	5.000	4.034	0.981		
	音乐与舞蹈学	102	1.000	5.000	4.071	0.963		
	电子信息与计算机	218	1.000	5.000	4.038	0.945		
	管理科学与工程	108	1.000	5.000	4.263	0.808		
责任心	新闻与传播学	212	1.000	5.000	3.642	0.952	3.273	0.006**
	戏剧影视学	207	1.000	5.000	3.399	1.014		
	美术与设计	211	1.000	5.000	3.265	1.016		
	音乐与舞蹈学	102	1.000	5.000	3.422	0.921		
	电子信息与计算机	218	1.000	5.000	3.393	1.014		
	管理科学与工程	108	1.000	5.000	3.487	1.010		
互联网态度	新闻与传播学	212	1.000	5.000	3.942	0.956	5.231	0.000***
	戏剧影视学	207	1.000	5.000	3.710	1.039		
	美术与设计	211	1.000	5.000	3.492	1.113		
	音乐与舞蹈学	102	1.000	5.000	3.615	0.969		
	电子信息与计算机	218	1.000	5.000	3.808	0.909		
	管理科学与工程	108	1.000	5.000	3.856	0.917		
SES	新闻与传播学	212	1.000	5.000	2.637	1.115	3.507	0.004**
	戏剧影视学	207	1.000	5.000	2.976	1.092		
	美术与设计	211	1.000	5.000	2.907	1.114		
	音乐与舞蹈学	102	1.000	5.000	2.786	0.958		
	电子信息与计算机	218	1.000	5.000	2.692	1.018		
	管理科学与工程	108	1.000	5.000	2.624	1.036		
感知学校组织支持	新闻与传播学	212	1.000	5.000	3.569	0.742	0.152	0.979
	戏剧影视学	207	1.000	5.000	3.586	0.748		
	美术与设计	211	1.000	5.000	3.555	0.693		
	音乐与舞蹈学	102	1.000	5.000	3.580	0.731		
	电子信息与计算机	218	1.000	5.000	3.607	0.641		
	管理科学与工程	108	1.000	5.000	3.555	0.721		

变量	类别	数量	最小值	最大值	平均值	标准差	t 值	P 值
感知社会数字生态	新闻与传播学	212	1.000	5.000	3.198	0.857	0.549	0.739
	戏剧影视学	207	1.000	5.000	3.139	0.850		
	美术与设计	211	1.000	5.000	3.128	0.871		
	音乐与舞蹈学	102	1.000	5.000	3.132	0.789		
	电子信息与计算机	218	1.000	5.000	3.117	0.820		
	管理科学与工程	108	1.000	5.000	3.037	0.862		
数字价值观	新闻与传播学	212	1.000	5.000	4.211	0.772	4.327	0.001**
	戏剧影视学	207	1.000	5.000	3.974	0.805		
	美术与设计	211	1.000	5.000	3.889	0.848		
	音乐与舞蹈学	102	1.000	5.000	3.958	0.812		
	电子信息与计算机	218	1.000	5.000	4.113	0.756		
	管理科学与工程	108	1.000	5.000	3.991	0.847		
政策感知	新闻与传播学	212	1.000	5.000	3.484	0.906	2.215	0.051
	戏剧影视学	207	1.000	5.000	3.222	0.970		
	美术与设计	211	1.000	5.000	3.231	0.901		
	音乐与舞蹈学	102	1.000	5.000	3.319	0.886		
	电子信息与计算机	218	1.000	5.000	3.342	0.971		
	管理科学与工程	108	1.000	5.000	3.287	0.886		
数字认知	新闻与传播学	212	1.000	5.000	3.946	0.838	2.465	0.031*
	戏剧影视学	207	1.000	5.000	3.792	0.837		
	美术与设计	211	1.000	5.000	3.700	0.847		
	音乐与舞蹈学	102	1.000	5.000	3.716	0.806		
	电子信息与计算机	218	1.000	5.000	3.864	0.775		
	管理科学与工程	108	1.000	5.000	3.752	0.854		
通识技能	新闻与传播学	212	1.000	5.000	3.825	1.112	0.863	0.505
	戏剧影视学	207	1.000	5.000	3.820	1.049		
	美术与设计	211	1.000	5.000	3.654	1.085		
	音乐与舞蹈学	102	1.000	5.000	3.765	1.095		
	电子信息与计算机	218	1.000	5.000	3.819	1.058		
	管理科学与工程	108	1.000	5.000	3.846	0.959		

续表

变量	类别	数量	最小值	最大值	平均值	标准差	t 值	P 值
创新技能	新闻与传播学	212	1.000	5.000	3.887	0.775	4.790	0.000***
	戏剧影视学	207	1.000	5.000	3.652	0.761		
	美术与设计	211	1.000	5.000	3.567	0.775		
	音乐与舞蹈学	102	1.000	5.000	3.541	0.841		
	电子信息与计算机	218	1.000	5.000	3.698	0.717		
	管理科学与工程	108	1.000	5.000	3.706	0.746		
跨学科技能	新闻与传播学	212	1.000	5.000	3.772	0.868	4.674	0.000***
	戏剧影视学	207	1.000	5.000	3.544	0.927		
	美术与设计	211	1.000	5.000	3.472	0.901		
	音乐与舞蹈学	102	1.000	5.000	3.304	0.986		
	电子信息与计算机	218	1.000	5.000	3.601	0.951		
	管理科学与工程	108	1.000	5.000	3.676	0.817		
数字意识	新闻与传播学	212	1.000	5.000	3.982	0.809	2.823	0.015*
	戏剧影视学	207	1.000	5.000	3.799	0.771		
	美术与设计	211	1.000	5.000	3.763	0.686		
	音乐与舞蹈学	102	1.000	5.000	3.739	0.746		
	电子信息与计算机	218	1.000	5.000	3.894	0.742		
	管理科学与工程	108	1.000	5.000	3.903	0.671		
数字自我效能感	新闻与传播学	212	1.000	5.000	4.024	0.852	3.573	0.003**
	戏剧影视学	207	1.000	5.000	3.800	0.889		
	美术与设计	211	1.000	5.000	3.685	0.926		
	音乐与舞蹈学	102	1.000	5.000	3.757	0.792		
	电子信息与计算机	218	1.000	5.000	3.791	0.827		
	管理科学与工程	108	1.000	5.000	3.852	0.876		
数字内容价值评估	新闻与传播学	212	1.000	5.000	4.092	0.796	7.138	0.000***
	戏剧影视学	207	1.000	5.000	3.837	0.826		
	美术与设计	211	1.000	5.000	3.623	0.919		
	音乐与舞蹈学	102	1.000	5.000	3.711	0.741		
	电子信息与计算机	218	1.000	5.000	3.874	0.865		
	管理科学与工程	108	1.000	5.000	3.887	0.881		

续表

变量	类别	数量	最小值	最大值	平均值	标准差	t 值	P 值
数字素养	新闻与传播学	212	1.000	5.000	3.932	0.680	5.408	0.000***
	戏剧影视学	207	1.000	5.000	3.749	0.643		
	美术与设计	211	1.000	5.000	3.638	0.648		
	音乐与舞蹈学	102	1.000	5.000	3.647	0.623		
	电子信息与计算机	218	1.000	5.000	3.792	0.618		
	管理科学与工程	108	1.000	5.000	3.803	0.606		

注：*视为存在差异，**视为存在显著差异，***视为存在极其显著差异。

不同要素在主修专业间差异，采用 ANOVA 检验，经独立样本 t 检验，结果表明：

(1)在数字素养整体层面，存在统计学意义上的差异($P < 0.05$)：新闻与传播学＞管理科学与工程＞电子信息与计算机＞戏剧影视学＞音乐与舞蹈学＞美术与设计。

(2)以下要素存在统计学意义上的差异($P < 0.05$)：①责任心、互联网态度、数字价值观、数字认知、数字自我效能感、数字内容价值评估：新闻与传播学最高，美术与设计最低；②SES：戏剧影视学最高，管理科学与工程最低；③创新技能、跨学科技能、数字意识：新闻与传播学最高，音乐与舞蹈学最低。

(3)其余要素均不存在统计学意义上的差异($P > 0.05$)。

6)获得奖学金层次差异性维度

研究者在研究我国地方高校大学生学业表现时发现，获得奖学金的大学生的主动学习行为与能力显著强于未获得奖学金的大学生[308]；在研究小学生媒介素养时发现，小学生媒介素养水平与其学业成绩呈正相关关系[309]；在研究大学生核心素养时发现，成绩排名在后 1/3 的大学生的核心素养整体水平显著低于前 1/3 和中 1/3[310]。为此，本轮问卷设计了调查学生获得奖学金层次的题项。获得奖学金层次差异性分析，如表 4-28 所示。

表 4-28　奖学金层次差异性分析

变量	类别	数量	最小值	最大值	平均值	标准差	t 值	P 值
宜人性	国家级	171	1.000	5.000	4.212	0.847	3.271	0.011*
	省级	204	1.000	5.000	4.219	0.856		
	校级	225	1.000	5.000	4.154	0.911		
	院级	225	1.000	5.000	4.092	0.903		
	未获得	233	1.000	5.000	3.946	1.013		

续表

变量	类别	数量	最小值	最大值	平均值	标准差	t 值	P 值
责任心	国家级	171	1.000	5.000	3.512	1.008	1.048	0.381
	省级	204	1.000	5.000	3.512	0.953		
	校级	225	1.000	5.000	3.373	1.003		
	院级	225	1.000	5.000	3.420	0.987		
	未获得	233	1.000	5.000	3.367	1.036		
互联网态度	国家级	171	1.000	5.000	3.820	1.004	3.397	0.009**
	省级	204	1.000	5.000	3.834	0.939		
	校级	225	1.000	5.000	3.826	0.983		
	院级	225	1.000	5.000	3.703	0.976		
	未获得	233	1.000	5.000	3.547	1.082		
SES	国家级	171	1.000	5.000	2.951	1.121	4.901	0.001**
	省级	204	1.000	5.000	2.969	1.033		
	校级	225	1.000	5.000	2.788	1.086		
	院级	225	1.000	5.000	2.636	1.034		
	未获得	233	1.000	5.000	2.627	1.069		
感知学校组织支持	国家级	171	1.000	5.000	3.655	0.752	2.276	0.059
	省级	204	1.000	5.000	3.615	0.678		
	校级	225	1.000	5.000	3.592	0.728		
	院级	225	1.000	5.000	3.587	0.646		
	未获得	233	1.000	5.000	3.461	0.735		
感知社会数字生态	国家级	171	1.000	5.000	3.250	0.813	3.380	0.009**
	省级	204	1.000	5.000	3.173	0.826		
	校级	225	1.000	5.000	3.199	0.843		
	院级	225	1.000	5.000	3.104	0.843		
	未获得	233	1.000	5.000	2.976	0.868		
数字价值观	国家级	171	1.000	5.000	4.152	0.688	5.985	0.000***
	省级	204	1.000	5.000	4.137	0.827		
	校级	225	1.000	5.000	4.108	0.758		
	院级	225	1.000	5.000	3.975	0.847		
	未获得	233	1.000	5.000	3.840	0.849		
政策感知	国家级	171	1.000	5.000	3.539	0.883	6.058	0.000***
	省级	204	1.000	5.000	3.338	0.993		
	校级	225	1.000	5.000	3.406	0.890		
	院级	225	1.000	5.000	3.243	0.892		
	未获得	233	1.000	5.000	3.120	0.940		

续表

变量	类别	数量	最小值	最大值	平均值	标准差	t 值	P 值
数字认知	国家级	171	1.000	5.000	3.974	0.817	6.598	0.000***
	省级	204	1.000	5.000	3.913	0.789		
	校级	225	1.000	5.000	3.857	0.805		
	院级	225	1.000	5.000	3.746	0.773		
	未获得	233	1.000	5.000	3.607	0.902		
通识技能	国家级	171	1.000	5.000	3.888	1.051	3.898	0.004**
	省级	204	1.000	5.000	3.869	1.026		
	校级	225	1.000	5.000	3.892	1.034		
	院级	225	1.000	5.000	3.756	1.027		
	未获得	233	1.000	5.000	3.562	1.151		
创新技能	国家级	171	1.000	5.000	3.780	0.813	5.226	0.000***
	省级	204	1.000	5.000	3.759	0.748		
	校级	225	1.000	5.000	3.775	0.720		
	院级	225	1.000	5.000	3.647	0.716		
	未获得	233	1.000	5.000	3.506	0.829		
跨学科技能	国家级	171	1.000	5.000	3.676	0.968	5.559	0.000***
	省级	204	1.000	5.000	3.647	0.919		
	校级	225	1.000	5.000	3.671	0.874		
	院级	225	1.000	5.000	3.597	0.825		
	未获得	233	1.000	5.000	3.335	0.972		
数字意识	国家级	171	1.000	5.000	3.996	0.744	7.330	0.000***
	省级	204	1.000	5.000	3.998	0.711		
	校级	225	1.000	5.000	3.828	0.709		
	院级	225	1.000	5.000	3.829	0.717		
	未获得	233	1.000	5.000	3.668	0.803		
数字自我效能感	国家级	171	1.000	5.000	3.912	0.887	3.347	0.010*
	省级	204	1.000	5.000	3.945	0.878		
	校级	225	1.000	5.000	3.820	0.778		
	院级	225	1.000	5.000	3.799	0.811		
	未获得	233	1.000	5.000	3.668	0.974		
数字内容价值评估	国家级	171	1.000	5.000	4.001	0.847	7.426	0.000***
	省级	204	1.000	5.000	4.027	0.783		
	校级	225	1.000	5.000	3.837	0.791		
	院级	225	1.000	5.000	3.783	0.885		
	未获得	233	1.000	5.000	3.643	0.916		

续表

变量	类别	数量	最小值	最大值	平均值	标准差	t 值	P 值
数字素养	国家级	171	1.000	5.000	3.890	0.651	9.119	0.000***
	省级	204	1.000	5.000	3.880	0.631		
	校级	225	1.000	5.000	3.811	0.588		
	院级	225	1.000	5.000	3.737	0.586		
	未获得	233	1.000	5.000	3.570	0.723		

注：*视为存在差异，**视为存在显著差异，***视为存在极其显著差异。

不同要素在获得奖学金层次间差异，采用 ANOVA 检验，经独立样本 t 检验，结果表明：

（1）在数字素养整体层面，存在统计学意义上的差异（P<0.05）：国家级＞省级＞校级＞院级＞未获得。

（2）以下要素存在统计学意义上的差异（P<0.05）：①宜人性、互联网态度、SES、数字意识、数字价值观、数字内容价值评估：省级最高，未获得最低；②感知社会数字生态、政策感知、数字自我效能感、数字认知、创新技能、跨学科技能：国家级最高，未获得最低；③通识技能：校级最高，未获得最低。

（3）其余要素均不存在统计学意义上的差异（P>0.05）。

7）平均每天使用数字媒介工具总时长差异性维度

研究者在研究我国大学生数字素养时发现，较早前的数字经验对大学生数字素养感知和数字技术态度具有显著的正向影响作用[311]，大学生的数字特征与通信技术、微博和多媒体创作技术的使用频率呈正相关关系，而与阅读工具的使用频率呈负相关关系[312]；与数字经验的"长度"（数字设备使用时长）相比，数字经验的"广度"（常用 APP 数量）或更利于大学生数字素养的提升。为此，本轮问卷设计了调查学生平均每天使用数字媒介工具总时长的题项。平均每天使用数字媒介工具总时长差异性分析，如表 4-29 所示。

表 4-29　平均每天使用数字媒介工具总时长差异性分析

变量	类别	数量	最小值	最大值	平均值	标准差	t 值	P 值
宜人性	2 小时以下	60	1.000	5.000	3.827	1.050	1.380	0.229
	2～4 小时	154	1.000	5.000	4.149	0.925		
	4～6 小时	280	1.000	5.000	4.160	0.889		
	6～8 小时	266	1.000	5.000	4.126	0.923		
	8～10 小时	192	1.000	5.000	4.116	0.912		
	10 小时以上	106	1.000	5.000	4.100	0.881		

续表

变量	类别	数量	最小值	最大值	平均值	标准差	t 值	P 值
责任心	2 小时以下	60	1.000	5.000	3.227	1.106	0.820	0.535
	2~4 小时	154	1.000	5.000	3.506	0.991		
	4~6 小时	280	1.000	5.000	3.443	1.035		
	6~8 小时	266	1.000	5.000	3.427	0.963		
	8~10 小时	192	1.000	5.000	3.391	0.993		
	10 小时以上	106	1.000	5.000	3.489	0.949		
互联网态度	2 小时以下	60	1.000	5.000	3.424	1.259	1.801	0.110
	2~4 小时	154	1.000	5.000	3.784	0.987		
	4~6 小时	280	1.000	5.000	3.803	0.944		
	6~8 小时	266	1.000	5.000	3.782	0.987		
	8~10 小时	192	1.000	5.000	3.667	1.022		
	10 小时以上	106	1.000	5.000	3.704	1.013		
SES	2 小时以下	60	1.000	5.000	2.587	1.141	0.845	0.518
	2~4 小时	154	1.000	5.000	2.757	1.040		
	4~6 小时	280	1.000	5.000	2.859	1.091		
	6~8 小时	266	1.000	5.000	2.753	1.125		
	8~10 小时	192	1.000	5.000	2.819	1.092		
	10 小时以上	106	1.000	5.000	2.725	0.868		
感知学校组织支持	2 小时以下	60	1.000	5.000	3.449	0.714	2.566	0.026*
	2~4 小时	154	1.000	5.000	3.514	0.682		
	4~6 小时	280	1.000	5.000	3.625	0.678		
	6~8 小时	266	1.000	5.000	3.674	0.750		
	8~10 小时	192	1.000	5.000	3.495	0.718		
	10 小时以上	106	1.000	5.000	3.518	0.676		
感知社会数字生态	2 小时以下	60	1.000	5.000	2.869	0.819	3.043	0.010*
	2~4 小时	154	1.000	5.000	3.050	0.832		
	4~6 小时	280	1.000	5.000	3.181	0.850		
	6~8 小时	266	1.000	5.000	3.254	0.886		
	8~10 小时	192	1.000	5.000	3.068	0.812		
	10 小时以上	106	1.000	5.000	3.093	0.767		

变量	类别	数量	最小值	最大值	平均值	标准差	t 值	P 值
数字价值观	2 小时以下	60	1.000	5.000	3.761	0.974	1.892	0.093
	2～4 小时	154	1.000	5.000	4.011	0.781		
	4～6 小时	280	1.000	5.000	4.033	0.782		
	6～8 小时	266	1.000	5.000	4.104	0.767		
	8～10 小时	192	1.000	5.000	4.061	0.843		
	10 小时以上	106	1.000	5.000	3.994	0.837		
政策感知	2 小时以下	60	1.000	5.000	3.225	0.807	1.843	0.102
	2～4 小时	154	1.000	5.000	3.297	0.891		
	4～6 小时	280	1.000	5.000	3.379	0.939		
	6～8 小时	266	1.000	5.000	3.408	0.942		
	8～10 小时	192	1.000	5.000	3.236	0.988		
	10 小时以上	106	1.000	5.000	3.153	0.866		
数字认知	2 小时以下	60	1.000	5.000	3.550	0.951	2.793	0.016*
	2～4 小时	154	1.000	5.000	3.779	0.794		
	4～6 小时	280	1.000	5.000	3.869	0.809		
	6～8 小时	266	1.000	5.000	3.899	0.839		
	8～10 小时	192	1.000	5.000	3.768	0.854		
	10 小时以上	106	1.000	5.000	3.677	0.744		
通识技能	2 小时以下	60	1.000	5.000	3.347	1.237	5.264	0.000***
	2～4 小时	154	1.000	5.000	3.694	1.004		
	4～6 小时	280	1.000	5.000	3.924	0.973		
	6～8 小时	266	1.000	5.000	3.935	1.022		
	8～10 小时	192	1.000	5.000	3.636	1.178		
	10 小时以上	106	1.000	5.000	3.692	1.080		
创新技能	2 小时以下	60	1.000	5.000	3.373	0.839	3.855	0.002**
	2～4 小时	154	1.000	5.000	3.761	0.755		
	4～6 小时	280	1.000	5.000	3.756	0.691		
	6～8 小时	266	1.000	5.000	3.741	0.751		
	8～10 小时	192	1.000	5.000	3.603	0.826		
	10 小时以上	106	1.000	5.000	3.585	0.849		
跨学科技能	2 小时以下	60	1.000	5.000	3.333	0.923	1.811	0.108
	2～4 小时	154	1.000	5.000	3.669	0.893		
	4～6 小时	280	1.000	5.000	3.593	0.889		
	6～8 小时	266	1.000	5.000	3.643	0.910		
	8～10 小时	192	1.000	5.000	3.497	1.000		
	10 小时以上	106	1.000	5.000	3.525	0.879		

续表

变量	类别	数量	最小值	最大值	平均值	标准差	t 值	P 值
数字意识	2 小时以下	60	1.000	5.000	3.586	0.933	3.993	0.001**
	2～4 小时	154	1.000	5.000	3.897	0.756		
	4～6 小时	280	1.000	5.000	3.885	0.700		
	6～8 小时	266	1.000	5.000	3.964	0.667		
	8～10 小时	192	1.000	5.000	3.747	0.834		
	10 小时以上	106	1.000	5.000	3.769	0.711		
数字自我效能感	2 小时以下	60	1.000	5.000	3.433	1.152	3.405	0.005**
	2～4 小时	154	1.000	5.000	3.804	0.804		
	4～6 小时	280	1.000	5.000	3.871	0.877		
	6～8 小时	266	1.000	5.000	3.914	0.858		
	8～10 小时	192	1.000	5.000	3.797	0.856		
	10 小时以上	106	1.000	5.000	3.745	0.777		
数字内容价值评估	2 小时以下	60	1.000	5.000	3.625	1.088	1.406	0.219
	2～4 小时	154	1.000	5.000	3.870	0.889		
	4～6 小时	280	1.000	5.000	3.867	0.837		
	6～8 小时	266	1.000	5.000	3.914	0.816		
	8～10 小时	192	1.000	5.000	3.786	0.850		
	10 小时以上	106	1.000	5.000	3.816	0.831		
数字素养	2 小时以下	60	1.000	5.000	3.464	0.830	5.083	0.000***
	2～4 小时	154	1.000	5.000	3.782	0.611		
	4～6 小时	280	1.000	5.000	3.823	0.598		
	6～8 小时	266	1.000	5.000	3.859	0.643		
	8～10 小时	192	1.000	5.000	3.691	0.678		
	10 小时以上	106	1.000	5.000	3.687	0.605		

注：*视为存在差异，**视为存在显著差异，***视为存在极其显著差异。

不同要素在平均每天使用数字媒介工具总时长间差异，采用 ANOVA 检验，经独立样本 t 检验，结果表明：

(1)在数字素养整体层面，存在统计学意义上的差异($P<0.05$)：6～8 小时>4～6 小时>2～4 小时>8～10 小时≈10 小时以上>2 小时以下。

(2)以下要素存在统计学意义上的差异($P<0.05$)：①感知学校组织支持、感知社会数字生态、数字认知、通识技能、数字意识、数字自我效能感：6～8 小时最高，2 小时以下最低；②创新技能、跨学科技能：2～4 小时最高，2 小时以下最低。

(3)其余要素均不存在统计学意义上的差异($P>0.05$)。

4.5　数字素养影响因素 IPMA 的结果与分析讨论

4.5.1　引言

本节将对数字素养及各要素的影响因素进行 IPMA 分析。

首先，对绩效值（Performance）进行计算。为了便于解释与进行绩效水平的比较，IPMA 分析将指标得分重新调整为 0～100 的范围内[313]，其中 0 表示最低绩效，100 表示最高绩效；影响因素的合规指数（Compliance Index）参照以下公式进行[314]

$$\xi_i^{\text{rescaled}} = \frac{E[\xi_i] - \min[\xi_i]}{\max[\xi_i] - \min[\xi_i]} \times 100$$

其中，ξ_i 表示内部模型中特定的外生构念，$E[.]$、$\min[.]$ 和 $\max[.]$ 分别表示这些变量的期望、最小值和最大值；经 Smart PLS 4.0 估计的数字素养影响因素的潜变量得分、最大值、最小值与绩效表现估计结果，如表 4-30 所示。

表 4-30　数字素养影响因素的潜变量得分及其最大值、最小值及绩效表现

	最小值	最大值	平均值	绩效表现
宜人性	1.000	5.000	4.132	78.3
责任心	1.000	5.000	3.430	60.8
互联网态度	1.000	5.000	3.743	68.6
SES	1.000	5.000	2.785	44.6
感知学校组织支持	1.000	5.000	3.591	64.8
感知社会数字生态	1.000	5.000	3.133	53.3
数字价值观	1.000	5.000	4.034	75.9
政策感知	1.000	5.000	3.318	58.0

其次，对于重要性指数（Importance），本节将宜人性、责任心、互联网态度、SES、感知学校组织支持、感知社会数字生态、数字价值观和政策感知对数字素养及各要素的影响的总效应（Total Effect）的标准化系数作为数字素养各影响因素的重要性指数。数字素养及其影响因素的重要性与绩效分析结果，如表 4-31 所示。

表 4-31　数字素养及各要素重要性绩效分析结果

	绩效表现	重要性							
		DL	NC	GS	IS	CS	NCO	DS	DE
宜人性	78.3	0.079	0.027	0.018	0.036	0.041	0.091	0.094	0.096
责任心	60.8	0.154	0.052	0.049	0.052	0.076	0.126	0.271	0.167

续表

	绩效 表现	重要性							
		DL	NC	GS	IS	CS	NCO	DS	DE
互联网态度	68.6	0.155	0.050	0.045	0.239	0.223	0.104	0.075	0.115
SES	44.6	0.083	0.095	0.114	0.018	0.023	0.097	0.041	0.023
感知学校组织支持	64.8	0.321	0.306	0.440	0.211	0.190	0.130	0.230	0.166
感知社会数字生态	53.3	0.071	0.081	0.014	0.048	0.027	0.072	0.104	0.021
数字价值观	75.8	0.180	0.177	0.110	0.108	0.109	0.112	0.095	0.255
政策感知	57.9	0.206	0.130	0.100	0.125	0.200	0.277	0.142	0.078
重点改进区界值	<63.0	>0.156	>0.115	>0.111	>0.105	>0.111	>0.126	>0.132	>0.115

4.5.2　整体维度 IPMA 的结果与分析讨论

1. 整体结果

以重要性为横坐标、绩效表现为纵坐标，对数字素养的影响因素进行 IPMA 分析得到相应散点图。数字素养影响因素的 IPMA，如图 4-16 所示。

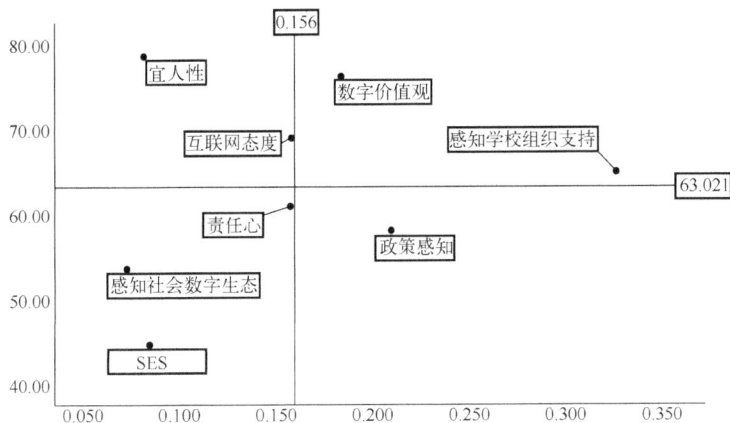

图 4-16　数字素养影响因素的 IPMA

2. 分析讨论

由图 4-16 可知，数字素养样本指标位于第一象限（优势区）的影响因素：数字价值观和感知学校组织支持；位于第二象限（优化区）的影响因素：互联网态度、宜人性；位于第三象限（加强区）的影响因素：责任心、感知社会数字生态和 SES；位于第四象限（重点改进区）的影响因素：政策感知。

第一象限区域所包含的潜变量为优势区指标。数字价值观和感知学校组织支持这 2 个指标处于 IPMA 图中的优势区，对大学生数字素养有着举足轻重的作用，并取得显著效用。

　　第二象限区域所包含的潜变量为优化区指标。互联网态度和宜人性这 2 个指标处于 IPMA 图中的优化区，对大学生数字素养的重要性低于平均水平，但绩效表现高于平均水平，说明大学生在这 2 个指标上已取得了不错的表现，短期内只需保持现状即可。

　　第三象限区域所包含的潜变量为加强区指标。责任心、感知社会数字生态和 SES 这 3 个指标处于 IPMA 图中的加强区，对大学生数字素养的重要性低于平均水平，绩效表现也低于平均值。短期内，相关机构/大学生只需保持现状即可。但需要注意的是，一旦这个象限的指标开始向第四象限转移，则须即刻投入时间/精力调整/改善这些指标的表现。

　　第四象限区域所包含的潜变量为重点改进区指标。政策感知这个指标处于 IPMA 图中的重点改进区，相关机构/大学生应优先投入时间/精力调整/改善政策感知这个指标。此外，相关机构/大学生还可结合政策感知的前置影响因素，采取相应措施。例如，在政策易用性感知上，让大学生主动关心并了解我国有关大学生提升数字素养与技能的相关政策法规；在政策有用性感知上，让大学生觉得提升数字素养与技能的相关政策法规有明确的针对性。

4.5.3　各子维度 IPMA 的结果与分析讨论

1. 数字认知维度

数字认知影响因素的 IPMA，如图 4-17 所示。

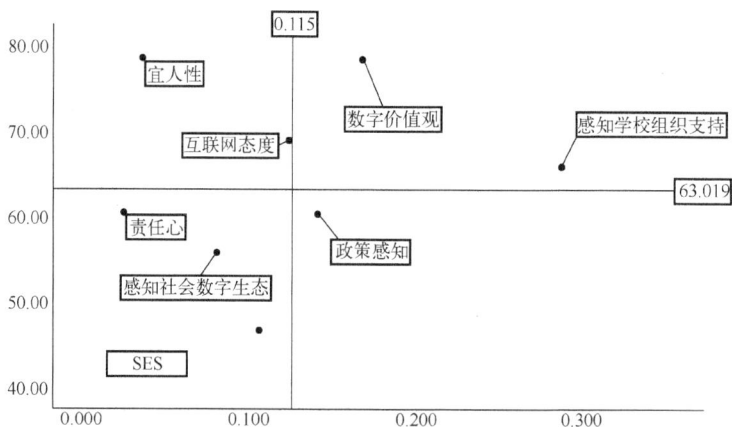

图 4-17　数字认知影响因素的 IPMA

　　由图 4-17 可知，数字认知样本指标位于第一象限（优势区）的影响因素：数字价值观和感知学校组织支持；位于第二象限（优化区）的影响因素：宜人性和互联网态度；位于第三象限（加强区）的影响因素：责任心、感知社会数字生态和 SES；位于第四象限（重点改进区）的影响因素：政策感知。

2. 通识技能维度

通识技能影响因素的 IPMA，如图 4-18 所示。

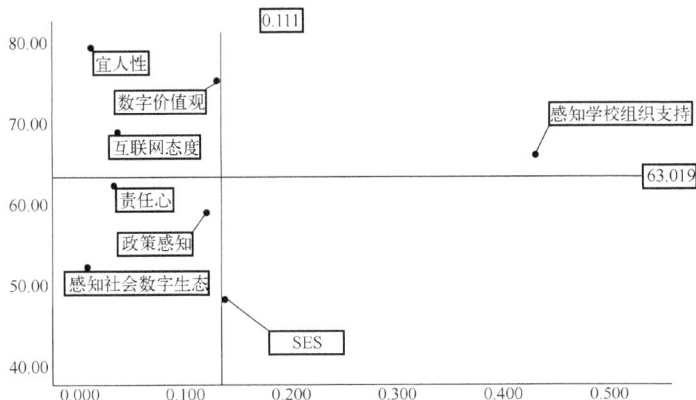

图 4-18　通识技能影响因素的 IPMA

如图 4-18 可知，通识技能样本指标位于第一象限（优势区）的影响因素：感知学校组织支持；位于第二象限（优化区）的影响因素：宜人性、互联网态度和数字价值观；位于第三象限（加强区）的影响因素：责任心、感知社会数字生态和政策感知；位于第四象限（重点改进区）的影响因素：SES。

3. 创新技能维度

创新技能影响因素的 IPMA，如图 4-19 所示。

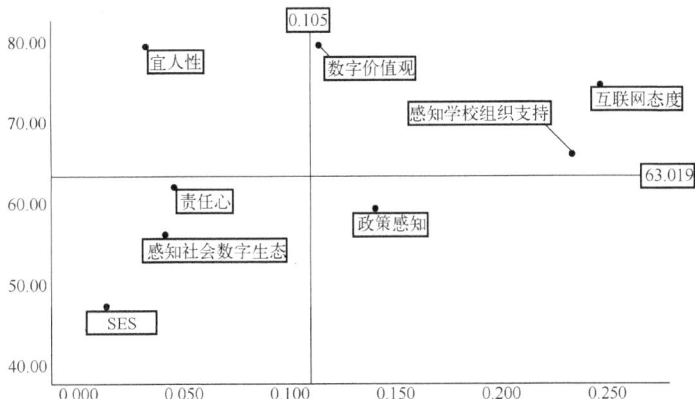

图 4-19　创新技能影响因素的 IPMA

由图 4-19 可知，创新技能样本指标位于第一象限（优势区）的影响因素：感知学校组织支持、数字价值观和互联网态度；位于第二象限(优化区)的影响因素：宜人性；位于第三象限(加强区)的影响因素：责任心、感知社会数字生态和 SES；位于第四象限(重点改进区)的影响因素：政策感知。

4. 跨学科技能维度

跨学科技能影响因素的 IPMA，如图 4-20 所示。

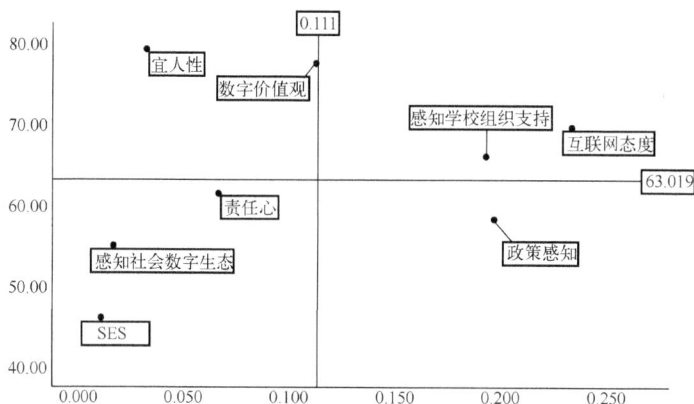

图 4-20　跨学科技能影响因素的 IPMA

由图 4-20 可知，跨学科技能样本指标位于第一象限(优势区)的影响因素：互联网态度和感知学校组织支持；位于第二象限(优化区)的影响因素：数字价值观、宜人性；位于第三象限(加强区)的影响因素：责任心、感知社会数字生态和 SES；位于第四象限(重点改进区)的影响因素：政策感知。

5. 数字意识维度

数字意识影响因素的 IPMA，如图 4-21 所示。

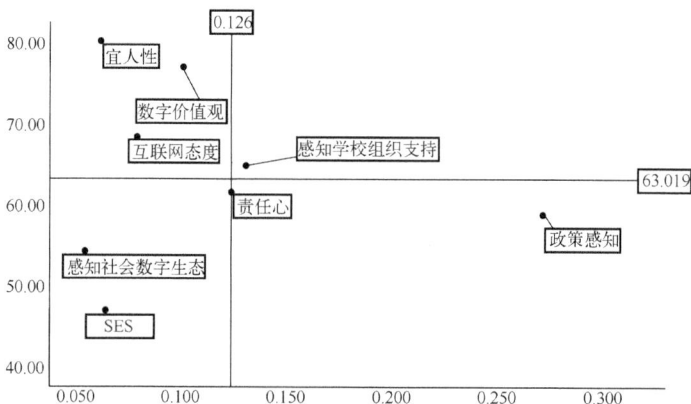

图 4-21　数字意识影响因素的 IPMA

由图 4-21 可知，数字意识样本指标位于第一象限(优势区)：感知学校组织支持；位于第二象限(优化区)：宜人性、数字价值观和互联网态度；位于第三象限(加强区)：感知社会数字生态和 SES；位于第四象限(重点改进区)：政策感知。

6. 数字自我效能感维度

数字自我效能感影响因素的 IPMA，如图 4-22 所示。

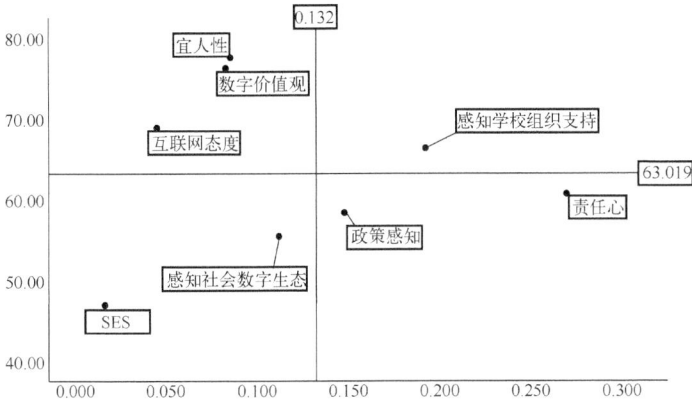

图 4-22　数字自我效能感影响因素的 IPMA

由图 4-22 可知，数字自我效能样本指标位于第一象限(优势区)的影响因素：感知学校组织支持；位于第二象限(优化区)的影响因素：宜人性、数字价值观和互联网态度；位于第三象限(加强区)的影响因素：感知社会数字生态和 SES；位于第四象限(重点改进区)的影响因素：政策感知和责任心。

7. 数字内容价值评估维度

数字内容价值评估影响因素的 IPMA，如图 4-23 所示。

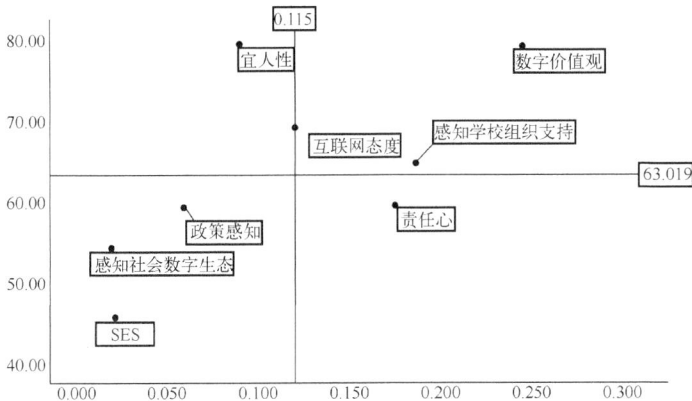

图 4-23　数字内容价值评估影响因素的 IPMA

由图 4-23 可知，数字内容价值评估样本指标位于第一象限（优势区）的影响因素：感知学校组织支持、数字价值观和互联网态度；位于第二象限（优化区）的影响因素：宜人性；位于第三象限（加强区）的影响因素：感知社会数字生态、SES 和政策感知；位于第四象限（重点改进区）的影响因素：责任心。

4.6　研究假设的结果汇总

本章通过对数字素养影响因素显著性的检验结果发现：在个人层面，宜人性、责任心和互联网态度对大学生数字素养有显著的正向影响；在环境层面，SES、感知学校组织支持和感知社会数字生态对大学生数字素养有显著的正向影响；在行为层面，数字价值观和政策感知对大学生数字素养有显著的正向影响。本书假设检验的结果，如表 4-32 所示。

表 4-32　研究假设的检验结果

研究假设	结果
1. 宜人性	
H1 宜人性正向影响数字素养	成立
H1a 宜人性正向影响数字认知	不成立
H1b 宜人性正向影响通识技能	不成立
H1c 宜人性正向影响创新技能	不成立
H1d 宜人性正向影响跨学科技能	不成立
H1e 宜人性正向影响数字意识	成立
H1f 宜人性正向影响数字自我效能感	成立
H1g 宜人性正向影响数字内容价值评估	成立
2. 责任心	
H2 责任心正向影响数字素养	成立
H2a 责任心正向影响数字认知	不成立
H2b 责任心正向影响通识技能	不成立
H2c 责任心正向影响创新技能	不成立
H2d 责任心正向影响跨学科技能	成立
H2e 责任心正向影响数字意识	成立
H2f 责任心正向影响数字自我效能感	成立
H2g 责任心正向影响数字内容价值评估	成立
3. 互联网态度	
H3 互联网态度正向影响数字素养	成立
H3a 互联网态度正向影响数字认知	不成立

续表

研究假设	结果
H3b 互联网态度正向影响通识技能	不成立
H3c 互联网态度正向影响创新技能	成立
H3d 互联网态度正向影响跨学科技能	成立
H3e 互联网态度正向影响数字意识	成立
H3f 互联网态度正向影响数字自我效能感	成立
H3g 互联网态度正向影响数字内容价值评估	成立
4. SES	
H4 SES 正向影响数字素养	成立
H4a SES 正向影响数字认知	成立
H4b SES 正向影响通识技能	成立
H4c SES 正向影响创新技能	不成立
H4d SES 正向影响跨学科技能	不成立
H4e SES 正向影响数字意识	成立
H4f SES 正向影响数字自我效能感	不成立
H4g SES 正向影响数字内容价值评估	不成立
5. 感知学校组织支持	
H5 感知学校组织支持正向影响数字素养	成立
H5a 感知学校组织支持正向影响数字认知	成立
H5b 感知学校组织支持正向影响通识技能	成立
H5c 感知学校组织支持正向影响创新技能	成立
H5d 感知学校组织支持正向影响跨学科技能	成立
H5e 感知学校组织支持正向影响数字意识	成立
H5f 感知学校组织支持正向影响数字自我效能感	成立
H5g 感知学校组织支持正向影响数字内容价值评估	成立
6. 感知社会数字生态	
H6 感知社会数字生态正向影响数字素养	成立
H6a 感知社会数字生态正向影响数字认知	成立
H6b 感知社会数字生态正向影响通识技能	不成立
H6c 感知社会数字生态正向影响创新技能	不成立
H6d 感知社会数字生态正向影响跨学科技能	不成立
H6e 感知社会数字生态正向影响数字意识	成立
H6f 感知社会数字生态正向影响数字自我效能感	成立
H6g 感知社会数字生态正向影响数字内容价值评估	不成立
7. 数字价值观	
H7 数字价值观正向影响数字素养	成立

续表

研究假设	结果
H7a 数字价值观正向影响数字认知	成立
H7b 数字价值观正向影响通识技能	成立
H7c 数字价值观正向影响创新技能	成立
H7d 数字价值观正向影响跨学科技能	成立
H7e 数字价值观正向影响数字意识	成立
H7f 数字价值观正向影响数字自我效能感	成立
H7g 数字价值观正向影响数字内容价值评估	成立
8. 政策感知	
H8 政策感知正向影响数字素养	成立
H8a 政策感知正向影响数字认知	成立
H8b 政策感知正向影响通识技能	成立
H8c 政策感知正向影响创新技能	成立
H8d 政策感知正向影响跨学科技能	成立
H8e 政策感知正向影响数字意识	成立
H8f 政策感知正向影响数字自我效能感	成立
H8g 政策感知正向影响数字内容价值评估	成立

第 5 章　数字素养影响因素的条件组态

第 4 章对大学生数字素养的影响因素开展了实证研究,结果表明本书提出的大部分研究假设均成立,即个人层面、环境层面和行为层面各要素均会对大学生数字素养产生正向影响。但这些因素是否是影响大学生数字素养的必要条件? 促使大学生产生高数字素养和非高数字素养的条件组态有哪些? 这些条件组态在多大程度上影响着大学生数字素养,彼此间又存在怎样的匹配和替代关系? 为解决以上问题,本章将采用必要条件分析法(Necessary Condition Analysis,NCA)和擅长处理多因素组态效应的模糊集定性比较分析法(Fuzzy-Set Qualitative Comparative Analysis, fsQCA),从动态变化的视角进一步验证并揭示大学生数字素养影响因素的条件组态。

5.1　数据分析方法

5.1.1　NCA 分析法

NCA 分析法由荷兰鹿特丹管理学院的扬·杜尔教授(Jan Dul)于 2015 年提出[315],指当期望结果存在时,一定存在某个条件或条件组合,即必要条件缺乏成为结果的"使不能"条件。

社会科学研究中,需要区分变量间的 3 种重要关系:平均效应关系、必要性关系和充分性关系[316-318]。平均效应关系即分析自变量 X 改变对因变量 Y 改变的平均影响效应;必要性关系即分析自变量 X 存在是否是因变量 Y 存在的必要条件,或某水平下的 X 是某水平下的 Y 的必要条件;充分性关系,即分析自变量 X 出现是否会充分地导致 Y 发生。

传统回归方法主要是分析自变量与因变量间的平均效应关系,基于整体具有可分性假设,适合分析前因变量间独立性/弱相互依赖性的现象。杜运周等认为必要性关系和充分性关系主要用于分析复杂因果关系。

5.1.2　QCA 分析法

定性比较研究(Qualitative Comparative Analysis,QCA)方法把研究对象视作条件的组态,有助于分析多因并发、因果非对称性和等效性等因果复杂性问题,适合对个人层面、环境层面和行为层面各要素与数字素养及其各要素间复杂的必要性关系和充分性关系的研究。

　　QCA 方法是美国社会学家查尔斯·C·拉金(Charles C.Ragin)于 1987 年率先提出的一种通过布尔运算和集合论对案例进行充分比较的集合分析法。QCA 方法通过引入"多因促成"机制来探索多种因素的互动过程对特定现象的"联合效应"或"互动关系"，突破了传统研究方法中单个前因变量和结果间的线性关系表达的局限性[319]，弥补了组态视角在方法论上的局限[320]，被认为是几十年来最具创新意义的研究方法之一[321]。相较于传统的定量研究方法，QCA 方法兼具定性研究和定量研究的优势，不仅更加强调非线性、等效性(殊途同归)和因果非对称性[322]，而且让得到的因果关系更加全面、研究更加深入、研究结论的适用范围更加广泛。此外，由于 QCA 方法是基于案例间的比较，因此还可保证结果具有良好的内容效度[323]。目前，研究者使用 QCA 方法已在诸多学科领域开展了系统应用，如新闻传播学[324]、管理学[325]和情报学[326]等。

　　QCA 方法的应用主要包括三种类型，分别是清晰集定性比较分析(Crisp-Set Qualitative Comparative Analysis，csQCA)、多值集定性比较分析(Multi-Value Qualitative Comparative Analysis，mvQCA)，以及 fsQCA。

　　csQCA 是使用最多的 QCA 方法，布尔最小化关键运算是其核心，并通过二分类变量法校准数据，其变量取值只有两种，即"1"(完全隶属)或"0"(完全不隶属)，例如在划分性别时，"1"代表男性、"0"代表女性，但这并不符合传统社会中因素和结果往往存在模糊边界的事实。mvQCA 是在 csQCA 基础上的拓展，其不仅允许二分类变量，而且允许多分类变量，使其变量取值不再局限于"1"和"0"的简单二分，例如在划分颜色时，可以存在红、橙、黄、绿、蓝、靛、紫等多种变量。但 csQCA 和 mvQCA 在分类数据时都比较绝对，无法完整呈现数据所对应的变量在程度或水平上的差异或改变。为改变 mvQCA 和 csQCA 分类变量的不足，便产生了 fsQCA 方法。

　　fsQCA 是一种基于集合论思想和组态思维，将定性分析与定量分析有效联结，通过深入挖掘数据揭示现象背后的复杂因果关系或互补关系的研究方法[327]，即通过描述程度变化或部分隶属的变量(变量用介于 0～1 的精确赋值来作为案例的隶属分数)，从集合的角度考察前因变量(条件)间的关系，并分析因变量(结果)与特定条件组合(组态)间的关系。fsQCA 的特色在于，以逻辑条件组合为基础，将因果关系概念化为以联合性、等效性和不对称为特征的复杂因果，能够进行同一模式内不同个案间以及不同模式间的比较，能够更好解释案例间的异质性和条件间复杂的组态效应。fsQCA 与传统的自变量及其影响为导向的回归分析相比，不仅适合于案例数量在 15 个以下的小样本的研究和案例数量在 15～50 的中等规模样本的研究，而且适合案例数量在 100 个以上的大样本的研究[328]，既能进一步识别导致结果的充分性条件或必要性条件，又能测量不同原因组合对结果的净影响。

　　NCA 作为专门分析必要关系的新方法，可以分析前因条件对结果的效应量(瓶颈水平)，即在什么程度上存在结果的必要条件，而 fsQCA 方法优势是探索因果间的充分条件，NCA 联合 fsQCA 进而实现优势互补，能更好地挖掘因果复杂关系。

本书的研究对象包括大学生数字素养及其影响因素，而大学生的数字素养水平又很可能是由多种因素的联合效应导致的，符合 QCA 研究对象"多因促成"的要求。因此，为更好地厘清变量间复杂的交互关系，本章将进一步使用 fsQCA，并将其使用于 PLS-SEM 研究情境中，基于组态视角，深入审视本书假设的大学生数字素养的 8 个影响因素间的多元复杂互动对大学生数字素养的整体影响。这也是对上文 PLS-SEM 研究内容的进一步升华，将产生高数字素养和非高数字素养的组态带入案例中反复思考和揣摩，借此进一步审视、验证乃至修补实证分析结果的解释力。大学生数字素养提升路径探索模型，如图 5-1 所示。

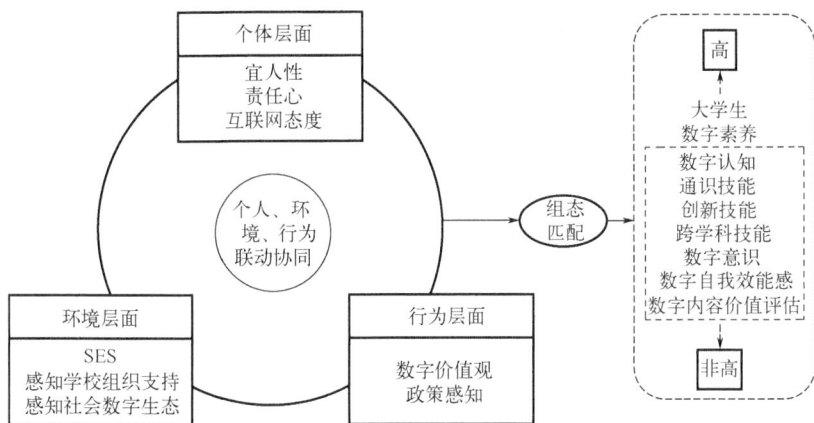

图 5-1　大学生数字素养提升路径探索模型

5.1.3　数据收集、变量选取与变量测量

由上文的质量检验可知，各变量的信效度理想。因此，本章研究的数据与上文《数智时代大学生数字素养水平现状与影响因素》调查问卷（见附录六）的调研数据一致，即数字素养影响因素的 8 个要素的数据均通过该问卷调查获得。

本章延续上文的讨论，选取数字素养影响因素的 8 个要素作为前因条件，以大学生的数字素养作为结果变量，符合 fsQCA 方法对于前因变量选择的数量要求（3～8 个）。同时，本章使用的用于测量各变量的量表，不仅均是研究者们反复论证过的成熟量表，而且经与专家充分讨论和论证后编制而得，因此变量衡量方式科学严谨。

5.1.4　变量校准

校准是采用 fsQCA 方法进行因果分析前的一个必要步骤，目的是将原始数据赋予集合隶属度。由于个人层面、环境层面和行为层面各要素和数字素养及其各要素均为量表来源的数值型变量，因此采用模糊集校准。校准为模糊集不仅可以表现完全隶属(隶属度为 1)和完全不隶属(隶属度为 0)两种状态,也可以表示从较隶属(隶属度趋近 1)到较不隶属(隶属度趋近 0)的部分隶属程度。由于缺乏明确的理论知识和外部标准来界定高和非高的个人层面、环境层面和行为层面各要素和数字素养及其各要素的集合,但基于样本在总体中的相对位置,可采用分位数校准。因此,本章使用直接校准法,将前因条件和结果的样本统计采用 95-50-5 校准法,即在第 95 百分位数、中位数、第 5 百分位数分别设定为完全隶属、交叉点、完全不隶属的校准锚点。另外,为避免案例在前因条件或结果集合的隶属度恰好为 0.50 而被删除,本章对集合隶属度低于 1 的所有条件与结果都加上了一个常数 0.001[329]。目标集合的校准锚点及描述性统计,如表 5-1 所示。

表 5-1　目标集合的校准锚点和描述性统计

集合	模糊集校准			描述性统计			
	完全隶属 (95%)	交叉点 (50%)	完全不隶属 (5%)	最小值	最大值	平均值	标准差
宜人性	5.000	4.400	2.200	1.000	5.000	4.117	0.917
责任心	5.000	3.600	1.600	1.000	5.000	3.431	0.999
互联网态度	4.857	4.000	1.286	1.000	5.000	3.739	1.004
SES	4.600	2.800	1.000	1.000	5.000	2.781	1.075
感知学校组织支持	4.694	3.625	2.333	1.000	5.000	3.577	0.709
感知社会数字生态	4.333	3.167	1.667	1.000	5.000	3.133	0.844
数字价值观	5.000	4.000	2.333	1.000	5.000	4.033	0.809
政策感知	4.750	3.500	1.750	1.000	5.000	3.317	0.930
数字认知	5.000	3.750	2.250	1.000	5.000	3.808	0.828
通识技能	5.000	4.000	1.600	1.000	5.000	3.785	1.067
创新技能	4.800	3.800	2.200	1.000	5.000	3.686	0.771
跨学科技能	5.000	3.667	2.000	1.000	5.000	3.578	0.919
数字意识	5.000	4.000	2.500	1.000	5.000	3.853	0.748
数字自我效能	5.000	4.000	2.000	1.000	5.000	3.821	0.872
数字内容价值评估	5.000	4.000	2.250	1.000	5.000	3.846	0.858
数字素养	4.719	3.843	2.514	1.474	5.000	3.768	0.648

5.1.5　研究步骤

采用 SPSS 26.0、QCA 4.1、R 4.3.0 软件维度进行 NCA 必要性检验和 fsQCA 组态分析。

第一,校准及变量描述。将前因条件和结果校准为 0~1 的连续变化的模糊集变量,呈现完全隶属、交叉点、完全不隶属的取值;通过描述性统计分析,展示变量的均值、标准差、最小值、最大值，提升对数据基本特征的了解。

第二，NCA 分析。检验单个条件变量和结局变量间是否存在充分关系或必要关系，进而判断数字素养及其各要素的产生是否依赖于某一单独条件变量。在 R 软件中调用"NCA"程序包，必要性检验采用上限回归和上限包络两种方法，进一步采用上限回归法开展数字素养及其各要素瓶颈水平分析。另外，运用 QCA 4.1 对数字素养及其各要素的单个条件的必要性进行稳健性检验。

第三，fsQCA 组态分析。分析产生高数字素养及其各要素的组态，以及组态内各条件变量间的协同关系，根据复杂解(不使用逻辑余项)、中间解(使用符合理论和实际的逻辑余项)和简约解(使用所有可能有助于简化组态的逻辑余项)，对组态进行命名和解释，通过理论和实际的结合，梳理出导致高数字素养及其各要素的个人层面、环境层面和行为层面各要素的适配与替代关系。

5.2　数字素养必要性检验的结果与分析讨论

NCA 不仅可以识别某个条件是否构成期望结果的必要条件，还可进一步分析该条件的必要性效应量。必要性效应量的取值范围为 0～1，数值越大代表效应越大。当 $d < 0.1$ 时，被视为低水平效应；当 $0.1 \leqslant d < 0.3$ 时，被视为中等水平效应；当 $0.3 \leqslant d < 0.5$ 时，被视为高水平效应；当 $0.5 \leqslant d$ 时，则被视为非常高水平的效应。NCA 的必要条件的判断标准是，若某条件的必要性效应量在中等水平效应及以上，且使用蒙特卡罗仿真置换检验表明该效应量显著[330]，则该条件就是结果的一个必要条件。

5.2.1　整体维度必要性检验的结果与分析讨论

NCA 提供了上限回归和上限包络两种估计方法，分别用于处理连续变量和离散变量。表 5-2 呈现了使用上限回归与上限包络方法而得到的必要性相关指标结果。结果表明：个人层面、环境层面和行为层面各要素的效应量均处于低水平效应，各要素均不是数字素养的必要条件。NCA 对单个条件的必要性检验，如表 5-2 所示。

表 5-2　NCA 对数字素养单个条件的必要性检验

	方法	精确度/%	上限区域	范围	效应量	P 值
宜人性	上限包络	100.0	0.009	0.920	0.010	0.014
	上限回归	99.3	0.008	0.920	0.008	0.109
责任心	上限包络	100.0	0.000	0.910	0.000	1.000
	上限回归	100.0	0.000	0.910	0.000	1.000
互联网态度	上限包络	100.0	0.004	0.910	0.005	0.112
	上限回归	100.0	0.002	0.910	0.002	0.216

	方法	精确度/%	上限区域	范围	效应量	P 值
SES	上限包络	100.0	0.010	0.910	0.011	0.000
	上限回归	99.8	0.007	0.910	0.007	0.000
感知学校组织支持	上限包络	100.0	0.055	0.960	0.057	0.000
	上限回归	94.9	0.118	0.960	0.123	0.000
感知社会数字生态	上限包络	100.0	0.000	0.960	0.000	0.906
	上限回归	100.0	0.000	0.960	0.000	0.903
数字价值观	上限包络	100.0	0.043	0.930	0.046	0.000
	上限回归	99.1	0.049	0.930	0.053	0.004
政策感知	上限包络	100.0	0.026	0.940	0.028	0.000
	上限回归	98.2	0.033	0.940	0.035	0.000

瓶颈水平指为实现某一水平的结果，单个前因条件需要达到的最低水平[331]。NCA 对单个条件的必要性瓶颈水平的检验，如表 5-3 所示。

表 5-3　NCA 对数字素养单个条件的必要性瓶颈水平的检验

Y=DL	HU	RE	AT	SES	SU	DEC	VA	PE
0	NN	NN	NN	NN	NN	NN	NN	NN
10	NN	NN	NN	NN	NN	NN	NN	NN
20	NN	NN	NN	NN	NN	NN	NN	NN
30	NN	NN	NN	NN	NN	NN	NN	NN
40	NN	NN	NN	NN	NN	NN	NN	NN
50	NN	NN	NN	NN	NN	NN	NN	NN
60	NN	NN	NN	NN	NN	NN	NN	NN
<u>70</u>	<u>NN</u>	<u>NN</u>	<u>NN</u>	<u>NN</u>	**12.7**	<u>NN</u>	<u>NN</u>	<u>NN</u>
80	NN	NN	NN	NN	30.5	NN	6.8	NN
90	NN	NN	NN	NN	48.3	NN	25.7	17.6
100	32.7	NN	45.2	41	66.2	4.1	44.6	37.3

注：NN 表示不必要。

若大学生试图达到 70% 的数字素养水平，需要 12.7% 水平的感知学校组织支持，而其他个人层面、环境层面和行为层面各要素都是不必要的。

进一步采用 fsQCA 对数字素养单个条件的必要性做稳健性检验。根据 Fiss 的建议，当某一前因变量作为必要条件的一致性高于 0.9 时，则该变量是构成结果变量的必要条件[332]。

本章数字素养单个条件对结果的必要一致性普遍较低(<0.9)，不是高数字素养或非高数字素养及其各要素的必要条件，这与 NCA 结果一致。fsQCA 对单个条件的必要性检验，如表 5-4 所示。

表 5-4　fsQCA 对数字素养单个条件的必要性检验

	高数字素养		非高数字素养	
	一致性	覆盖度	一致性	覆盖度
高宜人性	0.748	0.697	0.649	0.567
非高宜人性	0.536	0.620	0.654	0.708
高责任心	0.717	0.750	0.592	0.581
非高责任心	0.600	0.611	0.746	0.711
高互联网态度	0.767	0.726	0.650	0.576
非高互联网态度	0.552	0.627	0.691	0.735
高 SES	0.719	0.744	0.588	0.570
非高 SES	0.584	0.602	0.735	0.710
高感知学校组织支持	0.788	0.804	0.545	0.521
非高感知学校组织支持	0.530	0.554	0.794	0.778
高感知社会数字生态	0.729	0.727	0.603	0.563
非高感知社会数字生态	0.561	0.601	0.707	0.710
高数字价值观	0.819	0.734	0.633	0.532
非高数字价值观	0.478	0.581	0.683	0.779
高政策感知	0.731	0.782	0.539	0.540
非高政策感知	0.571	0.569	0.783	0.732

5.2.2　各子维度必要性检验的结果与分析讨论

1. 数字认知维度

对数字认知维度进行 NCA 必要性检验，结果表明：个人层面、环境层面和行为层面各要素的效应量(<0.01)均处于低水平，各要素均不是数字认知的必要条件。NCA 对单个条件的必要性检验，如表 5-5 所示。

表 5-5　NCA 对数字认知单个条件的必要性检验

	方法	精确度/%	上限区域	范围	效应量	P 值
宜人性	上限包络	100.0	0.000	0.890	0.000	1.000
	上限回归	100.0	0.000	0.890	0.000	1.000
责任心	上限包络	100.0	0.000	0.880	0.000	1.000
	上限回归	100.0	0.000	0.880	0.000	1.000

续表

	方法	精确度/%	上限区域	范围	效应量	P 值
互联网态度	上限包络	100.0	0.000	0.880	0.000	1.000
	上限回归	100.0	0.000	0.880	0.000	1.000
SES	上限包络	100.0	0.000	0.880	0.000	1.000
	上限回归	100.0	0.000	0.880	0.000	1.000
感知学校组织支持	上限包络	100.0	0.002	0.930	0.002	0.496
	上限回归	100.0	0.000	0.930	0.000	0.506
感知社会数字生态	上限包络	100.0	0.002	0.930	0.002	0.072
	上限回归	100.0	0.000	0.930	0.000	0.041
数字价值观	上限包络	100.0	0.006	0.900	0.006	0.019
	上限回归	99.8	0.006	0.900	0.007	0.004
政策感知	上限包络	100.0	0.000	0.910	0.000	0.082
	上限回归	100.0	0.000	0.910	0.000	0.082

NCA 对数字认知的必要性瓶颈水平的检验，如表 5-6 所示。

表 5-6　NCA 对数字认知单个条件的必要性瓶颈水平的检验

Y=NC	HU	RE	AT	SES	SU	DEC	VA	PE
0	NN	NN	NN	NN	NN	NN	NN	NN
10	NN	NN	NN	NN	NN	NN	NN	NN
20	NN	NN	NN	NN	NN	NN	NN	NN
30	NN	NN	NN	NN	NN	NN	NN	NN
40	NN	NN	NN	NN	NN	NN	NN	NN
50	NN	NN	NN	NN	NN	NN	NN	NN
60	NN	NN	NN	NN	NN	NN	NN	NN
<u>70</u>	<u>NN</u>	<u>NN</u>	<u>NN</u>	<u>NN</u>	<u>NN</u>	<u>NN</u>	**0.1**	<u>NN</u>
80	NN	NN	NN	NN	NN	NN	1.6	NN
90	NN	NN	NN	NN	0.5	NN	3.1	NN
100	NN	NN	NN	NN	1	2	4.6	2.1

数字认知的瓶颈水平分析结果表明：若试图达到 70%的数字认知水平，需要 0.1%水平的数字价值观，而其他个人层面、环境层面和行为层面各要素都是不必要的。

进一步采用 fsQCA 对数字认知单个条件的必要性做稳健性检验，结果表明：各要素必要一致性较低（<0.9），均不是高或非高数字认知的必要条件，这与 NCA 结果一致。fsQCA 普遍对数字认知单个条件的必要性检验，如表 5-7 所示。

表 5-7　fsQCA 对数字认知单个条件的必要性检验

	高数字认知		非高数字认知	
	一致性	覆盖度	一致性	覆盖度
高宜人性	0.707	0.704	0.665	0.539
非高宜人性	0.537	0.663	0.635	0.639
高责任心	0.664	0.743	0.623	0.567
非高责任心	0.613	0.666	0.717	0.635
高互联网态度	0.712	0.719	0.674	0.555
非高互联网态度	0.560	0.678	0.659	0.650
高 SES	0.690	0.762	0.592	0.533
非高 SES	0.577	0.635	0.735	0.659
高感知学校组织支持	0.750	0.816	0.555	0.493
非高感知学校组织支持	0.534	0.596	0.792	0.721
高感知社会数字生态	0.700	0.745	0.604	0.523
非高感知社会数字生态	0.552	0.631	0.705	0.657
高数字价值观	0.781	0.747	0.649	0.506
非高数字价值观	0.484	0.628	0.676	0.715
高政策感知	0.688	0.786	0.557	0.519
非高政策感知	0.579	0.616	0.771	0.668

2. 通识技能维度

对通识技能维度进行 NCA 必要性检验，结果表明：个人层面、环境层面和行为层面各要素的效应量（<0.1）均处于低水平，各要素均不是通识技能的必要条件。NCA 对通识技能单个条件的必要性检验，如表 5-8 所示。

表 5-8　NCA 对通识技能单个条件的必要性检验

	方法	精确度/%	上限区域	范围	效应量	P 值
宜人性	上限包络	100.0	0.000	0.870	0.000	1.000
	上限回归	100.0	0.000	0.870	0.000	1.000
责任心	上限包络	100.0	0.000	0.860	0.000	1.000
	上限回归	100.0	0.000	0.860	0.000	1.000
互联网态度	上限包络	100.0	0.000	0.860	0.000	1.000
	上限回归	100.0	0.000	0.860	0.000	1.000
SES	上限包络	100.0	0.000	0.860	0.000	1.000
	上限回归	100.0	0.000	0.860	0.000	1.000
感知学校组织支持	上限包络	100.0	0.014	0.910	0.015	0.000
	上限回归	99.9	0.009	0.910	0.010	0.000

续表

	方法	精确度/%	上限区域	范围	效应量	P 值
感知社会数字生态	上限包络	100.0	0.000	0.910	0.000	1.000
	上限回归	100.0	0.000	0.910	0.000	1.000
数字价值观	上限包络	100.0	0.002	0.880	0.002	0.159
	上限回归	100.0	0.000	0.880	0.001	0.183
政策感知	上限包络	100.0	0.000	0.890	0.001	0.011
	上限回归	100.0	0.000	0.890	0.000	0.011

NCA 对通识技能单个条件的必要性瓶颈水平的检验，如表 5-9 所示。

表 5-9　NCA 对通识技能单个条件的必要性瓶颈水平的检验

Y=GS	HU	RE	AT	SES	SU	DEC	VA	PE
0	NN	NN	NN	NN	NN	NN	NN	NN
10	NN	NN	NN	NN	0.2	NN	NN	NN
20	NN	NN	NN	NN	0.4	NN	NN	NN
30	NN	NN	NN	NN	0.6	NN	NN	NN
40	NN	NN	NN	NN	0.8	NN	NN	NN
50	NN	NN	NN	NN	1	NN	NN	NN
60	NN	NN	NN	NN	1.2	NN	NN	NN
_70_	_NN_	_NN_	_NN_	_NN_	**_1.4_**	_NN_	_NN_	_NN_
80	NN	NN	NN	NN	1.6	NN	NN	NN
90	NN	NN	NN	NN	1.8	NN	0.5	NN
100	NN	NN	NN	NN	2	NN	1.1	1

通识技能的瓶颈水平分析结果表明：若试图达到 70%的通识技能水平，需要 1.4%水平的感知学校组织支持，而其他个人层面、环境层面和行为层面各要素都是不必要的。

进一步采用 fsQCA 对通识技能的单个条件的必要性做稳健性检验，结果表明：各要素必要一致性较低(<0.9)，均不是高或非高通识技能的必要条件，这与 NCA 结果一致。fsQCA 普遍对通识技能单个条件的必要性检验，如表 5-10 所示。

表 5-10　fsQCA 对通识技能单个条件的必要性检验

	高通识技能		非高通识技能	
	一致性	覆盖度	一致性	覆盖度
高宜人性	0.700	0.694	0.670	0.547
非高宜人性	0.543	0.666	0.625	0.632
高责任心	0.652	0.725	0.615	0.564

续表

	高通识技能		非高通识技能	
	一致性	覆盖度	一致性	覆盖度
非高责任心	0.608	0.657	0.700	0.624
高互联网态度	0.712	0.715	0.666	0.552
非高互联网态度	0.554	0.668	0.656	0.652
高 SES	0.702	0.771	0.576	0.522
非高 SES	0.565	0.618	0.747	0.674
高感知学校组织支持	0.759	0.822	0.529	0.472
非高感知学校组织支持	0.513	0.569	0.801	0.733
高感知社会数字生态	0.701	0.742	0.596	0.520
非高感知社会数字生态	0.546	0.621	0.704	0.660
高数字价值观	0.773	0.736	0.646	0.507
非高数字价值观	0.482	0.623	0.663	0.706
高政策感知	0.674	0.766	0.556	0.521
非高政策感知	0.579	0.613	0.750	0.655

3. 创新技能维度

对创新技能维度进行 NCA 必要性检验，结果表明：个人层面、环境层面和行为层面各要素的效应量（<0.1）均处于低水平，各要素均不是创新技能的必要条件。NCA 对创新技能单个条件的必要性检验，如表 5-11 所示。

表 5-11　NCA 对创新技能单个条件的必要性检验

	方法	精确度/%	上限区域	范围	效应量	P 值
宜人性	上限包络	100.0	0.014	0.900	0.016	0.000
	上限回归	99.8	0.010	0.900	0.011	0.000
责任心	上限包络	100.0	0.000	0.890	0.000	1.000
	上限回归	100.0	0.000	0.890	0.000	1.000
互联网态度	上限包络	100.0	0.000	0.890	0.000	1.000
	上限回归	100.0	0.000	0.890	0.000	1.000
SES	上限包络	100.0	0.001	0.890	0.002	0.001
	上限回归	100.0	0.000	0.890	0.000	0.001
感知学校组织支持	上限包络	100.0	0.012	0.940	0.013	0.001
	上限回归	99.6	0.010	0.940	0.011	0.018
感知社会数字生态	上限包络	100.0	0.000	0.940	0.000	1.000
	上限回归	100.0	0.000	0.940	0.000	1.000

续表

	方法	精确度/%	上限区域	范围	效应量	P 值
数字价值观	上限包络	100.0	0.000	0.910	0.000	1.000
	上限回归	100.0	0.000	0.910	0.000	1.000
政策感知	上限包络	100.0	0.003	0.920	0.003	0.017
	上限回归	99.9	0.002	0.920	0.002	0.017

创新技能的瓶颈水平分析结果表明：若试图达到 70%的创新技能水平，需要 1.9%水平的宜人性和 1.8%水平的感知学校组织支持，而其他个人层面、环境层面和行为层面各要素都是不必要的。NCA 对创新技能单个条件的必要性瓶颈水平的检验，如表 5-12 所示。

表 5-12 NCA 对创新技能单个条件的必要性瓶颈水平的检验

Y=IS	HU	RE	AT	SES	SU	DEC	VA	PE
0	NN	NN	NN	NN	NN	NN	NN	NN
10	NN	NN	NN	NN	NN	NN	NN	NN
20	NN	NN	NN	NN	NN	NN	NN	NN
30	NN	NN	NN	NN	NN	NN	NN	NN
40	NN	NN	NN	NN	0.2	NN	NN	NN
50	0.4	NN	NN	NN	0.7	NN	NN	NN
60	1.1	NN	NN	NN	1.3	NN	NN	NN
70	**1.9**	NN	NN	NN	**1.8**	NN	NN	NN
80	2.6	NN	NN	NN	2.3	NN	NN	NN
90	3.3	NN	NN	NN	2.9	NN	NN	NN
100	4	NN	NN	7.5	3.4	NN	NN	9.8

进一步采用 fsQCA 对创新技能的单个条件的必要性做稳健性检验，结果表明：各要素必要一致性较低（<0.9），均不是高或非高创新技能的必要条件，这与 NCA 结果一致。fsQCA 普遍对创新技能单个条件的必要性检验，如表 5-13 所示。

表 5-13 fsQCA 对创新技能单个条件的必要性检验

	高创新技能		非高创新技能	
	一致性	覆盖度	一致性	覆盖度
高宜人性	0.728	0.673	0.663	0.585
非高宜人性	0.551	0.631	0.629	0.688
高责任心	0.692	0.718	0.616	0.611
非高责任心	0.625	0.630	0.715	0.689
高互联网态度	0.776	0.728	0.636	0.570

续表

	高创新技能		非高创新技能	
	一致性	覆盖度	一致性	覆盖度
非高互联网态度	0.541	0.609	0.696	0.748
高 SES	0.697	0.714	0.612	0.598
非高 SES	0.608	0.621	0.708	0.690
高感知学校组织支持	0.736	0.744	0.598	0.577
非高感知学校组织支持	0.581	0.602	0.735	0.727
高感知社会数字生态	0.708	0.699	0.621	0.585
非高感知社会数字生态	0.580	0.616	0.681	0.690
高数字价值观	0.788	0.700	0.666	0.565
非高数字价值观	0.510	0.615	0.647	0.744
高政策感知	0.692	0.734	0.581	0.588
非高政策感知	0.612	0.604	0.737	0.695

4. 跨学科技能维度

对跨学科技能维度进行 NCA 必要性检验,结果表明:个人层面、环境层面和行为层面各要素的效应量(<0.01)均处于低水平,各要素均不是跨学科技能的必要条件。NCA 普遍对跨学科技能单个条件的必要性检验,如表 5-14 所示。

表 5-14　NCA 对跨学科技能单个条件的必要性检验

	方法	精确度/%	上限区域	范围	效应量	P 值
宜人性	上限包络	100.0	0.000	0.880	0.000	1.000
	上限回归	100.0	0.000	0.880	0.000	1.000
责任心	上限包络	100.0	0.000	0.870	0.000	1.000
	上限回归	100.0	0.000	0.870	0.000	1.000
互联网态度	上限包络	100.0	0.000	0.870	0.000	1.000
	上限回归	100.0	0.000	0.870	0.000	1.000
SES	上限包络	100.0	0.000	0.870	0.000	1.000
	上限回归	100.0	0.000	0.870	0.000	1.000
感知学校组织支持	上限包络	100.0	0.000	0.920	0.000	0.861
	上限回归	100.0	0.000	0.920	0.000	0.861
感知社会数字生态	上限包络	100.0	0.000	0.920	0.000	1.000
	上限回归	100.0	0.000	0.920	0.000	1.000
数字价值观	上限包络	100.0	0.000	0.890	0.000	1.000
	上限回归	100.0	0.000	0.890	0.000	1.000
政策感知	上限包络	100.0	0.003	0.900	0.003	0.017
	上限回归	100.0	0.001	0.900	0.001	0.017

跨学科技能的瓶颈水平分析结果表明：若试图达到 90% 的跨学科技能水平，需要 0.7% 水平的政策感知，而其他个人层面、环境层面和行为层面各要素都是不必要的。NCA 对跨学科技能单个条件的必要性瓶颈水平的检验，如表 5-15 所示。

表 5-15　NCA 对跨学科技能单个条件的必要性瓶颈水平的检验

Y=CS	HU	RE	AT	SES	SU	DEC	VA	PE
0	NN	NN	NN	NN	NN	NN	NN	NN
10	NN	NN	NN	NN	NN	NN	NN	NN
20	NN	NN	NN	NN	NN	NN	NN	NN
30	NN	NN	NN	NN	NN	NN	NN	NN
40	NN	NN	NN	NN	NN	NN	NN	NN
50	NN	NN	NN	NN	NN	NN	NN	NN
60	NN	NN	NN	NN	NN	NN	NN	NN
70	NN	NN	NN	NN	NN	NN	NN	NN
80	NN	NN	NN	NN	NN	NN	NN	0.3
90	NN	NN	NN	NN	NN	NN	NN	**0.7**
100	NN	NN	NN	NN	1	NN	NN	1

进一步采用 fsQCA 对跨学科技能的单个条件的必要性做稳健性检验，结果表明：各要素必要一致性较低（<0.9），均不是高或非高跨学科技能的必要条件，这与 NCA 结果一致。fsQCA 普遍对跨学科技能单个条件的必要性检验，如表 5-16 所示。

表 5-16　fsQCA 对跨学科技能单个条件的必要性检验

	高跨学科技能		非高跨学科技能	
	一致性	覆盖度	一致性	覆盖度
高宜人性	0.733	0.672	0.657	0.584
非高宜人性	0.547	0.621	0.632	0.697
高责任心	0.691	0.711	0.616	0.616
非高责任心	0.627	0.627	0.711	0.691
高互联网态度	0.765	0.712	0.642	0.580
非高互联网态度	0.549	0.612	0.681	0.738
高 SES	0.695	0.707	0.608	0.600
非高 SES	0.606	0.614	0.703	0.692
高感知学校组织支持	0.743	0.744	0.586	0.570
非高感知学校组织支持	0.571	0.587	0.737	0.736
高感知社会数字生态	0.712	0.697	0.621	0.591
非高感知社会数字生态	0.582	0.613	0.681	0.697
高数字价值观	0.793	0.699	0.657	0.562

	高跨学科技能		非高跨学科技能	
	一致性	覆盖度	一致性	覆盖度
非高数字价值观	0.503	0.601	0.648	0.753
高政策感知	0.720	0.757	0.558	0.570
非高政策感知	0.591	0.579	0.763	0.726

5. 数字意识维度

对数字意识维度进行 NCA 必要性检验，结果表明：个人层面、环境层面和行为层面各要素的效应量（<0.1）均处于低水平，各要素均不是数字意识的必要条件。NCA 对数字意识单个条件的必要性检验，如表 5-17 所示。

表 5-17　NCA 对数字意识单个条件的必要性检验

	方法	精确度/%	上限区域	范围	效应量	P 值
宜人性	上限包络	100.0	0.010	0.890	0.012	0.000
	上限回归	99.5	0.008	0.890	0.009	0.000
责任心	上限包络	100.0	0.000	0.880	0.000	1.000
	上限回归	100.0	0.000	0.880	0.000	1.000
互联网态度	上限包络	100.0	0.000	0.880	0.000	1.000
	上限回归	100.0	0.000	0.880	0.000	1.000
SES	上限包络	100.0	0.000	0.880	0.000	1.000
	上限回归	100.0	0.000	0.880	0.000	1.000
感知学校组织支持	上限包络	100.0	0.010	0.930	0.011	0.009
	上限回归	99.9	0.007	0.930	0.007	0.042
感知社会数字生态	上限包络	100.0	0.003	0.930	0.003	0.090
	上限回归	100.0	0.001	0.930	0.002	0.114
数字价值观	上限包络	100.0	0.043	0.900	0.048	0.000
	上限回归	98.2	0.059	0.900	0.066	0.000
政策感知	上限包络	100.0	0.022	0.910	0.024	0.000
	上限回归	98.5	0.028	0.910	0.031	0.000

数字意识的瓶颈水平分析结果表明：若试图达到 70%的数字意识水平，需要 1.2%水平的感知学校组织支持和 3.2%水平的数字价值观，而其他个人层面、环境层面和行为层面各要素都是不必要的。NCA 对数字意识单个条件的必要性瓶颈水平的检验，如表 5-18 所示。

表 5-18 NCA 对数字意识单个条件的必要性瓶颈水平的检验

Y=NCO	HU	RE	AT	SES	SU	DEC	VA	PE
0	NN	NN	NN	NN	NN	NN	NN	NN
10	NN	NN	NN	NN	NN	NN	NN	NN
20	NN	NN	NN	NN	NN	NN	NN	NN
30	NN	NN	NN	NN	0	NN	NN	NN
40	NN	NN	NN	NN	0.3	NN	NN	NN
50	NN	NN	NN	NN	0.6	NN	NN	NN
60	NN	NN	NN	NN	0.9	NN	NN	NN
70	NN	NN	NN	NN	1.2	NN	3.2	NN
80	2	NN	NN	NN	1.5	NN	15.6	2.7
90	4.2	NN	NN	NN	1.7	NN	27.9	15.2
100	6.5	NN	NN	NN	2	4.1	40.3	27.7

进一步采用 fsQCA 对数字意识的单个条件的必要性做稳健性检验，结果表明：各要素必要一致性较低（<0.9），均不是高或非高数字意识的必要条件，这与 NCA 结果一致。fsQCA 普遍对数字意识单个条件的必要性检验，如表 5-19 所示。

表 5-19 fsQCA 对数字意识单个条件的必要性检验

	高数字意识		非高数字意识	
	一致性	覆盖度	一致性	覆盖度
高宜人性	0.748	0.670	0.647	0.590
非高宜人性	0.542	0.601	0.638	0.721
高责任心	0.717	0.721	0.592	0.606
非高责任心	0.608	0.594	0.727	0.724
高互联网态度	0.761	0.691	0.652	0.603
非高互联网态度	0.563	0.614	0.666	0.739
高 SES	0.717	0.712	0.595	0.601
非高 SES	0.598	0.592	0.715	0.720
高感知学校组织支持	0.754	0.737	0.587	0.585
非高感知学校组织支持	0.576	0.578	0.737	0.753
高感知社会数字生态	0.726	0.694	0.609	0.593
非高感知社会数字生态	0.575	0.591	0.686	0.718
高数字价值观	0.807	0.695	0.652	0.571
非高数字价值观	0.501	0.586	0.651	0.775
高政策感知	0.738	0.758	0.539	0.564
非高政策感知	0.576	0.551	0.769	0.749

6. 数字自我效能感维度

对数字自我效能感维度进行 NCA 必要性检验，结果表明：个人层面、环境层面和行为层面各要素的效应量（<0.01）均处于低水平，各要素均不是数字自我效能感的必要条件。NCA 对数字自我效能感单个条件的必要性检验，如表 5-20 所示。

表 5-20　NCA 对数字自我效能感单个条件的必要性检验

	方法	精确度/%	上限区域	范围	效应量	P 值
宜人性	上限包络	100.0	0.000	0.088	0.000	0.348
	上限回归	100.0	0.000	0.088	0.000	0.348
责任心	上限包络	100.0	0.000	0.870	0.000	1.000
	上限回归	100.0	0.000	0.870	0.000	1.000
互联网态度	上限包络	100.0	0.000	0.870	0.000	1.000
	上限回归	100.0	0.000	0.870	0.000	1.000
SES	上限包络	100.0	0.000	0.870	0.000	1.000
	上限回归	100.0	0.000	0.870	0.000	1.000
感知学校组织支持	上限包络	100.0	0.008	0.920	0.008	0.053
	上限回归	100.0	0.004	0.920	0.004	0.108
感知社会数字生态	上限包络	100.0	0.000	0.920	0.000	1.000
	上限回归	100.0	0.000	0.920	0.000	1.000
数字价值观	上限包络	100.0	0.008	0.890	0.009	0.013
	上限回归	100.0	0.004	0.890	0.005	0.036
政策感知	上限包络	100.0	0.000	0.900	0.000	1.000
	上限回归	100.0	0.000	0.900	0.000	1.000

数字自我效能感的瓶颈水平分析结果表明：若试图达到 70%的数字自我效能感水平，需要 0.6%水平的感知学校组织支持，而其他个人层面、环境层面和行为层面各要素都是不必要的。NCA 对数字自我效能感单个条件的必要性瓶颈水平的检验，如表 5-21 所示。

表 5-21　NCA 对数字自我效能感单个条件的必要性瓶颈水平的检验

Y=DS	HU	RE	AT	SES	SU	DEC	VA	PE
0	NN	NN	NN	NN	NN	NN	NN	NN
10	NN	NN	NN	NN	NN	NN	NN	NN
20	NN	NN	NN	NN	0	NN	NN	NN
30	NN	NN	NN	NN	0.1	NN	NN	NN
40	NN	NN	NN	NN	0.3	NN	NN	NN
50	NN	NN	NN	NN	0.4	NN	NN	NN

Y=DS	HU	RE	AT	SES	SU	DEC	VA	PE
60	NN	NN	NN	NN	0.5	NN	NN	NN
<u>70</u>	<u>NN</u>	<u>NN</u>	<u>NN</u>	<u>NN</u>	**<u>0.6</u>**	<u>NN</u>	<u>NN</u>	<u>NN</u>
80	NN	NN	NN	NN	0.8	NN	1	NN
90	NN	NN	NN	NN	0.9	NN	2.1	NN
100	1.1	NN	NN	NN	1	NN	3.2	NN

进一步采用 fsQCA 对数字自我效能感的单个条件的必要性做稳健性检验,结果表明:各要素必要一致性较低(<0.9),均不是高或非高数字自我效能感的必要条件,这与 NCA 结果一致。fsQCA 普遍对数字自我效能感单个条件的必要性检验,如表 5-22 所示。

表 5-22　fsQCA 对数字自我效能感单个条件的必要性检验

	高数字自我效能感		非高数字自我效能感	
	一致性	覆盖度	一致性	覆盖度
高宜人性	0.750	0.694	0.640	0.564
非高宜人性	0.529	0.607	0.653	0.712
高责任心	0.729	0.759	0.577	0.570
非高责任心	0.587	0.593	0.756	0.726
高互联网态度	0.749	0.704	0.660	0.589
非高互联网态度	0.563	0.635	0.669	0.717
高 SES	0.699	0.718	0.605	0.590
非高 SES	0.601	0.615	0.711	0.692
高感知学校组织支持	0.755	0.765	0.579	0.557
非高感知学校组织支持	0.563	0.585	0.756	0.746
高感知社会数字生态	0.723	0.715	0.608	0.571
非高感知社会数字生态	0.567	0.603	0.697	0.705
高数字价值观	0.792	0.705	0.660	0.559
非高数字价值观	0.504	0.610	0.651	0.748
高政策感知	0.712	0.757	0.557	0.563
非高政策感知	0.589	0.583	0.759	0.715

7. 数字内容价值评估维度

对数字内容价值评估见 NCA 必要性分析,结果表明:个人层面、环境层面和行为层面各要素的效应量(<0.1)均处于低水平,各要素均不是数字内容价值评估的必要条件。NCA 对数字内容价值评估单个条件的必要性检验,如表 5-23 所示。

表 5-23 NCA 对数字内容价值评估单个条件的必要性检验

	方法	精确度/%	上限区域	范围	效应量	P 值
宜人性	上限包络	100.0	0.000	0.088	0.000	1.000
	上限回归	100.0	0.000	0.088	0.000	1.000
责任心	上限包络	100.0	0.000	0.870	0.000	1.000
	上限回归	100.0	0.000	0.870	0.000	1.000
互联网态度	上限包络	100.0	0.000	0.870	0.000	1.000
	上限回归	100.0	0.000	0.870	0.000	1.000
SES	上限包络	100.0	0.000	0.870	0.000	1.000
	上限回归	100.0	0.000	0.870	0.000	1.000
感知学校组织支持	上限包络	100.0	0.010	0.920	0.011	0.003
	上限回归	99.8	0.007	0.920	0.007	0.004
感知社会数字生态	上限包络	100.0	0.000	0.920	0.000	1.000
	上限回归	100.0	0.000	0.920	0.000	1.000
数字价值观	上限包络	100.0	0.017	0.890	0.019	0.000
	上限回归	100.0	0.008	0.890	0.009	0.000
政策感知	上限包络	100.0	0.004	0.900	0.004	0.000
	上限回归	99.9	0.003	0.900	0.003	0.000

数字内容价值评估的瓶颈水平分析结果表明：若试图达到 70%的数字内容价值评估水平，需要 1.2%水平的感知学校组织支持和 1.6%水平的数字价值观，而其他个人层面、环境层面和行为层面各要素都是不必要的。NCA 对数字内容价值评估单个条件的必要性瓶颈水平的检验，如表 5-24 所示。

表 5-24 NCA 对数字内容价值评估单个条件的必要性瓶颈水平的检验

Y=DE	HU	RE	AT	SES	SU	DEC	VA	PE
0	NN	NN	NN	NN	NN	NN	NN	NN
10	NN	NN	NN	NN	NN	NN	NN	NN
20	NN	NN	NN	NN	NN	NN	NN	NN
30	NN	NN	NN	NN	NN	NN	NN	NN
40	NN	NN	NN	NN	0.2	NN	NN	NN
50	NN	NN	NN	NN	0.5	NN	0.5	NN
60	NN	NN	NN	NN	0.9	NN	1	NN
70	NN	NN	NN	NN	1.2	NN	1.6	NN
80	NN	NN	NN	NN	1.6	NN	2.1	0.6
90	NN	NN	NN	NN	1.9	NN	2.6	1.3
100	NN	NN	NN	NN	2.2	NN	3.2	2.1

　　进一步采用 fsQCA 对数字内容价值评估的单个条件的必要性做稳健性检验,结果表明:各要素必要一致性较低(<0.9),均不是高或非高数字内容价值评估的必要条件,这与 NCA 结果一致。fsQCA 对数字内容价值评估单个条件的必要性检,如表 5-25 所示。

表 5-25　fsQCA 对数字内容价值评估单个条件的必要性检验

	高数字内容价值评估		非高数字内容价值评估	
	一致性	覆盖度	一致性	覆盖度
高宜人性	0.742	0.673	0.641	0.576
非高宜人性	0.533	0.600	0.637	0.709
高责任心	0.710	0.724	0.582	0.588
非高责任心	0.596	0.590	0.726	0.712
高互联网态度	0.756	0.697	0.648	0.591
非高互联网态度	0.556	0.615	0.668	0.731
高 SES	0.688	0.693	0.609	0.606
非高 SES	0.609	0.611	0.692	0.687
高感知学校组织支持	0.737	0.732	0.578	0.568
非高感知学校组织支持	0.565	0.575	0.727	0.733
高感知社会数字生态	0.703	0.682	0.618	0.594
非高感知社会数字生态	0.581	0.606	0.668	0.690
高数字价值观	0.805	0.702	0.637	0.550
非高数字价值观	0.485	0.574	0.656	0.769
高政策感知	0.694	0.724	0.560	0.578
非高政策感知	0.595	0.577	0.732	0.703

5.3　数字素养充分性检验的结果与分析讨论

　　本章使用 fsQCA 分别分析产生高和非高数字素养及其各要素的个人层面、环境层面和行为层面各要素的组态。由于个人层面、环境层面和行为层面各要素对数字素养及其各要素的研究结论并不一致,因此,在反事实分析时,本章假设个人层面、环境层面和行为层面各要素单个要素出现或缺失均可能是构成高或非高数字素养及其各要素的前因之一。

　　进一步地,运行 fsQCA 4.1 输出 3 种类型的解,即复杂解、中间解和简约解。参考现有研究,本章使用中间解,并辅以简约解对核心条件与边缘条件加以区分。其中,●表示核心条件存在(在简约解和中间解中同时存在),•表示边缘条件存在(仅在中间解中存在),⊗表示核心条件缺失(在简约解和中间解中均不存在), ⊗表示边缘条件缺失(仅在中间解不存在)，空格表示该条件处于中间水平。

通过对比中间解与简约解，区分各组态(中间解)的核心和边缘条件，即在两种解中同时出现的条件为核心条件，仅在中间解出现的条件为边缘条件。

5.3.1　整体维度的充分性检验的结果与分析讨论

数字素养整体维度的充分性检验结果，如表 5-26 所示。

表 5-26　数字素养整体维度的充分性检验结果

	高数字素养								非高数字素养					
	组态 S1							组态 S2	组态 NS1					
	S1a	S1b	S1c	S1d	S1e	S1f	S1g		NS1a	NS1b	NS1c	NS1d	NS1e	NS1f
个人层面														
宜人性		●	●	●	●	●			⊗	⊗	⊗	⊗	⊗	⊗
责任心	●	●	●	●	●	●				⊗	⊗	⊗	⊗	⊗
互联网态度	●	●	●	●	●		●	⊗		⊗	⊗	⊗	⊗	⊗
环境层面														
SES	●		●				●	●	⊗	⊗		⊗		⊗
感知学校组织支持	●		●		●				⊗	⊗	⊗	⊗	⊗	⊗
感知社会数字生态	●	●		●			●	●	⊗		⊗		⊗	⊗
行为层面														
数字价值观	●					●	●		⊗	⊗	⊗		⊗	⊗
政策感知		●		●	●	●	●	●	⊗	⊗	⊗	⊗	⊗	
原始覆盖度	0.370	0.359	0.366	0.368	0.378	0.322	0.422	0.435	0.336	0.294	0.290	0.288	0.301	0.283
真实覆盖度	0.037	0.020	0.006	0.004	0.012	0.013	0.014	0.030	0.066	0.025	0.021	0.019	0.031	0.014
一致性	0.961	0.958	0.966	0.963	0.968	0.973	0.962	0.952	0.963	0.976	0.976	0.972	0.967	0.971
总体解的覆盖度	0.598								0.445					
总体解的一致性	0.927								0.944					

注：案例频数阈值为 4；原始一致性阈值为 0.8；不一致性的比例减少 (Proportional Reduction in Inconsistency, PRI) 阈值为 0.70。

1. 产生高数字素养的组态结果与分析讨论

发现 2 类能够产生高数字素养组态的 8 个亚组；一般认为，当总体解一致性(解的集合)高于 0.8 时，认为得出的解具有较好的解释性。

本章中产生高数字素养的总体解的覆盖度(测量了完整解所解释结果的隶属度

比例)为 0.598,表明这 8 种条件组态能够解释 59.8%的高数字素养水平的案例。总体解的一致性为 0.927,表明满足这 8 种条件组态的大学生数字素养中,有 92.7%的数字素养水平处于高水平。各组态的一致性水平均高于 0.9,表明每一种条件组态的可解释性都处于较高水平,满足研究需求。

8 种组态结果中,感知学校组织支持、数字价值观、政策感知这 3 个前提条件出现了 7 次,这说明了大学生的高感知学校组织支持、高数字价值观和高政策感知更容易导致大学生高数字素养的产生,提醒相关机构/大学生应最大限度地保证这 3 种要素存在高水平绩效,以最大限度促进大学生数字素养的提升。进一步地,组态 S1g 和 S2 的要素最少(均为 5 种要素)。其中,组态 S2 仅环境和行为两个层面的 5 种要素,提醒相关机构/大学生应更多关注这 5 种因素对大学生高数字素养的重要影响。

遵循组态理论化过程[333],本章对实现高数字素养的个人层面、环境层面和行为层面各要素组态进行定性分析和命名。

1)组态 S1:个人因素-环境因素-行为因素核心驱动型

在条件组态 S1a 中,责任心、互联网态度、感知学校组织支持、感知社会数字生态和数字价值观为核心条件,SES 为边缘条件,宜人性和政策感知为无关紧要的条件。条件组态 S1a 表明,当大学生存在高责任心、高互联网态度、高感知学校组织支持、高感知社会数字生态和高数字价值观,并伴随较高的 SES 时,无论宜人性和政策感知如何,其数字素养都会处于较高水平。37%的样本案例可被这一条件组态所解释,其中,3.7%的样本案例仅能被这一路径解释。

由于条件组态 S1b、S1c、S1d、S1e、S1f、S1g 的定性分析与 S1a 的思路方法一致,此处不再赘述。但值得关注的是,S1g 在组态 S1 的 7 个亚组中的原始覆盖度最大,是促使大学生产生高数字素养水平最可能的因素,换言之,在个人因素、环境因素和行为因素共同驱动的前提下,高互联网态度、高感知学校组织支持、高数字价值观和高政策感知,并伴随较高的 SES 时,最容易促使大学生产生高数字素养水平。

2)组态 S2:环境因素-行为因素核心驱动型

在条件组态 S2 中,SES、感知学校组织支持、感知社会数字生态、数字价值观和政策感知为核心条件,宜人性、责任心和互联网态度为无关紧要的条件。条件组态 S2 表明,当大学生存在高 SES、高感知学校组织支持、高感知社会数字生态、高数字价值观和高政策感知时,无论宜人性、责任心和互联网态度如何,其数字素养会处于较高水平。43.5%的样本案例可被这一条件组态所解释,其中,3.0%的样本案例仅能被这一路径解释。值得注意的是,组态 S2 与组态 S1 最大不同为,该组态不存在任何有关个人层面的前提条件。该组态在高数字素养的 8 个亚组中的原始覆盖度最大,是促使大学生产生高数字素养水平最可能的因素,换言之,大学生数字素养主要受环境层面和行为层面的驱动,即使在个人层面条件缺失时也是如此。

2. 产生非高数字素养的组态结果与分析讨论

对产生非高数字素养的组态进行检验，发现 1 类能够产生非高数字素养组态的 6 个亚组。

本章中产生非高数字素养的总体解的覆盖度为 0.445，表明这 6 种条件组态能够解释 44.5% 的非高数字素养水平的案例。总体解的一致性为 0.944，表明满足这 6 种条件组态的大学生数字素养中，有 94.4% 的数字素养水平处于非高水平。各组态的一致性水平均高于 0.9，表明每一条条件组态的可解释性都处于非高水平，满足研究需求。

6 种组态结果中，感知学校组织支持出现这个前提条件出现了 6 次（其余均出现了 5 次），这不仅说明大学生的非高感知学校组织支持会直接导致其非高数字素养的产生，而且说明除感知学校组织支持外的其他要素也非常重要，提醒相关机构/大学生应最大限度地避免这些要素存在非高水平绩效，以避免大学生数字素养的缺失。更进一步地，将高数字素养的高频前提条件与非高数字素养的高频前提条件对比发现，感知学校组织支持同时在列，意味着具有高感知学校组织支持的大学生更容易产生高数字素养，而具有非高感知学校组织支持的大学生更容易产生非高数字素养，进一步说明了感知学校组织支持这个要素对大学生数字素养水平发挥着直接且显著的影响作用。

对实现非高数字素养的个人层面、环境层面和行为层面各要素组态命名为

组态 NS1：个人因素–环境因素–行为因素核心驱动型

由于定性分析与高数字素养的思路方法一致，此处不再赘述。但值得关注的是，条件组态 NS1a 在 6 个亚组中的原始覆盖度最大，是促使大学生产生非高数字素养最可能的因素。

3. 稳健性检验

参考已有研究，本章使用改变案例数阈值、原始一致性阈值、PRI 阈值对高数字素养的组态进行稳健性检验。若所产生的新组态与原组态存在清晰子集关系，且一致性和覆盖度的变化不足以改变原组态对结果的实质性解释，则说明研究结果非常稳健[334]。

①改变原始一致性阈值方法对产生高数字素养进行稳健性检验，将原始一致性阈值由 0.8 提高至 0.85、0.90，其他参数设置不变，产生的条件组态、一致性水平、覆盖度水平等分析结果未发生变化，故认为本章分析结果稳健。

②改变案例频数阈值为 4、原始一致性阈值为 0.8、PRI 阈值为 0.75，发现 2 类能够产生高数字素养组态的 12 个亚组；其中核心条件存在与边缘条件存在均为个人层面、环境层面、行为层面各要素，未出现核心缺失条件；故认为本章结果存在一定的稳定性。产生高数字素养的组态结果与分析讨论（稳健性检验 1），如表 5-27 所示。

表 5-27　产生高数字素养的组态结果与分析讨论(稳健性检验 1)

	组态 S1											组态 S2
	S1a	S1b	S1c	S1d	S1e	S1f	S1g	S1h	S1i	S1j	S1k	
个人层面												
宜人性				●	●	●	●	●	●	●	●	
责任心		●									●	
互联网态度	●		●	●		●	●	●		●		
环境层面												
SES	●	●	●	●	●	●	●			●		●
感知学校组织支持	●	●	●	●	●	●		●		●	●	●
感知社会数字生态	●				●	●			●		●	●
行为层面												
数字价值观	●	●	●		●		●	●	●	●	●	●
政策感知		●	●			●	●	●	●	●	●	
原始覆盖度	0.427	0.405	0.422	0.377	0.374	0.361	0.353	0.378	0.359	0.359	0.368	0.435
真实覆盖度	0.013	0.009	0.009	0.008	0.006	0.017	0.006	0.012	0.009	0.004	0.004	0.021
一致性	0.949	0.963	0.962	0.959	0.955	0.960	0.957	0.968	0.958	0.952	0.963	0.952
总体解的覆盖度	0.637											
总体解的一致性	0.912											

注:案例频数阈值为 4;原始一致性阈值为 0.8;PRI 阈值为 0.75。

③改变案例数阈值为 5、原始一致性阈值为 0.8、PRI 阈值为 0.8,共发现 2 类能够产生高数字素养组态的 8 个亚组;其中各组态中无核心缺失条件,核心条件存在与边缘条件存在均为个人层面、环境层面和行为层面各要素;故认为本章结果具有良好的稳定性。产生高数字素养的组态结果与分析讨论(稳健性检验 2),如表 5-28 所示。

表 5-28　产生高数字素养的组态结果与分析讨论(稳健性检验 2)

	组态 S1							组态 S2
	S1a	S1b	S1c	S1d	S1e	S1f	S1g	
个人层面								
宜人性		●	●	●	●	●		
责任心	●	●	●			●		
互联网态度	●	●			●	●	●	

续表

	组态 S1							组态 S2
	S1a	S1b	S1c	S1d	S1e	S1f	S1g	
环境层面								
SES	●		●		●	●		●
感知学校组织支持	●		●	●	●	●	●	●
感知社会数字生态	●	●		●	●	●		●
行为层面								
数字价值观	●	●	●	●			●	●
政策感知		●	●	●	●	●	●	
原始覆盖度	0.370	0.359	0.366	0.368	0.378	0.322	0.422	0.435
真实覆盖度	0.037	0.020	0.006	0.004	0.012	0.013	0.014	0.030
一致性	0.961	0.958	0.966	0.963	0.968	0.973	0.962	0.952
总体解的覆盖度	0.598							
总体解的一致性	0.927							

注：案例频数阈值为 5；原始一致性阈值为 0.8；PRI 阈值为 0.80。

5.3.2　各子维度的充分性检验的结果与分析讨论

由于各子维度与整体维度分析讨论的思路方法一致，此处不再赘述。本节主要呈现大学生产生高和非高的数字认知、通识技能、创新技能、跨学科技能、数字意识、数字自我效能感和数字内容价值评估的各种条件组态的检验结果。

1. 数字认知维度

数字认知的充分性检验结果，如表 5-29 所示。

表 5-29　数字认知的充分性检验结果

	高数字认知								非高数字认知		
	组态 S1							组态 S2	组态 NS1		
	S1a	S1b	S1c	S1d	S1e	S1f	S1g		NS1a	NS1b	NS1c
个人层面											
宜人性		●	●	●		●	⊗			⊗	⊗
责任心	●	●	●	●	●					⊗	⊗
互联网态度	●			●	●	●			⊗		⊗
环境层面											
SES	●	●	●		●	●	●		⊗	⊗	
感知学校组织支持	●	●	●	●	●	●	●		⊗		⊗
感知社会数字生态	●	●		●		●	●		⊗	⊗	⊗

续表

| | 高数字认知 | | | | | | | | 非高数字认知 | | |
| | 组态 S1 | | | | | | | 组态 S2 | 组态 NS1 | | |
	S1a	S1b	S1c	S1d	S1e	S1f	S1g		NS1a	NS1b	NS1c
行为层面											
数字价值观	●		●	●	●	●	●	●	⊗	⊗	⊗
政策感知		●	●	●	●		●	●	⊗	⊗	⊗
原始覆盖度	0.259	0.340	0.321	0.337	0.334	0.347	0.404	0.339	0.339	0.295	0.288
真实覆盖度	0.005	0.017	0.014	0.005	0.004	0.005	0.031	0.032	0.069	0.025	0.017
一致性	0.960	0.943	0.946	0.949	0.956	0.951	0.944	0.948	0.904	0.911	0.899
总体解的覆盖度	0.527								0.381		
总体解的一致性	0.920								0.891		

1)产生高数字认知的组态结果

改变案例频数阈值为 4、原始一致性阈值为 0.8，并将 PRI 阈值为 0.8，发现 2 类能够产生高数字认知组态的 8 个亚组。总体解的一致性为 0.920、覆盖度为 0.527，表明该分析结果得到的条件组态能够解释 52.7%的案例，各组态的一致性水平均高于 0.9，表明每一组态的可解释性都处于较高水平，满足研究需求。

2)产生非高数字认知的组态结果

改变案例频数阈值为 4、原始一致性阈值为 0.8、PRI 阈值为 0.65，发现 1 类能够产生非高数字认知组态的 3 个亚组。

2. 通识技能维度

通识技能的充分性检验结果，如表 5-30 所示。

表 5-30　通识技能的充分性检验结果

| | 高通识技能 | | | | | | 非高通识技能 | | | |
| | 组态 S1 | | | | 组态 S2 | 组态 S3 | 组态 NS1 | | | |
	S1a	S1b	S1c	S1d			NS1a	NS1b	NS1c	NS1d
个人层面										
宜人性		⊗	●	●				⊗	⊗	⊗
责任心			●			●	⊗		⊗	⊗
互联网态度	●	●	●				⊗	⊗		⊗
环境层面										
SES	●	●	●		●	●	⊗	⊗	⊗	⊗
感知学校组织支持	●	●	●	●	●	●	⊗	⊗	⊗	⊗
感知社会数字生态		●	●				⊗		⊗	⊗

续表

| | 高通识技能 | | | | | | 非高通识技能 | | | |
| | 组态 S1 | | | | 组态 S2 | 组态 S3 | 组态 NS1 | | | |
	S1a	S1b	S1c	S1d			NS1a	NS1b	NS1c	NS1d
行为层面										
数字价值观	●	●		●	●	●	⊗	⊗	⊗	⊗
政策感知	●		●	●	●	●	⊗	⊗	⊗	⊗
原始覆盖度	0.391	0.259	0.336	0.337	0.404	0.372	0.308	0.289	0.296	0.289
真实覆盖度	0.009	0.021	0.017	0.029	0.021	0.008	0.038	0.019	0.025	0.019
一致性	0.947	0.955	0.949	0.936	0.938	0.940	0.912	0.912	0.917	0.913
总体解的覆盖度	0.517				0.517	0.372				
总体解的一致性	0.916				0.916	0.903				

1)产生高通识技能的组态结果

改将案例频数阈值为 4、原始一致性阈值为 0.8、PRI 阈值为 0.8，发现 3 类能够产生高通识技能组态的 6 个亚组。总体解的一致性为 0.916、覆盖度为 0.517，表明该分析结果得到的条件组态能够解释 51.7%的案例，各组态的一致性水平均高于0.9，表明每一组态的可解释性都处于较高水平，满足研究需求。

2)产生非高通识技能的组态结果

改变案例频数阈值为 4、原始一致性阈值为 0.8、PRI 阈值为 0.65，发现 1 类能够产生非高通识技能组态的 4 个亚组。

3. 创新技能维度

创新技能的充分性检验结果，如表 5-31 所示。

表 5-31 创新技能的充分性检验结果

| | 高创新技能 | | | | | 非高创新技能 | | | |
| | 组态 S1 | | | | | 组态 NS1 | | | |
	S1a	S1b	S1c	S1d	S1e	NS1a	NS1b	NS1c	NS1d
个人层面									
宜人性			●	●	●		⊗	⊗	⊗
责任心		⊗		●	●		⊗	⊗	⊗
互联网态度	●	●	●	●	●	⊗	⊗	⊗	⊗
环境层面									
SES	●	●	●		●	⊗		⊗	⊗
感知学校组织支持	●	●	●		●	⊗	⊗	⊗	⊗

续表

| | 高创新技能 | | | | | 非高创新技能 | | | |
| | 组态 S1 | | | | | 组态 NS1 | | | |
	S1a	S1b	S1c	S1d	S1e	NS1a	NS1b	NS1c	NS1d
感知社会数字生态		●	●	●	●	⊗	⊗		⊗
行为层面									
数字价值观	●	●	●	●		⊗	⊗	⊗	⊗
政策感知	●			●	●	⊗	⊗	⊗	
原始覆盖度	0.406	0.306	0.370	0.348	0.310	0.321	0.277	0.276	0.273
真实覆盖度	0.052	0.005	0.015	0.050	0.012	0.063	0.019	0.018	0.015
一致性	0.917	0.922	0.911	0.921	0.928	0.931	0.941	0.940	0.946
总体解的覆盖度	0.510					0.373			
总体解的一致性	0.895					0.920			

1)产生高创新技能的组态结果

改变案例频数阈值为 4、原始一致性阈值为 0.80、PRI 阈值为 0.70，发现 1 类能够产生高创新技能组态的 5 个亚组。总体解的一致性为 0.895、覆盖度为 0.510，表明该分析结果得到的条件组态能够解释 51.0%的案例，各组态的一致性水平均高于 0.9，表明每一组态的可解释性都处于较高水平，满足研究需求。

2)产生非高创新技能的组态结果

改变案例频数阈值为 4、原始一致性阈值为 0.8、PRI 阈值为 0.7，发现 1 类能够产生非高创新技能组态的 4 个亚组。

4. 跨学科技能维度

跨学科技能的充分性检验结果，如表 5-32 所示。

表 5-32　跨学科技能的充分性检验结果

| | 高跨学技能 | | | | 非高跨学科技能 | | | |
| | 组态 S1 | | | | 组态 NS1 | | | |
	S1a	S1b	S1c	S1d	NS1a	NS1b	NS1c	NS1d
个人层面								
宜人性	●	●		●		⊗	⊗	⊗
责任心	●			●		⊗	⊗	⊗
互联网态度	●	●	●		⊗	⊗		⊗
环境层面								
SES		●	●	⊗	⊗	⊗	⊗	
感知学校组织支持	●	●	●		⊗	⊗	⊗	⊗

	高跨学技能				非高跨学科技能			
	组态 S1				组态 NS1			
	S1a	S1b	S1c	S1d	NS1a	NS1b	NS1c	NS1d
感知社会数字生态			●	●	⊗		⊗	⊗
行为层面								
数字价值观	●	●	●	●	⊗		⊗	⊗
政策感知	●	●	●	●	⊗	⊗	⊗	⊗
原始覆盖度	0.368	0.367	0.370	0.275	0.321	0.317	0.281	0.278
真实覆盖度	0.013	0.006	0.035	0.016	0.062	0.057	0.022	0.019
一致性	0.926	0.925	0.924	0.942	0.938	0.943	0.951	0.954
总体解的覆盖度	0.458				0.419			
总体解的一致性	0.914				0.920			

1)产生高跨学科技能的组态结果

改变案例频数阈值为 4、原始一致性阈值设定为 0.8、PRI 阈值为 0.70，发现 1 类能够产生高跨学科技能组态的 4 个亚组。总体解的一致性为 0.914、覆盖度为 0.458，表明该分析结果得到的条件组态能够解释 45.8%的案例，各组态的一致性水平均高于 0.9，表明每一组态的可解释性都处于较高水平，满足研究需求。

2)产生非高跨学科技能的组态结果

改变案例频数阈值为 4、原始一致性阈值为 0.8、PRI 阈值为 0.75，发现 1 类能够产生非高跨学科技能组态的 4 个亚组。

5. 数字意识维度

数字意识的充分性检验结果，如表 5-33 所示。

表 5-33　数字意识的充分性检验结果

	高数字意识				非高数字意识				
	组态 S1				组态 NS1				
	S1a	S1b	S1c	S1d	NS1a	NS1b	NS1c	NS1d	NS1e
个人层面									
宜人性		●	●	●		⊗	⊗	⊗	⊗
责任心		●	●	●		⊗		⊗	⊗
互联网态度	●	●	●	●	⊗		⊗	⊗	⊗
环境层面									
SES	●	●	●		⊗	⊗	⊗	⊗	⊗
感知学校组织 支持	●	●		●	⊗	⊗	⊗	⊗	⊗

续表

	高数字意识				非高数字意识				
	组态 S1				组态 NS1				
	S1a	S1b	S1c	S1d	NS1a	NS1b	NS1c	NS1d	NS1e
感知社会数字生态	●		●	●	⊗	⊗		⊗	⊗
行为层面									
数字价值观	●	●	●	●	⊗	⊗	⊗		⊗
政策感知	●	●	●	●	⊗	⊗	⊗	⊗	
原始覆盖度	0.383	0.338	0.325	0.341	0.319	0.302	0.274	0.286	0.269
真实覆盖度	0.071	0.026	0.014	0.029	0.063	0.046	0.018	0.030	0.013
一致性	0.932	0.941	0.940	0.937	0.954	0.958	0.965	0.958	0.962
总体解的覆盖度	0.451				0.426				
总体解的一致性	0.918				0.931				

1）产生高数字意识的组态结果

改变案例频数阈值为 4、原始一致性阈值为 0.8、PRI 阈值为 0.70，发现 1 类能够产生高数字意识组态的 4 个亚组。总体解的一致性为 0.918、覆盖度为 0.451，表明该分析结果得到的条件组态能够解释 45.1%的案例，各组态的一致性水平均高于 0.9，表明每一组态的可解释性都处于较高水平，满足研究需求。

2）产生非高数字意识的组态结果

改变案例频数阈值为 4、原始一致性阈值为 0.8、PRI 阈值为 0.8，发现 1 类能够产生非高数字意识组态的 5 个亚组。

6. 数字自我效能感维度

数字自我效能感的充分性检验结果，如表 5-34 所示。

表 5-34　数字自我效能感的充分性检验结果

	高数字自我效能感						非高数字自我效能感				
	组态 S1						组态 NS1				
	S1a	S1b	S1c	S1d	S1e	S1f	NS1a	NS1b	NS1c	NS1d	NS1e
个人层面											
宜人性	●	●			●	●	●	⊗		⊗	⊗	⊗
责任心	●	●	●	●	●	●	⊗	⊗	⊗	⊗	⊗
互联网态度	●			●					⊗	⊗	⊗	⊗
环境层面											
SES			●		●	●		⊗	⊗	⊗	⊗
感知学校组织支持	●	●		●	●	●	⊗	⊗	⊗	⊗	⊗

续表

| | 高数字自我效能感 | | | | | | 非高数字自我效能感 | | | | |
| | 组态 S1 | | | | | | 组态 NS1 | | | | |
	S1a	S1b	S1c	S1d	S1e	S1f	NS1a	NS1b	NS1c	NS1d	NS1e
感知社会数字生态		●	●	●	●	●	⊗	⊗		⊗	⊗
行为层面											
数字价值观	●	●	●	●	●	●	⊗	⊗	⊗		⊗
政策感知	●	●	●	●		●	⊗	⊗	⊗	⊗	
原始覆盖度	0.373	0.357	0.365	0.361	0.341	0.319	0.310	0.297	0.281	0.293	0.277
真实覆盖度	0.036	0.020	0.004	0.030	0.034	0.013	0.048	0.035	0.019	0.031	0.014
一致性	0.949	0.944	0.949	0.951	0.951	0.958	0.951	0.949	0.956	0.950	0.955
总体解的覆盖度	0.498						0.408				
总体解的一致性	0.921						0.927				

1）产生高数字自我效能感的组态结果

改变案例频数阈值为 4、原始一致性阈值为 0.8、PRI 阈值为 0.80，发现 1 类能够产生高数字自我效能感组态的 6 个亚组。总体解的一致性为 0.921、覆盖度为 0.498，表明该分析结果得到的条件组态能够解释 49.8%的案例，各组态的一致性水平均高于 0.9，表明每一组态的可解释性都处于较高水平，满足研究需求。

2）产生非高数字自我效能感的组态结果

改变案例频数阈值为 4、原始一致性阈值为 0.8、PRI 阈值为 0.7，发现 1 类能够产生非高数字自我效能组态的 5 个亚组。

7. 数字内容价值评估维度

数字内容价值评估的充分性检验结果，如表 5-35 所示。

表 5-35　数字内容价值评估的充分性检验结果

| | 高数字内容价值评估 | | | | | | | 非高数字内容价值评估 | | | | | |
| | 组态 S1 | | | | | | | 组态 NS1 | | | | | |
	S1a	S1b	S1c	S1d	S1e	S1f	S1g	NS1a	NS1b	NS1c	NS1d	NS1e	NS1f
个人层面													
宜人性		●	●				●			⊗	⊗	⊗	⊗
责任心	●			●	●		●		⊗		⊗	⊗	⊗
互联网态度	●	●	●	●	●		●	⊗	⊗	⊗		⊗	⊗
环境层面													
SES	●		●	●	●		⊗	⊗		⊗		⊗	⊗
感知学校组织支持		●	●	●	●	●			⊗	⊗	⊗	⊗	⊗

续表

	高数字内容价值评估							非高数字内容价值评估					
	组态 S1							组态 NS1					
	S1a	S1b	S1c	S1d	S1e	S1f	S1g	NS1a	NS1b	NS1c	NS1d	NS1e	NS1f
感知社会数字生态	●				●	●	●	⊗	⊗	⊗	⊗		⊗
行为层面													
数字价值观	●	●	●	●	●	●	●	⊗	⊗	⊗	⊗	⊗	
政策感知		●	●	●	●	●	●	⊗	⊗		⊗	⊗	⊗
原始覆盖度	0.365	0.370	0.369	0.357	0.358	0.373	0.277	0.312	0.310	0.287	0.296	0.267	0.277
真实覆盖度	0.037	0.012	0.006	0.004	0.030	0.012	0.015	0.009	0.005	0.019	0.026	0.017	0.027
一致性	0.923	0.922	0.922	0.930	0.924	0.921	0.940	0.922	0.926	0.926	0.925	0.928	0.915
总体解的覆盖度	0.529							0.426					
总体解的一致性	0.889							0.896					

1) 产生高数字内容价值评估的组态结果

改变案例频数阈值为 4、原始一致性阈值为 0.8、PRI 阈值为 0.75，发现 1 类能够产生高数字内容价值评估组态的 7 个亚组。总体解的一致性为 0.889、覆盖度为 0.529，表明该分析结果得到的条件组态能够解释 52.9%的案例，各组态的一致性水平均高于 0.9，表明每一组态的可解释性都处于较高水平，满足研究需求。

2) 产生非高数字内容价值评估的组态结果

改变案例频数阈值为 4、原始一致性阈值为 0.8、PRI 阈值为 0.65，发现 1 类能够产生非高数字内容价值评估组态的 6 个亚组。

第6章 数字素养培育的目标构建与策略建议

大学生的数字素养培育，服务于大学生"全人发展""时代新人"的现实需求，其直接目标指向于大学生成长为数字社会合格公民，最终目标指向于大学生成长为数字内容健康传播促进者。上文已对大学生数字素养水平进行了实证研究，并揭示了大学生数字素养及各要素的整体特征、分布特征与群体差异，以及大学生数字素养影响因素及各要素的条件组态。但这些因素是否是大学生数字素养培育中存在的整体问题，尚需通过进一步研究才能加以确认。

值得注意的是，本书对大学生数字素养的界定，并非通过"相关"素养的要素简单罗列与相加而成，而是将其作为一体化"概念模型"来看待的。因此，大学生的数字素养培育不仅需要关注基础的、外在的、硬性的、初阶的"内容之知"，更要关注综合的、内在的、软性的、高阶的"方法之知"。当然，这两者均是大学生与"数字"一起生存与发展不可或缺的价值向度，并非是二元对立的，根本区别在于："内容之知"提供的是"器"，重点在于如何"做事"；"方法之知"提供的是"道"，重点在于如何"做人"。换言之，强调"方法之知"并不等于忽视"内容之知"，一旦展开了"内容之知"的深度学习，"方法之知"也会培育起来。一旦成为"内行"，就会构建起"内容之知"与"方法之知"一体化的"知识网络"[335]。

6.1 数字素养培育的目标构建

6.1.1 引言

根据美国著名教育心理学家本杰明·布卢姆(Benjamin Bloom)等的教育目标分类理论[336]，我国在新课改时提出要将课堂由原来单一目标(即知识与技能)转变为三维目标(知识与技能、过程与方法、情感态度与价值观)。在这个转变中，既有量变，也有质变。量变体现在目标维度的增加，即将单一目标扩展至三维目标；质变体现为观念的重塑，即强调三维目标(一个目标的三个领域，而非三个相互孤立的目标)的整合，具体可理解为"在过程中掌握方法，获取知识，形成能力，培养情感态度与价值观"。

本书参照我国新课改提出的三维目标，把大学生数字素养的培育目标归类为知识与技能、情感态度与价值观、过程与方法三个领域，因为这既可遵循教育教学改革目标构建的基本范式，又可最大限度地降低培育目标之间可能存在的交集。但需要注意的是，此处的三维目标领域并非高等教育的终极目标，而是大学生数字素养培育的要素和路径。大学生数字素养 7 个一级构成要素与三维目标领域之间的关系，如表 6-1 所示。

表 6-1　7 个一级构成要素与三维目标领域之间的关系

主题	7 个一级构成要素	三维目标领域
大学生数字素养	数字认知	知识与技能目标
	通识技能	
	创新技能	
	跨学科技能	
	数字意识	情感态度与价值观目标
	数字内容价值评估	
	数字自我效能感	过程与方法目标

大学生数字素养培育是大学生与"数字"一起生存和发展的过程中逐步养成的关于数字技术的知识与技能、情感态度与价值观、过程与方法的综合过程。为更好地理解大学生数字素养培育三维目标的相互关系与动态模式，本书借助如下坐标系进行解读。在三维模型中，把某个时间点的知识与技能、情感态度与价值观、过程与方法分别用各自坐标轴上的 A、C 和 O' 来表示，以 O 作为顶点，分别以 OA、OC 和 OO' 为长、宽、高，便可构成大学生数字素养培育目标的三维模型，如图 6-1 所示。

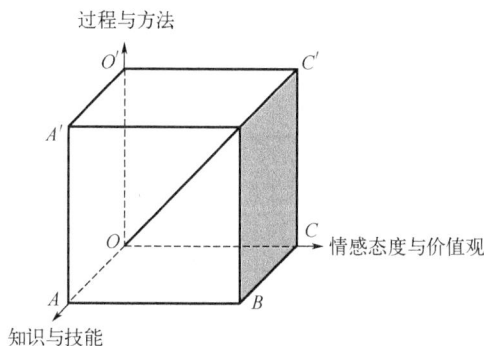

图 6-1　大学生数字素养培育目标的三维模型

不难发现，长方体 $OABC\text{-}O'A'B'C'$ 把空间坐标分为了两部分，其中一部分在长方体 $OABC\text{-}O'A'B'C'$ 空间内，另一部分则在该空间外（可被视为供发展的空间）。因此，随着知识与技能、情感态度与价值观、过程与方法的培育，长方体的体积会越来越大，也就是大学生数字素养发展可能呈现越来越复合的趋势；反之，大学生数字素养发展将会受到一定限制，如图 6-2 所示。

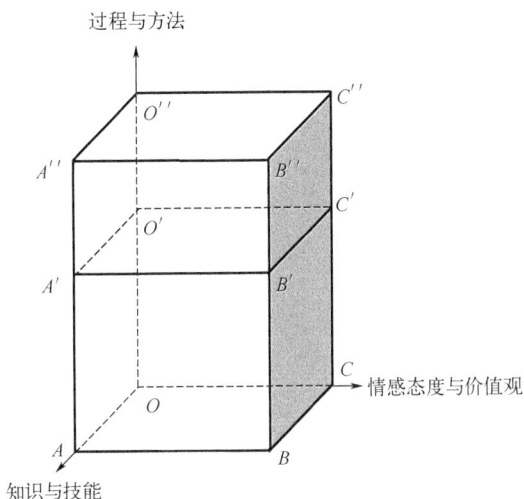

图 6-2　大学生数字素养培育目标三维模型的动态模式

　　本模型最大的特点就是可从动态视角审视影响大学生数字素养培育的三维目标，如果以长方体的体积大小代表数字素养水平高低，那么长方体的长、宽、高的比例不同则代表大学生数字素养的不同结构。从这点出发不难发现，即便是在三维模型下，因不同院校对知识与技能、情感态度与价值观、过程与方法的比例选择不同，将会导致所培养大学生的数字素养存在一定差异。

6.1.2　知识与技能目标

　　知识与技能目标是大学生数字素养培育中的基础性目标，是指大学生在数字素养培育的过程中需要具备与"数字"一起生存与发展不可或缺的学科基础知识和基本技能，这其实正是满足数字社会需求的数字知识与技能。

　　就知识目标而言，大学生在与"数字"一起存在和发展的过程中需要根据自身需求不断获取、更新数字工具与资源领域的基本概念、基本理论、数字产品与服务。但由于大学生还是数字内容"传播源"，因此除熟悉学科基础知识和基本技能外，还需要熟悉胜任行业新岗位所需的专业知识与技能，如数字内容的获取和判断、数字内容的创新创造、数字媒体与智能传播系统（如感知、采集、生产、分发、推荐、消费、反馈等）等。

　　就技能目标而言，大学生需要在数字内容获取、数字内容生产、数字内容传播等领域掌握更多的通识技能、创新技能、跨学科技能，这也是大学生胜任行业新岗位、促进数字内容健康传播的基础和前提。从通识技能看，既要求大学生能够（协同）使用数字工具与资源满足最低要求所需信息、社会显示度、信息扩散与数字化风险管控等，又要求大学生熟练使用至少一种媒体深度融合专业技能，以创建满足较高要求的数字生活/学习/实践/创新任务的数字内容;从创新技能看,要求大学生能够选用合适的数字工具与资源努力赋予传统文化以新的时代内涵和现代表达方式,能够考量传播链条中的所有元素(包括传播的对象、内容、方式与效果等),创新传播手段和话语方式,创新产业价值与用户价值共生的数字生活新流程、新产品和新服务等领域的认知能力;从跨学科技能看,要求大学生能够意识到自己欠缺什么能力,能够将多学科深度交叉融合以展开跨学科项目式学习。

综上,数字素养培育中的知识与技能目标,不仅要求大学生能够根据数字社会的主体需求不断更新自己的知识体系,而且要求大学生能够通过不断实践将外显知识转换为内隐能力,以此让自己的数字素养得到持续提升。

6.1.3　情感态度与价值观目标

情感态度与价值观目标是指在数字素养培育的过程中产生对大学生国家命运或他人境遇感同身受的“共情”能力,要求高度重视大学生所特有的精神体验,强调培养大学生正确的数字价值观和积极的人生态度、高尚的道德情操。

就情感态度目标而言,大学生需要在保护个人信息与隐私、尊重他人数据、数字版权与许可、数字技术认同、数字社会服务、维护积极健康的网络环境等领域具备更多的数字意识。从保护个人信息与隐私看,要求大学生能够遵循规范去创建、使用和管理个人的数字账号和密码等;从尊重他人数据看,要求大学生能够规范引用他人成果,避免他人隐私、商业秘密和工作秘密等敏感数据泄露等;从数字版权与使用许可看,要求大学生能够积极学习并践行数字版权和使用许可相关的法律法规,能够规范使用正版软件;从数字技术认同看,要求大学生能够认可数字技术在数字获取、制作、使用、交互、分享、创新等过程中的多元社会价值,对数字参与有积极性、主动性和创作性;从数字社会服务看,要求大学生能够了解数字社会的主体需求,善用数字技术服务社会多元领域,助推社会治理模式创新;而从维护积极健康的网络环境看,要求大学生能够采取措施避免数字技术对个人及环境造成风险和危害。

就价值观目标而言,大学生需要在数字成效分析、数字人文批判、数字艺术鉴赏、正向社会价值传播等领域具备更多的数字内容价值评估能力,这也是大学生达成较高绩效目标的基础和前提。从数字成效分析看,要求大学生具备借助数字工具与资源对数字生活/学习/实践/创新的成效进行分析的认知或能力;从数字人文批判看,要求大学生能够批判性思考数智时代已出现或可能出现的问题和挑战,重新定位媒介与人和社会的关系,能对数字产品的负面性保持高度警惕;从数字艺术鉴赏看,由于以互联网为基础的数字平台呈现出了“艺术+科学”“文化+视听”的跨学科融合发展态势,要求大学生能够对数字艺术进行积极主动的鉴赏和批评活动;从正向社会价值传播看,要求大学生能够评估所获数字内容的时效性及其与工作的相关性，能从高质量数据源中解读蕴含的主流价值。

　　综上，情感态度与价值观目标，不仅要求大学生能够善于观察、勤于思考、勇于实践，而且能够提高应变能力、善于从经验中学习总结的能力、立足批判性思维进行自我反思的能力，合理看待并批判性审视数字技术使用的各个阶段。在输入阶段，大学生需要明确自身需求是否被数字技术准确捕获；在选择阶段，需要判断数字技术的功能类型是否匹配实际任务场景和目标；而在运行决策阶段，需要判断数字技术的输出结果是否满足自身需要，是否有助于问题解决[337]。

6.1.4　过程与方法目标

　　数字技术创新迭代使得基于程序驱动的数字工具与资源渗透到社会的各个领域，对传统社会的正常秩序和健康发展造成了威胁。为让内含于数字工具与资源使用的"数字自我效能感"潜移默化地嵌入到大学生解决数字领域特定情境的复杂问题的过程之中，并逐步改变大学生的数字思维和数字行为，这自然要求大学生能够理解并较好地调用其特有的运行方法，从而更好地服务与发展自我。

　　就过程目标而言，大学生首先需要遵循互联网领域的基本法律法规，并能够在保护好自身隐私的基础上，最大限度地排除来自数字内容的一般性安全风险和威胁，例如，网络暴力、侵权盗版、网络黑客等。

　　就方法目标而言，大学生需要具备较好的自我能力感、自我努力感、环境把握感、行为控制感，这自然是大学生达成较高绩效目标的基础和前提。从自我能力感看，要求大学生能够全面认知自己能力，借助适合的数字工具与资源达成数字生活/学习/实践/创新的预期目标等；从自我努力感看，要求大学生能够主动关注、学习与追踪新一代"智能+"技术和数字媒介应用(如 Vlog、裸眼 3D、AI 主播、元宇宙、数字艺术、云直播等)等；从环境把握感看，要求大学生具备对数字生活/学习/实践/创新环境的感受，在需要的时候能有效借助数字工具与资源求助于他人；从行为控制感看，要求大学生能够畅享数字生活，即便遇到压力和困难时，也能有效控制情绪，保持冷静镇定，继续执行既定计划的认知能力。

　　综上，过程与方法目标，不仅仅要求大学生能够拥有更多的安全体验感，而且要求大学生具备较好的数字自我效能感。

6.1.5　小结

　　本书将大学生数字素养划分为既彼此独立又两两相关的 7 个一级构成要素。但若直接以 7 个一级构成要素分别为目标，必然会导致目标领域间出现一些交叉重叠。例如，"数字认知"中的"基本概念"，必然包括诸如"保护个人信息与隐私""数字版权与许可"等在内的相关概念；同样，"通识技能"中的"数字内容创建""数字内容传播"，不仅会涉及"专业综合技能"中的融媒体表达能力、产品运营管理能力等，而且也会涉及"创新技能"中的"数字内容创新""数字传播创新"，等等。不难发现，现行的学科专业适合传统以持续积累为特点的知识与技能，也适合于随着数字技术创新迭代的现代知识与技能，却不适合于知识、技能、态度、意识、批判性思考、数字价值观等诸多要素相互渗透与融合的数字素养。

6.2　数字素养培育的路径选择

6.2.1　引言

一方面，我国各级政府均还没有制定指导数字素养培育项目实施的相关法律或规划性文件，教育主管部门还没有建立健全数字素养培育的人才培养体系，各级各类图书馆等相关机构也基本还未启动数字素养培育的相关项目；另一方面，公众对数字素养的认识是不充分或者不到位的，比如有些人认为，通过提升专业技能就足以发展大学生数字素养，这实际是一种认知错位。这不仅导致仅有的数字素养培育活动存在内容松散、形式单一、针对性与创造性不足等问题，而且导致面向我国大学生开展的数字素养培育仍缺乏较好的实践案例。

大学生数字素养培育绝不仅仅是专业技能的运用过程，还应扩展到与高等教育相关的方方面面，既需要政府相关部门、社会各界、学校的通力协作，又需要大学生自身思维、意识和实践的全面快速跟进，如此方能实现供给侧、环境侧和需求侧的动态协同。事实上，要想看到大学生数字素养的显著提升，不仅需要关注大学生学习"哪些内容"，也要引导大学生理解"为何学习这些内容""如何学习这些内容""如何使用这些内容解决特定情境问题"，进而整体把握各部分内容之间的内在联系。但遗憾的是，目前大学生数字素养培育主要还是通过有限的学校课堂教育，不仅家庭和社会的参与度并不高，而且更有甚者"反向参与"，如"因噎废食"限制子女的部分数字终端使用、"纵容"孩子沉迷电子产品、"诱导"未成年人网贷消费等[338]。

正是如此，在大学生数字素养培育的过程中，就需要以系统论视角切入，整体考虑各种因素的"衔接点"，通过培育理念、方法和路径的一体化建构，促进大学生数字素养的多元化、内涵式发展，这既能顺应大学生"全人发展""时代新人"的现实需求，又能充分释放大学生积极参与数字社会服务的驱动作用。事实上，欧美国家的数字素养培育之所以能取得显著成效，也正是这个原因，这为我国提供了宝贵借鉴[339]。

根据三元交互决定论，大学生数字素养应该是个人、环境和行为这三个既相对独立、同时又互为因果的决定因素交互作用、共同影响的结果。但若直接按个人层面、环境层面、行为层面来提出提升路径，必会导致提升路径方面出现一些交叉重叠。例如，环境层面的感知学校组织支持，必然与个人层面的互联网态度紧密关联；

同样，环境层面的感知社会数字生态，必然与行为层面的数字价值观紧密关联。因此，本章将从自我赋权、家庭培育、高校培育和社会培育四个维度切入，因为这不仅能够有效构建相关主体共生、共同发展的"点线面体"生态体系，而且可最大限度地降低培育路径之间可能存在的交集。

6.2.2 自我赋权的内生路径

大学生数字素养培育不仅包含了在教育领域的相关内容，而且还包含了大学生需要面对的职业语境与现实语境等多种广义范围的社会因素，以及对大学生养成数字知识与技能、数字意识与责任时的自觉性和价值性的引领。然而，个人的自我赋权是发展中的主要环节，因为任何事物的变化和发展都是内因和外因相互作用的结果。外因通过内因起作用，内因才是事物发展的决定性因素，关键是要充分引导学生参与数字生活/学习/实践/创新的主动性、积极性和创造性，最大限度地激发自身进取意识、主体意识、创新意识、价值判断力、批判性思维等。

本书的实证研究结果表明，大学生仍面临着诸多问题。其一，不在少数的大学生存在缺失基本概念(61.15%)、基础理论(48.39%)、数字产品和服务(43.76%)、跨学科认知(41.19%)等问题，将直接影响发展数字素养的主动性；其二，数字素养及各要素得分低于均值的大学生较多，除通识技能外的其他所有一级构成要素，至少有超过 41.68%(最高超过 51.13%)的大学生的得分低于均值；其三，大学生的跨学科技能(3.578 分)、创新技能(3.686 分)还存在较大的提升空间且亟须提升，其不仅是仅有的不及数字素养整体得分均值(3.768 分)的两个要素，而且是排名倒数第一和第二的两个要素，这可能与其责任心(3.431 分)、政策感知(3.317 分)、感知社会数字生态(3.133 分)显著相关。更进一步地，无论是成长为数字社会合格公民，还是成长为数字内容健康传播促进者，都离不开大学生自身的努力。所以，要发展大学生的数字素养，首先需要大学生自我赋权。

1. 树立正确的数字素养观念

大学生要想发展数字素养，首要任务便是对自身发展数字素养的战略必要性和现实紧迫性形成更全面的认识，树立正确的数字素养观念。但实证研究结果表明，大学生在与数字素养观念紧密关联的要素方面，得分低于均值的人数占比实在太高，如数字认知(51.13%)、数字意识(45.18%)等。

因此，大学生需要从关注碎片化、固定化的数字知识与技能，到关注开放性的、复杂的数字生活/学习/实践/创新特定情境的复杂问题解决；从关注对数字知识与技能的理解、复制、反应，到关注对数字知识与技能的建构、解决、感悟；从关注学到什么数字知识与技能，到关注如何学习和高效使用数字知识与技能。具体而言，大学生需要采用更为包容的心态来接纳数字工具与资源，广泛地涉猎和汲取数字工具与资源领域的知识与技能等，从优秀伙伴身上吸取先进经验，构建适合我国国情且与数智时代相匹配的数字知识网络，既注重外在行为层面的显性能力的提升，又注重内在意识层面的隐性能力的储备，并能通过创新、创造、跨学科迁移的方式实现不同数字能力的横纵向联系，从而让自己的竞争力得到持续提升。

2. 树立并践行终身学习的理念

当前的教育面临诸多挑战：学科发展从"高度分化"走向"交叉融合"、知识生产从"学科中心"转向"问题导向"、人才培养从"专业教育"迈向"跨学科教育"，单科性专才已难以应对瞬息万变的市场需求[340]。高等教育期间，大学生数字素养培育的主要目的是进一步强化数字赋能，帮助大学生把握数字时代脉搏，激励大学生在与"数字"一起生存与发展的过程中保持持续探索的精神。但我国目前的高等教育，似乎过于注重培养大学生的专业技能，却忽略了夯实大学生数字化生存与发展的基础，这也直接导致毕业生处于被动适应社会需求的状态[341]。而实证研究结果也表明，大学生的自我能力感和自我努力感还不够高，应更多关注和发展自身的核心素养需求，并能借助数字工具与资源创造更多机会，持续地获取与开展多样性的智育、德育、体育、美育活动。

因此，对那些接触数字工具与资源相对晚一点的大学生而言，可先从数字内容检索等数字知识与技能入手，逐步提升自身在数字内容获取、数字内容创作、数字内容传播、批判性思考等方面的数字能力。同时，还应积极关注或参加与数字能力相关的在线学习资源、学术活动、展示宣传等，积极尝试生产数字内容并在线分享自己的数字能力提升心得，从而持续提升数字自我效能感。而对那些接触数字工具与资源相对较早的大学生而言，就需要尽可能多地参与各级各类学科竞赛或相关机构主办的有利于数字素养水平提升的比赛，因为这既能唤起自我对数字知识与技能的终身学习动力，又能通过实践不断反思自身的学习目标与方向。

3. 加强数字素养基础能力的培养与实践

为提出科学有效的提升路径，本书进一步对 1058 份有效问卷的相关数据进行分析发现，在责任心(3.431 分)方面，题项 9-1(3.411 分)，意味着多数大学生还不能较好地借助数字工具与资源把相关工作做得更彻底；题项 9-4(3.340 分)，意味着多数大学生还不能较好地借助数字工具与资源制定并执行计划；而在感知社会数字生态(3.133 分)方面，题项 13-6(3.327 分)，表明足够的认知与实践，将有效支撑大学生的数字生活/学习/实践/创新。事实上，正是由于所有大学生每时每刻都身处于数字环境中，所以数字素养培育也正被潜移默化地运用于实践。

1) 积极关注不同学科的数字实践项目

大学生积极关注不同学科的数字实践项目，可帮助自身不断认识与熟悉各种数字工具与资源。但值得注意的是，目前我国高校中为数不多的数字素养培育，更多还是数字工具与资源的使用和评价，而非数字资源的获取、创作、传播、呈现等。因此，发展大学生的数字素养，需要大学生能够关注到不同学科背景的数字实践项目，逐步培养自身的跨学科多元化认知能力、判断能力、思辨能力和包容性思维模式；更多认可数字技术在数字内容获取、制作、使用、交互等过程中的多元社会价值，对数字参与有积极性、主动性和创作性；尽可能熟练使用至少一种媒体深度融合专业技能，并能创建满足较高要求的数字生活/学习/实践/创新任务的数字内容，等等。在这个过程中，那些接触数字素养较多的大学生还将逐渐具备(协同)实施数字内容创新、数字传播创新、数字呈现创新、数字化赋能等目标任务的能力。

2) 积极参与校园新媒体项目

数字技术创新迭代，让我国诸多高校都已建成了由比特构成的数字校园，其以数字化、智能化的手段帮助高校通过数字技术实现校园教学、科研、管理、服务等各种功能，使得师生学习与生活更加高效与便利。大学生在享用校园新媒体提供服务的同时，也应尽可能参与到校园新媒体建设中来。此举至少有三个方面的积极意义：其一，提升思想认识，校园新媒体本身就是融媒矩阵，是数字社会行业新岗位的一个"缩影"。大学生参与其中，不仅可更多认知与理解数字经济、媒体深度融合等国家战略，而且可通过主编筛选作品的原则，让自身进一步理解社会主义核心价值观，有助于自身形成批判性思维、正向价值传播的"最大公约数"。其二，提升理论知识与实践相结合的能力。大学生参与其中，有助于自身通过掌握的理论知识为以后的数字生活/学习/实践/创新等实践活动服务，有利于自身在实践中体会并总结经验。其三，提升审美能力。大学生也是校园新媒体的直接使用者，大学生的用户体验对优化完善校园新媒体会有诸多的帮助作用，如产品使用中的美观度、舒适度等。但遗憾的是，目前具有参与校园新媒体建设的意识和行为的大学生还为数不多。因此，对大学生而言，要想在未来能胜任行业新岗位，一方面需要努力学习数字技术相关的基本概念与基础理论，具备获取各种数字资源的能力并能制定合理规划，在此基础上可尝试将所学数字知识与技能应用到校园新媒体建设中，这既能鼓励"学中做""做中学"和"创中学"，凸显以学生为本的"体验性"，又能引导自身在实际业务需求与项目流程下进行自我规划、自我管理和自我评价，不断发现问题、面对问题、解决问题；另一方面，大学生也可自发建立学习小组，可由数字能力较强的高年级学长或在某一领域具备较高水平的同学发挥"头雁效应"，积极开展数字实践方面的交流，这不仅可让学习小组成员不断自发互助，而且可潜移默化地持续提升学习小组成员的数字自我效能感。

6.2.3　家庭培育的基础路径

本书的实证研究结果表明，SES 在数字素养及各要素(通识技能除外)的 IPMA 图中均处于第三象限(加强区)，表明相关机构/大学生可根据实际情况，适时调整/改善在这些指标上的表现即可；而其在通识技能的 IPMA 中处于第四象限(重点改进区)，表明相关机构/大学生应优先投入时间/精力调整/改善 SES 这个指标，以提升大学生的通识技能。

为提出科学有效的数字素养提升路径，本书进一步对 1058 份有效问卷的相关数据进行分析发现，大学生数字素养得分均值与其父母受教育程度、父母职业等紧密关联。例如，在父母受教育程度方面(题项 11-1、题项 11-2)，若父母亲均为"大学本科及以上"(4.089 分)，其水平比只有父亲(4.015 分)或母亲(4.077 分)满足的水平更高；当父母亲均为"大学本科及以上+大专"(4.009 分)，其水平也比只有父亲(3.952 分)或母亲(3.985 分)满足的水平更高。肖俊洪认为，大学生数字工具与资源的经验差异也可能会在大学生群体内部形成知识鸿沟。所以，家庭因素，是大学生数字素养培育的第二个环节。

事实上，我国高度重视家庭、家教与家风建设，因为家庭教育对子女成长有着正向的强相关关系。作为"数字原住民"的大学生，自小的生活环境便处处都是数字工具与资源、数字产品与服务。

对数字工具与资源的认知、技能、态度、意识、批判性思考、数字价值观等，都是在经历多年多月的熏陶和积累后才养成的，而非仅靠一段时间的高校生活养成。毋庸置疑地，大学生在孩童时代所接触到的任何数字工具与资源、数字产品与服务，都会对他们的数字素养产生了独特影响。所以，下面将分别从家庭、家教和家风三个维度，分析家庭培育对大学生数字素养的积极作用。

1. 营造和谐家庭氛围

大学生数字素养培育的第二个环节是家庭，而每个家庭中的家长自然担负起了子女第一任老师的责任。当然，除了父母之外，整个家庭的氛围是否和谐也非常重要。

1)和谐家庭氛围的前提是彼此尊重

虽然各家庭成员在性别、年龄、性格等方面存在差异，容易导致各家庭成员对家庭氛围的理解存在一定差异，但如何尽可能协调与统一，需要各家庭成员具备应有的修养和包容等，因为只有彼此尊重才有利于从更多维度展开交流与沟通。若将视角切换到数字社会中，各家庭成员对数字产品与服务的理解、认知与需求也会存在一定差异，但如何才能像传统社会一样尽可能协调统一，自然需要各家庭成员具备应有的数字认知和数字包容等，如此不仅有利于各家庭成员通过数字产品与服务在更多维度展开交流与互动，而且有利于大学生尽可能提升自身在保护个人信息与隐私、尊重他人数据、数字版权与许可等领域的认知能力。值得注意的是，本书中的数字包容并非单向的，而是双向作用的，既指向家长对子女的数字包容，也指向子女对父母的数字包容，因为其从本质上指向的是"数字原住民"同"数字移民""数字难民"之间的数字素养差异。

2) 和谐家庭氛围需要家庭成员齐心协力

对那些拥有相同或相近的经历、目标与价值观的家庭成员而言，他们可能更容易产生"共情"并积极承担起应有的家庭分工与社会分工，如了解社会主体需求、参与社会服务、参与环境保护等，这些都是家庭和谐的基础。而只有生活在和谐氛围中的家庭成员，才会具有更多的融合感与幸福感，如此正态循环。若将视角切换到数字社会中，家长在传统社会的家庭分工与社会分工的意识与行为，一定程度上会影响子女在数字社会中的社会分工意识与行为，如参与数字社会服务、助推维护积极健康的网络环境等，这将极大地推进和谐数字社会的构建。

3) 和谐家庭氛围有利于形成良好的家庭文化

作为国家文化的缩影，家庭文化决定着家庭的繁荣兴盛。但由于子女和家长对数字工具与资源等方面的认知或能力存在显著差异，甚至从整体上看，"数字原住民"的数字能力水平远高于"数字移民""数字难民"，所以极易引发家庭矛盾。和谐家庭氛围，自然需要家长更多亲自参与到子女数字素养的培育中来。一方面，积极沟通是亲子减少认知差异、增加认知共识的有力手段。另一方面，家长提高自身数字能力将尽可能减少与子女的数字能力差距，并在数字工具与资源的知识、技能、态度、意识等方面引起更多共鸣。因此，在数字素养的家庭培育过程中，家长应扬长避短，尽可能从"立德树人"、培育和践行社会主义核心价值观、弘扬中华民族优秀传统文化等宏观方向入手。若将视角切换到数字社会中，一个个具有良好家庭文化的数字家庭，自然会营造良好的网络生态，这自然有利于构建更适合大学生数字生活/学习/实践/创新的环境。

2. 家长良性的言传身教

"万般皆下品，唯有读书高"，这或多或少浓缩着中国家庭的传统观念。但值得注意的是，家长虽然愿意从物质上为子女"创造"一切，也确实为子女"创造"了一切，但在精神和情感的投入还远远不够。此外，家长"因噎废食"、不加分析地规定子女的部分数字终端使用行为，认为数字技术就是"玩电脑"，对学业发展无用，甚至容易导致沉迷网络、影响视力等问题，而不去关注"为什么"是数字技术，其又能为数字生活/学习/实践/创新"做什么""怎么做"，这无异于关闭了数字技术成为子女认知世界的窗口、日常学习的助手、娱乐放松的途径、便利生活的工具、认识朋友的渠道、自我表达的空间，也直接映射着家长对子女应有数字内容需求的忽视。当然，本书并非鼓励家长让子女在数字环境中放任自流，而是指出家长要根据数字生态环境与子女成长的特点，建立对数字化学习的正确认知，宽严有序、合理有序地促进子女"使用数字技术而不是被数字技术所利用的能力"，而不是将手机等数字工具与资源视为洪水猛兽。

事实上，虽然家长不能随时在子女身边，但有责任承担起家庭教育的主体责任，不仅应用理性的物理行为和数字行为为子女做好"健康上网"的言传身教，而且应培养子女理性的时间管理能力。例如，家长多培养子女看书、适度运动、规律作息等，或可在信息混杂的"乱码世界"给子女一种清晰的"声音"。但遗憾的是，我国的一些家长要么因工作忙碌放任子女与"电子保姆"为伴，要么自身就是"互联网重度患者""低头族""抖音族"，当然其中不少还是"数字移民"甚至"数字难民"类型，试问他们如何能够对"数字原住民"的子女做到言传身教呢？[342]这些状况非常令人担忧。

3. 营造亲和正派的良好家风

家风，指一个家庭中的风气。在数字化、智能化的数字社会中，正式或非正式传播渠道以不同方式对风险进行语境化[343]，使得"信息封闭""信息茧房""信息碎片化""虚假新闻"比比皆是，不仅在"量"的层面滋生了各种负面情绪，而且在"质"的层面影响着大学生对社会的知觉偏差。值得注意的是，包括大学生在内的所有公民的精力是极度宝贵且有限的，意味着他们在一定时间周期内能够筛选和接受的信息是定量且限额的[344]。因此，良好的家风将有利于抢夺大学生在纷繁信息世界中的时间，帮助大学生筛选更多具有正向价值的内容，并按照有质量、有规律、有限度、有结构的原则接收颗粒更小且应该知道的内容，延伸大学生碎片化阅读的深度和广度，或可让大学生在自己头脑里开展左右互搏，从而提升大学生批判性思考能力与正向思维，增加大学生的"卷入"程度与水平。

数智时代，数字内容对公众的影响愈演愈烈，所有大学生无时无刻不被数字内容信息所包围。大学生数字素养并非一时一刻就能养成，也非恒定不变，而是随着他们在数字生活/学习/实践/创新中的主要矛盾与现实需求的变化而动态调整与持续更新的。同样在这个转化过程中，与家庭联系紧密、关系融洽的大学生，自然会受到幼时亲和正派的家风影响。

6.2.4　高校培育的关键路径

数智时代，行业新岗位对大学生的数字能力提出了新的更高要求，希望寻找到那些思维敏捷、有持续学习力、能够适应时代的候选人。一方面，大学生在数字生活/学习/实践/创新中若有更多的数字素养学习体验与经历，将最大限度地帮助他们持续探索数字社会的新概念和新技能，熟练使用各种数字工具与资源、数字产品与服务，并将这些经验转化为生产能力，从而获得行业新岗位的认可。另一方面，大学生的数字能力发展还将为他们提供更多行动力，激励他们时刻保持持续探索的精神，进而不断提升终身学习的能力。

本书的实证研究结果表明，感知学校组织支持的得分均值为 3.577 分，意味着大学生该维度的水平处于中等偏上水平。为提出科学有效的提升路径，本书进一步对 1058 份有效问卷的相关数据进行分析发现，大学生在感知学校组织支持的教学条件(题项 12-1、题项 12-2、题项 12-3)、教学方式(题项 12-4、题项 12-5、题项 12-6、题项 12-7)和教师数字素养水平(题项 12-8、题项 12-9、题项 12-10、题项 12-11)三个方面的得分均值分别为 3.581 分、3.406 分和 3.744 分。一方面，这说明大学生在这三个方面的感知都不是非常出色，仍有较大的提升空间。另一方面，这说明大学生对当前教学方式并不是非常认可，亟须结合实际情况加以改进。更值得注意的是：①在教学条件方面，"所在学校高度重视有利于学生数字能力提升的目标方案和评估体系，已分类型、分阶段、分层次地明确了推进步骤"(题项 12-1)的得分虽然最高，但仅有 3.665 分，还有较大的提升空间；"我所在学校高度重视并支持有利于学生数字能力提升的数字化基础设施建设，如 5G 网络等"(题项 12-2)的得分最低(3.489 分)，还有较大的提升空间且亟须提升。②在教学方式方面，"所在学校高度重视并开展了有利于学生数字能力提升的多元化教学活动，如数字技能比赛、数字技能主题讲座/公开课、信息应用成果展示等"(题项 12-5)的得分虽然最高，但仅有 3.464 分，还有较大的提升空间；"我所在学校采用了以学生为中心的教学理念，开设的课程已为将来的数智化工作环境做好了准备，如与业界共同制定人才培养方案、共同设计课程体系等"(题项 12-7)的得分最低(3.272 分)，还有较大的提升空间且亟须提升。③在教师数字素养水平方面，"我的教师在数字化活动中具有较好的道德修养和行为规范方面的责任，包括法治道德规范，以及数字安全保护"(题项 12-5)的得分虽然最高，但仅有 3.464 分，还有较大的提升空间；"我的教师在日常教育教学活动中具有较好的数字技术知识与需要掌握的数字技术技能，包括数字技术知识，以及数字技术技能"(题项 12-9)的得分最低(3.489 分)，还有较大的提升空间且亟须提升。

1. 对数字素养培育开展科学评估和顶层设计

发达国家的数字素养发展历程告诉我们，缺乏科学评估和顶层设计，数字素养培育就如同空中楼阁。要取得实质性成效，高校需要统一思想，依托自身资源禀赋，以开放、前瞻的姿态和视野，对数字素养培育开展科学评估和顶层设计，领导层要高度重视、率先垂范，形成示范带动作用。

从宏观看，高校应制定大学生数字素养培育的目标方案。一方面，高校应明确数字素养有机融入核心素养培养体系的方式，如学习成长环境、学习方式、教师角色与技术手段等；应体现培育数字社会合格公民的要求，让大学生在数字社会中的获得感与体验感可像在现实社会一样，能够畅享数字生活；应在其中融入"文化理解"，以期达成"价值认同"，让大学生能够批判性思考数智时代已出现或可能出现的问题和挑战、能够从高质量数据源中解读其中蕴含的主流价值。另一方面，高校应回到教学的原点(本原、本意、本质、本义)进行思考，数字素养培育究竟意欲何为？应鼓励大学生通过个体学习(自学)、小组学习(互学)、全班学习(共学)等方式积极开展"先学后教""完整的学习""原生态的学习"，从而确保学习不仅是积极的、主动的、快乐的、个性的、多样的、丰富的，而且是完整的、有结构的、系统的[345]。重建教学方式与关系的几种选择，如表6-2所示。

表6-2　重建教学方式与关系的几种选择

教学方式与关系	视角	关键点
先学后教	教师、教材、学生三者的关系	由"教师带着教材走向学生"转变为"学生带着教材走向教师"
	教与学、教法与学法的关系	由"先教后学、以教定学、多教少学"转变为"先学后教、以学定教、少教多学"
	学与学、学生与学生的关系	由个体性学习转变为合作性学习
完整的学习	活动	是一种"活动的、合作的、反思的学习"
	学习结果	包括"主学习、副学习和附学习"
	解决问题	包括"情境、问题、假设、推理、验证"五个步骤
原生态的学习	学习对象	直接面向文本(教材)和事物本身的学习
	学习主体	积极运用原始的经验、思维和情感、兴趣、爱好、精神、生命参与的学习

　　从中观看，高校应制定大学生数字素养培育的支撑方案。高校应成立由主管校长、教务处、图书馆及二级学院的领导和师生代表组成的数字素养培育专项工作小组，这既有利于高校在保障基本学力的前提下，定制更具个性化、针对性、层次性和指导性的数字素养培育框架，又有利于专项工作小组中的成员，尤其是那些对数字化接受度还不够高或不够重视时数字弱势成员，更多认知并重视数字素养培育，从而发挥示范带头作用，从上而下推动数字素养培育。同时，高校应加大数字素养培育的专项计划投入，不仅用于理论研究和实践运行、宣传与推广，将数字素养融入大学生的学习与生活的全过程，而且用于与社会机构的合作，力争在获得支持与资助的同时，获得对实施相关项目的指导，积极探索大学生数字素养能力与就业能力之间的关系，从而为大学生打通就业后的数字素养再提升通道。

　　从微观看，高校应制定大学生数字素养培育的实施方案。高校应根据大学生的学习阶段与专业特点将数字素养培育始终贯穿大学学习的全过程；应根据不同专业、不同年级、不同课程大学生的认知水平确定适当的学习起点和选择适合的学习内容与范围，让绝大部分大学生接受既严谨又引人入胜的课程内容。比如，针对低年级大学生，通过开设"数字媒体概论""信息资源检索""数字图像处理"等通识技能类课程，最大限度地帮助大学生提高使用数字工具与资源进行学习和实践的初阶认知能力；而针对高年级大学生，可以抽象的、多面的实践体验与成果展示为前提，通过开设数字内容传播创新、数字呈现创新、数字社会服务、批判性思维、正向社会价值传播等面向数智时代行业新岗位需求的思辨与创新创造类课程，最大限度地激发大学生通过数字技术创新、跨学科迁移解决数字领域特定情境中的复杂问题的高阶认知能力。数字能力的学习标准体系，如表 6-3 所示。

表 6-3　数字能力的学习标准体系

标准方式	具体描述	示例
内容标准	指明课程的整体知识技能体系，反映核心概念、知识技能，以及各要素之间的内在联系	理解和使用数字技术，高效并富有成效地选择和使用数字工具
表现标准	对应内容标准以年级（课程）形式制定的学习行为表现型结果，登记箱和学习行为结果是其最主要特征	能够创建满足较高要求的数字生活/学习/实践/创新任务的数字内容
机会标准	实现内容标准和表现型标准的要求所需要的基本条件	课程设置、学习条件、师资培训等基本要求

但值得注意的是，从宏观到中观再到微观，三个层次自上而下不断具体化与成果化，自下而上不断抽象化与战略化，构成了数字素养培育的顶层设计与统筹规划，也体现了数字素养培育的复杂性。同样值得注意的是，由于数字素养具有非常强的动态属性、技术属性和情境属性，因此，任何高校都不可能直接提出一套"恒定不变""囊括万千""包治百病"的顶层设计和培育目标方案，这其实也暗示了教育内在的动力机制。

2. 提升教师的数字素养水平

教师数字意识强烈、数字知识丰富、数字能力充裕是推动教育数字转型的关键软实力，是提高教学水平、构建高质量教育体系和培养高素质人才的重要保障。教师作为学生数字实践体验的设计者和协调者、数字素养形成的主要条件，必须对数智时代的教育教学有更好的适应性和创新性，能够持续优化与改进学生学习所需的数字资源、数字体验和数字组织支持；能够结合数字领域特定情境的复杂问题，不仅从更广泛的层面对话数字素养的本质，而且从教育教学活动的现场层面对话学生的认知逻辑，从"数字知识传递"转向"数字知识建构"，从知识型教师转变为素养型教师。从事高等教育的教师作为大学生与数字社会之间的"衔接点"，在组织、引导大学生持续完善自我，以及构建数字社会等方面都发挥着尤为关键的作用。

面对教育行业标准《教师数字素养》的出台，高校应随"时移""世易"而"思变""备变"，既不能"不作为"——墨守成规、故步自封，用所谓"以不变应万变"

自欺欺人，更不能"慢作为""乱作为"——抛开教育行业标准，改弦更张、另起炉灶。因为，如果宁愿把时间花在"学习"数字素养的 PPT 上，而不去亲身体验数字素养本身，结果只会事与愿违。因此，基于《教师数字素养》提升教师数字素养，是每一所高校、每一位教师的应有之义。

为清晰地阐释教师与教育管理者应"思变""备变"，本书借用美国教育家比尔费·雷特与其他人通过网络进行"创意共享"创建的图表"你希望孩子用技术工具做什么"（见表 6-4），以及他与《面向未来的教育：给教育者的创新课》的作者乔治·库罗斯（George Couros）共同创建的图表"你希望领导者用技术工具做什么"（见表 6-5）[346]，可以清晰地阐释教师与教育管理者对数字工具与资源在数字生活/学习/实践/创新中的认知存在不足与亟须改善。其中，"错误答案"与"不错的答案"，主要是知道如何打开和使用相关数字产品与服务，是数字生活/学习/实践/创新中的最基础能力，可被视为本书认为的初阶认知能力；而"正确答案"与"更好的答案"是以掌握初阶认知能力为前提，不仅需要能够适应性地使用数字工具与资源，而且需要能够以重塑的方式来考虑问题与促进发展，可被视为本书认为的高阶认知能力。

表 6-4 你希望孩子用技术工具做什么

你希望孩子用技术工具做什么	
错误答案	正确答案
用 PREZIS 软件制作演示文稿 开设博客 创建文字云 用 ANIMOT0 设计 FILPCHART 文件 制作视频 在 EDMODO 上发帖 使用白板软件 开发应用软件	提高感悟能力 建立人际沟通 寻找问题（孩子自己的问题）的答案 建立伙伴关系 改变思路 改变现状 付诸行动 推动变革
技术只是工具，不是学习成果	

表 6-5 你希望领导者用技术工具做什么

你希望领导者用技术工具做什么	
不错的答案	更好的答案
发表推文 使用谷歌应用 写博文 使用学习管理系统 发布视频 给家人发送提醒断行 开发一个网站 制作电子演示文稿 制作电子表格	建立关系 通过多种途径与社区成员沟通 将组织扁平化 与本地和世界各地的同行合作 改变组织文化 向所有人学习 公开反思 讲一个有感染力的故事 发掘个人的学习机会 推动变革并且领导变革
技术只是工具，不是领导力的成果	

1) 及时制定教师数字素养培养体系

有研究发现，若教师具备较高的数字素养水平，他们对数字工具与资源的使用将更为合理、更为关键，将更加准确地引导大学生根据自己的成长目标选择适合的数字工具与资源完善自我知识体系，而该过程不仅对大学生的数字学习有利，而且对发展大学生数字素养水平有利[347]。本书发现，大学生的数字素养水平与其学历阶段、获得奖学金层次正向相关，高数字素养能促进大学生将其学历提升至更高阶段、获得更高层次的奖学金。

由于教师数字素养被划分为包含数字化意识、数字技术知识与能力、数字化应用等在内的 5 个一级维度，以及 13 个二级维度和 33 个三级维度的能力框架化，以下仅以数字化应用中涉及的数字交流与协作为例。

UNESCO 指出，大学生要进一步提升对知识的理解和认知，就应该能够运用所学知识独立或与他人协作地发现并解决现实世界中遇到的复杂问题，而强调以小组或团队形式促进学习的协作学习是一种较为有效的方式。教育部也高度认可数字交流与协作这种方式，认为其较好地体现了知识群体角色，可帮助大学生在数字网络环境中有更多获得感，在更大程度上促进彼此之间的思想文化交流、创新与发展。

例如，教师灵活高效地运用已有的包括在线学习平台在内的数字资源，在确定数字交流与协作方式的基础上，通过构建虚拟学习小组群、课程答疑群、成果展示群等主体社群，以引导者身份指导大学生积极开展数字交流与协作，循循善诱地引导大学生利用数字工具与资源达成学习目标，长此以往，将助推大学生通过数字工具与资源实现正式学习与非正式学习体验的整合，以及与外界实践活动的连接。此外，教师还需要对那些数字素养水平不高的大学生给予更多关注，因为他们对数字工具与资源、数字产品与服务的接受能力不及那些数字素养水平较高的学生，在数字环境中较难对自身实现清晰定位。对这些大学生，教师应通过增加个别指导与练习、调整教学进度等方式，并通过公众号、视频号等他们经常使用的新媒体平台来激发他们的数字学习兴趣，有针对性地引导他们进行学习，从而帮助他们尽快适应数字生活/学习/实践/创新。

要更好地提升大学生的数字素养水平，高校教师有责任更加全面地理解数字技术，能在研判自身的数字素养水平的基础上，利用高校数字资源进行持续自我提升；有责任定期了解所培养大学生的数字素养现状，并能根据他们的实际水平选择适合的虚实融合环境，通过创客空间、工作坊、互动体验等积极学习方式，以及混合学习、翻转课堂等网络学习方式，积极引导他们更多意识到数字交流与协作的价值；有责任构建或依托虚拟教研室，与不同区域教师共同"备好一节课"，从而帮助学生"同上一堂课"，在此基础上对他们的数字交流与协作习惯和效果进行监控，从而实现教学目标。数字交流与协作的教学策略，如表 6-6 所示。

表 6-6 数字交流与协作的教学策略

教学策略	计算机科学原理的应用实例
讨论小组 活动学习 分享和回应	活动学习和数字化赋能是帮助学生理解他们看不到的数字技术的有效方法，可通过对数字技术的创新、跨学科使用来提升学生的学习和参与。
学生反馈系统 思考-结对-分享 成员交流	回顾之前课程内容以及将新知识与已有知识连接的时候，使用思考-结对-分享和成员交流是有用的策略。
数字化赋能 使用操作	教师可使用学生反馈系统进行形成性评价和接收来自学生的反馈。

正是如此，高校应高度重视提升教师数字素养，及时制定教师数字素养培养体系，并将教师数字素养与其专业素养、教育学素养、心理学素养等并列为教师必备能力之一，写入高校教师的培养政策中。同时，也应从政策导向上引导教师完成从"数字知识传授者""学习过程把持者""学习结果定义者"到"数字资源汇聚师""数字内容设计师""数字活动引导者""数字人才评价者""数字实践反思家""学生成长导航者"的角色转变，通过多种方式鼓励教师在教育教学活动中更多地使用数字技术。除此之外，还应将数字能力纳入教师数字素养的考核范畴，因为只有建立以数字素养考核为导向的教师数字能力考核体系，才能构建一个促进教师数字素养发展的评价、反馈、反思、改进和提升的持续性过程。

2）鼓励教师提升数字自我效能感

本书认为，教师的数字自我效能感是指教师通过数字技术实现某一任务的自信状态。从教师对数字技术的认知看，只有当教师对数字技术具备较好的感知，他们才愿意在开展教育教学活动时更多选择适合的数字技术，并积极探索数字技术与课程的融合，如此循环，将有效提升教学的趣味性并提升教师的数字能力。从教师对数字技术的态度看，只有当教师对数字技术持有积极态度，他们才更愿意发挥主观能动性去通过各种方式学习更多类型的数字技术，并将其更多元地应用于教育教学活动，如此循环，又将有效提升教学效果并提升教师的数字技术使用态度。

OECD 于 2022 年发布的报告显示，若能将学校里数字自我效能感较高的教师进行均匀分布，就可最大限度地为那些 SES 低下的大学生提供同等的数字知识学习机会。而由 OECD 研发实施的项目"教学与学习国际调查"的数据显示，数字自我效能感较高的教师有接近 1/4 都是在私立学校、具有社会优势的学校或具有经济优势的学校工作。按此不难推断，数字自我效能感较好的教师可对大学生数字学习提出更为合理的意见和建议，若能提升高校教师的数字自我效能感并将其进行均匀分布，则可最大限度地为那些数字技术操作与使用能力较低的大学生提供同等的数字知识学习机会。

3）鼓励教师增强自我反思的意识和能力

教师还应积极、主动地将自身专业发展融入数字技术赋能的进程之中，因为那些时常反思的教师更容易深刻认识问题，更容易怀着更强烈的愿望去解决问题。这种对数字能力的认知提升和实践自觉自然能够更有效、更持久地提升教师数字素养。在反思的过程中，应优先考虑的核心问题是："自己已让数字工具与资源有效地服务于教学活动了么？"与之相关的问题包括但不限于"教学前思考并构建满足学生的数字知识与技能的需求了么？""教学前将专业研究和数字技术融合，并尽可能推进成果转化了么？""教学中使用数字工具与资源了么？""教学中主动使用数字工具与资源来辅助教学了么？""教学中使用了数字工具与资源辅助教学，但达到预期效果了么""数字工具与资源在教育教学中还可以实现哪些创新"，等等。

3. 开设数字素养通识课程

正如上文所言，性别、学历阶段、学校层次等变量会对大学生的数字素养水平造成一定影响，但这些因素并非决定性因素，融合特定学科专业的数字能力培育才是大学生数字素养的决定性因素，因为大学生在校期间是否具有数字素养课程学习经历对其日后的就业角色、职责、发展具有显著影响。虽然各高校对通识课程的安排不尽相同，但目的均是通过通识教育的多样性，扩大学生在专业课程上的学习自主权、选择权，让大学生能够将有限的时间和精力投入到自己感兴趣或擅长的领域，从而构建属于自己的知识体系。如此，即便大学生就业后较少参加正式学习，也能借助数字素养创新、创造、跨学科迁移地思考并解决数字领域特定情境中的复杂问题并展示研究成果，这将提升他们的终身学习能力。例如，新闻学专业大学生可通过数据可视化探讨新的传播现象、广播电视编导专业可通过音视频分析软件分析数字内容中的艺术表现，等等。为此，基于上文对大学生数字素养的实证研究，本书认为一种回应数智时代的数字素养培育体系符合通识课程的设置要求。

在国外，基于素养的特色课程体系建设各具特色，但主要可分为如下四种形式：其一，将其作为某一学科知识的重要组成部分，在对应课程中得到体现；其二，将其融入到各个学科中去，如计算机课、英语课等；其三，将其视为一门跨学科整合课程，大学生可进行多学科辅修；其四，将其单独设置为独立课程。事实上，无论哪种形式，都可以为我国高校开设数字素养培育通识课程提供有益借鉴[348]。国外已有不少高校开设了数字素养相关课程。例如，美国福赛大学在学士学位课程中开设了数字素养课程；美国得克萨斯大学在课程体系中加入了数字素养教育的内容等。令人欣喜的是，虽然我国对数字素养的研究起步较晚，但已有一些高校将数字素养设置为了通识课程；虽然我国目前将数字素养设为通识课程的高校还非常少，但他们作为先行的实践者，其经验可为更多高校开展数字素养培育提供重要参考。

例如，为有效培养大学生在数字内容获取、数字内容交流、数字内容创建、数字内容表达，以及通过数字工具与资源解决问题的能力，南开大学根据数字技术在不同领域的应用，如文字-图形-图像-影像-VR/AR 等，搭建了分层次、分阶段的通识实验课程群，课程体系构架，如图 6-3 所示[349]。不仅如此，南开大学还于 2022

年 6 月举办了主题为"全面提升大学生数字素养教学研讨——暨'新文科智能计算基础'课程总结及面向多学科推广"的专题研讨会。

此外，也有高校通过辅导大学生开展或参与数字人文项目的方式来推动大学生的数字能力习得，也未尝不是一种思路。这里边的典型代表包括南京大学、北京大学、中国人民大学，尽管这些项目仍有较大的发展空间，如学生群体的差异性与诉求性有待优化、实践深度与广度有待提升等，但他们的"视点"与"维度"仍值得各高校积极借鉴。数字人文教学项目设置情况（示例），如表 6-7 所示。

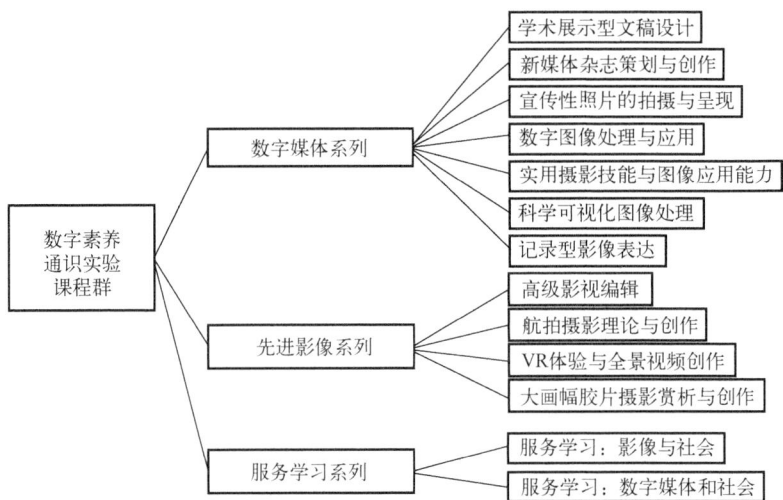

图 6-3　数字素养通识实验课程体系构架

表 6-7　数字人文教学项目设置情况（示例）

高校名称	项目名称	课程定位	培养目标	课程内容	考核方式
南京大学历史学院	数字工具与世界史研究	面向历史学本科生的专业课程	提高人文学学生的数字素养	强调理论+实践，覆盖数字人文理论、技术与工具、项目实例	学生数字人文项目前、中、后期三次汇报
北京大学社会科学学部	数字人文	面向全校本科生的通识课程	掌握数字人文的基本概念、实践进展和工具方法		平时成绩项目选题汇报项目实践报告与作品展
中国人民大学信息资源管理学院	数字人文荣誉研究学位项目	面向全校本科生学校自主颁发荣誉性正面的学习项目	兼具人文素养和数字能力的综合性人才		课程学习实践项目毕业设计

因此，高校将数字素养设为通识课程，可最大限度地根据大学生的各种差异开展针对性的教学指导，让每位大学生都获得最优发展，这对那些接触数字工具与资源相对晚一点的大学生将尤为重要。对那些即将到行业新岗位工作的大学生而言，数字技术创新迭代，只有尽可能全面认知数字工具与资源、数字产品与服务的概念与原理，

以及专业领域的数字知识与技能，才能更高效率、更高质量地参与到数字内容获取、数字内容创建、数字内容传播等目标任务中。所以，高校应根据不同年级、专业，设计不同知识体系和层次结构的课程内容，将数字素养融入通识课程中，如本科一、二年级的课程目标为提升数字检索能力、掌握分析与评价能力等，而本科三、四年级的课程目标为数字内容创建、数字创新表达、数字化赋能等，以及相关知识的综合运用等，从而充分调动和激发大学生在数字生活/学习/实践/创新中的主观能动性，更大程度地把德智体美劳全面发展落到实处，增强育人的时代性与先进性。

4. 将数字素养与专业课程的深度融合和协同创新

在过去相当长的时期内，学校教育通常要求学生以线性方式、固定步骤来回答或解决问题，但现实世界的问题复杂多变，既不是线性的，也不是按既定步骤出现的，需要综合各种因素才能找到解决方案，有时还需要进行多次尝试与持续修正，"正确答案"也往往不止一个。因此，为系统发展大学生数字素养，高校有必要紧扣数智时代脉搏，避免陷入碎片化的知识点罗列和堆积，不仅应以知识联系为纲进行统整，强调数字素养培育要打开学科的边界、走向学科的综合，让学生在综合地带、边缘地带进行知识探险，而且应以核心素养为纲进行统整，以学生的成长为本位，通过跨学科课程交流与对话来优化大学生的数字技术学习与使用体验，既包括通过学院内、校内、高校间、校企的教师（业界专家）的碰撞突破传统学科专业领域师资不足的发展困境，即创新搭建专兼结合、具有较强理论水平和实践经验的"无边界"教学团队，又包括通过理论知识与现实岗位的碰撞突破传统学科专业实践的发展困境，即为大学生提供更多跨学科的数字项目实践机会。数字素养培育与核心素养培育的融合设计，如图 6-4 所示[350]。

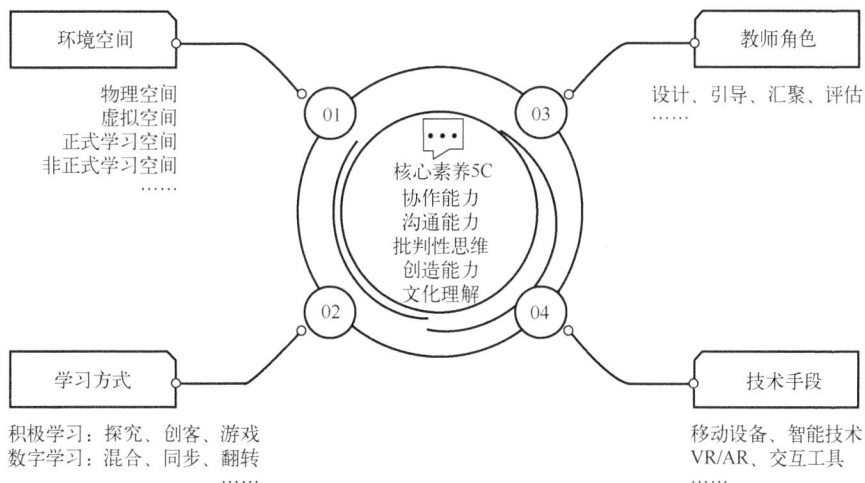

图 6-4　数字素养培育与核心素养培育的融合设计

例如，为鼓励不同学科背景大学生积极参与数字体验，提升大学生的通用数字能力，华南农业大学便将数字技术和学术实践创造性地融入了高校最具代表性的课程"文献检索"，通过实证研究验证，最终构建了适合不同学科背景和数字能力水平、包含四个维度(学习环境、教学内容、数字体验和学习评价)的数字素养融合教学模式和实施路径[351]。大学生数字素养融合式教学模式和实施路径，如图 6-5 所示。

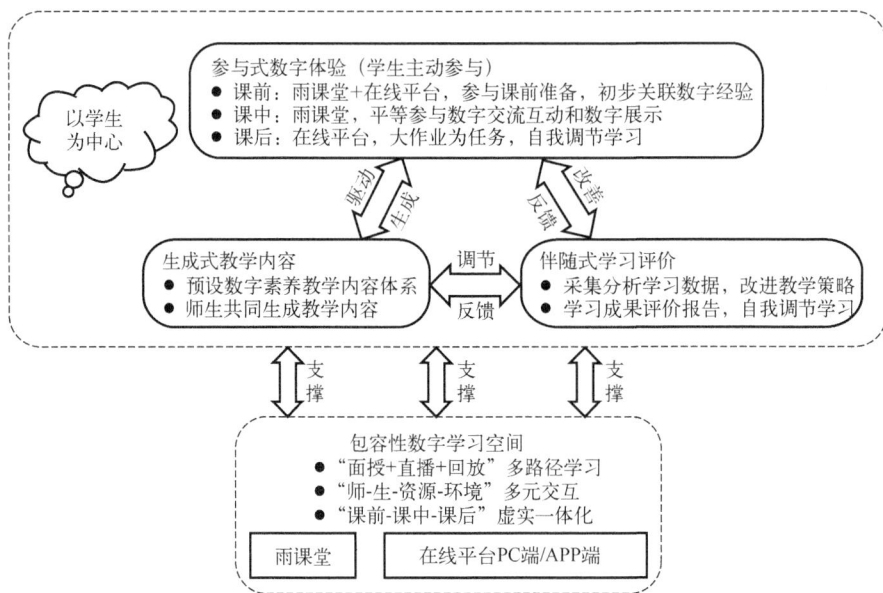

图 6-5　大学生数字素养融合式教学模式和实施路径

又如，在高校内部，针对"三维影视动画模块"教学内容中的"元宇宙场景构建"，成都大学将擅于艺术表达的动画专业教师、擅于技术研发的数字媒体专业教师、擅于洞察社会需求与实践的行业实践专家组合在一起，进行合作开发与教学，既让教师间通过协同、合作等方式实现了教学中的嫁接式、复合式或穿插式融合，提高了教师岗位实践能力和基于岗位工作过程的教学设计能力，又使原本割裂的两个学科版块间形成了互动发展的良性态势。

再如，将数字媒体技术融入医疗系统共同创作保健类数字内容、将数字媒体艺术融入非遗场所共创全景类数字文化虚拟史实资料、将网络游戏融入信息检索课程并使用虚拟现实或剧情闯关模式进行互动、将新媒体直播引入新生入学教育、将网络谣言/诈骗/侵权融入思想政治类课程，等等[352]。不难发现，这些跨学科交流与对话，既可鼓励大学生在不同的数字生活/学习/实践/创新特定情境中，运用数字思维形成解决复杂问题的数字方案，体验数字技术行业实践者真实的工作模式和思考方式，又可创造机会让大学生感受数字技术所引发的价值冲突，思考自身的数字行为对自然环境与人文环境的潜在影响，增强数字社会责任。

　　尤其值得肯定的是，为回应时代、社会重大关切，使学科专业研究能够结合数字技术、方法和人工智能等前沿领域最新进展，实现数字与学科专业的深度融合和协同创新，也有高校通过设立"数字人文研究中心""数字人文研究院"等跨学科机构的方式来探索数字素养与专业素养的融合途径，可谓"走在时代前列"。例如，中国人民大学在原数字人文研究中心（于 2020 年 12 月成立）的基础上，于 2023 年 4 月成立了跨学院研究机构——数字人文研究院，希望通过各学科共同探索、创新和合作，在"有组织的科研"和建构自主知识体系方面创新探索。在成立仪式上，与会代表分别以"红色文献档案文献库""中国文字与古籍数字化研究所""清代地理信息系统""数字记忆与数字重建""数字人文案例库""人工智能赋能新闻研究""人工智能与数字人文""人工智能与数字人文"为主题就前期的阶段性研究成果进行了分享，足以体现数字能力的多元性与复杂性。

　　5. 积极发展高绩效的数字素养培育生态系统

　　数字素养培育需要多方合力，不能局限于课堂的教育教学，还应体现在与大学生校园生活紧密关联的全方位数字生态系统。数智时代，大学生在学习生活中的诸多日常事项均可在线完成，如入学报到、课程选择、成绩查询等，这些数字环境都会潜移默化、循循善诱地作为学生自主学习、自主探究的认知工具、协作交流工具以及情感体验与内化的工具。

　　1）充分挖掘图书馆培育潜能

　　用户的数字素养水平由于受主观（如认知、能力、学习意愿等）或客观（如年龄、性别、成长环境等）因素的影响有着显著差异，存在较大的提升空间，自学虽然能从一定程度上提升数字素养，但由于我国数字基础设施东西部地区布局不够平衡，要想大规模通过自学取得理想效果目前还十分困难。因此，经过数字化改造升级、已从"藏书楼"变身为"学习中心"（包括"数字人文空间""媒体制作工坊""创客空间"等）、可通过"线上借书""书店借书""数字阅读"等方式，为不同类型用户提供个性化、智能化、综合化的数字服务的图书馆，应尽可能承担起"信息服务"与"教育"的双重职能，成为大学生乐意选择的智慧空间[353]，并进一步发挥其作为实体空间、虚拟空间和智慧空间的结合体[354]的重要作用，以最大限度地加快为社会培养数字领域人才[355]。

　　事实上，国外很多关于数字素养的研究都指向着高校图书馆，如制定数字素养框架（如昆士兰大学等）、启动数字素养资源/项目（如美国康奈尔大学等）、开展数字素养教育培训（如通识教育、融入专业课程等）等。在英国，JISC 早在 2013 年之前就以图书馆作为组织实施与监管机构，在 12 所大学和 11 所高等教育机构中，累计开展了 33 个高校数字素养项目，取得了非常突出的培育效果[356]。这说明以高校图书馆为枢纽、以创新驱动为目标,融合多方力量[357],开发本校普适性的数字素养发展框架指导数字素养教育[358,359],通过多元分层的方式积极推行师生数字素养培育及评估[360-362],已得到充分认可。

高校图书馆作为大学生学习生活的"第三空间",已成为大学生数字素养培育的极佳场所。一方面,许多高校图书馆都已广泛参与到院校(系)的数据管理服务中,以数字化技术、智能化技术渗透到了大学生知识的全生命周期,而高校图书馆员长期的专业技能与经验积累,又让高校图书馆成为了值得院校(系)开展数字素养培育充分信赖的重要力量,为各院校(系)针对性地设计数字素养培育方案奠定了有利基础。另一方面,高校图书馆既有实体空间,又有很多的馆藏资源,尤其是那些数字资源,值得大学生根据自己的学习目标充分挖掘。但是,很多教师、大学生对高校图书馆的认知还非常有限,认为其是教学、科研与学习的辅助性机构,其职能更多只是提供学习和传统读物的物理空间。

为此,高校图书馆应以空间为联络中心,在前期课程的基础上,通过多样化形式全方位开展大学生数字素养培育实践,如导师制、项目驱动、在线学前测试、创建主题模块、进行专题推广等形式,甚至还可将其场景扩展至生活、社会实践等,从而满足不同大学生的学习习惯和学习需求,让他们更多地体验到数字素养的重要性,并能从创新实践中带来数字知识的积累和增值,进而提升自身的数字素养水平。同时,应以自身为主体(中心节点),纵向层面依托各级教育管理部门(如教育厅、教育局等)、行业协会(如图书馆协会、出版协会等)的力量推进,横向层面依托校内相关部门(如学生处、团委、二级学院等)的力量推进,实现横向、纵向力量的网格化联动。此外,还应为高校师生提供满足其学科专业发展需求的数字素养工具及其应用,构建定制的数字素养空间、数字工具与资源,以及专门培育并配置的"智慧"馆员,力争成为高校数字素养培育的引领者。

2)营造积极有利的数字素养培育环境

为更好地提升大学生对数字学习的兴趣,高校应尽可能积极构建集教学、学习、生活和创新创业一体的数字素养培育环境,这有利于教师之间的共识与协同、学生之间的"相互学习",以及学校与社会的链接。一方面,应尽可能为教师提供更全方位的数字能力培训,进一步加强教师对数字资源整合共享的力度,如引进一些优质的公开课让教师参与其中,在让他们更新专业知识的同时,更多意识到良好的数字化环境对促进教育、教学的质量和效率的积极作用,从而提升他们对数字技术的使用信心与能力,进而有效提升他们的数字自我效能感。因为那些对数字技术失去信心或兴趣的教师,往往是"数字移民""数字难民",他们对数字能力的目标(意义)、内涵(实质)、方法(途径)还只是一知半解,甚至根本没有掌握,所以若能全方位提升教师的数字知识与技能,不仅将有效提升他们的数字能力,而且将有效提升他们的数字自我效能感。但需要注意的是,由于数字技术具有非常强的动态属性、技术属性和情境属性，会随着数字技术的变化而变化，因此高校为教师提供的培训不仅需贯穿于教师专业发展的整个生命周期中，如职前(如培训教师培养学生数字素养的认知等)、入职(如设置有关数字素养与技能的职业准入门槛等)和持续的、系统的、正式的和非正式的教学和技术支持，而且应将培训后的教师进行合理分配。同样需要注意的是，高校在为教师提供培训时，应与教师达成共识、目标一致，为所有教师的数字能力学习、创造和创新提供渠道与资源，鼓励教师勇于打破藩篱，同时应从不同角度(如目标契合性、内容应用性、方法难易性等)紧密跟踪并评估培训的成效，并通过教师的交流反馈与实践心得，不断丰富、优化和完善教师数字素养培训体系。另一方面，高校还应尽可能创造数字化赋能的教育教学和学习成长环境，加大对物理空间和虚拟空间的投入。如在物理空间引入虚拟/增强/混合/扩展现实实验室、数据可视化等软件，并配备智能设备与交互工具、裸眼 3D 设备等，以及数字资源管理系统等，或在虚拟空间引入"慕课""翻转课堂"等，通过规范化管理营造清朗的网络环境等。此外，高校还应通过包括官网、微信、微博、公众号、视频号等在内的校园新媒体开展线上数字素养培育活动，如知识竞赛、典型案例展示等，同时通过多种形式开展线下数字素养培育活动，包括大学生数字人文节、数字创新日/周、数字阅读知识竞赛、新媒体技能应用大赛、交互媒体大赛、数字素养大讲堂等，利用更多机会和形式在高校内开展宣传和普及数字技术基础知识，创造一种和谐向上的培育环境，从而以情感体验引发情感共鸣，让教师的教育教学和学生的学习成长更为生动有趣，并给他们带来思想、认知和行为的变化与提升。

3) 通过构筑"实践共同体"等方式开展隐性培育

数字技术创新迭代不仅让高校对学术研究产生了新的方式，而且让高校对数字素养产生了新的期待。从高校功能角度看，首要任务的是人才培养，然后是提升社会服务效能，提倡学生、高校与社会的深入互动，提倡个人价值与区域经济发展乃至国家发展融合发展。而从个体成长角度看，无论能够"记忆"与"再现"多少"数字知识"都是不重要的，因为要促进社会高质量发展、可持续发展，就需要具备独立的思考与知识体系，能主动解决数字领域特定情境中的复杂问题，而非等待他人响应。换言之，个体不能成为数字知识的"容器"或"搬运工"，而应成为能够学以致用地"善用数字工具与资源解决数字领域特定情境的复杂问题""应对数智时代已出现或可能出现的问题和挑战"的人才。尤其是随着数字技术创新迭代，与其单纯地记忆数字知识，不如将精力更多放在如何借助探究、梳理数字知识，用自己的逻辑架构组织不同的数字知识。

因此，为应对数字技术带来的新挑战，数字素养培育应遵循由外力推动到自主发展再到全面成长的发展思路，高校可通过设立大学生数字研究中心等方式加强构筑"实践共同体"，由此开启大学生对数字社会的探索之旅。这一旅途既需要旅行者(学生)的自主选择，也需要向导(教师)的悉心指引，至少有三个方面的积极意义：

其一，拓展大学生传统的学习方式与研究视域，引导大学生能够更多关注"数字"，并能在研究中通过思考、练习、领会和模拟等方式，消化与吸收显性知识；其二，引导大学生尽可能实现从被动学习到能动学习、从个体学习到协同学习、从表层学习到深度学习，有余力在自己擅长的领域内精耕细作；其三，引导大学生从"技术之趣"发展到"综合应用的好习惯"、从"工具操作技能"发展到"用学科方法解决问题的能力"、从"数字技术本身学习"发展到"'数字技术+'的学习"、从"客体+被动"发展到"主体+能动"。在这个过程中，教师不仅应主动承担起协调大学生学习动机与成就感的重要任务，而且应以数字化管理师、数字媒体艺术专业人员、虚拟现实产品设计师等"数字职业"为导向，最大限度地指引"实践共同体"的实践内容、目标与过程。

美国 Lee 等研究者提出了计算环境下使用的三阶段进展模式——"使用-修改-创作"（Use-Modify-Create）来支持和深化学生的计算思维体验[363]。比如，大学生在数字研究中心中，使用现成的三维模型进行创作、运行控制智能程序或者进行元宇宙和沉浸式数字体验，随着时间的推移，他们开始修改模型、程序或体验流程，从而把一个个简单的功能组合、聚合、叠加成一个越来越复杂的功能。又如，大学生最开始只是想改变模型的颜色或结构等纯视觉属性，后来可能想提升体验者的沉浸感，就尝试开发新的代码。"不是我的作品"在经过一系列修改和迭代的改进后，将转变为"我的作品"，在这个过程中，大学生提升了新的技能和解决问题的能力。随着获得数字能力和数字自我效能的提升，大学生就更愿意为自己设计的新项目提出新的想法并解决他们选择的问题。计算思维的"使用-修改-创作"三阶段进展路径，如图 6-6 所示。

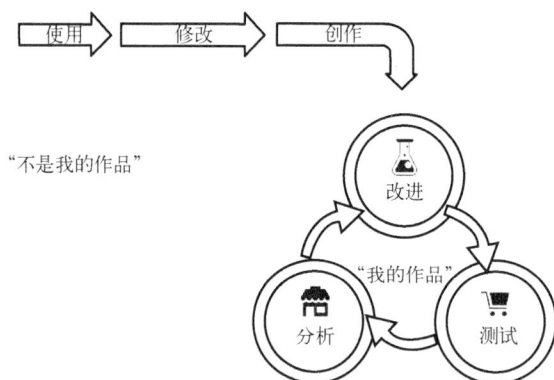

图 6-6　计算思维的"使用-修改-创作"三阶段进展路径

4) 发起数字素养培育志愿服务行动

大学生是数字内容创新发展的强大动力。要发展大学生的数字素养，就要创造一些能够不断吸引大学生积极参与的活动，可考虑组织一场关于大学生数字素养培育的志愿服务行动。一方面，数字素养培育的志愿服务行动也是大学生的一个实践过程，不仅可让他们编辑、整理、分类组合已有知识，提升数字内容获取、数字内容创作、数字内容传播等通识技能，以及数字内容创新、数字传播创新、数字呈现创新、问题重塑与解决等创新技能与跨学科技能，而且可让他们感受数字素养对自身成长为数字社会合格公民与数字内容健康传播的促进者重要意义，同时也为高校普及数字素养常识与提升大学生数字素养整体水平提供绝佳方式；另一方面，数字素养培育的志愿服务行动也是一个大学生之间"教学相长"的过程，可让大学生在实践中将数字素养学以致用、取长补短，逐步提升数字认知、通识技能、创新技能、跨学科技能、数字意识、数字自我效能感、数字内容价值评估七个方面的数字能力，逐步深化对数字素养培育的理解，为未来胜任行业新岗位奠定基础。

当然，国内外已有的那些能够发挥大学生主体作用的数字素养培育案例也非常值得借鉴。例如，伦敦政治经济学院早于 2013 年 9 月便发起了数字素养大学生大使 (Student Ambassadors for Digital Literacy，SADL)项目。在这个项目中，伦敦政治经济学院会邀请各个学科的大学生大使参与到由他们主办并以"学术实践+管理和共享信息+管理在线身份+查找和评估信息"四个方面为主题的数字素养系列研讨会，其中的一次研讨会还专门讨论了大学生大使项目对发展大学生数字素养水平的关联性。

5) 建立健全多元化的数字素养培育评价体系

评价是个"指挥棒"，合理的评价机制将有效反映培育的内容、对象、成果和问题，而适当的反馈又将有助于教育者及时调整培育过程和体系，以让培育活动得到持续完善。因此，高校应将"关注什么，就把评价尺子放到哪里"的理念贯穿于始终：一方面，高校可通过测评引发大学生更多认知数字素养，促进大学生能够更加全面、准确地把握数字技术的本质及其应该承担的社会功能，有意识地发展数字素养；另一方面，高校可通过测评架起数字素养培育与学习之间的"桥梁"，帮助大学生应对数字化转型带来的挑战、异化与重构。

但值得注意的是，评价须指向大学生的学习本身，也可以说是"为学习的评价"，其终极目标是"学习的学习"，而非大学生的学习结果，这其实是一种从单一到多元、从封闭到开放、从结果性到过程性、从主观/滞后/模糊到客观/实时/精准、从数字化到智能化、从量化测评到质性分析、从控制到对话、从情境孤立到情境相关、从以教育问责为目的到以支持学习为目的的多元评价。对大学生而言，应从"指向目标达成的自我学习力的提升"的视角切入；对教师和培育环境而言，应从"指向目标达成的教学一体化"的视角切入。也正是这个原因，孙鹏等根据叶继元"全评价"体系框架[364]，还构建了涉及形式、内容和效用三个维度的数字素养培育环境的评价框架，如表 6-8 所示，这也为各高校更好地开展数字素养培育时提供了有益借鉴。

表 6-8　数字素养培育环境评价框架

维度	方法	主要指标	指标细分或内涵界定
形式	定量	师资	馆员、专任教师、社会力量
		空间	类型、数量、功能
		项目	类型、数量、规模
		课程	类型、数量、对象
		培训	类型、数量、对象
		用户	类型、数量、参与
内容	定量与定性相结合	师资	学科背景、专业成果、学术贡献
		空间	主题特征
		项目	专业特征、能力训练
		课程	专业特征、课程内容
		培训	专业特征、培训内容
		用户	专业背景、数字技能、学习能力、特长
效用	定量与定性相结合	操作能力	教学设备及软件使用
		专业能力	专业合作、实践、专业发展
		学习能力	协作学习、自主学习
		创新能力	数字沟通与协作、负责任使用、数字问题解决

　　但需要注意的是，无论是学生学习评价，还是教师能力评价与培育环境评价，指向的都须是学生的学习本身，也可以说是"为学习的评价"，其终极目标是"学习的学习"[365]，而非学生的学习结果，这其实是内隐与外显的复杂关系，其中既包括质与量，也包括价值与行动。而这种具有内隐的、质的、价值的终极目标指向，就像勇攀高峰一样，并非需要教师冲在前方，而是教师"引领学生自身检点""评价自身的学习状态"，然后规划自己的目标方向，以自主发展促自我建构[366]。唯有如此，我们才不仅可看到主体"主动做了什么"，而且能察觉主体"被动不做什么"，还能洞察主体"主动不做什么"[367]。

6.2.5　社会培育的合力路径

　　当下，数字素养培育的直接驱动力主要来自学校和政府，家庭、社区、企业等社会支持要素的作用尚未凸显。为此，社会需要对数字素养培育给予极大的理解、支持和配合，以尽快形成"个体-家庭-高校-社会"的合力。

　　本书的实证研究结果表明，感知社会数字生态的得分均值为 3.133 分，表明多数大学生处于非常中规中矩的水平，还有较大的提升空间且亟须提升。为提出科学有效的提升路径，本书进一步对 1058 份有效问卷的相关数据进行分析发现，大学生在感知社会数字生态中的数字基础(题项 13-1、题项 13-2)、数字能力(题项 13-3、题项 13-4)和数字应用(题项 13-5、题项 13-6)三个方面的得分均值分别为 2.976 分、3.107 分和 3.317 分。一方面,这说明大学生在这三个方面的感知仅仅在及格线左右,还有较大的提升空间且亟须提升;另一方面,这说明大学生并不熟悉所在城市的数字基础现状,尽管其所在城市的数字基础可能已很不错,但相关的数字基础确实并未让大学生感知或体验到。更值得注意的是:①在数字基础方面,"所在城市具有较好的支撑数字转型、智能升级和融合创新的新型基础设施,包括信息基础设施、融合基础设施和创新基础设施"(题项 13-1)的得分最低(2.924 分)且未达及格线,还有较大的提升空间且亟须提升。②在数字能力方面,"我所在城市具有较好的数字人力资源的结构、流动、供需及环境等,且相关机构积极承担数字素养培育的责任"(题项 13-3)的得分最低(3.076)且刚超过及格线,还有较大的提升空间且亟须提升。③在数字应用方面,"我所在城市在政府管理服务领域具有较好的数字技术应用发展水平,且已充分释放社会组织的培育潜能"(题项 13-5)的得分最低(3.306 分),还有较大的提升空间且亟须提升。

1. 释放社会组织的培育功能

国外较早便开始了数字素养培育的研究与实践并取得了较多成果,这其中离不开大量社会组织的积极作用。事实上,上文提及的 UNESCO、NMC、JISC、SCONUL、ALA 等机构,均是社会组织,他们对数字素养的培育作用成效显著,无一例外地得到了官方的高度认可和充分肯定。具体以美国图书馆社会性公益组织为例,无论是数字素养工作小组发起的惠及全美儿童的数字素养教育项目,还是 PLA 建设的 DigitalLearn.org,或是美国儿童图书馆服务协会(Association for Library Service to Children,ALSC)制定的《为青少年服务的图书馆媒体导师制》等,均体现了美国社会组织对数字素养培育的大力推广[368]。所以,加大对社会组织在政策、资金和人员上的配备,将是大学生数字素养培育的一个重要方向。

大学生数字素养是一种包括外在行为层面的显性能力和内在意识层面的隐性能力的综合数字能力特质集,绝非单靠高校的力量就能完成。但截至目前,中国社会各界对数字素养培育的重视程度还不高,较少进行积极推广与实践,尚未形成高校产学研、社会合作共赢的良好局面。如何将数字素养培育放置于社会,让数字素养走进千家万户,是未来的努力方向和发展终点。

对大学生数字素养培育而言,充分释放社会组织的培育功能,不仅可营造公平、自由选择的环境,而且可优化、灵活、高效地配置社会资源。但是,社会组织要发挥积极作用,不仅离不开有素养的、行为导向的政策制定者,而且离不开有素养的、活跃的公民社会。若仔细分析 UNESCO 提出的 MIL 对社会的直接影响环形图便不难发现,数字素养对社会的直接影响也符合该图形呈现的逻辑,如图 6-7 所示,即分别代表社会和教育两个曲线箭头共同组成一个环形。从"社会层面"看,有素养的、行为导向的政策制定者会推进具有素养的、活跃的公民社会的形成，而这又会促进个人负责任地、道德地、更高效地使用数字内容；从"教育层面"看，其在"社会层面"的基础上产生了许多高素质的工作者和高层次人才的劳动力市场，进而向社会输出了符合需求的教育者。而通过总结经验、制定规划，教育者又培养出高素养的政策制定者，如此正向循环。社会性公益组织在两条曲线中均承担着重要的职责，尤其是那些专门从事教育和培训的社会机构在"教育层面"的作用，对优化教育战略、改善教学过程、提升个人能力存在着直接的影响和贡献。

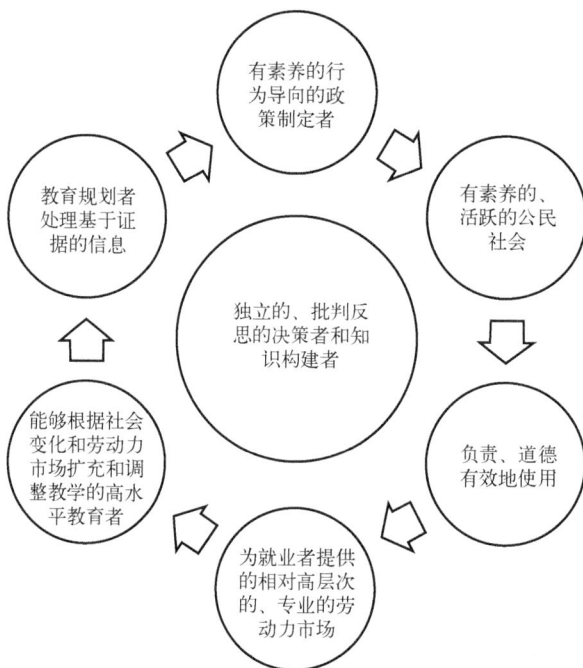

图 6-7　数字素养对社会的直接影响示意

正是如此，无论是数字素养教师，还是具有丰富经验的社会组织，都不能局限于意识上，更需要结合数智时代大学生的实际情况，建立健全高校与社会协同实践育人的工作机制，夯实理论基础，筑牢思想文化堡垒，一切以大学生"全人发展"为目标，最大限度地强化从个人、家庭、高校到全体社会成员的重视意识，为培养数字社会合格公民而不懈努力。只有足够的政策支持保障、高校推进、社会接受，社会组织才能突破数字素养培育的"造血"功能，采取更多的积极行动参与其中。

2. 优化完善数智时代的数字内容生态

即使我国高校高度重视将数字知识与技能深度融合到大学生的教育教学工作中，但数字内容生态的整体状况依然很不让人省心。数字社会是传统社会的映射，更多的是人类精神世界的数字化、智能化、大众化呈现，这是数字社会无边、无界、无形、无常的隐性部分，像暗物质、暗能量一般，依附于数字社会的人类精神，不仅让不少人把网络工具作为孤立的娱乐和社交媒介在使用，将数字技术作为放弃自由意志的借口，而且持续频繁的数字内容推荐和"灌输"让不少人逐步丧失自觉能动性，使得公众应具备的数字生存能力、数字安全能力、数字思维能力、数字生产能力和数字创新能力等都被"拟人"的数字社会吞噬，越来越失去劳动主体性，这本质也是对意识形态的控制，因为集图文、音视频于一体的数字社会终究是"拟人"的，而不是人本身。

　　一方面，大学生由于刚刚脱离家庭的庇护，尚未过多接触社会，加之大学课业繁重、学习难度大，以及与中学时期相比具有更为复杂的人际关系，不仅对数字内容的免疫力不足与敏感性不高，而且无法准确解读蕴含的主流价值，以及审视和评价数字内容的所有权、控制权与负面性等，还存在消费主义、享乐主义等不健康的消费观。另一方面，网络空间中还存在包括低俗庸俗、暴力血腥、"杀人任务"等数字内容在内的诸多有害信息，非常不利于大学生的身心健康。

　　因此，联合多方力量组成合作伙伴关系共同优化完善数智时代的数字内容生态，对大学生数字素养培育的重要性不言而喻。一方面，相关社会机构可和高校开展积极合作，共同开发类似于 Coursera（由美国斯坦福大学两名计算机科学教授创办的大型公开在线课程项目）、Udacity（一家拥有 1000 余万用户的在线教育机构）等公益网络教育平台，让更多普通学生获得平等的教育机会。另一方面，相关企业应以提高大学生数字素养水平为目标，与高校建立良好的合作伙伴关系，消除隔阂、互帮互促、共建共享，共同开发数字素养培育项目。但需要注意的是，数字素养培育是在数字化基础设施和数字化资源的基础上发展起来的，要让其达到预期效果，不仅需要在构建满足各方需求对话机制的基础上做好前期调研，而且需要其符合社会需求和规律，并能与社会发展保持动态平衡。

　　以上呈现了大学生数字素养培育的多条有效路径，这其中不少也是针对所有公民数字素养培育的通用策略。根据本书中大学生数字素养水平的现状分析，在具体实施时还可结合大学生的性别、学历阶段、学校层次、学校区域、主修专业、获得奖学金层次、平均每天使用数字媒介工具总时长的实际差异实施精细化的优化策略，以最大限度地让大学生数字素养的提升路径更具有针对性和可操作性。

6.2.6　小结

　　综合以上多项路径，本书获悉了协同与重构的大学生数字素养培育的路径选择，然而这仅是本书的一次积极探索。事实上，数字素养是一种综合数字能力特质集，涵盖范围广泛、内容丰富，其不仅需要掌握与"数字"一起生存与发展的基本技能，更需要通过数字工具与资源与未来职业岗位、与数字社会保持动态平衡。

　　根据本书的调研发现，多数大学生对数字素养并没有全面认知，认为数字素养是信息技术学科或计算机学科的内容。事实上，数字素养从来不是单一学科的内容，其涵盖范围广泛、内容丰富，是一个包括教育学、心理学、社会学、人类学、信息技术等多学科深度融合的综合性学科体系。数字素养培育也绝非单一主体就能完成的工作，而是需要顶层设计，从多元主体交叉融合中不断探求平衡点，这当然不能局限于数字技术操作与使用，甚至也不能局限于"生活问题"的解决，而是需要正确认识"人与技术""人、技术及问题解决""人、技术与社会"的相互关系，趋利避害、合理、规范、安全、负责任地使用数字技术；不能局限于单个"数字人"的虚拟空间，而是全体"数字人"共同打造的数字社会。因此，数字素养培育的重要性不言而喻，需要突破单一主体的限制，要在多元主体融合中深入强调数字素养培育的重要性，引导大学生在校期间就能成长为数字社会合格公民，并为未来成长为数字内容健康传播促进者打下坚实的基础。

协同与重构的大学生数字素养培育的路径选择（整体、个人、家庭、高校、社会），如图 6-8～图 6-12 所示。

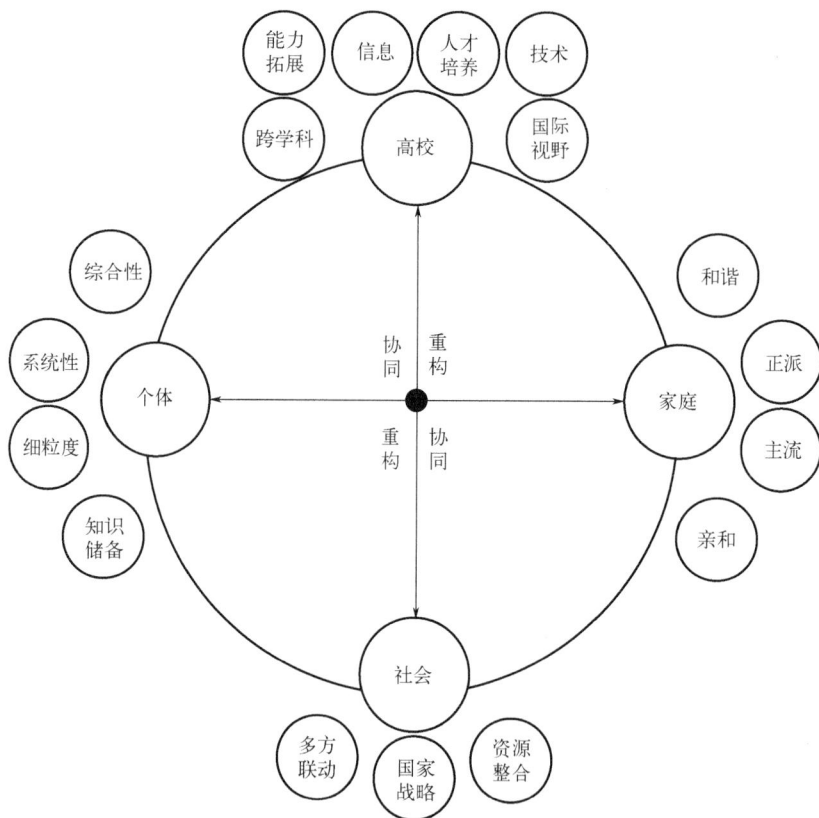

图 6-8　协同与重构的数字素养培育的路径选择（整体）

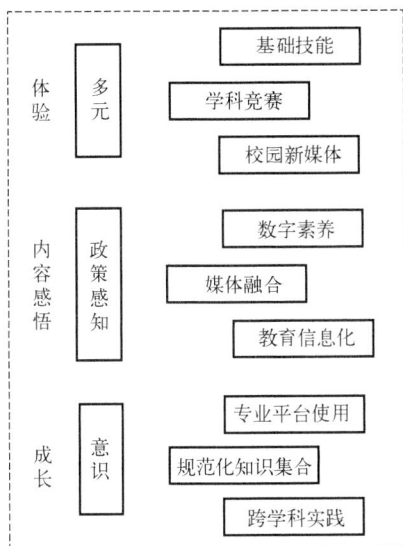

图 6-9 协同与重构的数字
素养培育的路径选择（个人）

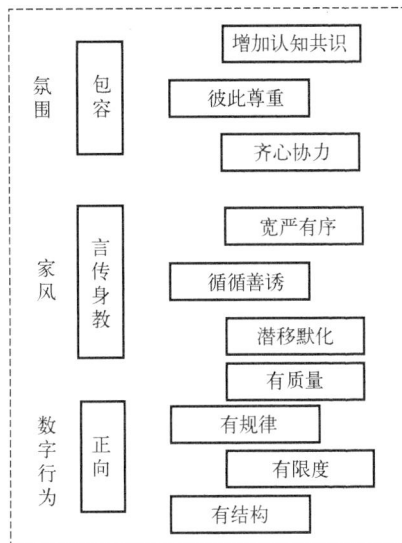

图 6-10 协同与重构的数字
素养培育的路径选择（家庭）

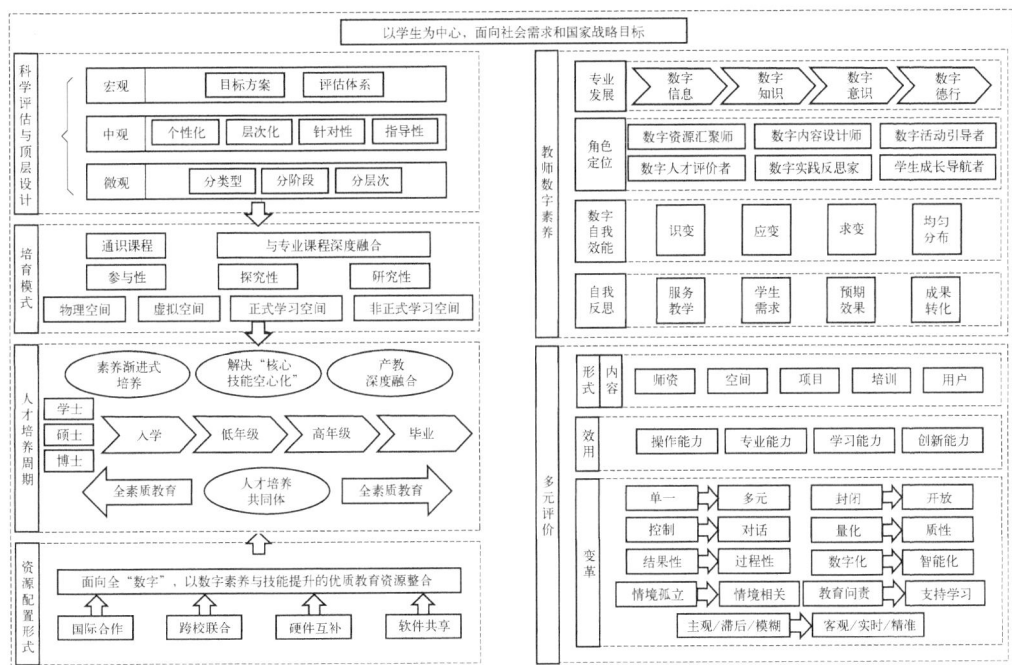

图 6-11 协同与重构的数字素养培育的路径选择（高校）

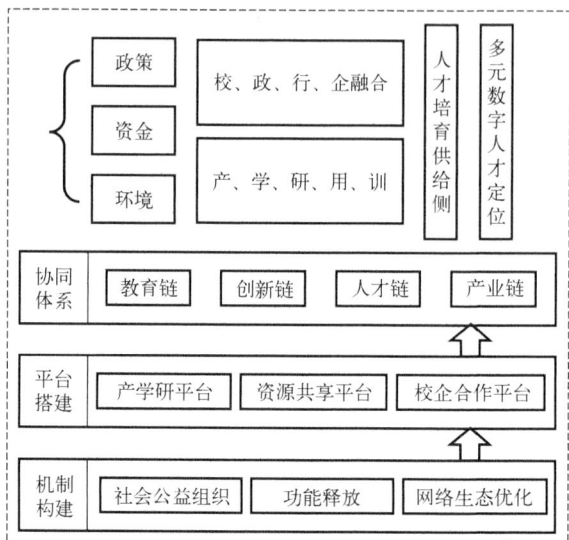

图 6-12 协同与重构的数字素养培育的路径选择(社会)

综上所述,大学生数字素养培育并非高校的单方责任,而是需要在个人、家庭、高校、社会的共同参与下渐进式的推进和发展,其全面推进不可能一蹴而就。政府和社会有责任构建、完善数字空间的相关法律法规、制定好便于公众数字行为有所遵循的规则。个人层面,需要自我赋权,养成数字技术和数字能力时的自觉性和价值性;家庭层面,需要家长做好子女的榜样,营造良好的家庭环境,引导子女形成数字尊重、数字安全、数字社会责任等数字意识;高校层面,需要最大限度地对数字素养培育开展科学评估和顶层设计、课程体系研究与建设、培育环境、胜任师资力量等,引导大学生养成数字独立、数字协作、数字尊重、数字安全等数字意识;社会层面,需要包括社会组织在内的社会机构要积极承担大学生数字素养培育的责任,加强数字素养培育相关内容的研究与实践。

第7章 总结、不足与展望

本书行文至此，对数智时代大学生数字素养培育的探讨暂告一段落，但仍然有很多研究值得去做，需要去做。

本书以数智时代为背景，以我国普通高等学校本科以上层次(包括本科、硕士研究生、博士研究生)的大学生数字素养培育的现实问题为导向，以从技能到素养再到数字素养的发展演变为研究主线，以传媒类专业大学生为研究对象，对大学生数字素养的内涵进行了全面、系统的剖析，构建了大学生数字素养模型，从实证视角通过对1058名大学生的调研进一步验证了大学生数字素养的构成要素及模型的合理性、客观性和可靠性，客观呈现了大学生数字素养的水平现状与群体差异，深层次揭示了大学生数字素养的影响因素与条件组态，并在此基础上提出了大学生数字素养培育的目标与路径选择。本章将进行系统梳理总结，分析研究中还存在的一些不足之处，并展望未来需要进一步研究或努力的方向。

7.1 总 结

7.1.1 何为大学生数字素养

本书认为，素养是胜任某项任务的先决条件，其构成并不限于知识、技能和态度等进阶能力，还包括了广泛适应个人终身发展和社会发展需要中各种变化与挑战所必须具备的能力和特质，其指向不仅与具体职业岗位相关的、多元的、复杂的、关键的、核心的综合能力特质集，而且指向较高的绩效目标的实现。

本书认为，数字素养是一种基于"数字"的、多元的、复杂的、关键的、核心的、情境的和跨领域的综合能力数字特质集，不仅指向的目标往往是数字生活/学习/实践/创新中特定情境复杂问题的解决能力，甚至需要创新、创造和迁移性地使用数字工具与资源才能实现，而且构成要素会因地域、职业、岗位、工作目标的不同而发生变化。

本书认为，大学生数字素养是大学生具有的、能促进其成长为数字社会合格公民，且能富有成效地借助数字工具与资源解决数字领域特定情境中的复杂问题、成长为数字内容健康传播促进者的综合数字能力特质集，其中这些能力特质包括了与实施数字领域特定情境任务相关的数字认知、数字技能、数字意识、数字自我效能感和数字内容价值评估等。

7.1.2　为何要发展大学生数字素养

本书认为，发展大学生数字素养既是国际趋势，也符合我国高等教育发展的需要。对作为"数字原住民"、未来社会的建设者和接班人、数字社会的主要参与者和创造者、数字内容"传播源"的大学生而言，既需要更好地成长为数字社会合格公民，又需要更好地成长为数字内容健康传播促进者。无论从大学生数字素养的理论基础还是从大学生数字素养的运作过程来看，大学生数字素养指向"全人发展""时代新人"的实现，运作环节包括数字认知、数字意识、数字调运、数字自我效能感、数字使用、数字表现和更高目标等，其中前三者是其内化于心的主要环节，而数字素养的外化于行则存在于数字社会的直接互动中。

本书以 KAP、TPB、TPC 等理论模型为基础，认为大学生数字素养指向大学生更好地胜任行业新岗位，追求较高绩效目标的实现，而非仅仅是解决数字领域的一般问题。其可外在表现为：数字技术的常规使用、创新使用与跨学科迁移使用，数字工具与资源使用过程中的自觉监督、自觉控制和自觉调节，以及成长为数字社会合格公民和数字内容健康传播促进者的价值观。

7.1.3　大学生数字素养的构成要素与权重

本书认为，数字素养具有非常强的动态属性、技术属性和情境属性，这也决定了其所包含的能力素养更为复杂，而且会随着数字技术在我国数字化转型、我国高等教育的发展现状与趋势而动态演变。正是如此，国内外相关"标准"的研制背景、目的和内容框架自然存在较大的差异。同时，本书还从国际视野和我国现状反映了发展大学生数字素养的紧迫性和必要性。依据数字素养的定义与内涵，结合国外9 个"标准"、我国 3 个"标准"，以及行业新岗位对大学生数字能力的现实需求，经过两轮专家匿名咨询与学生的预调研，本书最终确定了面向大学生数字素养模型，包括数字认知、通识技能、创新技能、跨学科技能、数字意识、数字自我效能和数字内容价值评估 7 个一级构成要素，以及 31 个二级构成要素。大学生数字素养一级构成要素的权重，如表 3-35 所示。

本书认为，大学生数字素养模型构建不仅展现出数字素养是一个有机整体，构成要素之间既彼此独立，又两两相关，而且呈现了各一级构成要素的相对重要程度，不仅有利于传媒院校(系)持续跟踪我国数字化转型、我国高等教育发展双重变革的重大战略机遇，最大限度地利用数字技术的优势，前瞻部署、科学谋划和调整优化学科专业设置、人才培养方案，而且可为不同层次、不同地域的高校结合特定学科专业开展更为科学、有效的大学生数字素养培育提供实践参考。更为重要的是，本模型符合大学生胜任行业新岗位的职业能力需求。大学生数字素养模型，如图 3-7 所示。

7.1.4 大学生数字素养的水平现状与差异性

本书根据最终确认的大学生数字素养量表与大学生数字素养影响因素量表，设计了《数智时代大学生数字素养水平现状与影响因素》调查问卷，对 1058 名大学生数字素养的水平现状与影响因素进行了实证研究。

本书发现，大学生数字素养整体得分均值在 3.768 分，标准差为 0.648，这表明大学生数字素养的整体现状为中等偏上，具有较好的水平。从大学生数字素养 7 个一级维度的得分均值来看，所有维度得分均值都在 3.5 分以上，其中，数字意识最高(3.853 分)，其次是数字内容价值评估(3.846 分)、数字自我效能(3.821 分)、数字认知(3.808 分)、通识技能(3.785 分)、创新技能(3.686 分)，最低是跨学科技能(3.578 分)。数字素养及各要素的水平现状，如表 4-18 所示。

本书认为，基本特征不同的大学生的数字素养水平存在差异。综合来看，学校区域不同和获得奖学金层次不同对大学生数字素养各要素均会产生影响，而性别、学历阶段、学校层次、主修专业、平均每天使用数字媒介总时间对个别要素不会产生影响。基本特征对数字素养各要素的差异，如表 4-22 所示。

7.1.5 大学生数字素养的影响因素

本书认为，大学生数字素养直接和间接地受到个人因素、环境因素和行为因素的影响。在个人因素层面，宜人性、责任心、互联网态度对大学生数字素养水平显著正相关；在环境因素层面，SES、感知学校组织支持、感知社会数字生态对大学生数字素养水平显著正相关；在行为因素层面，数字价值观、政策感知对大学生数字素养水平显著正相关。

7.1.6 大学生数字素养影响因素的条件组态

本书通过 NCA 分析得到，大学生数字素养影响因素各要素均不是数字素养及各要素的必要条件；通过 fsQCA 分析得到了 2 类能够让大学生产生高数字素养组态的 8 种条件组态、1 类能够让大学生产生非高数字素养组态的 6 种条件组态。大学生数字素养的充分性分析，如表 5-26 所示。

7.1.7 大学生数字素养培育的路径选择

本书获悉了协同与重构的大学生数字素养培育的路径选择(见图 6-8～图 6-12 所示)，然而这仅是本书的一次积极探索。事实上，数字素养是一种综合数字能力特质集，涵盖范围广泛、内容丰富，其不仅需要掌握与"数字"一起生存和发展的基本技能, 更需要通过数字工具与资源、未来职业岗位与数字社会保持动态平衡。本书认为, 大学生数字素养培育并非高校的单方责任, 而是需要个人、家庭、高校、社会的共同参与下渐进式地推进和发展, 其全面推进不可能一蹴而就。

7.2　不　　足

由于受研究条件、研究时间与调研资源的限制, 本书还存在一定不足, 可能会对其推广应用价值产生一定影响。

其一, 本书是面向特定学科专业(传媒类专业)大学生数字素养的研究, 并没有涉及其他学科专业。由于数字素养具有非常强的动态属性、技术属性和情境属性, 所以研究结果较难直接用于评价和研究其他学科专业, 也未能体现传媒类专业大学生与其他学科专业大学生的异同, 因此在应用范围上会存在一定局限。

其二, 从研究样本的容量看, 尽管本书涉及的样本数量已具有统计特征, 但放眼全国来看整个比例还是偏小, 代表性和普适性不够强。这些样本可能会对研究结果产生一定程度的影响。

其三, 本书依据大学生数字素养的影响因素提出了提升数字素养的路径选择, 这些路径的合理性与有效性是否经得起实际应用中的检验和推广, 还有待进一步落实和优化。

7.3　展　　望

本书从大学生数字素养的视角, 在厘清当下大学生与"数字"一起生存和发展中需要具备的能力和特质的基础上, 确定了大学生数字素养的构成要素, 构建了大学生数字素养模型, 分析比较了 1058 名大学生的数字素养水平现状, 不仅从中发现了一些"有趣"的现状, 而且进一步剖析了大学生数字素养的影响因素。本书坚信, 随着我国数字化转型、我国高等教育发展, 大学生数字素养必将是大学生解决数字领域特定情境中的复杂问题的核心能力, 也将是综合衡量大学生胜任数智时代行业新岗位的重要观测点, 这也为大学生数字素养的研究和未来发展带来了更多可能。

从总体上看, 虽然本书既从一定程度上推动了大学生数字素养的理论研究, 也为大学生数字素养培育的实践提供了相应建议, 但后续研究还可从如下几方面进一步发力。

其一, 求"大同", 存"小异"。本书所构建的大学生数字素养模型是在 NMC "高等教育数字素养框架"基础上的衍生和拓展, 这是目前大学生数字素养模型构建都在遵循的"大同"构建研究对象, 但数字素养具有非常强的动态属性、技术属性和情境属性, 如何才能主动应对我国数字化转型、高等教育发展的现状与趋势, 这些都需要进一步地去研究。特别地，针对其他学科专业的大学生数字素养模型将有什么样的"小异"，是否可以构建大学生数字素养发展连续体，等等，这些都有待于进一步深化和拓展。

其二，扩大样本量，让样本更有代表性。本书虽然对回收到的 1058 份有效问卷进行了较为全面的数据分析，但一个具有普适性和代表性的模型必须要有相对更为全面而科学的数据支撑。因此，提升样本容量与抽样的科学性，更加全面呈现大学生数字素养水平现状，这是本书未来在量上的突破。

其三，路径选择的有效性和合理性研究。本书在深层次揭示大学生数字素养的水平现状、群体差异与影响因素的基础上，提出了大学生数字素养培育的路径选择，但这些路径亟须在实际的应用过程中进一步验证、改进与优化，如此方能具有良好的延伸性和实用性，这是本书未来在质上的提升。

其四，等级划分研究。大学生数字素养的构成要素研究应具有差异性、综合性和前瞻性，这其实意味着也可将大学生数字素养水平划分为不同等级水平，以更好地评价大学生数字素养水平，从而让大学生能够有针对性和差异化地进行自我提升。

其五，进一步探究真实样态。本书虽然通过调查问卷了解到了大学生数字素养在某个时间点的静态现状，但还未能实现大学生数字素养现实样态的动态追求研究，希望在后续的研究中能有更佳的时间跨度、横向广度与纵向深度，以求呈现一种立体的大学生数字素养真实形态。

其六，发挥研究成果的社会效益。本书具有一定的现实意义，对发展大学生数字素养具有参考价值。但在后续研究中，还可以和主管学生工作的相关部门/机构合作，将研究成果共享，为其在发展大学生数字素养方面提供指导或支撑，进而发挥本书的社会效益。

参 考 文 献

[1] 苏涛, 彭兰. 虚实混融、人机互动及平台社会趋势下的人与媒介——2021 年新媒体研究综述. 国际新闻界, 2022, 44(1): 44-60.

[2] 许志强. 传媒人才数字素养培育: 价值、内涵与构成. 中国出版, 2024(4): 36-40.

[3] 陈权, 张晴. 提升公民数字素养 培养合格数字公民——《数字公民素养测评量表》开发与启示. 江苏大学学报(社会科学版), 2022, 24(6): 116-127.

[4] EveryoneOn.org. EveryoneOn. https: //www.everyoneon.org/programs,2022.

[5] Infoxchange. Technology for Social Justice. http: //www.godigi.org.au,2022.

[6] 许欢, 尚闻一. 美国、欧洲、日本、中国数字素养培养模式发展述评. 图书情报工作, 2017, 61(16): 98-106.

[7] Alexander B, Adams S, Cummins M. Digital Literacy: An NMC Horizon Project Strategic Brief. https://www.learntechlib.org/p/182085/,2022.

[8] JISC. Developing Digital Literacies. http://digitalfuturesoer3.pbworks.com/w/file/fetch/55659432 /JISC%20Developing_Digital_Literacies%20June%202012, pdf. 2021.

[9] Mishra P , Koehler M J , Henriksen D. The 7 trans-disciplinary habits of mind: extending the tpack framework towards 21st century learning. Educational Technology, 2011, (51): 22-28.

[10] Becker S A, Brown M, Dahlstrom E, et al. NMC Horizon Report: 2018 Higher Education Edition. https: //eric.ed.gov/?id=ED594367, 2022.

[11] G20 Trade Meetings. G20 Ministerial Statement on Trade and Digital Economy. http://www.g20. utoronto.ca /2019/2019-g20-trade.html,2022.

[12] 唐绪军, 黄楚新, 吴信训. 新媒体蓝皮书: 中国新媒体发展报告 No.12(2021). 北京: 社会科学文献出版社, 2021.

[13] 中央网络安全和信息化委员会. 提升全民数字素养与技能行动纲要. http://www.cac.gov.cn/2021 -11/05/ c_1637708867754305.htm,2022.

[14] 蒋敏娟, 翟云. 数字化转型背景下的公民数字素养: 框架、挑战与应对方略. 电子政务, 2022, (1): 54-65.

[15] Attewell P. Comment: the first and second digital divides. Sociology of Education, 2001, 74(3): 252-259.

[16] 王远, 陈时见. 中小学数字素养教育的动因、目标与路径——加拿大的改革探索与发展经验. 教师教育学报, 2023, 10(3): 33-43.

[17] 雷蕾, 郭全中. 教师应做人工智能教育的守望者. 中国教育报, 2023-03-30(08).

[18] 徐顺, 杨浩, 朱莎. 数字原住民是合格的数字公民?——兼论数字公民素养的提升. 中国远程教育, 2021, (9): 8-15, 76.

[19] Olatoye O I O, Nekhwevha F, Muchaonyerwa N. ICT literacy skills proficiency and experience on the use of electronic resources amongst undergraduate students in selected Eastern Cape Universities, South Africa. Library Management, 2021, 42(6-7): 471-479.

[20] Kennedy G, Judd T, Dalgarno B, et al. Beyond natives and immigrants: exploring types of net generation students. Journal of Computer Assisted Learning, 2010, 26(5): 332-343.

[21] 孙绍伟. 大学生数字素养调查研究: 感知水平、数字鸿沟及数字经验. http://kns.cnki.net/kcms/detail/23.1331.g2.20230320.1328.004.html,2024.

[22] 徐顺, 刘美心, 朱莎. 等. 大学生数字公民素养关键影响因素的阈值效应研究——以中部 H 省一所地方普通本科高校为例. 现代教育技术, 2022, 32(10): 101-110.

[23] 仇志伟, 郎晓丛, 李志鸿, 等. 大学生"低头族"现象分析及解决方案研究. 统计与管理, 2015, (4): 102-103.

[24] 凌征强. 我国大学生数字素养现状、问题与教育路径. 情报理论与实践, 2020, 43(7): 43-47, 53.

[25] 黄燕. 大学生数字素养的现状分析及培养路径. 思想理论教育, 2015, (3): 82-85.

[26] Mossberger K, Tolbert C J, Mcneal R S. Digital Citizenship: The Internet, Society, and Participation. Cambridge: MIT Press, 2007.

[27] 张宏树. 媒介素养: 从数字鸿沟到数字机遇——基于积极受众的讨论. 东南传播, 2008, 3(12): 37-39.

[28] 吕娜. 全球数治 | 中国"互联网原住民"需具备的三项核心数字素养. https://www.thepaper.cn/newsDetail_forward_16005912,2023.

[29] Rogers E M, Singhal A, Quinlan M M. Diffusion of Innovations//An Integrated Approach to Communication Theory and Research. New York: Routledge, 2008.

[30] Wilbur S, William E P. 传播学概论. 2 版. 何道宽译. 北京: 中国人民大学出版社, 2010.

[31] 郭鸿. 索绪尔语言符号学与皮尔斯符号学两大理论系统的要点——兼论对语言符号任意性的置疑和对索绪尔的挑战. 外语研究, 2004, 21(4): 1-5, 80.

[32] 余志鸿. 传播符号学. 上海: 上海交通大学出版社, 2007.

[33] Prensky M. Digital natives, digital immigrants part 2: do they really think differently? .On the Horizon, 2001, 9(6): 1-6.

[34] 林爱兵, 王希华. 面对当代受众: 媒体的素养教育. 科学新闻, 2003, (24): 19-22.

[35] 赵宇翔. 数字悟性: 基于数字原住民和数字移民的概念初探. 中国图书馆学报, 2014, 40(6): 43-54.

[36] Li C. China's "Digital Natives": How the Post-'90s Generation is Transforming the Country. https://www.brookings.edu/blog/order-from-chaos/2021/09/27/chinas-digital-natives-how-the-post-90s-generation-is-transforming-the-country/,2022.

[37] 谭昆智, 林炜双, 杨丹丹, 等. 传播学. 北京: 清华大学出版社, 2012.

[38] Mcluhan M. 理解媒介——论人的延伸. 何道宽, 译. 北京: 商务印书馆, 1964.

[39] Castells M. The Rise of The Network Society: Information Age: Economy, Society, and Culture. New Jersey: Wiley-Blackwell, 2009.

[40] 胡翼青. 论文化向度与社会向度的传播研究. 新闻与传播研究, 2012, 19(3): 4-11, 109.

[41] 高炜. 社会公器与新闻媒介. 内蒙古大学学报(人文社会科学版), 2008, 40(1): 115-118.

[42] 许志强. 媒体融合发展新样式、新阶段与新挑战. 中国出版, 2022, (8): 38-42.

[43] 廖祥忠. 以"三个跨越"开启传媒高等教育新发展阶段. 光明日报, 2020-12-08(13).

[44] 教育部. 教育部关于公布 2022 年度普通高等学校本科专业备案和审批结果的通知. http://www.moe.gov.cn/srcsite/A08/moe_1034/s4930/202304/t20230419_1056224.html,2023.

[45] 青塔. 年年被撤销! 100 所高校,叫停这个专业! https://mp.weixin.qq.com/s/VuRFpx1fTwtVg NOkrVOmeg, 2023.

[46] WEF. The Future of Jobs 2023. https://www3.weforum.org/docs/WEF_Future_of_Jobs_2023.pdf, 2023.

[47] 沈金萍. 共享·未来 智媒时代的对话与认同. 传媒, 2019, (12): 8.

[48] 骆正林. 传媒技术赋权与人类传播理念的演变. 现代传播(中国传媒大学学报), 2020, 42(2): 55-63.

[49] 澎湃号. 阿尔法工场研究院. 技术有"黑入人心"的能力,是我们这个时代最大的革命. https://www.thepaper.cn/newsDetail_forward_10400778,2022.

[50] 对外经济贸易大学数字经济与法律创新研究中心, 中国人民大学数字经济研究中心, 蚂蚁集团研究院. 2021 年算法应用的用户感知调查与分析报告. https://www.digitalelite.cn/h-nd-5373.html,2023.

[51] 高蓓蕾. 数字经济、数字生存与文科大学生数字素养培养. 南京理工大学学报(社会科学版), 2023, 36(2): 88-92.

[52] 于文娟. 智能媒体时代大学生媒介素养的嬗变与提升路径. 传媒, 2020,(14): 84-86.

[53] Eshet Y. Digital literacy: a conceptual framework for survival skills in the digital era. Journal of Educational Multimedia and Hypermedia, 2004, 13(1): 93-106.

[54] Gilster P. Digital Literacy. New York: Wiley Computer Pub, 1997.

[55] Chadwick A. 互联网政治学: 国家、公民与新传播技术. 任孟山, 译. 北京: 华夏出版社, 2010.

[56] ALA. Digital Literacy. https://literacy.ala.org/digital-literacy, 2021.

[57] ALAIR. Digital Literacy,Libraries,and Public Policy. https://alair.ala.org/bitstream/handle/11213/16261/2012_OITP_digilitreport_1_22_13_Marijke%20Visser.pdf?sequence=1&isAllowed=y, 2021.

[58] 刘国光. 中国十个五年计划研究报告. 北京: 人民出版社, 2006.

[59] 马克·布朗, 肖俊洪. 数字素养的挑战: 从有限的技能到批判性思维方式的跨越. 中国远程教育, 2018, (4): 42-53, 79-80.

[60] Eshet-Alkalai Y. Thinking in the digital era: a revised model for digital literacy. Issues in Informing Science and Information Technology, 2012, (9): 267-276.

[61] Spires H, Bartlett M. Digital literacies and learning: designing a path forward. Friday Institute

White Paper Series, 2012, 5: 1-24.

[62] Ferrari A, Punie Y. DIGCOMP: A Framework for Developing and Understanding Digital Competence in Europe. http: //digcomp.org.pl/wp-content/uploads/2016/07/DIGCOMP-1.0-2013.pdf,2022.

[63] Brečko B, Ferrari A, Vuorikari R, et al. The Digital Competence Framework for Consumers. https:// www.acrmalta.com/wp-content/uploads/2017/04/DigCompConsumersfinalpublicationJRC1031 55.pdf, 2022.

[64] Carretero S, Vuorikari R , Punie Y. DigComp 2.1: The Digital Competence Framework for Citizens With Eight Proficiency Levels and Examples of Use. https: //apo.org.au/sites/default/files/resource-files /2017-05/apo-nid221736.pdf, 2022.

[65] Riina V, Stefano K, Yves P. DigComp 2.2: the Digital Competence Framework for Citizens - With New Examples of Knowledge, Skills and Attitudes. https://publications.jrc.ec.europa.eu/ repository/handle/JRC128415, 2022.

[66] Ministry of Education, UKN. Essential Digital Skills Framework. https: //www.gov.uk/government/ publications/essential-digital-skills-framework/essential-digital-skills-framework, 2021.

[67] Van Dijk J A. Digital divide research, achievements and shortcomings. Poetics, 2006, 34(4-5): 221-235.

[68] Huang C Y, Shen Y C, Chiang I P, et al. Characterizing web users' online information behavior. Journal of the American Society for Information Science and Technology, 2007, 58(13): 1988-1997.

[69] Ruggiero G M, Spada M M, Caselli G, et al. A historical and theoretical review of cognitive behavioral therapies: from structural self-knowledge to functional processes. Journal of Rational - Emotive and Cognitive-Behavior Therapy, 2018, 36(4): 378-403.

[70] Rivoltella P C. Digital Literacy: Tools and Methodologies for Information Society. New York: IGI Global, 2008.

[71] Cerisier J F, Rizza C, Devauchelle B, et al. Former des Jeunes à L'usage des Médias Numériques: Heurs Et malheurs du Brevet Informatique et Internet (B2i) en France. Distances et Savoirs. Hors Ssérie. Lavoisier: Paris, 2008: 1-28.

[72] 21st Century Skills. Wikipedia. https: //en.wikipedia.org/wiki/21st_century_skills. 2021.

[73] CAUL, CAUDIT, ACODE. Digital Literacy Working Group. http: //archive2010.caul.edu.au/caul-programs/teaching-learning/cca-digital-literacy-working-group, 2021.

[74] UNICEF Office of Global Insight and Policy. Digital Literacy for Children: Exploring Definitions and Frameworks. https: //www.unicef.org/globalinsight/media/1271/file/%20UNICEF-Global-Insight -digital-literacy-scoping-paper-2020.pdf, 2021.

[75] 龚志武, 吴迪, 陈阳键, 等. 新媒体联盟 2015 地平线报告高等教育版. 现代远程教育研究, 2015, (2): 3-22.

[76] 叶兰. 欧美数字素养实践进展与启示. 图书馆建设, 2014, (7): 17-22.

[77] 张娟. 美国数字素养教育现状及启示. 图书情报工作, 2018, 62(11): 135-142.

[78] 张晴. 《数字素养: 新媒体联盟地平线项目战略简报》研究. 图书馆工作与研究, 2017, 1(5): 110.

[79] Becker S A, Pasquini L A, Zentner A. 2017 digital literacy impact study: an NMC horizon project strategic brief, 2017.

[80] American Library Association. Information Literacy Competency Standards for Higher Education. https: //www.ala.org/acrl/sites/ala.org.acrl/files/content/issues/infolit/framework1.pdf, 2021.

[81] JISC. JISC Building Digital Capability Blog. https: //digitalcapability.jiscinvolve.org/wp, 2021.

[82] Common Sense Media. Copyright and Fair Use. https: //www.commonsense.org/education/videos/creativity-copyright-and-fair-use, 2021.

[83] IMLS. Data Information Literacy. http: //www.datainfolit.org, 2021.

[84] The University of British Columbia. OER Accessibility Toolkit. https: //open.ubc.ca/teach/oer-accessibility-toolkit, 2021.

[85] Wikimedia. Wikimedia Commons. What is Creative Commons? .https: //commons.wikimedia.org/wiki/File: What_is_Creative_Commons%3F.webm, 2021.

[86] DTLT. What is Digital Pedagogy Lab? http: //umwdtlt.com/digital-pedagogy-lab/, 2021.

[87] Information Fluency. https: //21cif.com, 2021.

[88] University of Birmingham. Digital Storytelling Course. https: //www.futurelearn.com/courses/digital-storytelling, 2021.

[89] University of Leeds. Developing Digital Skills Course. https: //courses.leeds.ac.uk, 2021.

[90] GIMLET. Future. https: //gimletmedia.com/shows/future, 2021.

[91] IRL. Because Online Life is Real Life. https: //irlpodcast.org, 2021.

[92] Calvani A, Fini A, Ranieri M, et al. Are young generations in secondary school digitally competent?a study on italian teenagers. Computers & Education, 2011, 58(2): 797-807.

[93] Ng W. Can we teach digital natives digital literacy? Computers & Education, 2012, 59(3): 1065-1078.

[94] Guzmán-Simón, Fernando, García-Jiménez, et al. Undergraduate students'perspectives on digital competence and academic literacy in a spanish university. Computers in Human Behavior, 2017, 74: 196-204.

[95] Duncan-Howell J. Digital mismatch: expectations and realities of digital competency amongst pre-service education students. Australasian Journal of Educational Technology, 2012, 28(5): 827-840.

[96] Dunford H. Digital literacy and digital inclusion: information policy and the public library. Australian Library Journal, 2015, 64(2): 148-149.

[97] Al-Qallaf C L, Al-Mutairi A S. Digital literacy and digital content supports learning: the impact of blogs on teaching english as a foreign language. Electronic Library, 2016, 34(3): 522-547.

[98] Li Y, Ranieri M. Are 'digital natives' really digitally competent?-a study on Chinese teenagers. British Journal of Educational Technology, 2010, 41(6): 1029-1042.

[99] Hatlevik O E, Christophersen K A. Digital competence at the beginning of upper secondary school:

identifying factors explaining digital inclusion. Computers & Education, 2013, 63: 240-247.

[100]Iqbal J, Hardaker G, Sabki A A, et al. The face of digital literacy for muslim teenage girls: a comparative study of bradford muslim girl schools. International Journal of Inclusive Education, 2014, 18(12): 1283-1303.

[101]Gui M. Digital skills of internet natives: different forms of digital literacy in a random sample of northern italian high school students. New Media & Society, 2011, 13(6): 963-980.

[102]Hatlevik O, Ottestad G, Throndsen I. predictors of digital competence in 7th grade: a multilevel analysis. Journal of Computer Assisted Learning, 2015, 31(3): 220-231.

[103]程萌萌, 夏文菁, 王嘉舟, 等. 《全球媒体和信息素养评估框架》(UNESCO)解读及其启示. 远程教育杂志, 2015, 33(1): 21-29.

[104]许志强. 新文科视域下应用型传媒人才的智能素养教育. 传媒, 2021, (23): 3.

[105]王晓辉. 革命与冲突——教育信息化的教育学思考. 中国电化教育, 2006, (2): 9-12.

[106]张薇. 英语数字素养的研究型评价模式. 外语教学与研究, 2006, 38(2): 115-121.

[107]赵肖峰, 孙向晖. 浅析数字素养与高校文献检索课教学改革. 科技视界, 2014, (13): 142, 158.

[108]王佑镁, 杨晓兰, 胡玮, 等. 从数字素养到数字能力: 概念流变、构成要素与整合模型. 远程教育杂志, 2013, 31(3): 24-29.

[109]卜卫, 任娟. 超越"数字鸿沟": 发展具有社会包容性的数字素养教育. 新闻与写作, 2020, (10): 30-38.

[110]任友群, 随晓筱, 刘新阳. 欧盟数字素养框架研究. 现代远程教育研究, 2014, (5): 3-12.

[111]武小龙, 王涵. 农民数字素养: 框架体系、驱动效应及培育路径——一个胜任素质理论的分析视角. 电子政务, 2023, (8): 105-119.

[112]丁文姚. 四全媒体视域下虚拟知识社区知识贡献者数字素养能力框架构建. 图书馆, 2023, (3): 33-40.

[113]教育部. 教育部关于发布《教师数字素养》教育行业标准的通知. http://www.moe.gov.cn/srcsite/A16/s3342/202302/t20230214_1044634.html, 2023.

[114]廖祥忠. 从媒体融合到融合媒体: 电视人的抉择与进路. 现代传播(中国传媒大学学报), 2020, (1): 1-7.

[115]肖俊洪. 数字素养. 中国远程教育, 2006, (5): 32-33.

[116]梁钦, 杨慧梅. 数字时代要培育大众数字素养. 教师报, 2023-09-17(004).

[117]唐超, 陈颖淇, 胡宜挺. 我国数字素养教育政策的演进脉络与结构特征. 图书馆论坛. 2023, 43(11): 40-49.

[118]本刊编辑部. 人工智能时代教师数字素养与胜任力提升之道——2024世界数字教育大会教师数字素养与胜任力提升平行会议综述. 中国教育信息化, 2024, 30(3):37-42.

[119]中华人民共和国教育部. "教师数字素养与胜任力提升"平行会议举行. http://www.moe.gov.cn/jyb_xwfb/gzdt_gzdt/moe_1485/202401/t20240131_1113558.html,2024.

[120]张赟芳. 华东师范大学教育学部主任袁振国: 教育数字化要以人为中心以学习为中心. 中国教育报, 2024-1-31(02).

[121]张力玮, 王亭亭. 全媒体与数字素养——访中国教育电视台总编辑胡正荣. 世界教育信息, 2019, 32(14): 7-11.

[122]赵健, 李锋, 刘亭亭. 等. 创建全球科创中心, 上海学生的数字化素养够了吗?——基于 PISA 2012 相关测试结果的分析.开放教育研究, 2017, 23(5): 30-41.

[123]刘晓娟, 谢瑞婷.欧洲老年人数字素养项目的实践经验与启示. 图书情报知识, 2023, (2): 117-130.

[124]周凤飞, 王俊丽. 天津市高校图书馆学科馆员数字能力现状研究. 图书情报工作, 2015, 59(19): 47.

[125]耿荣娜. 信息化时代大学生数字素养教育的关键影响因素研究. 情报科学, 2020, 38(9): 42-48.

[126]新华网.《我国乡村学校数字素养教育现状与需求调研报告》发布,建议多方共建培养体系. http://www.xinhuanet.com/tech/20220708/0618ad827db445eeb4abfc60a7f99b4f/c.html, 2022.

[127]OECD. Definition and Selection of Key Competencies: Executive Summary. https://www.oecd. org/ pisa/35070367.pdf, 2021.

[128]Gordon J, Halász G, Krawczyk M, et al. Key Competences in Europe: Opening Doors for Lifelong Learners Across the School Curriculum and Teacher Education. Warsaw: CASE, 2009.

[129]UNESCO. The Global Literacy Challenge: a Profile of Youth and Adult Literacy at the Mid-Point of the United Nations Literacy Decade 2003-2012. https://unesdoc.unesco.org/ark:/48223/pf 0000 163170, 2022.

[130]张华. 论核心素养的内涵. 福建教育, 2016, (23): 1.

[131]余文森. 简论素养的意义. 当代教育与文化, 2018, 10(2): 5.

[132]Johnson L, Adams B S, Estrada V, et al. NMC Horizon Report: 2015 Higher Education Edition. https://files.eric.ed.gov/fulltext/ED559357.pdf, 2022.

[133]史安斌, 刘长宇. 全球数字素养: 理念升维与实践培育. 青年记者, 2021, (19): 89-92.

[134]Michalos A C. Encyclopedia of Quality of Life and Well-being Research. Berlin: Springer, 2014.

[135]Ala-mutka K. Mapping digital competence: towards a conceptual understanding. Institute for Prospective Technological Studies, 2011: 7-60.

[136]陶侃. 略论读图时代的"游戏素养"及构建要素. 现代远程教育研究, 2009, (2): 5.

[137]王佑镁. Web2.0 时代阅读方式的传承与嬗变. 中国信息界, 2011, (11): 3.

[138]Ajzen I. The theory of planned behavior. Organizational Behavior and Human Decision Processes, 1991,50(2): 179-211.

[139]Fishbein M, Ajzen I. Belief, attitude, intention and behavior: an introduction to theory and research. Philosophy & Rhetoric, 1977, 41(4): 842-844.

[140]李智轩, 胡宏. 基于计划行为理论的城市居住分异对居民健康活动的影响研究. 地理科学进展, 2019, 38(11): 14.

[141] Hassandoust F, Kazerouni M F, Perumal V. Socio-behavioral factors in virtual knowledge sharing. International Journal of Knowledge-Based Organizations, 2014, 2(2): 40-53.

[142] 牛新权. 基于计划行为理论的图书营销传播策略探究. 出版发行研究, 2019, (8): 6.

[143] 郝春涛, 李春燕. 融媒体时代地方新闻院校转型策略. 教育理论与实践, 2019, 39(27): 3.

[144] Goodhue D L. Understanding user evaluations of information systems. Management Science, 1995, 41(12): 1827-1844.

[145] 闵庆飞, 王建军, 谢波. 信息系统研究中的"匹配"理论综述. 信息系统学报, 2011, (1): 77-88.

[146] 郑旭东. 面向我国中小学教师的数字胜任力模型构建及应用研究. 上海: 华东师范大学, 2019.

[147] 薛岩松, 刘永清. 行业特色高校协同创新中心知识转化研究——基于 SECI 模型. 科技管理研究, 2018, 38(15): 9.

[148] 李艺, 冯友梅. 支持素养教育的"全人发展"教育目标描述模型设计——基于皮亚杰发生认识论哲学内核的演绎. 电化教育研究, 2018, 39(12): 8.

[149] Bandura, A, Walters, R H. Social Learning Theory. Englewood Cliffs: Prentice Hall, 1997.

[150] Albert B. Social Foundations of Thought and Action: A Social Cognitive Theory. Englewood Cliffs: Prentice Hall.

[151] 王锰, 陈雅, 杨志刚. 大学生学习行为的影响机理研究——以《信息检索》课程为例. 图书情报工作, 2019, 63(5): 10.

[152] 许孝君, 臧晓文. 突发公共卫生事件下大学生健康信息素养教育影响因素研究. 教学研究, 2021, 44(4): 7.

[153] 宋敏娟, 王静. 新媒体视域下大学生社会主义核心价值观的培育——以三元交互理论为视角. 上海党史与党建, 2019, (8): 4.

[154] 周银慧. 高职旅游专业学生国际化素养现状及提升策略研究. 金华: 浙江师范大学, 2022.

[155] 王悠然. 探究"宜人性"人格与成功的关系. https: //www.cssn.cn/skgz/bwyc/202208/t20220803_5466819.shtml, 2023.

[156] 谭贞晶, 聂衍刚, 罗朝霞. 中学生大五人格与主观幸福感关系. 内蒙古师范大学学报(教育科学版), 2010, 23(12): 6.

[157] 张茂伟. 高职学生人格特质与网络媒介素养关系研究. 职业技术教育, 2017, (26): 6.

[158] 胡筱丹. 个性特征对林业基层工作人员胜任特征的影响研究. 林业经济, 2010, (8): 105-107, 128.

[159] 张兴贵, 郑雪. 青少年学生大五人格与主观幸福感的关系研究. 心理发展与教育, 2005, 21(2): 6.

[160] 胡俊平. 负责任是公民数字素养的生命线, 科普时报, 2023-04-14(01).

[161] Walumbwa F O, Schaubroeck J. Leader personality traits and employee voice behavior: mediating roles of ethical leadership and work group psychological safety. Journal of Applied Psychology, 2009, 94(5): 1275-1286.

[162] 杨继平, 王兴超, 陆丽君, 等. 道德推脱与大学生学术欺骗行为的关系研究. 心理发展与教育, 2010, (4): 7.

[163]李晴, 侯玉波. 人格特质和社交质量对大学生网络依赖行为的影响. 北京教育学院学报(自然科学版), 2015, 10(3): 8.

[164]刘怡, 段鑫星. 大五人格对大学生创新行为的作用机制. 教育理论与实践, 2020, 40(15): 4.

[165]楚艳民, 周世杰. 网络态度及其评估. 中国临床心理学杂志, 2008, 16(4): 3.

[166]周爱保, 茄学萍, 刘锦涛. 青少年网络成瘾与人格特征之关系研究. 电化教育研究, 2006, (6): 5.

[167]Choi M, Glassman M, Cristol D. What it means to be a citizen in the internet age. Computers & Education, 2017, 107(4): 100-112.

[168]Stoilescu D, McDougall D. Gender digital divide and challenges in undergraduate computer science programs. Canadian Journal of Education , 2011, 34(1): 308-333.

[169]彭代彦, 李亚诚, 李昌齐. 互联网使用对环保态度和环保素养的影响研究. 财经科学, 2019, (8): 13.

[170]张卫, 李董平, 谢志杰. 低社会经济地位与儿童发展. 华南师范大学学报(社会科学版), 2007, (6): 10.

[171]Liu J, Peng P, Luo L. The relation between family socioeconomic status and academic achievement in China: a meta-analysis. Educational Psychology Review, 2020, 32: 49-76.

[172]邓小平, 罗秀文, 邹雨臻. 父母卷入在家庭社会经济地位与学业成就间的中介作用: 元分析结构方程模型. 心理科学进展, 2016, 24(12): 1844-1853.

[173]Sirin S R. Socioeconomic status and academic achievement: a meta-analytic review of research. Review of Educational Research, 2005, 75(3): 417-453.

[174]贺晶, 何亭, 牛更枫, 等. 家庭社会经济地位与数字素养的关系: 父母网络干预的中介作用//第二十三届全国心理学学术会议摘要集(上), 2021, 2: 219-220.

[175]庞春敏. 高中生生涯规划素养及其培养体系构建. 教育理论与实践, 2021, 41(8): 4.

[176]周莹. "生态给养"视域下大学英语学习环境设计研究. 外语教学, 2017, (6): 70-73.

[177]刘倩. "双一流"建设高校本科生数字素养状况及其影响因素. 上海: 华东师范大学, 2019.

[178]龙晓虹, 白禹. 高校大学生数字素养影响因素研究. 河南图书馆学刊, 2023, (3): 55-58.

[179]Hatlevik O E. Digital diversity among upper secondary students: a multilevel analysis of the relationship between cultural capital, self-efficacy, strategic use of information and digital competence. Computers & Education, 2015, 81: 345-353.

[180]Tuamsuk K, Subramaniam M. The current state and influential factors in the development of digital literacy in thailand's higher education. Information & Learning Science, 2017, 118(5-6): 235-251.

[181]UNESEO. UNESCO ICT Competency Framework for Teachers. http: //ccti.colfinder.org/share/share, 2021.

[182]雷丹. 大学英语教师人际生态位的偏离和矫正. 外语电化教学, 2016, (3): 74-79.

[183]吴丹. 教育系统着力提升教师数字素养——迎接数字化 掌握新技能(深阅读). 人民日报, 2023-03-22(04).

[184]Drent M, Meelissen M. Which factors obstruct or stimulate teacher educators to use ICT

innovatively?. Computers Education, 2007, 51(1): 187-199.

[185]Li Y, Ranieri M. Educational and social correlates of the digital divide for rural and urban children: a study on primary school students in a provincial city of China. Computers Education, 2013, 60(1): 197-209.

[186]Lai Y L, Guo S J, Tsai C H. Using collaborative teaching and inquiry-based learning to help elementary school students develop information literacy and information technology skills// Communications in Computer and Information Science, 2014.

[187]晋浩天. 数字生态将改变什么. 光明日报, 2020-10-12(08).

[188]大数据分析与应用技术国家工程实验室. 数字生态指数指标体系, http://www.digiteco.com.cn/ summary?category=china&index=3-4&type=0, 2022.

[189]米瑷琪. 构建青少年数字素养生态系统. 中国新闻出版广电报, 2022-07-19(006).

[190]罗理章. 构建数字命运共同体的伦理蕴含. 人民论坛, 2022, (4): 58-61.

[191]曾一果. 数字时代文艺批评的价值观引领. 艺术评论, 2021, (6): 41-53.

[192]邓依晴, 程广云. 从"语言"到"图像"——主流价值观认同的视觉机制与文化反思. 广东社会科学, 2023, (1): 68-77.

[193]余翠娟. 数字时代文化消费主义视域下青年价值观培育的理性审思. 湖北经济学院学报(人文社会科学版), 2022, 19(8): 27-31.

[194]许成磊, 张超, 郭凯, 等. 政策支持、创业激情与技术创业成功: 政策感知的调节作用. 科技进步与对策, 2022, 39(14): 94-104.

[195]彭小孟, 肖池平. 大学生面向基层就业的现状分析和对策思考. 教育探索, 2008, (11): 128-129.

[196]彭华涛. 创业企业成长瓶颈突破——政企互动的中介作用与政策感知的调节作用. 科学学研究, 2013, 31(7): 1077-1085.

[197]蒋承, 李笑秋. 政策感知与大学生基层就业——基于"三元交互理论"的视角. 北京大学教育评论, 2015, 13(2): 47-56, 188-189.

[198]罗建河, 熊小梁. 基于学生感知的大学生就业政策实效分析. 现代教育管理, 2013, (6): 51-55.

[199]许志红. 数字素养与网络健康使用——政策法规认知与情绪智力的作用分析. 中国广播电视学刊, 2022, (8): 13-17.

[200]Brislin, R. W. Translation and content analysis of oral and written materials. Methodology, 1980: 389-444.

[201]John O P, Donahue E M, Kentle R L. The Big-five Inventory. Berkeley: University of California Berkeley, 1991.

[202]徐顺. 基于社会认知理论的大学生数字公民素养影响因素及提升策略研究. 武汉: 华中师范大学, 2019.

[203]章伟芳, 陈定湾, 周欢, 等. 基于家庭社会经济地位的儿童生存水平研究. 浙江大学学报(人文社会科学版), 2018, 48(3): 231-239.

[204]孔庆杰, 孙婷. 基于质性分析的高校数字素养教育脉络研究. 中国管理信息化, 2020, 23(3):

236-238.

[205]中华人民共和国教育部. 教育部关于发布《教师数字素养》教育行业标准的通知. http://www.moe.gov.cn/srcsite/A16/s3342/202302/t20230214_1044634.html,2023.

[206]唐婷. 高职学生数字素养评价模型构建与应用研究. 广州：广东技术师范大学, 2021.

[207]李路路. 制度转型与分层结构的变迁——阶层相对关系模式的"双重再生产". 中国社会科学, 2002,（6）：105-118, 206-207.

[208]王威. 创业认同模型与行动效能机制研究. 杭州：浙江大学, 2018.

[209]Caesens G, Stinglhamber F. The relationship between perceived organizational support and work engagement: the role of self-efficacy and its outcomes. Revue Europeenne de Psychologie Appliquee, 2014, 64(5): 259-267.

[210]冉建宇, 胡培, 童洪志. 创客政策感知对其创新行为的影响机理——知识获取的中介与创新自我效能感的调节. 科技进步与对策, 2020, 37(13): 1-9.

[211]陈晓萍, 沈伟. 组织与管理研究的实证方法. 3版. 北京：北京大学出版社, 2018.

[212]丁梦兰. 政府数字化转型背景下公务员数字素养指标体系构建和现状研究. 杭州：浙江大学, 2020.

[213]马腾, 孙玲. 信息生态视域下高校大学生数据素养评价研究. 情报科学, 2019, 37(8): 120-126.

[214]杨爽, 周志强. 高校教师数字素养评价指标构建研究. 现代情报, 2019, 39(3): 59-68.

[215]Ferrari A, Punie Y, Redecker C. Understanding digital competence in the 21st century: an analysis of current frameworks//European Conference on Technology Enhanced Learning, 2012.

[216]胡俊平, 曹金, 李红林, 等. 全民数字素养与技能评价指标体系构建研究. 科普研究, 2022, 17(6): 25-31, 41, 109.

[217]UNESCO. A Global Framework of Reference on Digital Literacy Skills for Indicator 4.4.2. http://uis.unesco.org/sites/default/files/documents/ip51-global-framework-reference-digital-literacy-skills-2018-en.pdf, 2021.

[218]王阳, 沈军军, 江震. 数字素养全球框架视角下图书馆职业素养循证实践研究. 新世纪图书馆, 2020,（10）：42-47.

[219]Spires H A, Bartlett M E, Garry A, et al. Digital literacies and learning: designing a path forward. Friday Institute White Paper Series.2022,5: 1-24.

[220]周凤飞, 程川. 高校图书馆员数字能力评价探讨. 现代商贸工业, 2016, 37(19): 93-96.

[221]Allan M, Jan G. DigEuLit: concepts and tools for digital literacy development. Italics, 2006, 5(4): 249-267.

[222]平越. 数字环境下大学生数字素养提升策略研究. 上海：上海外国语大学, 2018.

[223]马星, 冯磊. 大学生数字素养教育的价值、目标与策略. 江苏高教, 2021,（11）：118-124.

[224]黄晨熹. 老年数字鸿沟的现状、挑战及对策. 人民论坛, 2020,（29）：126-128.

[225]苏岚岚, 彭艳玲. 数字化教育、数字素养与农民数字生活. 华南农业大学学报(社会科学版),

2021, 20(3): 27-40.

[226] 罗江华, 王琳. 新基建赋能教育数字化转型的逻辑、挑战与实践路向. 中国电化教育, 2023, (3): 37-45.

[227] 陶红, 唐婷. 数字经济时代高职生数字素养培育的逻辑理路与路向研究. 中国职业技术教育, 2021, (2): 53-58.

[228] Havrylova L H, Topolnik Y V. Digital culture, digital literacy, digital competence as modern educational phenomena, Information Technologies and Learning, 2017, 61(5): 1-14.

[229] 卢新宁, 彭兰, 卜彦芳, 等. 智媒时代的传媒生态. 传媒, 2019, (12): 6-7.

[230] 何蕾. 《国际图联数字素养宣言》分析与启示. 图书馆建设, 2018, (6): 44-48.

[231] 周裕琼, 杨洸, 许广梅. 新冠疫情中的数字代沟与健康代沟——基于 2018 年与 2020 年中国家庭祖孙三代的问卷调查. 新闻与写作, 2020, (10): 21-29.

[232] Alexander B, Becker S A, Cummins M, et al. Digital Literacy in Higher Education, Part II: An NMC Horizon Project Strategic Brief. https://core.ac.uk/download/pdf/162443964.pdf, 2022.

[233] 张春华, 韩世梅, 白晓晶. 面向未来发展的数字素养及其培养策略——基于《新媒体联盟地平线项目数字素养战略简报》的研究. 中国远程教育, 2019, (4): 9-16.

[234] 宋毓, 饶俊丽. 国内外数字素养研究热点计量分析. 国家图书馆学刊, 2020, 29(1): 87-98.

[235] 刘晓, 刘铭心. 数字技能: 内涵、要素与培养路径——基于国际组织与不同国家的数字技能文件的比较分析. 河北师范大学学报(教育科学版), 2022, 24(6): 65-74.

[236] 王光明, 卫倩平, 赵成志. 核心素养视角下的跨学科能力测评研究. 中国教育学刊, 2017(7): 24-29.

[237] 何艳君, 刘向莉. 基于改良德尔菲法的医学生人文社会素养评价研究. 西南师范大学学报(自然科学版), 2018, 43(11): 57-62.

[238] 苏宗伟, 李欢, 杜娟. 仁慈型领导对员工工作偏离行为的双刃剑效应研究. 管理学报, 2022, 19(3): 362-372.

[239] 陈斯允, 卫海英, 冉雅璇. 等. "重振旗鼓"还是"重蹈覆辙"——新起点思维与品牌危机类型对消费者宽恕的影响. 南开管理评论, 2020, 23(4): 49-59, 83.

[240] Mardia K V. 9 Tests of unvariate and multivariate normality. Handbook of Statistics, 1980, 1: 279-320.

[241] Joseph F, Hair J, Black W C, et al. Multivariate Data Analysis. London: Cengage Learning EMEA, 2018.

[242] 鲁晓东, 连玉君. 中国工业企业全要素生产率估计: 1999-2007. 经济学(季刊), 2012, 11(2): 541-558.

[243] Kline R B. Principles and Practice of Structural Equation Modeling. Guilford: Guilford Publications, 1998.

[244] 吴明隆. 问卷统计分析实务: SPSS 操作与应用. 重庆: 重庆大学出版社, 2010.

[245] Sekaran U, Bougie R. Research Methods for Business: A Skill Building Approach. New York: Wiley, 2016.

[246] Cronbach L J. Coefficient alpha and the internal structure of tests. Psychometrika, 1951, 16(3): 297-334.

[247] Jum N. Ira B. Psychometric theory. Applied Psychological Measurement, 1995, 19(3): 303-305.

[248] de Vellis R F, Thorpe C T. Scale Development: Theory and Applications. California: Sage, 2021.

[249] 丛中, 安莉娟. 安全感量表的初步编制及信度、效度检验. 中国心理卫生杂志, 2004, 18(2): 97-99.

[250] 吴明隆. 结构方程模型: SIMPLIS 的应用. 重庆: 重庆大学出版社, 2012.

[251] Hu L T, Bentler P M. Cutoff criteria for fit indexes in covariance structure analysis: conventional criteria versus new alternatives. Structural Equation Modeling: A Multidisciplinary Journal, 1999, 6(1): 1-55.

[252] Wang J, Wang X. Structural Equation Modeling: Applications Using Mplus. NewYork: Wiley, 2012.

[253] Kline R B, Little T D. Principles and Practice of Structural Equation Modeling.NewYork: Guilford Press, 2011.

[254] 吴明隆. 结构方程模型——AMOS 的操作与应用. 2 版. 重庆: 重庆大学出版社, 2010.

[255] 易丹辉, 李静萍. 结构方程模型及其应用. 北京: 北京大学出版社, 2019.

[256] Hair J F, Black W C, Babin B J, et al. Multivariate Data Analysis: Pearson New International Edition. London: Pearson, 2013.

[257] Fornell C, Larcker D F. Evaluating structural equation models with unobservable variables and measurement error. Journal of Marketing Research, 1981, 24(2): 337-346.

[258] 魏志华, 曾爱民, 李博. 金融生态环境与企业融资约束——基于中国上市公司的实证研究. 会计研究, 2014(5): 73-80, 95.

[259] 王莲芬, 许树柏. 层次分析法引论. 北京: 中国人民大学出版社, 1990.

[260] 曹茂林. 层次分析法确定评价指标权重及 Excel 计算. 江苏科技信息, 2012, (2): 39-40.

[261] 中国网络空间研究院, 中国互联网发展报告 2022. 北京: 电子工业出版社, 2022.

[262] Bollen K A. Latent variables in psychology and the social sciences. Annual Review of Psychology, 2002, 53(1): 605-634.

[263] Green T. A Methodological review of structural equation modelling in higher education research. Studies in Higher Education, 2016, 41(12): 2125-2155.

[264] Hair Jr J, Hair Jr J F, Hult G T M, et al. A Primer on Partial Least Squares Structural Equation Modeling (PLS-SEM). California: Sage, 2014.

[265] 熊玉琦. 互联网医患功能沟通质量的内涵模型及测量研究. 武汉: 华中科技大学, 2022.

[266] Sampson S E, Showalter M J. The performance-importance response function: observations and implications. Service Industries Journal, 1999, 19(3): 1-25.

[267] 宁禄乔, 于本海. 结构方程模型偏最小二乘法理论与应用: 以软件项目绩效评价为例. 北京: 北京理工大学出版社, 2012.

[268] Denis D J. SPSS Data Analysis for Univariate, Bivariate, and Multivariate Statistics. New Jersey: John Wiley & Sons, 2018.

[269]颜艳, 王彤. 医学统计学. 5 版. 北京: 人民卫生出版社, 2020.

[270]Podsakoff P M, MacKenzie S B, Lee J Y, et al. Common method biases in behavioral research: a critical review of the literature and recommended remedies. The Journal of Applied Psychology, 2003,88 (5) : 879-903.

[271]Liang H, Saraf N, Xue H Y. Assimilation of enterprise systems: the effect of institutional pressures and the mediating role of top management. MIS Quarterly, 2007, 31 (1) : 59-87.

[272]Kock N. Common Method Bias: A Full Collinearity Assessment Method for PLS-SEM. Partial Least Squares Path Modeling. Cham: Springer, 2017.

[273]Nunnally J C. Psychometric Theory. New York: McGraw-Hill, 1978.

[274]Henseler J, Ringle C M, Sarstedt M. A new criterion for assessing discriminant validity in variance-based structural equation modeling. Journal of the Academy of Marketing Science, 2015, 43 (1) : 115-135.

[275]Hair J F, Risher J J, Sarstedt M, et al. When to use and how to report the results of PLS-SEM. European Business Review, 2019, 31 (1) : 2-24.

[276]Martilla J A, James J C. Importance-performance analysis. Journal of Marketing, 1977, 41 (1) : 77-79.

[277]Lai I K W, Hitchcock M. Importance-performance analysis in tourism: a framework for researchers. Tourism Management, 2015, 48 (2) : 242-267.

[278]Alberty S, Mihalik B J. The use of importance-performance analysis as an evaluative technique in adult education. Evaluation Review, 1989,13 (1) : 33-44.

[279]Ortinau D J, Bush A J, Bush R P, et al. The use of importance-performance analysis for improving the quality of marketing education: interpreting faculty-courseevaluations. Journal of Marketing Education, 1989, 11 (2) : 78-86.

[280]Kitcharoen K. The importance-performance analysis of service quality in administrative departments of private universities in Thailand. Journal of Management, 2004, 24 (2) : 1-12.

[281]Aigbedo H, Parameswaran R. Importance - performance analysis for improving quality of campus food service. International Journal of Quality & Reliability Management, 2004, 21 (8) : 876-896.

[282]McLeay F, Robson A, Yusoff M. New applications for importance-performance analysis (IPA) in higher education: understanding student satisfaction. The Journal of Management Development, 2017, 36 (6) : 780-800.

[283]O′Neill M A, Palmer A. Importance-performance analysis: a useful tool for directing continuous quality improvement in higher education. Quality Assurance in Education, 2004, 12 (1) : 39-52.

[284]Ringle C M, Sarstedt M. Gain more insight from your PLS-SEM results: the importance-performance map analysis. Industrial Management & Data Systems, 2016, 116 (9) : 1865-1886.

[285]Hair J F, Anderson R E, Tatham R L, et al. Multivariate Data Analysis Prentice Hall. Boston: Pearson, 2009.

[286]Tabachnick B G, Linda S T. Using Multivariate Statistics. Boston: Pearson Education, 2019.

[287]Tan G W H, Ooi K B, Leong L Y, et al. Predicting the drivers of behavioral intention to use mobile Learning: a hybrid SEM-neural networks approach. Computers in Human Behavior, 2014, 36: 198-213.

[288]萧文龙. 统计分析入门与应用: SPSS26.0 中文版+SmartPLS 3(PLS-SEM). 台北: 碁峰资讯股份有限公司, 2018.

[289]Shmueli G, Ray S, Estrada J M V, et al. The elephant in the room: predictive performance of PLS models. Journal of Business Research, 2016, 69(10): 4552-4564.

[290]Shmueli G, Sarstedt M, Hair J F, et al. Predictive model assessment in PLS-SEM: guidelines for using PLS predict. European Journal of Marketing, 2019, 53(11): 2322-2347.

[291]罗智. 我国优秀游泳运动员形态模型研究. 成都体育学院学报, 2005, 31(5): 93-97.

[292]邓维斌, 周玉敏, 刘进, 等. SPSS26.0 23 统计分析实用教程. 北京: 电子工业出版社, 2020.

[293]宋灵青, 许林, 朱莎, 等. 我国初中生数字素养现状与培育策略——基于东中西部 6 省市 25032 名初中生的测评. 现代远程教育研究, 2023, 35(3): 31-39.

[294]孙颖, 周如美. 农村性别数字鸿沟现状及影响因素研究. 技术经济与管理研究, 2022, (12): 112-116.

[295]卜卫, 蔡珂. 数字素养、性别与可持续发展——从"性别与发展"理论视角探讨数字环境下如何促进性别平等的发展. 妇女研究论丛, 2023, (3): 44-57.

[296]盛思远. 大学生数字素养评价指标构建及应用研究. 大连: 大连外国语大学, 2022.

[297]胡智慧, 孙耀武. 中国居民数字素养指标体系构建和实证研究. 科学与管理, 2022, 42(2): 79-87.

[298]郑跃平, 孔楚利, 邓羽茜, 等. 需求导向下的数字政府建设图景: 认知、使用和评价. 电子政务, 2022, (6): 2-21.

[299]欧梨成, 王壹, 韩飞, 等. 作为"Z 世代"的全日制本科在校大学生媒介素养现状研究——基于 63 所高校的调查. 文化软实力研究, 2022, 7(6): 64-79.

[300]马莉萍, 管清天. 院校层次与学生能力增值评价——基于全国 85 所高校学生调查的实证研究. 教育发展研究, 2016, 36(1): 56-61.

[301]李晓静, 刘祎宁, 冯紫薇. 我国青少年数字素养教育的现状问题与提升路径——基于东中西部中学生深度访谈的 NVivo 分析. 中国电化教育, 2023, (4): 32-41.

[302]沈宗南, 李龙飞, 李梓源, 等. 使用沟的内在张力: 两岸大学生新媒介素养差异及其影响因素研究. 新闻大学, 2023, (6): 1-17, 116.

[303]郑炜楠, 肖鹏. 培养数字人文预备役: 文科大学生的数字技能发展需求与策略研究. 图书与情报, 2021, (1): 88-96.

[304]黄晓吉. 后疫情时代工科大学生数字素养框架的构建研究. 中国多媒体与网络教学学报(上旬刊), 2021, (11): 214-216.

[305]赵红梅, 杨琪慧, 陆婉琰. 人工智能时代高职财会大学生数字素养现状调查与培育. 职教通讯, 2020, (11): 80-85.

[306]刘庆娜. 数字经济时代财会专业大学生数字素养培育路径研究. 营销界, 2023, (8): 125-127.

[307]赵红梅, 廖果平, 王卫星. 人工智能时代大学生数字素养的培育——以财务与会计专业为例. 财会通讯, 2019, (34): 41-45.

[308]惠菲菲. 地方高校大学生学业表现及提升对策分析. 佳木斯职业学院学报, 2021, 37(1): 106, 107, 110.

[309]孙婧, 王颖. 小学生媒介素养测评工具的开发与应用——基于两省市702名学生的实证研究. 教育研究与实验, 2022, (6): 87-93.

[310]杨玉孟, 司徒宝莹, 李炳全. 大学生核心素养现状的调查研究. 肇庆学院学报, 2022, 43(4): 111-116.

[311]Kim H, Hong A, Song H D. The relationships of family, perceived digital competence and attitude, and learning agility in sustainable student engagement in higher education. Sustainability, 2018, 10(12): 1-16

[312]Thompson P. The digital natives as learners: technology use patterns and approaches to learning. Computers & Education, 2013, 65(7): 12-33.

[313]Anderson E W, Fornell C. Foundations of the american customer satisfaction index. Total Quality Management, 2000, 11(7): 869-882.

[314]Hock C, Ringle C M, Sarstedt M. Management of multi-purpose stadiums: importance and performance measurement of service interfaces. International Journal of Services Technology and Management, 2010, 14(2-3): 188-207.

[315]Dul J. Necessary condition analysis (NCA): logic and methodology of "necessary but not sufficient" causality. Organizational Research Methods, 2016,19(1): 10-52.

[316]杜运周, 马鸿佳. 复杂性背景下的创新创业研究: 基于 QCA 方法. 研究与发展管理, 2022, 34(3): 1-9.

[317]杜运周, 李佳馨, 刘秋辰, 等. 复杂动态视角下的组态理论与 QCA 方法: 研究进展与未来方向. 管理世界, 2021, 37(3): 180-197, 12-13.

[318]杜运周, 刘秋辰, 陈凯薇, 等. 营商环境生态、全要素生产率与城市高质量发展的多元模式——基于复杂系统观的组态分析. 管理世界, 2022, 38(9): 127-145.

[319]杨金龙, 胡广伟. 移动学习采纳转化为持续的动因及其组态效应研究. 情报科学, 2019, 37(7): 125-132.

[320]张驰, 郑晓杰, 王凤彬. 定性比较分析法在管理学构型研究中的应用: 述评与展望. 外国经济与管理, 2017, 39(4): 68-83.

[321]徐银娜. 社会价值观与创业者特质对创业活动的影响. 太原: 山西财经大学, 2018.

[322]寿柯炎. 后发企业内部知识基与创新网络构成的匹配机制研究. 杭州: 浙江大学, 2016.

[323]黄学. 基于组织模块性与技术模块性匹配的全球研发系统架构设计规则. 杭州: 浙江大学, 2014.

[324]毛湛文. 定性比较分析(QCA)与新闻传播学研究. 国际新闻界, 2016, 38(4): 6-25.

[325]杜运周, 贾良定. 组态视角与定性比较分析(QCA): 管理学研究的一条新道路. 管理世界,

2017, (6): 155-167.

[326]邓胜利, 付少雄. 定性比较分析(QCA)在图书情报学中的应用——以网络社区健康信息搜寻影响因素研究为例. 情报理论与实践, 2017, 40(12): 23-28, 11.

[327]Kraus S, Ribeiro-Soriano D, Schüssler, et al. Fuzzy-set qualitative comparative analysis (fsQCA) in entrepreneurship and innovation research-the rise of a method. International Entrepreneurship & Management Journal, 2018, 14: 15-33.

[328]关磊, 肖华, 刘红斌. 基于结构方程模型的广州高校毕业生就业质量调查. 高教论坛, 2018, (4): 96-99, 108.

[329]程建青, 刘秋辰, 杜运周. 创业生态系统与国家创业成长愿望——基于 NCA 与 fsQCA 方法的混合研究. 科学学与科学技术管理, 2023, 44(3): 80-97.

[330]Dul J, Laan E V D, Kuik R. A statistical significance test for necessary condition analysis. Organizational Research Methods, 2018: 109442811879527.

[331]杜运周, 刘秋辰, 程建青. 什么样的营商环境生态产生城市高创业活跃度? ——基于制度组态的分析. 管理世界, 2020, 36(9): 141-155.

[332]Fiss, P C. Building better causal theories: a fuzzy set approach to typologies in organization research. Academy of Management Journal, 2011, 54(2): 393-420.

[333]Furnari S, Crilly D, Misangyi F V, et al. Capturing causal complexity: heuristics for configurational theorizing. Academy of Management Review, 2020.

[334]张明, 杜运周. 组织与管理研究中 QCA 方法的应用: 定位、策略和方向. 管理学报, 2019, 16(9): 1312-1323.

[335]钟启泉. 核心素养十讲. 福州: 福建教育出版社, 2018.

[336]何克抗. 中国教育信息化理论研究新进展. 中国电化教育, 2011, (1): 1-19.

[337]夏苏迪, 邓胜利, 付少雄, 等. 数智时代的算法素养: 内涵、范畴及未来展望. 图书情报知识, 2023, 40(1): 23-34.

[338]吴砥, 朱莎, 王美倩. 学生数字素养培育体系的一体化建构: 挑战、原则与路径. 中国电化教育, 2022, (7): 43-49, 63.

[339]裴英竹. 大学生数字素养及其培养策略. 社会科学家, 2022, (9): 128-133.

[340]李佳敏. 跨界与融合——基于学科交叉的大学人才培养研究. 上海: 华东师范大学, 2014.

[341]张芹. 新闻教育适度"超越". 大学生培养的探索与实践. 北京: 中国传媒大学出版社, 2015.

[342]汪怀君. 后真相时代美国数字媒介素养教育研究. 比较教育研究, 2019, 41(8): 11-19.

[343]邱鸿峰. 后疫情时代健康传播研究的热点、问题与展望. 东南传播, 2021, (8): 1-3.

[344]何金定. 良好社会心态如何培育和引领. 光明日报, 2011-09-05(011).

[345]余文森. 核心素养导向的课堂教学. 上海: 上海教育出版社, 2017.

[346]George Couros. 面向未来的教育: 给教育者的创新课.刘雅梅, 译. 北京: 机械工业出版社, 2019.

[347]Hatlevik E O. Examining the relationship between teachers' self-efficacy, their digital competence,

strategies to evaluate information, and use of ICT at school. Scandinavian Journal of Educational Research, 2017, 61(5): 555-567.

[348]李媛. 新时代大学生数字素养培育研究. 北京: 北京科技大学, 2022.

[349]冯欢, 涂俊. 大学生数字素养通识实验课程体系建设. 实验室科学, 2022, 25(5): 95-99.

[350]余慧菊, 杨俊锋. 数字公民与核心素养: 加拿大数字素养教育综述. 现代教育技术, 2019, 29(7): 5-11.

[351]欧群. 大学生数字素养融合教学模式研究. 图书情报研究, 2022, 15(4): 119-127.

[352]武利红. 面向就业的数字素养教育——《2017年数字素养影响研究: NMC 地平线项目战略简报》研究. 图书馆建设, 2019, (5): 159-166.

[353]戴维•H•罗森布卢姆. 公共行政学: 管理、政治和法律的途径. 北京: 中国人民大学出版社, 2002.

[354]李德智, 朱诗尧. 大数据时代下的城市精细化管理. 现代管理科学, 2018, (12): 30-32.

[355]孙鹏, 王宇. 中国高校读者数字素养鸿沟成因、危害及治理策略研究. 大学图书馆学报, 2022, (5): 58-65.

[356]明华. 英国高等教育数字素养培养模式对中国的启示. 武汉船舶职业技术学院学报, 2018, (3): 85-90.

[357]何春. 国际数字素养研究演进、热点与启示——基于知识图谱的可视化分析. 世界教育信息, 2022, 35(1): 10-21.

[358]Johnston N. The shift towards digital literacy in australian university libraries: developing a digital literacy framework. Journal of the Australian Library and Information Association, 2020, 69(1): 93-101.

[359]张毓晗, 刘静. 英国白玫瑰大学联盟图书馆数字素养教育实践与启示. 图书情报工作, 2018, 62(8): 54-59.

[360]Hao Y, Pinto L A M, Sanchez G M C. Digital competence in higher education research: a systematic literature review. Computers & Education, 2021, (7): 168.

[361]朱锰钢. 国外高校图书馆数字素养教育实践及启示. 图书馆工作与研究, 2021, (8): 54-61.

[362]王博雅. iSchools 联盟 iCaucus 成员高校图书馆数字素养教育调查研究. 图书馆工作与研究, 2021, (4): 29-36.

[363]Lee I, Martin F, Denner J, et al. Computational thinking for youth in practice. ACM Inroads, 2011, 2(1): 32-37.

[364]叶继元. "全评价"体系分析框架及其应用与意义. 云梦学刊, 2013, 34(4): 12-14.

[365]OECD 教育研究革新中心. 形成性评价与学力. 2008.

[366]钟启泉. 基于核心素养的课程发展: 挑战与课题. 全球教育展望, 2016, 45(1): 3-25.

[367]刘云杉. "核心素养"的局限: 兼论教育目标的古今之变. 全球教育展望, 2017, 46(1): 35-46.

[368]蔡韶莹. 美国公共图书馆儿童数字素养教育调研与分析. 图书馆建设, 2020, (6): 142-151.

附录一 数智时代大学生数字素养构成要素咨询 (第一轮专家咨询)

数智时代大学生数字素养构成要素咨询(第一轮专家咨询)

尊敬的专家:

您好!我们正在进行"数智时代大学生数字素养构成要素"的研究。鉴于您在该领域的学术造诣和专业成就,诚邀您作为本研究的咨询专家,就数智时代大学生数字素养各项构成要素的重要性进行评阅并提出宝贵意见。

本问卷由三部分组成:第一部分是您的基本信息,第二部分是数智时代大学生数字素养一级和二级构成要素的评议及修改建议,第三部分是您的建议和意见。

再次感谢您在百忙之中拨冗填写此专家咨询问卷!

【填写说明】

请您对所列指标的重要性进行比较判断,在对应的方格中画"√"。重要性程度分为五个等级:

5——非常重要:首选和核心指标,缺乏该指标的指标体系将毫无意义和科学性。

4——比较重要:重要指标,缺乏该指标的指标体系科学性和合理性将大大降低。

3——一般重要:可作为构成指标,能丰富指标体系,缺乏该指标的指标体系全面性将降低。

2——比较不重要:相关性较低,作为指标体系的构成意义不大。

1——非常不重要:无意义指标,不适合作为指标体系的构成指标。

第一部分 专家基本情况

请您在对应题目的横线上填写或在括号中选择符合您情况的选项。

1. 姓名:_____
2. 年龄(   ):A.35 岁及以下   B.36~45 岁   C.46~55 岁   D.56 岁及以上
3. 性别:A.男   B.女
4. 教龄(   ):A.10 年及以下   B.11~20 年   C.21~30 年   D.31 年及以上
5. 专业技术职称(   ):A.教授(研究员)   B.副教授(副研究员)
6. 最高学历(   ):A.博士   B.硕士   C.本科
7. 导师资格(   ):A.博导   B.硕导   C.无

8．您对问题的熟悉程度（　　）：A.很熟悉　B.熟悉　C.一般熟悉　D.不熟悉 E.很不熟悉

第二部分　数智时代大学生数字素养构成要素的评议

一级构成要素指标评议

能力领域	一级构成要素指标	1	2	3	4	5	修改建议
	数字认知						
	数字安全						
	数字评价						
	数字道德						
	数字内容获取						
	数字内容处理						
	数字内容利用						
	数字基础设施						
	基本人格特质						
	数字价值取向与追求						
	数字社会自我效能感						
	通识素养						
	创新素养						
	跨学科素养						

二级构成要素指标评议

一级构成要素	二级构成要素	描述	1	2	3	4	5	修改建议
数字认知	概念内涵与外延	了解"数字原住民""数字移民""数字难民""数字公民""数字鸿沟"等基本概念的内涵与外延						
	硬件与设备知识	对计算机硬件与设备的发展现状与前沿趋势有一定的了解						
	软件与技术知识	熟悉大数据、云计算、人工智能、区块链、数字孪生、AI主播、智能媒体等数字技术发展现状与前沿趋势，并了解其影响						
	数据类型和用途	理解数字内容的类型与用途						
	数据生命周期	了解数据存在生命周期						
	数字产品服务	了解本学科主要的数据产品与服务						

一级构成要素	二级构成要素	描述	1	2	3	4	5	修改建议
数字认知	数字开源与数字霸权	了解数字开源所连接的创新链、产业链、价值链，了解数字霸权产生的根源和可能带来的危害性						
数字安全	安全意识	能尽可能安全地访问、管理、使用和存储数据，主动加密或备份数据						
	安全保护	能对数据进行安全保护						
	防范病毒	能防范计算机病毒对数据的攻击						
	健康与环境保护	有意识的采取措施避免数字技术对个人及环境造成风险和危害						
	基础设施安全	能安全地访问和利用网络等数字基础设施，确保所用数字设备安全						
	风险管理	对数据保持高度敏锐性，能提前研判、预警以及管控数字化风险						
数字评价	判断数据质量	能判断数字内容的有效性、可靠性和局限性，感知到关键数据的产生和变动						
	数字批判思维	敢于质疑和批判，能进行逻辑性地分析、判断和决策数据						
	价值评估	能评估所获数字内容的价值及其与工作的相关性，从高质量数据源中解读蕴含的发展趋势						
数字道德	真实性与准确性	能对使用数据的真实性和准确性负责						
	尊重他人数据	尊重他人数据，规范引用他人成果						
	数据法规	能遵守版权法等数字法律与公共伦理，避免敏感数据泄露，确保他人隐私、商业秘密和工作秘密受到保护						
	数字身份管理	能创建、使用和管理与真实个人特征相符合的数字身份，并维护个人数字信誉						
数字内容获取	获取方式多样化	能通过多种方式获取创作所需资料						
	信息来源多样化	能从海量信息源中获取所需信息						
	获取途径多样化	能通过丰富的途径获取所需信息						
	恰当的策略	能按需选择和熟练使用合适的数字技术与工具						
数字内容处理	数字技术与工具	熟悉数字技术与工具，并能进行有效的信息生产与扩散（如对数字内容进行复制、改写、解析、发布、评价与反馈等）						
	数据平台与应用	能科学整合、处理、分析与存储不同类型的数据，并能选用合适的媒介手段进行输出和表达						
	认定结果	能对数据处理结果进行质疑、改进与认定						
数字内容利用	独立管理	能在数字环境下独立的组织和存储信息，并能在需要的时候检索内容						
	独立开发	能借助数字技术与工具，独立地开发不同的数字内容						
	创造性整合	能借助不同数字技术与工具，构建(设计/制作/开发/修改/提炼/整合)具有原创价值的数字内容						
	数字版权与许可	了解数字版权和使用许可相关的法律法规，规范使用网络平台发布公开内容和个人数字内容						

续表

一级构成要素	二级构成要素	描述	1	2	3	4	5	修改建议
数字内容利用	数字交流与协作	能有效运用不同的数字交流与协作工具,共享和交换数据						
数字基础设施	获得正版软件	学校购买正版软件,有利于提升学生的数字能力						
	获得正版权限	学校拥有专业期刊数据平台(如中国知网、维普等)、网络多媒体数据库(如超星、小鹅通等),有利于提升学生的数字能力						
	数字学习环境	学校采用数字化教学模式(如慕课、翻转课堂等),提升学生的数字能力						
	信息化水平	学校拥有较高的信息化水平(如信息化基础设施建设、信息化基础设施建设等),有利于提升学生的数字能力						
基本人格特质	诚信	能在数字社会中坚持公平、诚实等原则						
	细心	关注数字社会的细节,且仔细认真完成数字社会活动						
	自信	相信自己能胜任数字社会活动的开展,并达成预定目标						
	灵活	能敏捷地、适应性地、多样性地调整策略,以及适应数字社会活动的开展						
	毅力	在数字社会中,遇到困难、挫败或阻碍时,仍坚毅不屈,坚持到底						
	自控	在数字社会中,遇到压力和困难时,能有效控制情绪,继续执行既定计划						
数字价值取向与追求	数字技术认同	认可数字技术在数字社会中的价值,并愿意积极、主动地使用数字技术与工具						
	数字生活理性	面对全面"智能+"和泛娱乐的数字生活方式,能保持克制和理性						
	数字学习追求	关注发展自身的核心素养,并能借助数字技术与工具,促进数字社会活动的自主性和多样性开展						
	数字社会服务	有数字社会参与意识,能借助数字共享等形式创建、参与或优化现代化社会治理体系和运行逻辑						
数字社会自我效能感	自我能力感	个体对自己能力的认知,对数字生活/学习/实践/创新结果和目标的预期,以及即时的满足感与奖励						
	自我努力感	个体对自己是否能努力学习、管理好自己、专注于数字生活/学习/实践/创新任务的认知						
	环境把握感	个体对数字生活/学习/实践/创新环境的感受,在需要的时候能有效借助数字技术与工具求助于他人						
	行为控制感	个体对自己是否能控制数字生活/学习/实践/创新行为的认知						
通识素养	办公软件	熟练使用某一类办公软件(如 Word、Excel、PPT 等)						
	专业软件	熟练使用某一类专业软件(如 PS、PR、Flash、Unity、Picasa、C++、Java、AR/VR/MR 等),并能创建满足学习或工作任务最低要求的数字化内容						
	互联网应用	熟练使用互联网应用与移动应用(如云内容和云应用、社交媒体等),并善于多任务处理						
	专业能力	熟练掌握某一类专业能力(如全媒体叙事能力、融媒体表达能力、跨部门协作能力、产品运营管理能力、数据挖掘分析能力、人机协作能力等)						
	数字艺术接受	能对数字艺术进行积极能动的鉴赏和批评活动						

续表

一级构成要素	二级构成要素	描述	1	2	3	4	5	修改建议
创新素养	数字思维	能借助数字思维领域的思想方法(如用户思维、平台思维、跨界思维等)解决相关数字问题						
	数字主动学习	能主动关注、学习与追踪数字技术，促进自身核心素养发展						
	数字创新创造	能主动发现数字社会中的问题，借助数字技术与工具，创新数字内容的新流程、新产品和新服务						
	数字内容创新	依赖图像交流，能将想法以原创音视频的形式展现，并能根据组织学习或工作要求创造更高标准的数字化内容						
	重塑问题与创新	能借助数字技术与工具，发现或重构问题，有效应对突发事件或创新性地解决问题						
	数字公民与知识产权	了解数字公民与知识产权知识						
跨学科素养	跨学科态度	能意识到自己欠缺什么能力，对不同学科观点保持好奇、开放和质疑，并对多学科观点进行优劣势评价						
	知识结合	能关注不同学科、不同数字情境的学科交融性、内在逻辑性和情境熟识度，并建立与自己所持学科视角的联系						
	批判意识	能对数智时代已出现或可能出现的问题和挑战进行批判性评价(如"信息茧房"会造成单向度的人，社交机器人或将加剧错误信息和虚假信息的传播等)						
	解决问题	能利用不同学科的相关理论和专业知识解决以互联网为基础的数字媒介平台领域的专业问题						

第三部分　建议与意见

您对构成要素的其他建议和意见？

_____

专家咨询结束！

——再次感谢您对本研究的大力支持和悉心指导，祝您身体健康、工作顺利！——

附录二　数智时代大学生数字素养构成要素咨询（第二轮专家咨询）

数智时代大学生数字素养构成要素咨询(第二轮专家咨询)

尊敬的专家：

您好！非常感谢您在百忙之中抽出时间，填写关于"数智时代大学生数字素养构成要素"的专家咨询问卷。

本问卷主要由两部分组成：第一部分是大学生数字素养构成要素的一级和二级构成要素的评议与修改意见，第二部分是您对指标打分的依据自评。

再次感谢您在百忙之中拨冗填写此专家咨询问卷！

第一部分　数智时代大学生数字素养的构成要素指标评议

一级构成要素指标评议

	一级构成要素指标	1	2	3	4	5	修改建议
大学生数字素养	数字认知						
	数字伦理						
	数字审美						
	数字理念						
	数字自我效能感						
	通识技能						
	创新技能						
	跨学科技能						

二级构成要素指标评议

一级构成要素	二级构成要素	描述	1	2	3	4	5	修改建议
数字认知	概念内涵与外延	了解"数字公民""数字鸿沟""数字原住民""数字移民""数字难民""智能媒体""元宇宙""数字艺术"等基本概念的内涵与外延						
	软硬件基础知识	对计算机软件与技术、硬件与设备的发展现状与前沿趋势有一定的了解						
	基础技术	了解智能媒体系统(如智能采集、智能生产、智能分发、智能推荐、智能消费、智能反馈等)的基础技术知识						

续表

一级构成要素	二级构成要素	描述	1	2	3	4	5	修改建议
数字认知	数字开源与数字霸权	了解数字开源所连接的创新链、产业链、价值链，了解数字霸权产生的根源和可能带来的危害性						
	产品服务	了解以"云大物移智区加"（云计算、大数据、物联网、移动互联网、人工智能、区块链、互联网+）等为代表的新一代"智能+"技术集群带来的全面"智能+"和泛娱乐的数字生活方式						
数字伦理	数字版权与许可	了解数字版权和使用许可相关的法律法规，具备规范使用正版软件的认知或能力						
	尊重他人数据	规范引用他人成果的认知或能力，避免他人隐私、商业秘密和工作秘密等敏感数据泄露，能理解付费阅读的可持续性的认知或能力						
	数字身份管理	具备创建、使用和管理与真实个人特征相符合的数字身份，并维护个人数字信誉和隐私的认知或能力						
数字审美	价值评估	具备评估所获数字内容的时效性及其与工作的相关性，能从高质量数据源中解读蕴含的主流价值的认知或能力						
	批判思维	具备批判性评价智媒时代已出现或可能出现的问题和挑战（如"信息茧房"会造成单向度的人，社交机器人或将加剧错误信息和虚假信息的传播等），重新定位媒介与人和社会的关系，能对数字产品的负面性保持高度警惕的认知或能力						
	数字成效分析	具备借助数字工具与资源对生活/学习/实践/创新的成效进行分析的认知或能力						
	数字艺术接受	具备对数字艺术进行积极主动的鉴赏和批评活动的认知或能力						
数字理念	基本人格特质	在数字社会中坚持公平、诚实等原则，对待数字处理的工作或任务细心，相信自己能胜任数字社会活动的开展，并达成预定目标						
	数字技术认同	认可数字技术在数字获取、制作、使用、交互、分享、创新等过程中的多元社会价值，对数字参与有积极性、主动性和创作性						
	数字社会服务	了解数字社会的主体需求，能善用数字技术服务社会多元领域，助推社会治理模式创新						
数字自我效能感	自我能力感	个体能否全面认知自己能力，对数字生活/学习/实践/创新结果和目标的预期，以及即时满足感与奖励的认知或能力						
	自我努力感	个体能否努力学习、管理好自己、专注于数字生活/学习/实践/创新任务的认知或能力						
	环境把握感	具备对数字生活/学习/实践/创新环境的感受，在需要的时候能有效借助数字工具与资源求助于他人						
	行为控制感	个体能否畅享数字生活，即便遇到压力和困难时，也能有效控制情绪，保持冷静镇定，继续执行既定计划的认知或能力						
通识技能	专业软件	具备熟练使用至少一种专业软件（如 PS、PR、Flash、Unity、Picasa、C++、Java、AR/VR/MR、Maya、知识图谱、用户画像等），并能创建满足生活/学习/实践/创新任务最低要求的数字内容的认知或能力						
	专业技能	具备熟练使用至少一种媒体深度融合专业技能（如全媒体叙事能力、融媒体表达能力、跨部门协作能力、产品运营管理能力、数据挖掘分析能力、人机协作能力等），并能创建满足数字生活/学习/实践/创新任务较高要求的数字内容的认知或能力						

续表

一级构成要素	二级构成要素	描述	1	2	3	4	5	修改建议
通识技能	数字内容获取	具备(协同)借助适合的数字工具与资源,通过丰富的途径获取并筛选所需信息的认知或能力						
	数字内容创作	具备(协同)借助适合的数字工具与资源,构建(设计/制作/开发/修改/提炼/整合)具有社会显示度的数字内容的认知或能力						
	数字内容传播	具备(协同)科学整合、处理、分析与存储不同类型的数字内容,能选用合适的媒介手段进行有效的信息扩散(如对数字内容进行复制、改写、解析、发布、评价与反馈等)的认知或能力						
	数字安全保护	具备安全地访问、管理、使用和存储数据,确保所用数字设备安全,能提前研判、预警以及管控数字化风险的认知或能力						
	健康与环境保护	具备采取措施避免数字技术对个人及环境造成风险和危害的认知或能力						
创新技能	数字思维	具备借助数字思维领域的思想方法(如互联网思维、用户思维、平台思维、跨界思维等),能处理好"身体-技术-传播-从业者"之间的多元关系的认知或能力						
	数字表达与协作	具备(协同)组织和存储信息,并能选用合适的媒介手段进行有效表达,能对数据处理结果进行质疑、改进与认定的认知或能力						
	数字生活创新	具备(协同)将想法以视频、动画、虚拟现实、直播等载体形式展现,能创新产业价值与用户价值共生的数字生活新流程、新产品和新服务的认知或能力						
	数字传播创新	具备(协同)考量传播链条中的所有元素(包括传播的对象、内容、方式与效果等),引导全民遵守数字社会规则、提高全民网络文明素养等方面的敏感度、参与度、认可度与价值感的认知或能力						
	数字化赋能	具备(协同)利用数字工具与资源参与创新创业,提升群众参与城市治理、社区治理、乡村治理的途径和模式的认知或能力						
跨学科技能	跨学科态度	具备意识到自己欠缺什么能力,能对不同学科观点保持好奇、开放和质疑,并对多学科观点进行优劣势评价的认知或能力						
	知识结合	具备关注不同学科、不同数字情境的学科交融性、内在逻辑性和情境熟识度,能将多学科深度交叉融合,结合自己所持学科展开跨学科项目式学习的认知或能力						
	数据批判意识	敢于质疑和批判,能进行逻辑性地分析、判断和决策数据						
	解决问题	具备利用不同学科的相关理论和专业知识,解决以互联网为基础的数字媒介平台领域专业问题的认知或能力						

第二部分 关于指标计分依据的专家自评

下表是对以上指标选择的四种判断依据,请专家自评此项依据,对自己做出判断的影响程度"大、中、小"做出判断,在选项中画"√"

判断依据	影响程度		
	大	中	小
直观感觉			
理论分析			
实践(工作)经验			
对国内外的相关了解			

专家咨询结束!

——再次感谢您对本研究的大力支持和悉心指导,祝您身体健康、工作顺利!——

附录三 《数智时代大学生数字素养水平现状（第一轮）》调查问卷

《数智时代大学生数字素养水平现状（第一轮）》调查问卷

亲爱的同学：

您好！

为更好地了解数智时代大学生数字素养水平现状，特邀您填写此调查问卷。本问卷共分两个部分：第一部分是数字素养水平自测部分，也是本问卷的核心部分，分别考察您的数字认知、通识技能、创新技能、跨学科技能、数字意识、数字自我效能感和数字内容评价，共37道题项；第二部分是个人基本信息部分，包括您的性别、学历阶段、学校层次、学校区域、主修专业等，共7道题项。

本问卷采用匿名的形式进行填写，仅为调查研究所用，不会给您带来任何影响。这份问卷大约需要您8～10分钟的宝贵时间，您完整、真实的回答对调查结果的准确性十分重要，非常感谢您的支持与帮助！

温馨提醒：答案无对错之分，您无须过多思考，根据第一印象选最符合的选项即可。

第一部分 数字素养水平自测部分

请结合您在数字生活/学习/实践/创新中的实际情况，在恰当的位置画"√"。

序号	题目	A 非常不同意	B 不同意	C 一般	D 同意	E 非常同意
数字认知（题1～题5）						
1	基本概念：我了解"数字公民""数字鸿沟""数字原住民""数字移民""数字难民""智能媒体""元宇宙""数字艺术"等基本概念	1	2	3	4	5
2	软硬件基础知识：我对计算机软件与技术、硬件与设备的发展现状与前沿趋势有一定的了解	1	2	3	4	5
3	基础理论：我了解数字媒体与智能传播系统（如数字感知、数字采集、数字生产、数字分发、数字推荐、数字消费、数字反馈等）的基础知识理论	1	2	3	4	5
4	数字开源与数字霸权：我了解数字开源所连接的创新链、产业链、价值链，了解数字霸权产生的根源和可能带来的危害性	1	2	3	4	5
5	数字产品和服务：我了解以"云大物移智链"（云计算、大数据、物联网、移动互联网、人工智能、区块链）等为代表的新一代"智能+"技术集群带来的全面"智能+"和泛娱乐等新型数字生活场景	1	2	3	4	5

续表

序号	题目	A 非常不同意	B 不同意	C 一般	D 同意	E 非常同意
通识技能(题 6~题 12)						
6	专业软件:我具备(协同)熟练使用至少一种专业软件(如 PS、PR、Flash、Unity、Picasa、C++、Java、AR/VR/MR、Maya、知识图谱、用户画像等),并能创建满足学习/生活/工作任务最低要求的数字内容的认知或能力	1	2	3	4	5
7	数字内容获取:我具备(协同)借助适合的数字工具与资源,通过丰富的途径获取并筛选满足最低要求所需信息的认知或能力	1	2	3	4	5
8	数字内容创作:我具备(协同)借助适合的数字工具与资源,构建(设计/制作/开发、修改/提炼/整合)满足最低要求社会显示度的数字内容的认知或能力	1	2	3	4	5
9	数字内容传播:我具备(协同)科学整合、处理、分析与存储不同类型的数字内容,并能选用合适的媒介手段从事满足最低要求的信息扩散(如对数字内容进行复制、改写、解析、发布、评价与反馈等)的认知或能力	1	2	3	4	5
10	数字安全保护:我具备(协同)安全地访问、管理、使用和存储数据,确保所用数字设备安全,能提前研判、预警以及管控数字化风险的认知或能力	1	2	3	4	5
11	专业综合技能:我具备(协同)熟练使用至少一种媒体深度融合专业技能(如全媒体叙事能力、融媒体表达能力、跨部门协作能力、产品运营管理能力、数据挖掘分析能力、人机协作能力等),并能创建满足较高要求的生活/学习/实践/创新任务的数字内容认知或能力	1	2	3	4	5
12	您在本次调查中是否认真作答,如果您是认真作答,本题请选择'非常不同意'	1	2	3	4	5
创新技能(题 13~题 17)						
13	数字思维:我具备借助数字思维领域的思想方法(如互联网思维、用户思维、平台思维、跨界思维等),能处理好"身体-技术-传播-从业者"之间的多元关系的认知或能力	1	2	3	4	5
14	数字呈现创新:我具备(协同)组织和存储信息,并能选用合适的数字工具与资源努力赋予传统文化以新的时代内涵和现代表达方式,以满足不同用户的需求	1	2	3	4	5
15	数字传播创新:我具备(协同)考量传播链条中的所有元素(包括传播的对象、内容、方式与效果等),创新传播手段和话语方式,引导全民遵守数字社会规则等方面的敏感度、参与度、认可度与价值感的认知或能力	1	2	3	4	5
16	数字生活创新:我具备(协同)将想法以图文、音视频、动画、虚拟现实等载体形式展现,能创新产业价值与用户价值共生的数字生活新流程、新产品和新服务的认知或能力	1	2	3	4	5
17	数字化赋能:我具备(协同)利用数字工具与资源参与创新创业,提升群众参与城市治理、社区治理、乡村治理的途径和模式的认知或能力	1	2	3	4	5
跨学科技能(题 18~题 21)						
18	跨学科认知:我具备意识到自己欠缺什么能力,能对不同学科观点保持好奇、开放和质疑,并对多学科观点进行优劣势评价的认知或能力	1	2	3	4	5
19	知识结合:我具备关注不同学科、不同数字情境的学科交融性、内在逻辑性和情境熟识度,能将多学科深度交叉融合,结合自己所持学科展开跨学科项目式学习的认知或能力	1	2	3	4	5

续表

序号	题目	A 非常不同意	B 不同意	C 一般	D 同意	E 非常同意
20	数据批判意识：我敢于质疑和批判，能进行逻辑性地分析、判断和决策数据	1	2	3	4	5
21	问题重塑与解决：我具备借助数字工具与资源发现或重构数字化媒介领域的问题，并能利用不同学科的相关理论和专业知识解决概念性问题的认知或能力	1	2	3	4	5
	数字意识(题22～题27)					
22	保护个人信息和隐私：我能够遵循规范去创建、使用和管理个人的数字账号和密码，维护个人数字身份和数字声誉	1	2	3	4	5
23	尊重他人数据：我具备规范引用他人成果的认知或能力，避免他人隐私、商业秘密和工作秘密等敏感数据泄露，能理解付费阅读的可持续性的认知或能力	1	2	3	4	5
24	数字版权与许可：我能够积极学习并践行数字版权和使用许可相关的法律法规，具备规范使用正版软件的认知或能力	1	2	3	4	5
25	数字技术认同：我认可数字技术在数字获取、制作、使用、交互、分享、创新等过程中的多元社会价值，对数字参与有积极性、主动性和创作性	1	2	3	4	5
26	数字社会服务：我了解数字社会的主体需求，愿意、积极、主动地善用数字工具与资源服务社会多元领域，助推社会治理模式创新	1	2	3	4	5
27	维护积极健康的网络环境：我遵守网络传播秩序，具备采取措施避免数字技术对个人及环境造成风险和危害的认知或能力	1	2	3	4	5
	数字自我效能感(题28～题32)					
28	基本人格特质：我在数字社会中坚持公平、诚实等原则，对待数字处理的工作或任务细心，能敏捷地、适应性地、多样性地调整策略，以及适应数字社会活动的开展	1	2	3	4	5
29	自我能力感：我能够全面认知自己能力，借助适合的数字工具与资源达成数字生活/学习/实践/创新的预期目标的认知或能力	1	2	3	4	5
30	自我努力感：我能够主动关注、学习与追踪新一代"智能+"技术和新兴数字媒介应用(如Vlog、裸眼3D、AI主播、元宇宙、数字艺术、云直播等)的认知或能力	1	2	3	4	5
31	环境把握感：我具备对数字生活/学习/实践/创新环境的感受，在需要的时候能有效借助数字工具与资源求助于他人	1	2	3	4	5
32	行为控制感：我能够畅享数字生活，即便遇到压力和困难时，也能有效控制情绪，保持冷静镇定，继续执行既定计划的认知或能力	1	2	3	4	5
	数字内容评价(题33～题37)					
33	数字成效分析：我具备借助数字工具与资源对生活/学习/实践/创新的成效进行分析的认知或能力	1	2	3	4	5
34	数字人文批判：我具备批判性思考数智时代已出现或可能出现的问题和挑战(如"信息茧房"会造成单向度的人，社交机器人或将加剧错误信息和虚假信息的传播等)，重新定位媒介与人和社会的关系，能对数字产品的负面性保持高度警惕的认知或能力	1	2	3	4	5
35	数字艺术鉴赏：我具备对数字艺术进行积极主动的鉴赏和批评活动的认知或能力	1	2	3	4	5

续表

序号	题目	A	B	C	D	E
		非常 不同意	不 同意	一般	同意	非常 同意
36	正向社会价值传播：我具备评估所获数字内容的时效性及其 与工作的相关性，能从高质量数据源中解读蕴含的主流价值 的认知或能力	1	2	3	4	5
37	本题请选最后一个选项	1	2	3	4	5

第二部分　个人基本信息部分

1. 我的性别：

A.男　　　B.女

2. 我目前所处的学历阶段为：

A.本科生　　　B.硕士研究生　　　C.博士研究生

3. 我所在学校的层次：

A.985 院校　　　　　　B.211 院校(非 985)

C.普通院校(公办)　　　D.普通院校(民办)

4. 我所在学校的区域：

A.华北地区(北京、天津、河北、山西和内蒙古)

B.东北地区(辽宁、吉林、黑龙江)

C.华东地区(江苏、浙江、安徽、福建、江西、山东和上海)

D.华南地区(广东、广西、海南)

E.华中地区(湖北、湖南、河南)

F.西南地区(四川、云南、贵州、重庆、西藏)

G.西北地区(宁夏、新疆、青海、陕西、甘肃)

5. 我主修专业的学科门类：

A.新闻与传播学(含新闻学、传播学、广告学、广播电视学、网络与新媒体、国际新闻与传播、数字出版、编辑出版学等)

B.戏剧与影视学(含广播电视编导、表演、戏剧学、电影学、戏剧影视文学、戏剧影视导演、戏剧影视美术设计、录音艺术、播音与主持艺术、动画、影视摄影与制作、影视技术、戏剧教育等)

C.美术与设计(含数字媒体艺术、视觉传达设计、艺术与科技、新媒体艺术、绘画、实验艺术、跨媒体艺术、漫画、艺术设计学、环境设计、产品设计、公共艺术、包装设计等)

D.音乐与舞蹈学(含音乐学、作曲与作曲技术理论、流行音乐、流行舞蹈、舞蹈表演、舞蹈学、舞蹈编导、舞蹈教育、音乐治疗等)

E.电子信息与计算机(含计算机、广播电视工程、新媒体技术、数字媒体技术、电子信息科学与技术、人工智能等)

F.管理科学与工程(含管理科学、信息管理与信息系统、大数据管理与应用、文化产业管理、公共关系学等)

6. 我在校期间所获奖学金情况:

A.国家级奖学金

B.省级奖学金

C.校级奖学金

D.院级奖学金

E.未获得

7. 我平均每天使用数字媒介工具(如智能手机、平板计算机、台式计算机/笔记本等)的总时长:

A.2 小时以下　　 B.2~4 小时

C.4~6 小时　　　 D.6~8 小时

E.8~10 小时　　　 F.10 小时以上

问卷调查结束!

——再次感谢您的支持、配合与帮助,祝学业有成! ——

附录四 《数智时代大学生数字素养水平现状（第二轮）》调查问卷

《数智时代大学生数字素养水平现状(第二轮)》调查问卷

亲爱的同学：

您好！

为更好地了解数智时代大学生数字素养水平现状，特邀您填写此调查问卷。本问卷共分两个部分：第一部分是数字素养水平自测部分，也是本问卷的核心部分，分别考察您的数字认知、通识技能、创新技能、跨学科技能、数字意识、数字自我效能和数字内容价值评估，共33道题项；第二部分是个人基本信息部分，包括您的性别、学历阶段、学校层次、学校区域、主修专业等，共7道题项。

本问卷采用匿名的形式进行填写，仅为调查研究所用，不会给您带来任何影响。这份问卷大约需要您8～10分钟的宝贵时间，您完整、真实的回答对调查结果的准确性十分重要，非常感谢您的支持与配合！

温馨提醒：答案无对错之分，您无须过多思考，根据第一印象选最符合的选项即可。

第一部分 数字素养水平自测部分

请结合您在数字生活/学习/实践/创新中的实际情况，在恰当的位置画"√"。

序号	题目	A 非常不同意	B 不同意	C 一般	D 同意	E 非常同意
数字认知（题1～题4）						
1	基本概念：我了解"数字公民""数字鸿沟""数字原住民""数字移民""数字难民""智能媒体""元宇宙""数字艺术"等基本概念	1	2	3	4	5
2	软硬件基础知识：我对计算机软件与技术、硬件与设备的发展现状与前沿趋势有一定的了解	1	2	3	4	5
3	基础理论：我了解数字媒体与智能传播系统(如数字感知、数字采集、数字生产、数字分发、数字推荐、数字消费、数字反馈等)的基础知识理论	1	2	3	4	5
4	数字产品和服务：我了解以"云大物移智链"（云计算、大数据、物联网、移动互联网、人工智能、区块链）等为代表的新一代"智能+"技术集群带来的全面"智能+"和泛娱乐等新型数字生活场景	1	2	3	4	5

续表

序号	题目	A 非常不同意	B 不同意	C 一般	D 同意	E 非常同意
通识技能(题5~题10)						
5	数字内容获取:我具备(协同)借助适合的数字工具与资源,通过丰富的途径获取并筛选满足最低要求所需信息的认知或能力	1	2	3	4	5
6	数字内容创作:我具备(协同)借助适合的数字工具与资源,构建(设计/制作/开发、修改/提炼/整合)满足最低要求社会显示度的数字内容的认知或能力	1	2	3	4	5
7	数字内容传播:我具备(协同)科学整合、处理、分析与存储不同类型的数字内容,并能选用合适的媒介手段从事满足最低要求的信息扩散(如对数字内容进行复制、改写、解析、发布、评价与反馈等)的认知或能力	1	2	3	4	5
8	数字安全保护:我具备(协同)安全地访问、管理、使用和存储数据,确保所用数字设备安全,能提前研判、预警以及管控数字化风险的认知或能力	1	2	3	4	5
9	专业综合技能:我具备(协同)熟练使用至少一种媒体深度融合专业技能(如全媒体叙事能力、融媒体表达能力、跨部门协作能力、产品运营管理能力、数据挖掘分析能力、人机协作能力等),并能创建满足较高要求的生活/学习/实践/创新任务的数字内容认知或能力	1	2	3	4	5
10	您在本次调查中是否认真作答,如果您是认真作答,本题请选择'非常不同意'	1	2	3	4	5
创新技能(题11~题15)						
11	数字思维:我具备借助数字思维领域的思想方法(如互联网思维、用户思维、平台思维、跨界思维等),能处理好"身体-技术-传播-从业者"之间的多元关系的认知或能力	1	2	3	4	5
12	数字呈现创新:我具备(协同)组织和存储信息,并能选用合适的数字工具与资源努力赋予传统文化以新的时代内涵和现代表达方式,以满足不同用户的需求	1	2	3	4	5
13	数字传播创新:我具备(协同)考量传播链条中的所有元素(包括传播的对象、内容、方式与效果等),创新传播手段和话语方式,引导全民遵守数字社会规则等方面的敏感度、参与度、认可度与价值感的认知或能力	1	2	3	4	5
14	数字生活创新:我具备(协同)将想法以图文、音视频、动画、虚拟现实等载体形式展现,能创新产业价值与用户价值共生的数字生活新流程、新产品和新服务的认知或能力	1	2	3	4	5
15	数字化赋能:我具备(协同)利用数字工具与资源参与创新创业,提升群众参与城市治理、社区治理、乡村治理的途径和模式的认知或能力	1	2	3	4	5
跨学科技能(题16~题18)						
16	跨学科认知:我具备意识到自己欠缺什么能力,能对不同学科观点保持好奇、开放和质疑,并对多学科观点进行优劣势评价的认知或能力	1	2	3	4	5
17	知识结合:我具备关注不同学科、不同数字情境的学科交融性、内在逻辑性和情境熟识度,能将多学科深度交叉融合,结合自己所持学科展开跨学科项目式学习的认知或能力	1	2	3	4	5
18	问题重塑与解决:我具备借助数字工具与资源发现或重构数字领域特定情境中的复杂问题,并能利用不同学科的相关理论和专业知识解决概念性问题的认知或能力	1	2	3	4	5

续表

序号	题目	A 非常不同意	B 不同意	C 一般	D 同意	E 非常同意
数字意识(题 19～题 24)						
19	保护个人信息和隐私:我能够遵循规范去创建、使用和管理个人的数字账号和密码,维护个人数字身份和数字声誉	1	2	3	4	5
20	尊重他人数据:我具备规范引用他人成果的认知或能力,避免他人隐私、商业秘密和工作秘密等敏感数据泄露,能理解付费阅读的可持续性的认知或能力	1	2	3	4	5
21	数字版权与许可:我能够积极学习并践行数字版权和使用许可相关的法律法规,具备规范使用正版软件的认知或能力	1	2	3	4	5
22	数字技术认同:我认可数字技术在数字获取、制作、使用、交互、分享、创新等过程中的多元社会价值,对数字参与有积极性、主动性和创作性	1	2	3	4	5
23	数字社会服务:我了解数字社会的主体需求,愿意、积极、主动地善用数字工具与资源服务社会多元领域,助推社会治理模式创新	1	2	3	4	5
24	维护积极健康的网络环境:我遵守网络传播秩序,具备采取措施避免数字技术对个人及环境造成风险和危害的认知或能力	1	2	3	4	5
数字自我效能感(题 25～题 28)						
25	自我能力感:我能够全面认知自己能力,借助适合的数字工具与资源达成数字生活/学习/实践/创新的预期目标的认知或能力	1	2	3	4	5
26	自我努力感:我能够主动关注、学习与追踪新一代"智能+"技术和新兴数字媒介应用(如 Vlog、裸眼 3D、AI 主播、元宇宙、数字艺术、云直播等)的认知或能力	1	2	3	4	5
27	环境把握感:我具备对数字生活/学习/实践/创新环境的感受,在需要的时候能有效借助数字工具与资源求助于他人	1	2	3	4	5
28	行为控制感:我能够畅享数字生活,即便遇到压力和困难时,也能有效控制情绪,保持冷静镇定,继续执行既定计划的认知或能力	1	2	3	4	5
数字内容价值评估(题 29～题 33)						
29	数字成效分析:我具备借助数字工具与资源对生活/学习/实践/创新的成效进行分析的认知或能力	1	2	3	4	5
30	数字人文批判:我具备批判性思考数智时代已出现或可能出现的问题和挑战(如"信息茧房"会造成单向度的人,社交机器人或将加剧错误信息和虚假信息的传播等),重新定位媒介与人和社会的关系,能对数字产品的负面性保持高度警惕的认知或能力	1	2	3	4	5
31	数字艺术鉴赏:我具备对数字艺术进行积极主动的鉴赏和批评活动的认知或能力	1	2	3	4	5
32	正向社会价值传播:我具备评估所获数字内容的时效性及其与工作的相关性,能从高质量数据源中解读蕴含的主流价值的认知或能力	1	2	3	4	5
33	本题请选最后一个选项	1	2	3	4	5

第二部分 个人基本信息部分

1. 我的性别:

A.男　　B.女

2. 我目前所处的学历阶段为:

A.本科生　　　B.硕士研究生　　　C.博士研究生

3. 我所在学校的层次:

A.985 院校　　　　　　　B.211 院校(非 985)

C.普通院校(公办)　　　　D.普通院校(民办)

4. 我所在学校的区域:

A.华北地区(北京、天津、河北、山西和内蒙古)

B.东北地区(辽宁、吉林、黑龙江)

C.华东地区(江苏、浙江、安徽、福建、江西、山东和上海)

D.华南地区(广东、广西、海南)

E.华中地区(湖北、湖南、河南)

F.西南地区(四川、云南、贵州、重庆、西藏)

G.西北地区(宁夏、新疆、青海、陕西、甘肃)

5. 我主修专业的学科门类:

A.新闻与传播学(含新闻学、传播学、广告学、广播电视学、网络与新媒体、国际新闻与传播、数字出版、编辑出版学等)

B.戏剧与影视学(含广播电视编导、表演、戏剧学、电影学、戏剧影视文学、戏剧影视导演、戏剧影视美术设计、录音艺术、播音与主持艺术、动画、影视摄影与制作、影视技术、戏剧教育等)

C.美术与设计(含数字媒体艺术、视觉传达设计、艺术与科技、新媒体艺术、绘画、实验艺术、跨媒体艺术、漫画、艺术设计学、环境设计、产品设计、公共艺术、包装设计等)

D.音乐与舞蹈学(含音乐学、作曲与作曲技术理论、流行音乐、流行舞蹈、舞蹈表演、舞蹈学、舞蹈编导、舞蹈教育、音乐治疗等)

E.电子信息与计算机(含计算机、广播电视工程、新媒体技术、数字媒体技术、电子信息科学与技术、人工智能等)

F.管理科学与工程(含管理科学、信息管理与信息系统、大数据管理与应用、文化产业管理、公共关系学等)

6. 我在校期间所获奖学金情况:

A.国家级奖学金

B.省级奖学金

C.校级奖学金

D.院级奖学金

E.未获得

7. 我平均每天使用数字媒介工具（如智能手机、平板计算机、台式计算机/笔记本等）的总时长：

A.2 小时以下　　　B.2~4 小时　　　　C.4~6 小时

D.6~8 小时　　　　E.8~10 小时　　　　F.10 小时以上

问卷调查结束！

再次感谢您的支持、配合与帮助，祝学业有成！

附录五　数智时代大学生数字素养构成要素的权重咨询（第三轮专家咨询）

数智时代大学生数字素养构成要素的权重咨询

（第三轮专家咨询）

尊敬的专家：

您好！非常感谢您在百忙之中抽出时间，填写关于"数智时代大学生数字素养构成要素"的专家咨询问卷。

此次专家咨询仅用于本次学术研究，对于问卷的信息与评估结果我们将严格保密。您的专家意见对我们的研究十分重要，再次感谢您的支持与帮助！

填表说明：本次专家咨询将采用 AHP 层次分析法确定各指标权重，请您对本研究拟定的**各级指标的重要性进行两两比较**，根据您的实际经验与独到看法加以判断，并于适当的空格内打"√"。**越偏向左边表示左边的指标较为重要，越偏向右边表示右边的指标较为重要。**

重要性评价的量化值

量化值	重要程度
1	同等重要
3	稍重要
5	重要
7	很重要
9	极重要
2、4、6、8	以上相邻重要程度的折中数值

例如：在比较"A 数字认知"与"B 通识技能"两个一级构成要素时，相对重要程度分为 5 个等级："极重要"、"很重要"、"重要"、"稍重要"和"同等重要"。若您认为"A 数字认知"比"B 通识技能"（重要），则可根据您的判断，在左边的"重要"处进行勾选。如以下范例所示：

（如需要折中值，则在两尺度中间填写折中数值）

一级构成要素	左侧指标重要				同等重要	右侧指标重要				一级构成要素
	极重要	很重要	重要	稍重要	同等重要	稍重要	重要	很重要	极重要	
	9	7	5	3	1	3	5	7	9	
A 数字认知										B 通识技能
……										……

请专家开始填写(越偏向左边表示左边的指标较为重要,越偏向右边表示右边的指标较为重要)

一级构成要素的重要性对比打分表

一级构成要素	左侧指标重要				同等重要	右侧指标重要				一级构成要素
	极重要	很重要	重要	稍重要	同等重要	稍重要	重要	很重要	极重要	
	9	7	5	3	1	3	5	7	9	
A 数字认知										B 通识技能
A 数字认知										C 创新技能
A 数字认知										D 跨学科技能
A 数字认知										E 数字意识
A 数字认知										F 数字自我效能感
A 数字认知										G 数字内容价值评估
B 通识技能										C 创新技能
B 通识技能										D 跨学科技能
B 通识技能										E 数字意识
B 通识技能										F 数字自我效能感
B 通识技能										G 数字内容价值评估
C 创新技能										D 跨学科技能
C 创新技能										E 数字意识
C 创新技能										F 数字自我效能感
C 创新技能										G 数字内容价值评估
D 跨学科技能										E 数字意识
D 跨学科技能										F 数字自我效能感
D 跨学科技能										G 数字内容价值评估
E 数字意识										F 数字自我效能感
E 数字意识										G 数字内容价值评估
F 数字自我效能感										G 数字内容价值评估

请您对相同一级构成要素下的二级构成要素，按照重要性递减进行排序。

二级构成要素的重要性对比排序表

一级构成要素	二级构成要素	重要性排序
A 数字认知	A1 基本概念	请将二级构成要素按重要性递减排序
	A2 软硬件基础知识	
	A3 基础理论	
	A4 数字产品和服务	
B 通识技能	B1 数字内容获取	请将二级构成要素按重要性递减排序
	B2 数字内容创作	
	B3 数字内容传播	
	B4 数字安全保护	
	B5 专业综合技能	
C 创新技能	C1 数字思维	请将二级构成要素按重要性递减排序
	C2 数字呈现创新	
	C3 数字传播创新	
	C4 数字生活创新	
	C5 数字化赋能	
D 跨学科技能	D1 跨学科认知	请将二级构成要素按重要性递减排序
	D2 知识结合	
	D3 问题重塑与解决	
E 数字意识	E1 保护个人信息和隐私	请将二级构成要素按重要性递减排序
	E2 尊重他人数据	
	E3 数字版权与许可	
	E4 数字技术认同	
	E5 数字社会服务	
	E6 维护积极健康的网络环境	
F 数字自我效能感	F1 自我能力感	请将二级构成要素按重要性递减排序
	F2 自我努力感	
	F3 环境把握感	
	F4 行为控制感	
G 数字内容价值评估	G1 数字成效分析	请将二级构成要素按重要性递减排序
	G2 数字人文批判	
	G3 数字艺术鉴赏	
	G4 正向社会价值传播	

附录六 《数智时代大学生数字素养水平现状与影响因素》调查问卷

《数智时代大学生数字素养水平现状与影响因素》调查问卷

亲爱的同学：

您好！

为更好地了解数智时代大学生数字素养水平现状与影响因素，特邀您填写此调查问卷。本问卷共分三个部分，第一部分是数字素养水平自测部分，将分别考察您的数字认知、通识技能、创新技能、跨学科技能、数字意识、数字自我效能感和数字内容价值评估，共 32 道题项；第二部分是数字素养影响因素，共 47 道题项；第三部分是个人基本信息部分，包括您的性别、学历阶段、学校层次、学校区域、主修专业等，共 7 道题项。

本问卷采用匿名的形式进行填写，仅为调查研究所用，不会给您带来任何影响。这份问卷大约需要您 8~10 分钟的宝贵时间，您完整、真实的回答对调查结果的准确性十分重要，非常感谢您的支持与配合！

温馨提醒：答案无对错之分，您无须过多思考，根据第一印象选最符合的选项即可。

第一部分 数字素养水平自测部分

请结合您在数字生活/学习/实践/创新中的实际情况，在恰当的位置画"√"。

序号	题目	A 非常不同意	B 不同意	C 一般	D 同意	E 非常同意
数字认知(题 1-1~题 1-4)						
1-1	基本概念：我了解"数字公民""数字鸿沟""数字原住民""数字移民""数字难民""智能媒体""元宇宙""数字艺术"等基本概念	1	2	3	4	5
1-2	软硬件基础知识：我对计算机软件与技术、硬件与设备的发展现状与前沿趋势有一定的了解	1	2	3	4	5
1-3	基础理论：我了解数字媒体与智能传播系统(如数字感知、数字采集、数字生产、数字分发、数字推荐、数字消费、数字反馈)的基础知识理论	1	2	3	4	5
1-4	数字产品和服务：我了解以"云大物移智链"(云计算、大数据、物联网、移动互联网、人工智能、区块链)等为代表的新一代"智能+"技术集群带来的全面"智能+"和泛娱乐等新型数字生活场景	1	2	3	4	5

续表

序号	题目	A 非常不同意	B 不同意	C 一般	D 同意	E 非常同意
通识技能（题 2-1～题 2-6）						
2-1	数字内容获取：我具备(协同)借助适合的数字工具与资源，通过丰富的途径获取并筛选满足最低要求所需信息的认知或能力	1	2	3	4	5
2-2	数字内容创作：我具备(协同)借助适合的数字工具与资源，构建(设计/制作/开发、修改/提炼/整合)满足最低要求社会显示度的数字内容的认知或能力	1	2	3	4	5
2-3	数字内容传播：我具备(协同)科学整合、处理、分析与存储不同类型的数字内容，并能选用合适的媒介手段从事满足最低要求的信息扩散(如对数字内容进行复制、改写、解析、发布、评价与反馈等)的认知或能力	1	2	3	4	5
2-4	数字安全保护：我具备(协同)安全地访问、管理、使用和存储数据，确保所用数字设备安全，能提前研判、预警以及管控数字化风险的认知或能力	1	2	3	4	5
2-5	专业综合技能：我具备(协同)熟练使用至少一种媒体深度融合专业技能(如全媒体叙事能力、融媒体表达能力、跨部门协作能力、产品运营管理能力、数据挖掘分析能力、人机协作能力等)，并能创建满足较高要求的生活/学习/实践/创新任务的数字内容认知或能力	1	2	3	4	5
2-6	您在本次调查中是否认真作答，如果您是认真作答，本题请选择'非常不同意'	1	2	3	4	5
创新技能（题 3-1～题 3-5）						
3-1	数字思维：我具备借助数字思维领域的思想方法(如互联网思维、用户思维、平台思维、跨界思维等)，能处理好"身体-技术-传播-从业者"之间的多元关系的认知或能力	1	2	3	4	5
3-2	数字呈现创新：我具备(协同)组织和存储信息，并能选用合适的数字工具与资源努力赋予传统文化以新的时代内涵和现代表达方式，以满足不同用户的需求	1	2	3	4	5
3-3	数字传播创新：我具备(协同)考量传播链条中的所有元素(包括传播的对象、内容、方式与效果等)，创新传播手段和话语方式，引导全民遵守数字社会规则等方面的敏感度、参与度、认可度与价值感的认知或能力	1	2	3	4	5
3-4	数字生活创新：我具备(协同)将想法以图文、音视频、动画、虚拟现实等载体形式展现，能创新产业价值与用户价值共生的数字生活新流程、新产品和新服务的认知或能力	1	2	3	4	5
3-5	数字化赋能：我具备(协同)利用数字工具与资源参与创新创业，提升群众参与城市治理、社区治理、乡村治理的途径和模式的认知或能力	1	2	3	4	5
跨学科技能（题 4-1～题 4-3）						
4-1	跨学科认知：我具备意识到自己欠缺什么能力，能对不同学科观点保持好奇、开放和质疑，并对多学科观点进行优劣势评价的认知或能力	1	2	3	4	5
4-2	知识结合：我具备关注不同学科、不同数字情境的学科交融性、内在逻辑性和情境熟识度，能将多学科深度交叉融合，结合自己所持学科展开跨学科项目式学习的认知或能力	1	2	3	4	5
4-3	问题重塑与解决：我具备借助数字工具与资源发现或重构数字领域特定情境中的复杂问题，并能利用不同学科的相关理论和专业知识解决概念性问题的认知或能力	1	2	3	4	5

续表

序号	题目	A 非常不同意	B 不同意	C 一般	D 同意	E 非常同意
	数字意识(题 5-1～题 5-6)					
5-1	保护个人信息和隐私：我能够遵循规范去创建、使用和管理个人的数字账号和密码，维护个人数字身份和数字声誉	1	2	3	4	5
5-2	尊重他人数据：我具备规范引用他人成果的认知或能力，避免他人隐私、商业秘密和工作秘密等敏感数据泄露，能理解付费阅读的可持续性的认知或能力	1	2	3	4	5
5-3	数字版权与许可：我能够积极学习并践行数字版权和使用许可相关的法律法规，具备规范使用正版软件的认知或能力	1	2	3	4	5
5-4	数字技术认同：我认可数字技术在数字获取、制作、使用、交互、分享、创新等过程中的多元社会价值，对数字参与有积极性、主动性和创新性	1	2	3	4	5
5-5	数字社会服务：我了解数字社会的主体需求，愿意、积极、主动地善用数字工具与资源服务社会多元领域，助推社会治理模式创新	1	2	3	4	5
5-6	维护积极健康的网络环境：我遵守网络传播秩序，具备采取措施避免数字技术对个人及环境造成风险和危害的认知或能力	1	2	3	4	5
	数字自我效能感(题 6-1～题 6-4)					
6-1	自我能力感：我能够全面认知自己能力，借助适合的数字工具与资源达成数字生活/学习/实践/创新的预期目标的认知或能力	1	2	3	4	5
6-2	自我努力感：我能够主动关注、学习与追踪新一代"智能+"技术和新兴数字媒介应用(如 Vlog、裸眼 3D、AI 主播、元宇宙、数字艺术、云直播等)的认知或能力	1	2	3	4	5
6-3	环境把握感：我具备对数字生活/学习/实践/创新环境的感受，在需要的时候能有效借助数字工具与资源求助于他人	1	2	3	4	5
6-4	行为控制感：我能够畅享数字生活，即便遇到压力和困难时，也能有效控制情绪，保持冷静镇定，继续执行既定计划的认知或能力	1	2	3	4	5
	数字内容价值评估(题 7-1～题 7-4)					
7-1	数字成效分析：我具备借助数字工具与资源对生活/学习/实践/创新的成效进行分析的认知或能力	1	2	3	4	5
7-2	数字人文批判：我具备批判性思考数智时代已出现或可能出现的问题和挑战(如"信息茧房"会造成单向度的人，社交机器人或将加剧错误信息和虚假信息的传播等)，重新定位媒介与人和社会的关系，能对数字产品的负面性保持高度警惕的认知或能力	1	2	3	4	5
7-3	数字艺术鉴赏：我具备对数字艺术进行积极主动的鉴赏和批评活动的认知或能力	1	2	3	4	5
7-4	正向社会价值传播：我具备评估所获数字内容的时效性及其与工作的相关性，能从高质量数据源中解读蕴含的主流价值的认知或能力	1	2	3	4	5

第二部分　数字素养影响因素部分

请结合您在数字生活/学习/实践/创新中的实际情况，在恰当的位置画"√"。

序号	题目	A 非常 不同意	B 不 同意	C 一般	D 同意	E 非常 同意
宜人性(题 8-1~题 8-5)					
8-1	与线下相比,我更乐意借助数字工具与资源力所能及地帮助他人,且不是自私的	1	2	3	4	5
8-2	与线下相比,我更能以包容的心态来对待人和事	1	2	3	4	5
8-3	与线下相比,我更诚信、坦诚和直率	1	2	3	4	5
8-4	与线下相比,我更能为他人着想,充分尊尊重每个人的数字权利,如隐私权、表达权等	1	2	3	4	5
8-5	与线下相比,我更喜欢借助数字工具与资源与他人互动、分享与合作	1	2	3	4	5
责任心(题 9-1~题 9-5)					
9-1	与线下相比,我能借助数字工具与资源把相关工作做得更彻底	1	2	3	4	5
9-2	与线下相比,我更是一个值得信赖的工作者	1	2	3	4	5
9-3	与线下相比,我的行事更有效率	1	2	3	4	5
9-4	与线下相比,我更能借助数字工具与资源制定并执行计划	1	2	3	4	5
9-5	与线下相比,我更能坚守直至任务完成	1	2	3	4	5
互联网态度(题 10-1~题 10-7)					
10-1	我认为在生活/学习/实践/创新中使用数字工具与资源非常重要	1	2	3	4	5
10-2	我认为使用数字工具与资源是有趣的	1	2	3	4	5
10-3	我认为使用数字工具与资源辅助生活/学习/实践/创新比不使用更有趣	1	2	3	4	5
10-4	我使用数字工具与资源,是因为我对数字技术很感兴趣	1	2	3	4	5
10-5	我喜欢学习如何利用数字工具与资源去做新的事情	1	2	3	4	5
10-6	我经常寻找使用数字工具与资源做事的新方法	1	2	3	4	5
10-7	我喜欢使用互联网查找信息	1	2	3	4	5
家庭社会经济地位(题 11-1~题 11-5)					
11-1	我父亲的受教育程度(小学及小学以下、初中、高中、大专、大学本科及以上)	/	/	/	/	/
11-2	我母亲的受教育程度(小学及小学以下、初中、高中、大专、大学本科及以上)	/	/	/	/	/
11-3	我父亲的职业层级(半失业或无业人员、体力劳动者、个体与商业服务者、专业技术与办事人员、权力资源层)	/	/	/	/	/
11-4	我母亲的职业层级(半失业或无业人员、体力劳动者、个体与商业服务者、专业技术与办事人员、权力资源层)	/	/	/	/	/
11-5	我的家庭月收入情况(5000 元以下、5001~10000 元、10001~15000 元、15001~20000 元、20000 元)	/	/	/	/	/
感知学校组织支持(题 12-1~题 12-11)					
12-1	我所在学校高度重视有利于学生数字能力提升的目标方案和评估体系,已分类型、分阶段、分层次地明确了推进步骤	1	2	3	4	5
12-2	我所在学校高度重视并支持有利于学生数字能力提升的数字化基础设施建设,如 5G 网络等	1	2	3	4	5

序号	题目	A 非常不同意	B 不同意	C 一般	D 同意	E 非常同意
12-3	我所在学校高度重视有利于学生数字能力提升的数字化资源建设，如多元化的图书馆资源、翻转课堂、移动学习等	1	2	3	4	5
12-4	我所在学校高度重视并采用了有利于学生数字能力提升的多元化教学形式，如教研互促、教学相长、自主学习、探究学习、层次化教学、学习共同体、个性化学生工作坊等	1	2	3	4	5
12-5	我所在学校高度重视并开展了有利于学生数字能力提升的多元化教学活动，如数字技能比赛、数字技能主题讲座/公开课、信息应用成果展示等	1	2	3	4	5
12-6	我所在学校高度重视人文、技术与艺术的紧密关联度，已最大限度地通过跨学科课程的交流与对话优化了学生的数字技术学习与使用体验	1	2	3	4	5
12-7	我所在学校采用了以学生为中心的教学理念，开设的课程已为将来的数智化工作环境做好了准备，如与业界共同制定人才培养方案、共同设计课程体系等	1	2	3	4	5
12-8	我的教师在数字化相关活动中客观存在较好的能动反映，包括数字化认识、数字化意愿，以及数字化意志	1	2	3	4	5
12-9	我的教师在日常教育教学活动中具有较好的数字技术知识与需要掌握的数字技术技能，包括数字技术知识，以及数字技术技能	1	2	3	4	5
12-10	我的教师具有较好的应用数字技术资源开展教育教学活动的能力，包括数字化教学设计，数字化教学实施，数字化学业评价，以及数字化协同育人	1	2	3	4	5
12-11	我的教师在数字化活动中具有较好的道德修养和行为规范方面的责任，包括法治道德规范，以及数字安全保护	1	2	3	4	5
感知社会数字生态(题 13-1～题 13-6)						
13-1	我所在城市具有较好的支撑数字转型、智能升级和融合创新的新型基础设施，包括信息基础设施、融合基础设施和创新基础设施	1	2	3	4	5
13-2	我所在城市在数字生态发展过程中的数据要素具有较好的开放、共享、流通、交易等水平	1	2	3	4	5
13-3	我所在城市具有较好的数字人力资源的结构、流动、供需及环境等，且相关机构积极承担数字素养培育的责任	1	2	3	4	5
13-4	我所在城市具有较好的数字技术(如大数据、人工智能等)前沿领域的专利发展和创新引领状况，且相关机构高度重视数字素养培育相关内容的研究与实践	1	2	3	4	5
13-5	我所在城市在政府管理服务领域具有较好的数字技术应用发展水平，且已充分释放社会组织的培育潜能	1	2	3	4	5
13-6	我所在城市具有较好的数字化发展水平，完全能够支撑公众的数字生活/学习/实践/创新，包括数字产业化水平，以及产业数字化水平	1	2	3	4	5
数字价值观(题 14-1～题 14-4)						
14-1	我能够按照数字社会规范的要求行事，经常考量数字内容背后的价值观或意识形态	1	2	3	4	5
14-2	我能够关注发展自身的核心素养需求，并能借助数字工具与资源获取与开展多样性的智育、德育、体育、美育活动	1	2	3	4	5
14-3	我具有正确的信息社会责任观，在数字内容获取、利用、处理、传播等过程中能够自觉遵守有关法律法规	1	2	3	4	5
14-4	本题请选最后一个选项	1	2	3	4	5

续表

序号	题目	A 非常 不同意	B 不 同意	C 一般	D 同意	E 非常 同意
政策感知（题 15-1～题 15-4）						
15-1	我非常关心并了解国家有关大学生提升数字素养与技能的相关政策法规（如提升全民数字素养与技能行动纲要、媒体融合国家战略、教育部卓越新闻传播人才教育培养计划 2.0、教育部"四新"建设等）	1	2	3	4	5
15-2	我认为提升数字素养与技能等相关政策法规内容具体、实在	1	2	3	4	5
15-3	我认为提升数字素养与技能等相关政策法规有明确的针对性	1	2	3	4	5
15-4	我认为提升数字素养与技能等相关政策法规能有效解决我在数字生活/学习/实践/创新中的实际问题	1	2	3	4	5

第三部分　个人基本信息部分

1. 我的性别：

A.男　　　B.女

2. 我目前所处的学历阶段为：

A.本科生　　　B.硕士研究生　　　C.博士研究生

3. 我所在学校的层次：

A.985 院校　　　　　B.211 院校（非 985）

C.普通院校（公办）　　D.普通院校（民办）

4. 我所在学校的区域：

A.华北地区（北京、天津、河北、山西和内蒙古）

B.东北地区（辽宁、吉林、黑龙江）

C.华东地区（江苏、浙江、安徽、福建、江西、山东和上海）

D.华南地区（广东、广西、海南）

E.华中地区（湖北、湖南、河南）

F.西南地区（四川、云南、贵州、重庆、西藏）

G.西北地区（宁夏、新疆、青海、陕西、甘肃）

5. 我主修专业的学科门类：

A.新闻与传播学（含新闻学、传播学、广告学、广播电视学、网络与新媒体、国际新闻与传播、数字出版、编辑出版学等）

B.戏剧与影视学（含广播电视编导、表演、戏剧学、电影学、戏剧影视文学、戏剧影视导演、戏剧影视美术设计、录音艺术、播音与主持艺术、动画、影视摄影与制作、影视技术、戏剧教育等）

C.美术与设计（含数字媒体艺术、视觉传达设计、艺术与科技、新媒体艺术、绘

画、实验艺术、跨媒体艺术、漫画、艺术设计学、环境设计、产品设计、公共艺术、包装设计等)

　　D.音乐与舞蹈学(含音乐学、作曲与作曲技术理论、流行音乐、流行舞蹈、舞蹈表演、舞蹈学、舞蹈编导、舞蹈教育、音乐治疗等)

　　E.电子信息与计算机(含计算机、广播电视工程、新媒体技术、数字媒体技术、电子信息科学与技术、人工智能等)

　　F.管理科学与工程(含管理科学、信息管理与信息系统、大数据管理与应用、文化产业管理、公共关系学等)

　　6.我在校期间获得奖学金层次:

　　A.国家级奖学金　　　B.省级奖学金　　　C.校级奖学金　　　D.院级奖学金

　　E.未获得

　　7.我平均天使用数字媒介工具(如智能手机、平板计算机、台式计算机/笔记本、电视等)的总时长:

　　A.2 小时以下　　B.2~4 小时　　　C.4~6 小时

　　D.6~8 小时　　E.8~10 小时　　F.10 小时以上

问卷调查结束!

再次感谢您的支持、配合与帮助,祝学业有成!

跋

时光荏苒，岁月如梭，行文至此，伏案沉思。

回首过去几年，一幕又一幕紧张而又充实的学习、工作、生活图景像电影回放般浮现于我的脑海，泪水与笑容共在、汗水与收获同行，许多人，许多事，历历在目。我坚信，这期间看过的书、走过的路、见过的风景、根植于内心的善良，总会在未来的某个时刻照亮我前行的路，不是简单地看看风景，而是勇敢面对未知事物、仔细聆听未闻声音，让自己时刻保持年轻。此时此刻，谨以难以言表深情的语词，对过去几年里给予我关心、支持、帮助、指导和鼓励的领导、同事、专家、学者、家人、朋友等，致以内心最崇高的敬意、最真挚的感谢！

感谢工作单位的领导，正是他们的关怀、理解与支持，才让我没有后顾之忧，才有更多的精力投入到学术研究中，同时感谢同事们给予我的诸多帮助。

感谢参加本研究调研的所有专家、学者与大学生的支持与配合。事实上，若没有他们在调研环节的鼎力支持与帮助，我的研究将是步履艰难、寸步难行，甚至是无源之水、无本之木。

感谢在研究中给予我建议和帮助的所有人；感谢给予转载和引用的资料、图片、文献、研究思想和设想的所有作者和机构……在此难以一一列出，但我将铭记在心，并在心里为他们默祝：好人一生平安。

感谢父母和家人给予的理解、包容与关爱，时至今日，我依旧是亲人心头日复一日的牵念。应该是照顾父母的年龄却远离家乡，不论来路是否艰辛，他们始终站在我的身后，为我遮风挡雨，给我自由和支持。同时，在这栉风沐雨的几年中，我的宝贝女儿逐渐长大，而我对她的照顾甚少，愧疚之余也想留下个美丽的注解，希望她长大后能理解我和我奔赴的科研事业。也许能安慰他们的是，无论寒冬腊月或五黄六月，对科研事业我从未敢有一丝懈怠。

感谢诸多亲朋好友，让我在思路遭遇死胡同时能够通过讨论得以解开，让我在精神遭遇苦闷时能够通过述说得以缓解，让我在生活遭遇孤单时能够通过相聚得以消散。岁月洗尘，正是他们给予的默契与帮助，才让我愈发沉淀下来变得简单而纯粹。

最后，感谢，感恩，所有。

尽管在本书的写作与不断修订过程中，我持续更新与优化着书稿的结构与内容，但本书仍难免有不足之处，恳请各位专家和学者予以批评指正、以便日后修订及完善。

　　展望未来，我将以更加饱满的热情和坚定的信念，继续在学术的道路上探索前行。时光不老，青春正好；以梦为马，不负韶华。一切都是自己最好的选择和安排，一切都是要让生命感到宁静和充实。就以此作为新起点，在人生路上，学以致用，行稳致远！

许志强

谨记于香港尖沙咀

2024 年 5 月